Werner Herzog

LISSABON

Werner Herzog

LISSABON

Literarische Streifzüge durch die Stadt
Straßen, Dichter, Lokale

Das Kastell São Jorge, historischer Aussichtspunkt über der Stadt.

Originalausgabe März 2002

Umschlaggestaltung und Layout: Claudia Herzog Verrey
Herstellung: Books on Demand GmbH
ISBN: 3-8311-3436-7

INHALT

Die romanische Kathedrale Sé, vom Tejo-Fluss aus gesehen.

1. GOTT, DIE WELT UND LISSABON

Ein Blick auf die Stadt

Ob fröhlich oder traurig, eine Stadt wie diese ist für das Auge immer ein Fest.

Armindo Rodrigues

Land, Land!, oder besser: Himmel, Himmel! wir sind zweifellos im berühmten Lissabon angelangt.

Miguel de Cervantes

Sie treibet große Handlung, hat reiche Einwohner und einen Ertz-Bischoff. Jetzo dienet sie den Königen von Portugal zur Hofhaltung, in der Länge ist sie beynahe zwei Meilen groß, hat über 30 000 Häuser und ist um und auf sieben hohe Berge erbauet.(...) Sie wird durch zwei Zitadelle beschützet, von welchen die eine, von S. Giorgio benannt, auf einem Hügel lieget, der die Stadt commandiret.

Johann Heinrich Zedler, 1738

Ja, dies ist der richtige Ort, um mit der Stadt in den Dialog zu treten. Der Burghügel liegt nur einige Baumhöhen über den Hausdächern, doch hier oben wirkt bereits alles entrückt und wie verzaubert. Auf den Zinnen der Burg wehen nebeneinander die grünrote Landesfahne und die schwarzweiße Flagge der Stadt. Lissabon ist eine <sehr edle und immer loyale> Stadt, so steht es auf dem flatternden Tuch geschrieben.

Am Morgen, bevor die Touristen den Hügel besetzen, ist es auf der Anlage am friedlichsten. Pinien und Olivenbäume wachsen still und langsam vor sich hin, Tauben turteln in den Mauernischen, Wasser gluckst in Rinnen, die Eisenrohre der alten Kanonen vor den Brüstungen zielen friedlich ins Leere. Lissabon liegt zu Füßen, nur sein Summen und windverwehte Glockenklänge ferner Kirchen dringen herauf. Vom obersten Stockwerk des Sheraton-Hotels, dem höchstem Gebäude der Stadt, ist die Aussicht bestimmt schön, auch vom Eisengeländer des Restaurants über dem 30 Meter hohen Santa-Justa-Aufzug oder von der Fähre aus, die den Tejo-Fluss überquert. Von hier aber ist sie berauschend:

Die Stadt öffnet und erzählt sich, sie gibt ihre Geheimnisse preis. José Cardoso Pires, Dichter Lissabons wie kaum einer, nannte den Ausblick faszinierend und begann hier oben, beim Castelo de São Jorge, einen literarischen Spaziergang durch die Stadt, den er in seinem <Lissabonner Logbuch> aufgezeichnet hat. Für Cardoso Pires ist Lissabon ein Schiff, <eine Barke mit Straßen und Gärten drin>. Selbst die Brise, die über den Häusern weht, schmeckt ihm nach Salz, er sieht <Wellen, Anker und Sirenen> und meint damit diese Meeres-Symbole, mit denen die Steinsetzer die feinen Kopfsteinpflaster vieler Plätze und Gehsteige der Stadt geschmückt haben.

Lissabon, Cardoso Pires' Barke, ist am Ufer des Tejo festgetäut. Die Städter nennen den Strom, der hier, weniges vor seiner Mündung in den Atlantik, rund drei Kilometer breit ist, einfach <o rio>, der Fluss. Er gehört ganz natürlich zum Stadtbild. Der Fluss hat Lissabon Ruhm und Reichtum gebracht, er verleiht der Stadt etwas Majestätisches. Jahrhunderte lang war der Hafen das Tor zur Welt - und auch Ort von Überfällen und Eroberungen. Fürst Afonso Henriques ging hier im Jahre 1147 mit seinen Truppen und mit 13 000 Kreuzrittern aus Deutschland, England, Flandern und der Bretagne an Land, um die befestigte Stadt, die damals Al-Ushbuna hiess, den Mauren zu entreißen, die sie vier Jahrhunderte zuvor besetzt hatten. Der Ansturm dauerte vier Monate lang, dann fiel die Stadt. José Saramago hat den Sieg der Christen in seiner <Geschichte der Belagerung Lissabons> frei und kritisch nacherzählt. Auf dem Burghügel gedenkt eine Bronzestatue der Tat. Im Kettenhemd, mit Schwert, Schild und kriegerischem Blick wacht Afonso Henriques über den errungenen Ort. Weiter unten, am Eingang, hütet eine Statue des Heiligen Georgs, die Anlage. Er hat dem Kastell den Namen gegeben. Sankt Georg (São Jorge) steht diskret in einem Glasschrein, der an der Mauer angebracht ist. Seine einzigen Waffen sind eine Lanze und der Heiligenschein.

Weiter oben sitzt, in Stein gehauen, König Manuel I. (1469 – 1521). Die Portugiesen nennen ihn <o venturoso>, den Glücklichen. Auch er verdankt seinen Ruhm dem Tejo. Vom Fluss bei Belém segelten die Karavellen los, die Indien Brasilien, die Molukken und Japan entdeckten und in ihren Bäuchen Gold, Gewürze und Sklaven heimschifften. Gott meinte es gut mit den Portugiesen: Unter Manuel dem Glücklichen erreichte das kleine Land, das damals kaum eine Million Einwohner zählte, den

Höhepunkt seiner Macht. Zusammen mit Spanien herrschte es über die Welt. Mit den üppigen Einkünften aus Übersee liess Manuel am Tejo-Ufer in Lissabon seinen Königssitz und in Belém die Hieronymus-Kirche bauen. Gelassen, mit Pagenschnitt, reich geschmückt und vor Selbstsicherheit strotzend, thront der jugendliche Monarch auf dem Ausguck über der Stadt .

König Sebastian (1554 – 1578) verwaltete das Weltreich, residierte jahrelang auf der Zitadelle und empfing dort – so will es die Legende – den Nationaldichter Luis Camões. Nach seiner Statue hält man auf dem Burghügel jedoch vergeblich Ausschau. Das hat seinen Grund: Dom Sebastião hat das Weltreich verspielt. Anstatt wie Manuel der Glückliche den Handel zu fördern und Feste zu feiern, verschanzte sich der König, der die Frauen nicht mochte, mit seinen jesuitischen Beichtvätern und Beratern in den Mauern der Zitadelle. Der blonde Jüngling träumte von kriegerischen Abenteuern und neuen heldischen Eroberungen für Portugal und das Christentum. 1578 schiffte er sich mit der Blüte des portugiesischen Adels im Tejo ein, landete im marokkanischen Hafen Asilah, trat nach vier Tagesmärschen – es war Hochsommer – gegen eine maurische Übermacht an und kam zusammen mit 8000 Kriegern jämmerlich ums Leben. Gott, vorher so gnädig mit Portugal, hatte dem Land den Rücken gekehrt. Zwei Jahre danach fiel es an die spanische Krone. Der 4. August, der Tag der fatalen Schlacht von Ksar el Kebir, sollte im ganzen Land ein Trauertag sein: Von jener Katastrophe hat sich Portugal niemals, genau besehen bis heute nicht erholt.

Auf dem Vorplatz der Zitadelle fühlt man sich wie auf der Kommandobrücke eines Schiffes, das Häusermeer darunter ist sein Rumpf. Am nächsten liegt das historische Stadtzentrum, die Unterstadt, die die Lissabonner Baixa nennen. Hier regiert die Geometrie. Knapp drei Dutzend mächtige, durch ein rechtwinkliges Straßennetz getrennte Häuserquader reihen sich symmetrisch aneinander und drängen zum riesigen Comércio-Platz, der nach altem Brauch weiterhin Terreiro do Paço heisst (weil dort früher der <Palacio>, der Königspalast stand), und zum Fluss.

Geometrie herrscht auch nördlich der Unterstadt: Das Rechteck des Rossio-Platzes führt zum Rechteck des Restauradores-Platz, von da zieht sich schnurgerade die Haupt- und ehemalige Flanierstraße Avenida da Liberdade hoch und findet ihre Fortsetzung bis zum Horizont im streng symmetrisch angelegten Park Eduardo VII.

Doch in Lissabon kann nicht Geometrie vorherrschen, zu sehr widerspräche dies dem Geist der Einheimischen, der Lisboetas. Die Hänge und die Hügel um die Unterstadt bieten ein ganz anderes Bild. Sie sind ein Labyrinth von Gassen, Winkeln, Treppen und Plätzchen. Wer z.B. in der Magdalena-Straße, welche die Unterstadt abschließt, durch einen halb versteckten Torbogen tritt, steht plötzlich in einer anderen Welt: Enge Gassen, steile Treppen (Escadas) und Stiegen führen den Hügel hoch. auf kleinen eisernen Balkonen flattert Wäsche, in winzigen Käfigen singen Vögel, zwischen lockeren Pflastersteinen wachsen Blumen.

Enge, niedrige Hauseingänge führen zu Ladengeschäften und Kaschemmen, irgendwo kräht ein Hahn. Dies ist die Mouraria, das Viertel, das die Christen nach der Eroberung der Stadt den Mauren zuwiesen – ein halb verborgenes Stück Altstadt, weiter gelebtes Mittelalter, in dem heute einfaches Volk wohnt und nur selten Fremde auftauchen. Nicht zu Unrecht schrieb die Stadtkennerin Alice Vieira, Lissabon sei ein <großes Dorf>, das aus lauter kleinen Dörfern bestehe.

STADTPLAN VON LISSABONS ZENTRUM

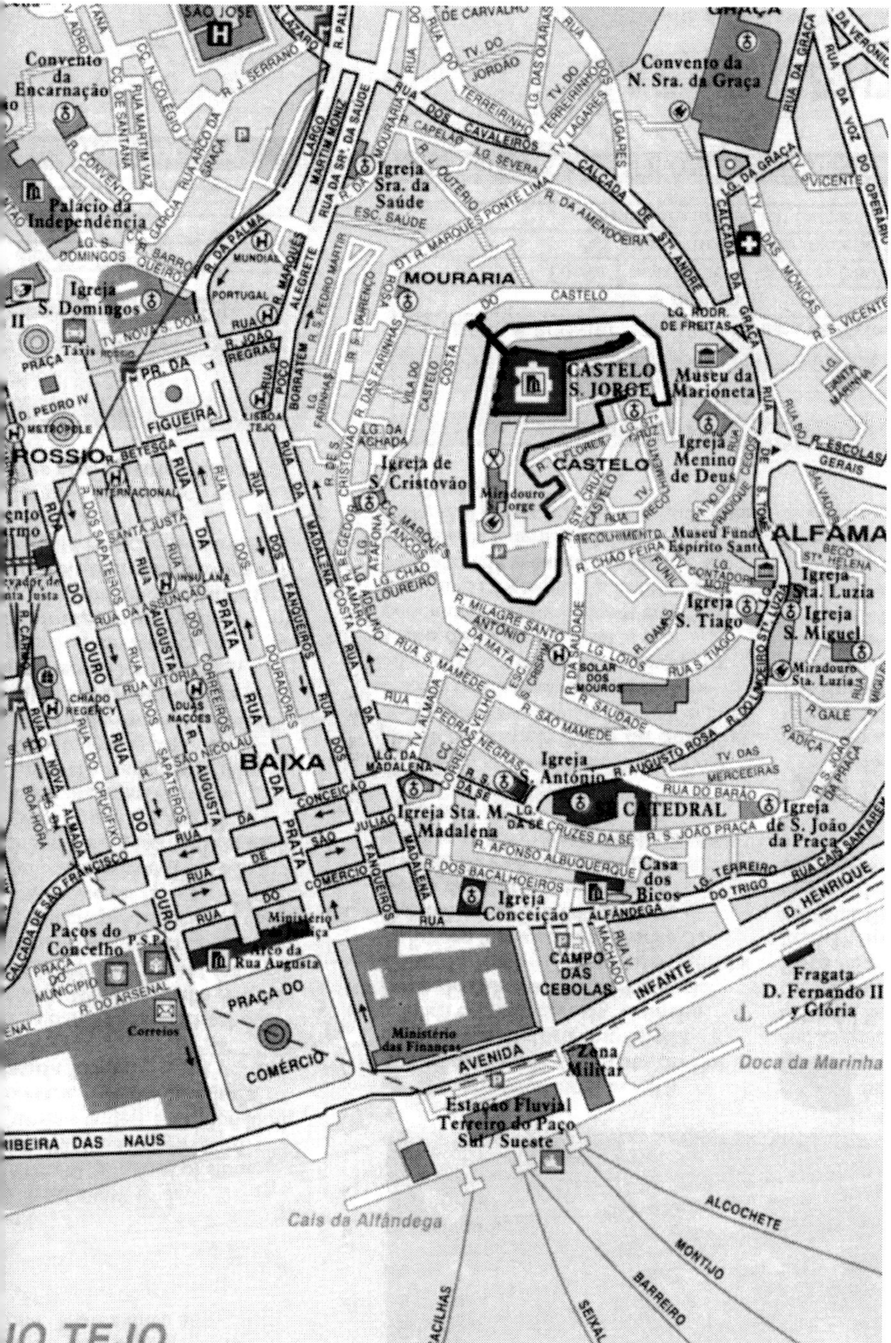

Convento da Encarnação
Palácio da Independência
Igreja S. Domingos
Táxis
ROSSIO
Convento da N. Sra. da Graça
GRAÇA
Igreja Sra. da Saúde
MOURARIA
CASTELO S. JORGE
Museu da Marioneta
Igreja Menino de Deus
CASTELO
Igreja de S. Cristovão
Miradouro S. Jorge
Museu Fund. Espírito Santo
ALFAMA
Igreja Sta. Luzia
Igreja S. Tiago
Igreja S. Miguel
Miradouro Sta. Luzia
BAIXA
Igreja S. António
SÉ CATEDRAL
Igreja de S. João da Praça
Igreja Sta. M. Madalena
Casa dos Bicos
Igreja Conceição
Paços do Concelho
P.S.P.
Arco da Rua Augusta
CAMPO DAS CEBOLAS
Fragata D. Fernando II y Glória
Correios
PRAÇA DO COMÉRCIO
Ministério das Finanças
Zona Militar
Doca da Marinha
Estação Fluvial Terreiro do Paço Sul / Sueste
RIBEIRA DAS NAUS
Cais da Alfândega
ALCOCHETE
MONTIJO
BARREIRO
SEIXAL
CACILHAS
RIO TEJO
RUA AUGUSTA
RUA DA PRATA
RUA DO OURO
RUA DOS FANQUEIROS
AVENIDA INFANTE D. HENRIQUE

Die Alfama ist ein weiteres Lissabonner <Dorf>. Sie liegt ebenfalls zu Füssen des Burghügels von São Jorge und wendet sich dem Tejo zu. Die Alfama, Lissabons ältestes Viertel, Wohnort der ersten maurischen Besiedler, dann der Fischer und Hafenarbeiter, ist heute ein phantastisches Gassengewirr. Vor den Essenszeiten hängt der Geruch gebratener Sardinen in der Luft, Fisch- und Fadolokale laden Einheimische und Fremde zum Besuch, hier residiert in einer Kirche auch der Stadtheilige Santo António, dem die Leute der Alfama an jedem Geburtstag (13. Juni) ein splendides Fest widmen. Zu diesem Anlass kommen auch Ausländer ins Viertel. José Saramago hat die Alfama mit viel Liebe porträtiert und – mit einem kräftigen Schuss Ironie – den typischen Touristen hineingesetzt.:

<Der Reisende geht durch gewundene Gassen, wo die Häuser zu beiden Seiten gleichsam Schulter an Schulter stehen, der Himmel eine Spalte zwischen den Dachtraufen, die nur eine Handbreit trennt, oder über abschüssige Plätze (..) und er stellt fest, dass es in den Fenstern nicht an Blumen fehlt, an Käfigen mit Kanarienvögeln. Und Häuser gibt es, in die noch nie ein Sonnenstrahl gefallen ist, und die Wohnungen im Erdgeschoss haben als einziges Fenster eine geöffnete Türluke. Der Reisende will ehrlich sein. Er war in der Alfama, aber was die Alfama ist, das weiß er nicht. Und dennoch streift er endlos herum, steigt hinauf und hinunter, und als er sich schließlich, nachdem er sich einige Male ganz wie geplant verirrt hat, auf dem Platz Chafariz de Dentro wieder findet, überkommt ihn erneut die Lust, die dunklen Gassen, die geheimnisvollen Gässchen und die abschüssigen Treppen noch einmal zu erkunden und so lange zu bleiben, bis er wenigstens die ersten Worte dieser unerschöpflichen Sprache erlernt hat, gemacht aus Häusern, Menschen, Geschichten, Lachen und unvermeidlichem Weinen.>

Gegenüber dem Kastell kuschelt sich das dritte <Dorf> des Lissabonner Stadtzentrums auf einem steilen Hügel. Es ist die Oberstadt, das Bairro Alto. Wie die Alfama war es einst ein Viertel der kleinen Leute, der Handwerker, Trinker und Prostituierten und von Fado-Lokalen aller Klassen. Heute ist das Bairro Alto schick. Boutiques, Spezialitäten-Restaurants und schräge Diskotheken geben dem Viertel einen neuen

Anstrich, Alt vermischt sich mit Jung, an den Wochenenden ist das Bairro Alto fest in den Händen der Nachtschwärmer.

Die Unterstadt und die daran anschliessenden Altstadtviertel sind gänzlich vom modernen Lissabon umringt. Vom Burghügel aus recken sich am Horizont die hässlichen Türme des Büro– und Einkaufszentrums Amoreiras in die Höhe. Hans Magnus Enzensberger nannte Amoreiras eine Anhäufung von <gigantischen Pappschachteln>, die mit <bombonrosa und himmelblauen Versatzstücken notdürftig kaschiert sind>. Das Einkaufszentrum und weitere urbanistische Unglücke sind in den 80er-Jahren entstanden, als Lissabon unter Stadtbürgermeister Cruz Abecassis Dekaden des Rückstandes aufholen und radikal modern werden wollte. Hinter den Rosa-Türmen von Amoreiras erahnen wir das Colombo, das allerneueste und Europas größtes Einkaufszentrum. Dahinter schliessen sich die brandneuen Autobahnstücke und – schlingen sowie die neuen Viertel und Schlafvorstädte an, die in einem weiten Bogen hinter den Hügeln hingepflastert wurden und sich ostwärts bis an den Fluss ziehen. Dort, am Tejo, erstreckt sich das Gelände der Weltausstellung von 1998. Und darauf können die Lisboetas wirklich stolz sein. Das Gelände, vorher ein totes Gerippe von Industrie-Ruinen, ist heute attraktiv und die Expo 98, ästhetisch hervorragend, leicht und luftig gebaut, ein Erfolg ohne Ende. Dorthin ziehen die Hauptstädter weiter scharenweise, vor allem an Wochenenden, hören sich Konzerte an, flanieren, fühlen sich wichtig und geben ihr Geld in feinen Restaurants aus.

In einem größeren Umkreis schliesst ein weiterer Gürtel die Stadt ein. Es ist ein Kranz von Industrievorstädten, der <rote Gürtel>. Von den Wehranlagen des Burghügels São Jorge aus können wir hinter Hochkaminen und Werftanlagen südlich des Tejo-Flusses einige Orte erkennen: Barreiro, Seixal, Almada, Cacilhas. Im Norden runden Loures, Sacavém und Alverca den Bogen ab. Den Namen hat dieser Ring um Lissabon erhalten, weil seine Bewohner politisch immer entschlossen links wählen. Diese permanente linke Präsenz um die Stadt hat Lissabons Bürgertum lange in Schach gehalten und ihm Schwungkraft genommen. Lissabon ist eben nicht Porto. In Porto, das der Hauptstadt einen stillen, verbissenenen und aussichtslosen Kampf um die Vorherrschaft im Lande liefert, regiert seit jeher unangefochten das Bürgertum und bestimmt den Rhythmus der Stadt.

Vom Ausguck des Kastells fällt auf, dass an Lissabons schönsten Orten nicht etwa Villen von Grossbürgern, sondern Staatsgebäude stehen, prächtige langgestreckte Bauten mit Hunderten von Fenstern Balkonen, majestätisch geschwungenen Marmortreppen und bester Aussicht. Wie ist der Staat zu dieser Pracht gekommen? Ganz einfach: 1834 beschlossen die Liberalen, die damals vorherrschten, im ganzen Land die Klöster aufzuheben und Mönche und Nonnen auszuquartieren. Allein Lissabon zählte über 200 Klöster. Die verlassenen Gebäude nahm die Staatsverwaltung in Beschlag. Aus dem Kloster das Necessidades wurde das Aussenministerium, in das besonders schöne Frauenkloster Sao Bento zog das Parlament ein, Richter und Magistraten richteten sich im Kloster Boa Hora ein. Andere Gotteshäuser wurden in Spitäler, Bibliotheken und Schulen und sogar in einen Bahnhof (Santa Apolonia) verwandelt. Selbst Armee-Einheiten und Polizeikorps sind heute in ehemaligen Klöstern einquartiert. Das Ende dieser Gotteshäuser in Lissabon ging still vor sich, wirkte aber wie eine Revolution: <Die Mystik der Religion wurde auf diese einfache Weise in die Mystik des Staates umgewandelt>, schreibt Dejanirah Couto in ihrer Stadtgeschichte.

Welche Farben bestimmen Lissabons Stadtbild? Darüber gibt es viele, hitzige und disparate Meinungen. Der Schweizer Film-Regisseur Alain Tanner zweifelte keinen Augenblick. In seinem Streifen, der zu einer eigentlichen Hommage an Lissabon wurde, nannte er die Stadt <la ville blanche>. Tanner zeigte in der Sonne gleißende Gebäude, Straßenbahnen, traumhaft helle Bilder, die auf eine mediterrane Stadt schließen ließen. Sein Filmtitel war ein totaler Erfolg: In den Köpfen der meisten Ausländer hat sich das Bild von Lissabon als einer weißen Stadt - <la ville blanche> -festgesetzt.

Das hätte Tanner vielleicht nicht tun sollen. Viele Lissabonner mucken auf, wenn sie den Ausdruck <la ville blanche> hören. Sie sehen ihre Stadt ganz anders und halten ihn für eine poetische Freiheit des Künstlers, die Verwirrung stiftet. <Tanner hat Lissabon gefilmt als wäre es eine nordafrikanische Hafenstadt, er hat fast nur im damals heruntergekommenen Hafenviertel gedreht>, sagt der Maler und Karikaturist Joao Abel Manta, <in unserem Land hat nur die Algarve mit ihren weißen Dörfern mediterranen Charakter>. <Lissabon eine weiße Stadt? Wie blind ist doch dieser Tanner>, meinte José Cardoso Pires. Der Schriftsteller suggerierte, der Regisseur habe die Farbe als Symbol benutzt.

Tanners Kritiker haben Recht. In Wirklichkeit herrschen in der Stadt andere Farben vor. Sie zeugen von einem ästhetischen Raffinement ihrer Bewohner und geben ihr einen romantischen Anstrich, der nichts mit dem mediterranen Weiß zu tun hat. Es sind drei Farbtöne: Zartrosa mit einem Schuss Weinrot vermischt, Ockergelb mit einigen Tropfen Zitrone und, seltener, ein dezentes Lindengrün. Stadtkenner wollen wissen, dass diese drei Farben früher die vorherrschenden Klassen symbolisierten. Das Königshaus bemalte seine Besitztümer rosa, die Bischöfe die Kirchen und Klöster gelb, der Staat die Verwaltungsgebäude grün. So genau kann man das nicht wissen. Sicher ist nur, dass der Stadtarchitekt Pezarat 1865 begeistert von einer Reise nach Paris zurückkehrte und anordnete, dass Lissabon wie die eben von seinem französischen Kollegen Haussmann renovierte Seine-Stadt ein einheitliches Bild zeigen müsse und alle Gebäude rosa anzustreichen seien. Ein derartiges Diktat war den Lisboetas aber zu viel. Sie benützten weiter die drei Farben. Da sich bald darauf die Machtverhältnisse änderten und die Monarchie gestürzt wurde, kam es bald zu einer freudigen Farbenverwirrung. Ein Beispiel: Der Staat lässt seine mächtigen Verwaltungsgebäude und Ministerien am Terreiro do Paço häufig neu bemalen. Einmal grün, dann gelb, dann rosa. Momentan leuchten sie gelb. Die drei Farben sind nach langen tristen Jahren der abgewaschenen und verblichenen Hauswänden wieder voll in Mode. Die Einheimischen haben im Stadtzentrum renovierte Häuser rosa, gelb und grün angestrichen. An einem Straßenzug beim Principe Real-Park ist der Eifer der Renovation zu sehen. Die drei Farben sind so stark aufgetragen, dass sie beinahe schreiend wirken.

Dies ist ganz und gar nicht der Stil der Lisboetas. Sie sind so zurückhaltend wie die Farben ihrer Häuser. Lärm und Aufdringlichkeit sind ihnen fern, beides gilt als unfein. Selten weisen sie den Fremden mit einem barschen Nein ab, selten lassen sie auch nur ein lautes Wort fallen, an Bushaltestellen stehen sie still und diszipliniert Schlange. (Dies fiel bei einem Besuch auch Alfred Andersch auf. Er schrieb, die Lissabonner seien <halbe Engländer>). Ecken sie an, schweigen sie lieber und geben nach. Nein zu sagen gilt als wenig höflich. Die Lissabonner sind fast unbegreiflich höflich, als wären sie englische Gentlemen. Reisenden ist dies schon früh aufgefallen. Der Italiener Arnaldo Cipolla notierte1927, dass sich im dichten Straßenverkehr der Unterstadt die Lenker von Lastwagen, Autos und Handkarren gegenseitig mit generösen Handzeichen den Vortritt gewährten, und dass derjenige, der zuerst losfuhr, sich zeremoniell und fast unterwürfig mit einem <muito obrigado> bedankte. Der Ausdruck heißt nichts weniger als <Ich bin Ihnen sehr zu Dank verpflichtet>.

Heute ist es nicht viel anders: In der Untergrundbahn verlangen Fahrgäste – allerdings längst nicht mehr alle – mit einem exquisit hingehauchten <com licença> (Mit Ihrer Erlaubnis) Durchlass, Passanten, die sich des Wegs erkundigen und eine lange und umständliche Erklärung erhalten, quittieren die Hilfe mit dem höflichen <muito obrigado>. Wer sich für größere Dienstleistungen bedanken will, kann das <muito obrigado> durchaus noch steigern. <Obrigadissimo> heißt der Ausdruck, die Lisboetas benützen ihn bei jeder sich bietenden Gelegenheit.

Ausländische Reisende, vor allem <Nordlichter>, haben im Lebensstil Lissabons eine Alternative zu ihrem hektischen und exakt programmierten Treiben entdeckt. Reinhold Schneider kritisierte um 1930 in seinem portugiesischen Reisetagebuch, in den Straßen der Stadt herrsche der Eindruck von <Ruhe und Schläfrigkeit> vor und der heimliche Charakter der Stadt sei von <levantinischer Weichheit und Passivität> geprägt. Nach ihm schläft die Hauptstadt <inmitten des Lärms zwischen Palmen und herrlichen Farben einen <tiefen Schlaf> und ist Lissabon eine Stadt der Poesie im höchsten Sinne. Wie ganz Portugal <dichtete sie so lange, bis sie alles verloren hatte>. Soweit Reinhold Schneider.

Vor allem die Deutschen hängen Lissabon eine Aura der Poesie, der Versponnenheit und der Träumerei um. Hans Magnus Enzensberger schrieb 1986 in seinen <portugiesischen Grübeleien> nicht ohne Bewunderung, die Bevölkerung verweigere sich mit ihrem Lebensstil in Wirklichkeit den strengen Spielregeln des effizient durchorganisierten Kapitalismus. <Mitten in der Besprechung lässt der Ingenieur Soares, mit einem halben Lächeln, die Computerliste, der Tuchhändler Soares, kurz vor dem großen Abschluss, den Stoffballen sinken. Eben war er noch eifrig bei der Sache, nun wirkt er plötzlich so reserviert, so in sich gekehrt. Ist er zerstreut? Ist er müde? Geistesabwesend? Woran denkt er?>

Die Einheimischen möchten dem Bild, das sich Ausländer von ihnen machen, entgegenwirken. <Wir mögen faul sein, aber verträumt oder geistesabwesend sind wir nicht>, hält der Schriftsteller und Kulturhistoriker José Augusto França diesen Argumenten entgegen. Er ist jedoch einverstanden, dass die Lissabonner manchmal ganz unlateinisch langsam sind. Sie sagen von sich selber, dass sie in einem Land der <brandos costumes>, der weichen Sitten leben, harten Tatsachen vielfach auszuweichen verstehen und sich selber viel Nachsicht und Aufschub gönnen. Unangenehmen und harten Tatsachen, die das Leben erschweren, versuchen sie mit einem <jeito> beizukommen. <Jeito> bedeutet Trick, Einfall, zündende Idee. Wer <jeito> hat und eine Situation <arrangieren> kann, ist gut angesehen.

Das Zeitgefühl der Lissaboner ist <elastisch> zu nennen. Es schlägt sich in einem besonders beliebten Ausdruck nieder. Er heisst <só um bocadinho> (nur ein Weilchen). Fällt dieser Ausdruck – oder seine moderne Version <só um momento> – ist Vorsicht geboten. In Lissabon können die Momente endlos dauern. Sagt die Telefonistin <só um bocadinho>, pflegt am Draht zuerst eine beträchtliche Weile lang Musik zu ertönen. Vom Gesuchten keine Spur. Wer die Geduldsprobe aushält und nicht verärgert aufhängt, kann Glück haben – manchmal. Antwortet der Kellner <só um bocadinho>, hat er wirklich keine Zeit, sagt es der Zeitungsverkäufer, verschafft es ihm Zeit zu überlegen, ob er das gewünschte Blatt überhaupt führt. <Só um bocadinho> oder <só um momento> sind für gestresste und effiziente Nordländer überaus probate Mittel zur Einübung der Geduld. Die Ausdrücke können auch gebraucht werden, um elegant das Nein zu umgehen. Denn Nein zu sagen wäre schlimmer: es wäre unhöflich.

Aber wie sind die Lisboetas sonst noch? <Ach wissen Sie>, kommt die Antwort, <wer ist denn schon Lisboeta? Die meisten stammen von der Provinz oder sind sogar von den ehemaligen Kolonien zugezogen. Schauen Sie sich nur die Gesichter in der Stadt an.> Tatsächlich ist Lissabon heute ein Völkergemisch. Die ehemaligen Kolonien sind in den Straßen gegenwärtig wie kaum zuvor, eine Fahrt in der Untergrundbahn ist fast ebenso bunt wie in der Pariser Metro oder im Londoner Subway. Die weißen Gesichter sind manchmal nur knapp in der Mehrheit. Ein guter Teil der Passagiere stammt aus Angola, Moçambique, aus den Kapverdischen Inseln oder vielleicht sogar aus Goa. Mehrere hunderttausend Menschen sind in den vergangenen Jahrzehnten in die Hauptstadt gezogen, vor allem die Schwarzen haben mit ihrem Lebensstil, ihren frechen Kleidern und ihrer heissen Musik dem stillen und unaufdringlichen Lissabon einen neuen Look und frischen Schwung gebracht. Wer also ist Lisboeta?

Zeitrisse, Hoffnung, Fest: Altstadtszene am Burghügel.

2. HERZZERREISSEN UND FERNWEH

Lissabonner Chimären: Pater Gusmão und die Rua da Saudade

Gleich unterhalb des Eingangs zum Kastell beginnt die Rua Bartolomé de Gusmão. Die meisten Touristen beachten sie nicht, steigen in den Bus oder ein Taxi oder wählen einen anderen Abstieg in die Stadt. Das ist schade, denn diese steile, leicht verlotterte Straße mit ihrem Kopfsteinpflaster hat viel zu erzählen. Auf dem Straßenschild steht unter dem Namen Bartolomé de Gusmão <Precursor da Aeronáutica>. Das Schild erzählt auch, dass besagter Gusmão von 1685 bis 1724 gelebt hat. Das ist nun wirklich erstaunlich. Haben die Portugiesen, die nie mit wissenschaftlichen Erfolgen auftrumpfen konnten, einen Pionier von Weltrang gehabt, der hundert Jahre vor den Gebrüdern Montgolfier die Schwerkraft besiegte? Der Mann im Unterhemd, der aus dem Fenster über dem Straßenschild guckt, nickt und bestätigt: <Ja, Gusmão war ein Precursor der Aeronautik>, ein Pionier der Luftfahrt, sagt er ohne zu zögern. Was Gusmão tat, um einen Straßennamen zu verdienen, weiss er nicht. Es bleibt ein leiser Zweifel. Sagte der Mann <Precursor> und meinte in Wirklichkeit <Professor>?. Der Früchtehändler weiter unten an der Straße kann nichts Genaueres zum Thema beisteuern. <Das weiss ich nicht>, antwortet er, als hätte ich von ihm etwas Unerforschliches verlangt, und stapelt weiter seine Birnen. An einem Hauseingang kennt dafür eine alte Frau die Antwort: <Ja, dieser Gusmão, der ist vom Kastell in die Stadt hinunter geflogen, wie, weiss ich auch nicht.> berichtet sie treuherzig.

Nun ist die Neugier erst recht geweckt. Als erstes finde ich heraus, dass der Flug eine Legende ist. Und diese will, dass Bartolomé Gusmão in einem barocken Deltasegler vom Vorplatz des São Jorge-Kastells in die Luft gegangen und auf dem Terreiro do Paço neben dem Fluss gelandet ist. Wie schön! Doch wer war Bartolomé Gusmão? Ein Jesuit, der in Brasilien zur Welt kam, ein Genie, das seine Erzieher schon in der Jugend mit einer außerordentlichen Intelligenz, breitem Wissen und einem phänomenalen Gedächtnis verblüffte. Als er noch nicht sechzehn Jahre alt war, liessen die Jesuiten ihn nach Lissabon ziehen. Dort schlossen König João V und seine Gemahlin, Maria Ana von Österreich, den jungen Mann ins Herz. Gusmão hatte nebenbei noch ein Förderband zum Wassertransport auf einen Hügel gebaut und Pläne für die Verbesserung von Wassermühlen und Schiffspumpen ersonnen. Nun durfte er am Lissabonner Königshof pröbeln.

Am 8. August 1708 war es soweit. Was geschah? Genau werden wir das vielleicht nie wissen. Nach der einen Quelle liess der Pater vor dem Königspaar, dem päpstlichen Nuntius sowie dem versammeltem Adel einen Heißluftballon aufsteigen, der nach erfolgreichem Flug auf dem Terreiro do Paço landete. Eine andere Quelle spricht von drei Versuchen, die der Nuntius getreulich aufgezeichnet und nach Rom geschickt haben soll. Beim ersten verbrannte der Ballon, das zweite Vehikel stieg hingegen 4,5 Meter hoch in die Luft. Erschreckte Diener, die einen neuen Brand verhindern wollten, holten es herunter. Der dritte Ballon hob erfolgreich ab, berührte dann jedoch eine Mauer und wurde zu Asche.

Wie Pater Gusmão mit einem Luftschiff in Verbindung gebracht wurde, ist ein weiteres Rätsel. Wenige Jahre nach den ersten Experimenten geisterten in Europa Zeichnungen und Stiche eines <fliegenden Schiffes> des Jesuiten herum. Das geschah nach einer Quelle zur Verheimlichung seiner wahren Projekte. Die anderen Quellen schweigen. Das Luftschiff erhielt den Namen <Passarola>, grosser Vogel, doch der Pater ist mit Sicherheit nie darin geflogen.

Mehr als Fakten zählt aber die Vorstellung. Auf einigen Stichen der Epoche steht er auf einem etwa sechs Meter langen vogelköpfigen Rumpf, der von einem fallschirmartigen Segel überspannt ist, und betätigt heftig einen Blasebalg, damit sich das Segel spanne. Keck weht am Heck des Gefährts die portugiesische Landesfahne. Auf einem anderen Abbild guckt er mit einem Fernrohr zum Horizont. <Pater Gusmão gelang es, das erste Mal in der Menschheitsgeschichte in flagranti zu beweisen, dass ein Apparat in die Luft steigen kann>, steht in der portugiesisch-brasilianischen Enzyklopädie stolz. So machten die Landsleute aus ihrem Pater einen portugiesischen Bezwinger der Lüfte, einen würdigen Nachfolger ihrer Helden der Meere, die dem Land zwei Jahrhunderte zuvor mit ihren Entdeckungen und Eroberungen zuvor viel Ruhm gebracht hatten.

In Wirklichkeit verfolgte der Adel die Experimente des jungen Jesuiten voller Neid und Missgunst. Auch die Kirchenoberen sahen sie nicht gerne, denn der Luftraum war dazumal ausschließlich für die Engel reserviert.

Nach einigen Misserfolgen kehrte Pater Gusmão Portugal den Rücken und verbrachte mehrere Jahre im England, Holland und Frankreich. Nach seiner Rückkehr nach Lissabon verdächtigte ihn die Inquisition der Hexerei, 1724 verwickelte sie ihn sogar in einen Prozess. Da entschloss sich der Pater zur Flucht. Er wollte nach Paris gelangen, schaffte es aber nur bis Toledo. Dort erkrankte und starb er, wurde in der Kirche von San Román begraben und vergessen.

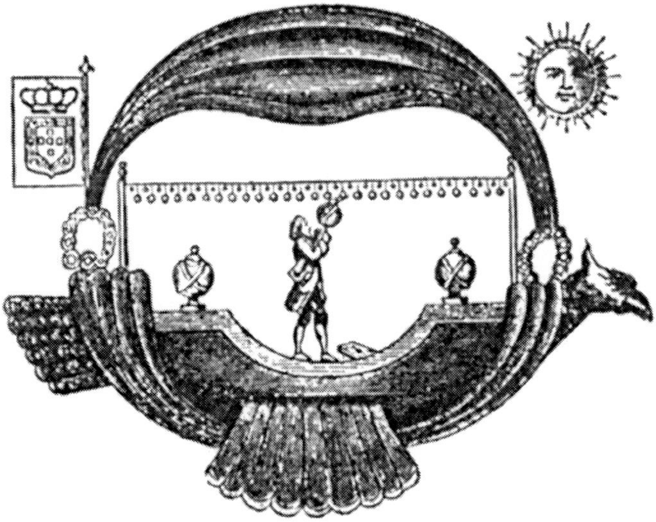

Das phantastische Luftschiff <Passarola> des jesuitischen Aeronauten Gusmão.

Jedoch nicht ganz: José Saramago hat sich den Aufstieg und Fall von Bartolomé Lourenço de Gusmão zu Herzen genommen und dessen Geschichte in seinem Bestseller-Roman <Das Memorial> verewigt. Der Schriftsteller beschreibt die Flucht des Paters vor seinen Verfolgern. Dafür benützt er nicht seine Füße, sondern sein Luftschiff. Zusammen mit zwei Helfern hat er die <Passarola> in einem verlassenen Gebäude auf einem Landgut vor den Toren Lissabons gebaut. Kurz bevor die kirchlichen Häscher in die geheime Werkstatt eindringen, um den Erbauer des Teufelsgefährts festzunehmen, hebt dieser mit seiner Flugmaschine senkrecht ab.

<Die Maschine erbebte, wankte, als suchte sie ein plötzlich verlorenes Gleichgewicht, es knarrte überall, das waren die eisernen Lamellen und das Weidengeflecht, und jählings, als saugte ein leuchtender Strudel den Vogel an, drehte sich dieser abhebend zweimal um die eigene Achse, gewann, kaum aus dem Gemäuer hervor, Balance, hob resolut seinen Möwenkopf, und pfeilgeschwind wand er sich himmelauf>

Triumphierend fliegt der Pater mit zwei Helfern über Lissabon und über das im Bau befindliche, riesige Königsschloss von Mafra hinweg, landet bei Sonnenuntergang an einem Berghang und verschwindet von dort für immer. In einem zweiten phantastischen Flug erhebt sich die Luftmaschine aus einem Versehen des Helfers Baltasar in die Luft und verschwindet aus dem Roman. Pater Gusmão, die Freiheit und der menschliche Erfindergeist haben über die rückständige Inquisition gesiegt, nicht einmal eine Spur des Corpus delicti bleibt zurück. Zu dem Ganzen spielt – noch phantastischer – der italienische Musiker Domenico Scarlatti, im Roman <Scharlach> genannt, Cembalo.

Saramagos Passarola ist ein Gefährt aus Holzplanken, Weidengeflecht, Eisenlamellen und einem Segel. Doch warum flog es? Der Pater hatte zwei Geheimnisse. Er baute in die Passarola Kugeln aus Bernstein ein, die Energie abgaben, so bald sie von der Sonne beschienen wurden. Interessanter noch war sein zweiter Treibstoff: In zwei metallenen Hohlkugeln waren je tausend Willenskräfte von Menschen eingeschlossen, die Helfer des Paters Sterbenden kurz vor deren Tod ablösten. Diese Willenskräfte, die eigentlich Gott gehörten, halfen mit, die Schwerkraft zu überwinden. Und weil sie nur Gott gehörten, hatte sich der Pater vergangen: Für die Inquisition war er ein Ketzer und musste deshalb sterben. Am Ende von Saramagos Roman verbrennt an seiner Stelle der Helfer Baltasar auf dem Scheiterhaufen eines Autos da Fé in Lissabon.

Inzwischen sind wir am Ende der Luftfahrt-Strasse angelangt und müssen wir uns wieder mit der Wirklichkeit beschäftigen. Sollen wir für den weiteren Abstieg in die Unterstadt die <Straße des Wunders des Heiligen Antonius> oder die <Heimwehstraße> wählen?. So heißen die beiden Straßen, die hier beginnen. Am Eckhaus, das sie trennt, sind in großen blauen Fliesengemälden vier Szenen aus dem Leben des Stadtheiligen dargestellt. Antonius, mit bürgerlichem Namen Fernando Bulhões, war ein Mönch und gewaltiger Redner. Nach Missionsversuchen in Nordafrika und einem Schiffbruch landete er in Italien. Dort predigte er mit viel Erfolg und starb 1231 in seinem 36. Lebensjahr in der Nähe von Padua, weshalb er überall, nur nicht in Lissabon, der Heilige Antonius von Padua genannt wird. Wir wählen die linke Hausseite, weil dort das Wunder, Antonius' Predigt an die Fische, aufgezeichnet ist. Folgsam strecken die Fische ihre Köpfe aus dem Wasser und blicken -ganz Ohr- zum Heiligen, der ihnen vom Ufer aus zuredet.

Der Stadtheilige Antonius beim Predigen.

Wir sind nun an der Heimwehstraße, der <rua da Saudade>. Hier herrscht Ruhe. Verträumt blickt die Straße auf den Fluss. Von leicht lädierten Häusern blättert rötliche Farbe ab, in Gärtchen wachsen Blumen und Mispelbäume, hinter weiß gestickten Vorhängen erahnen wir alte Frauen in Schwarz. Stilles Lissabon: Kein Tourist weit und breit, selten verliert sich ein Auto hierher. Am unteren Ende der Straße erschwert ein enger Durchgang den Weg: Die Bauarbeiter sind auf Ruinen eines römischen Theaters gestoßen. Das ist Pech: nun müssen sie ganz freigelegt und geschützt werden. Unter der Überdachung streunen Katzen.

Genau genommen heißt die Straße nicht Heimwehstraße. Diese Übersetzung ist zu einfach, Saudade ist ein sehr komplexes und mysteriöses Gefühl, ein derart tiefschürfender Ausdruck, dass wir uns fragen, warum die Lissabonner ihn einer so unscheinbaren Straße verliehen haben. Hans Magnus Enzensberger, der sich eingehend und herzhaft mit Portugal beschäftigt hat, kommt zum Schluss, Saudade könne man nicht ins Deutsche übersetzen. Halten wir uns also an die Beschreibung der Portugiesen. Hier eine bescheidene Aufzählung von Definitionen aus Wörterbüchern und von Dichtern, u.a. dem Poeten Almeida Garrett, Francisco Manuel de Melo und dem Literaturkritiker und lusitanischen Seelenforscher Eduardo Lourenço. Saudade ist danach ein(e)

Mysteriöse Multiplikation von Gefühlen
Ein süss-saures, urtümlich portugiesisches Gefühl
Bitterer Genuss von Unglücklichen
Melancholie wegen eines Gutes, das man herbeisehnt
Ein magisches Numen, das Seelen versetzt
Ein Herzweh, das man genießt und ein Gut, an dem man leidet
Ein tiefes Gefühl, in der Zeit zu verbrennen ohne sich darin aufzulösen
Fleischgewordenes Bewusstsein der Zeitlichkeit unserer Existenz
Ein rückwärtsgerichtetes, bedauerndes Sehnen
Eine unerklärliche Mischung von Leiden und Süße

oder, als Quintessenz:
Wenn nichts mehr bleibt, bleibt das Ganze des Nichts. Das erleben wir als Saudade.

Auf jeden Fall handelt es sich um ein gewaltiges, dem Mittelmeerraum fremdes Gefühl, das die Portugiesen höchstens noch mit ihren seelenverwandten Brüdern und Schwestern im nordspanischen Galicien zu teilen gewillt sind.

Am besten ist diesem Gefühl mit dem Seziermesser der Logik von außerhalb des Landes beizukommen. Eduardo Lourenço hat dies von seinem Wohnsitz in Frankreich aus getan und dabei die portugiesische

Seele ans Tageslicht gefördert. Diese Seele spricht so: Wir sind ein kleines Volk, einst waren wir aber groß sind in die ganze Welt ausgefahren, doch wir haben uns verausgabt und alles verloren. Jetzt trauern wir dem nach. Eigentlich sind wir ein auserwähltes Volk von weltumspannender Berufung. Wie käme es sonst, dass wir eine Weltkugel auf unsere Landesfahne gesetzt haben, ja, wir sind die älteste Nation Europas und uns gebührt ein besonderer Rang, doch niemand hört mehr auf uns, wir missionierten in China, unsere Priester schafften es als erste sogar in den Tibet, wir brachten das Christentum nach Japan und ernteten Märtyrer, wir regierten in Brasilien und schifften Zucker, Edelhölzer und Gold nach Europa, wir beherrschten halb Afrika, wir handelten in Indien und Indonesien. Und jetzt? Jetzt sind wir klein, ein Fliegengewicht, ein Nichts, eine Nation ganz am Rande Europas, am Katzentisch der Welt, in die sich die wichtigsten Künstler, die Wissenschaftler und die Politiker dieser Welt nur ganz selten verirren. Wir träumen von einem anderen Portugal, einem bewunderten Land, von dem die Welt in Schlagzeilen berichtet, doch wir glauben nicht recht daran, dass wir das jemals schaffen, – ja, wir leiden am verlorenen Paradies, an einer Nostalgie ohne Ziel.

Die Stadtverwaltung hat schon vor langem Bänke aufgestellt. Viele Leute kommen hierher, um sich zu setzen. Sie schweigen, ihr Blick verliert sich in der Ferne. Was tun sie? Sie praktizieren die Saudade.

Antonio Tabucchi

Portugal lebte mit seiner Saudade, es genoss sie und litt an ihr. Je stärker das Land politisch und wirtschaftlich absackte, desto mehr zehrte es davon. Am Ende des 19. Jahrhunderts war die Talsohle erreicht. 1890 erniedrigten die Engländer wegen eines Streits um Besitztümer im südlichen Afrika das schwache und stolze Kolonialland mit einem Ultimatum, das Lissabon in 24 Stunden zu erfüllen hatte – und auch erfüllte. In jenen Jahren der Machtlosigkeit und des tiefsten Pessimismus gründeten Schriftsteller in Lissabon eine Gruppe, die sich <Os vencidos da vida> (<Die vom Leben Besiegten>) nannten. Wir Portugiesen zählen nichts mehr, doch wir haben immer noch das blaueste Meerwasser, pflegten sie von einem Ausguck über der Stadt zu sagen. Kuriorserweise gehörten der Gruppe erfolgreiche Schriftsteller wie der Romancier und

Diplomat Eça de Queiroz sowie mindestens drei Grafen und Marquis an, die allesamt sehr gut lebten. Im Namen ihrer Gruppe steckte jener bittersüsse Genuss der Saudade.

Um die Zeit des Ersten Weltkriegs war Portugals Lage nicht besser. Das Sehnen von Dichtern und Künstlern, ihr Land nach langer Dekadenz wieder auf die Beine zu bringen, führte dazu, dass sie eine literarische Bewegung <Saudosismo> nannten. Es war ein gewaltiges Träumen und Aufbäumen. Teixeira de Pascoães, der Hauptvertreter jener Gruppe, sah in dem Portugiesen einen ganz besonderen Menschenschlag und hielt diese besondere Rolle in einem Buch fest. Es hieß: <Die Kunst, Portugiese zu sein>.

Den ärgsten Phantomschmerz hat den Portugiesen König Dom Sebastião beschert, der in der Schlacht gegen die Mauren umkam und spurlos verschwand. In verschiedenen Schmerzwellen, die sich in Versen und Legenden ausdrückten, haben seine Landsleute ihn auferstehen lassen. Nach einer Legende wird der blonde junge König eines nebligen Tages in einem mysteriösen Schiff am Kai von Lissabon beim Terreiro do Paço anlegen und das Land zur Größe zurückführen, eine andere verkündet, dass er völlig unversehrt auf einem herrlichen Schimmel erscheinen wird.

Der süßen Seite des Trauerns und Träumens steht das bittere Erkennen des Fados gegenüber. Das Trauern ist unser Schicksal, Glücksmomente sind nur Ausflüchte, verkünden Nacht für Nacht Fadosänger und -Sängerinnen in Lissabons Fado-Lokalen. Konsultieren wir zur Sicherheit Amalia Rodrigues, die 1996 verstorbene Unsterbliche, die in Lissabons Pantheon beigesetzt ist. Die Übermutter des Fados erklärte, der Gesang stelle lediglich fest, dass man an den Tatsachen <nichts ändern> könne.

Von all diesem wollen die meisten jugendlichen Lisboetas nichts wissen. Sie ziehen die Musik der Gruppe Madredeus, von Pedro Abrunhosa, von House und Techno dem Fado vor. Die Seelenforschung lässt sie kalt, vom Schmerz und den Unrühmlichkeiten der eigenen Geschichte haben sie nicht viel mitbekommen. Sie spüren nichts davon, denn, sie wachsen im neuen aufstrebenden Portugal auf, das ein Teil der Europäischen Union ist und noch mehr aufstreben wird. Und zudem feiert Lissabon jetzt Erfolgserlebnisse aller Art. Mit der Weltausstellung von 1998 hat es der Welt gezeigt, wozu das Land fähig ist, die Europa-Meisterschaft im Fußball, die Portugal im Jahre 2004 durchführt, wird sicher ein weiterer Triumph werden, vielleicht wird sogar die eigene Mannschaft gewinnen.

Saudade adieu? <Ach was>, sagt der Schriftsteller und Kulturhistoriker José Augusto França, <tief in der Brust ist sie weiter vorhanden>.

Er verwirrte die Kritiker und sich selbst: Fernando Pessoa.

3. DER TRAUMWANDLER

Fernando Pessoa und das Café-Restaurant Martinho da Arcada

Am unteren Ende der Rua da Saudade stossen wir unvermutet auf das frühe Mittelalter. Auf einer blauen Fliesenzeichnung, die den Namen eines nahe liegenden Restaurants anzeigt, ist der Angriff der Christen auf das maurische Lissabon im Jahre 1147 dargestellt. Das Gemälde fusst auf der Chronik eines englischen Kreuzritters, der die Belagerung der Stadt beschrieben hat. Als die Christen zu verzweifeln begannen, weil sie die dicken und hohen Mauern der Stadt nicht zu stürmen vermochten, kamen sie auf die Idee, einen Belagerungsturm zu bauen. Damit rückten sie vor und beschossen sie das Innere der Festung. Das Fliesenbild zeigt die Angreifer in Aktion: Der nach dem Manuskript 83 Fuß hohe Turm nähert sich der Stadtmauer, am Strand liegen einige Schiffe der internationalen Streitmacht der Angreifer. Wir staunen nicht mehr, wenn wir einige Schritte weiter unten, in der eigentümlich kahlen romanischen Kathedrale der Stadt, die die Lissabonner Sé nennen, vernehmen, dass der erste Bischof nach der Eroberung kein Portugiese, sondern ein englischer Kreuzritter war und William of Hastings hiess. Die Straßen und Gassen um die Kathedrale befanden sich einst innerhalb der ältesten Stadtmauer, sie sind das Ur-Lissabon.

Folgen wir von der Kathedrale aus der Strassenbahn, gelangen wir auf dem weiteren Abstieg ins Zentrum rasch auf einen riesigen Platz, den Terreiro do Paço. An seinem Osteingang liegt unter mächtigen Arkaden eines der wenigen Lokale, das nicht Teil eines Ministeriums ist. Es ist das Café-Restaurant Martinho da Arcada. <Gegründet 1782>, steht aussen auf einem Fenster. Beim Eintreten eine leichte Enttäuschung: Das Lokal ist ganz simpel eingerichtet und sieht aus wie eine Küche. Einfache weisse Fliesen, ein Paar Holztische mit Stühlen. Dies soll das berühmte Martinho da Arcada sein? Ein Kellner liefert die Erklärung: Der Raum am Eingang war früher wirklich die Küche des Lokals. Hinter dem Tresen zeigt es eine blaue Fliesenmalerei an. <Ich habe das Lokal umbauen lassen, heute dient dieser Teil als Café>, sagt der Besitzer António de Sousa. Sousa, der als Emigrant in Brasilien eine kleine Fortune anhäufen und damit ein Café in der Nähe erwerben konnte, übernahm das Martinho da Arcada, das vorher stark heruntergekommen war, im Jahre 1990.

In Wirklichkeit ist die Geschichte etwas komplizierter. Eine Gruppe kulturell interessierter und besorgter Bürger, die sich <Vereinigung der Freunde des Martinho> nannte, hatte Alarm geschlagen und die Regierung samt Ministerpräsident Cavaco Silva darauf aufmerksam gemacht, dass ein Lissabonner Kulturgut dem Untergang nahe sei. Darauf entschloss sich die Regierung, Geld zur Renovation des Lokals locker zu machen. Ursprünglich sollte das gesamte Martinho als Café weitergeführt werden. Doch es kam anders.

António de Sousa ist ungefähr der 20. Besitzer des Lokals. Der wichtigste hieß Martinho Bartolomeu Rodrigues. Er war von Beruf Restaurateur und Schneekäufer, ein tüchtiger Mann. Ihm verdankt das Lokal seit 1829 den Namen. Schneekäufer? Richtig, Martinho Bartolomeu Rodrigues liess in den 2000 Meter hohen Bergen von Lousa im Norden des Landes Schnee und Eis abpickeln. Seine Träger wickelten die kostbare Ware in Stroh und trugen oder karrten sie mit Ochsen sie ins Tal. Auf dem Weg in die Hauptstadt schmolz die Hälfte, doch aus der anderen verfertigte Martinho Sorbets, die weitherum berühmt wurden. Sein Lokal machte er zusammen mit einem weiteren <Martinho>, das er am Rossio-Platz eröffnete, zu einem der schönsten Café-Restaurants der Stadt. Es war ideal gelegen: Von der Unterstadt kamen Staatsbeamte und Geschäftsleute, nach den Einkäufen das gehobene Bürgertum, von den Fährschiffen des nahen Tejo-Flußes Passanten.

Und von überall her Politiker. Um 1800 war das Martinho, das zuerst <Casa da Neve> und <Casa de Café Italiana> hiess, Treffpunkt für die Liberalen und Jakobiner, die gegen den Absolutismus kämpften, zwischen 1900 und 1910 diente es als Versammlungsort für Republikaner und Freimaurer, die an seinen Marmor-Tischen bei Kaffee und Branntwein gegen die Monarchie konspirierten. Sie mussten nicht lange warten. Unweit des Martinho, in der Rua do Arsenal, ermordeten zwei Anarchisten 1908 mit Pistolenschüssen König Carlos und dessen Sohn, Prinz Luis Filipe in der königlichen Kutsche. Zwei Jahre später fiel die Monarchie. Bernardino Machado, Freimaurer und einer der Stammgäste des Lokals unter den Arkaden, wurde in der ersten Regierung der Republik Außenminister und später sogar Staatspräsident. Kein Zufall, dass der Staat das Martinho im Jahr 1910 zum nationalen Monument erklärte und schützte. Es war das Café der Republik.

Auch viele Schriftsteller und Denker benützten diesen Treffpunkt in der Unterstadt. Zu den bekanntesten gehörten Eça de Queiroz, Portugals <Balzac>, Cesário Verde, der Stadtdichter des ausgehenden 19. Jahrhunderts, und der Historiker Oliveira Martins.

Nach 1915 tauchte jeweils am Abend gegen sieben Uhr im Martinho ein schweigsamer, hagerer Mann mit Hut, Nickelbrille, kurzgeschnittenem Schnauz und dunklem Anzug auf. Er gab an, in der Baixa als Übersetzer von Handelskorrespondenz zu arbeiten. Die Kellner fanden ihn höflich, aber scheu und traurig. Er sprach so leise, dass sie ihn manchmal kaum verstanden. Stundenlang saß der Unbekannte an einem der Marmortische und schrieb Texte auf lose Zettel, die er aus seinen Taschen kramte. Dann verschwand er ebenso still wie er gekommen war.

Es fehlt nur die Nickelbrille: Pessoa-Erinnerungen im Martinho da Arcada.

Heute steht das Martinho da Arcada ganz im Zeichen dieses Mannes. Durch einen roten Plüschvorhang tritt man von der ehemaligen Küche in den Hauptraum des Lokals. Er dient als Restaurant, könnte aber durchaus auch ein Museum sein: das Museum von Fernando Pessoa. Der ernste, elegant dunkelbraun getäferte und beinahe feierliche Raum ist mit Andenken des Mannes mit der Nickelbrille gefüllt. An der Rückwand ist er auf Fotos in verschiedenen Lebensaltern zu sehen, vom Jüngling bis zum frühzeitig Gealterten. An den Seitenwänden hat António de Sousa weitere Fotos und Facsimiles von Texten des Dichters und einigen Freunden anbringen lassen.

Und was für Texte: Dieser Raum ist eine Welt, er verströmt Melancholie, Verwirrung, Verzweiflung und schüchterne Liebe. Pessoa-Fachleute, Pessoa-Bewunderer und –Fans aus der ganzen Welt besuchen das Lokal, das Martinho da Arcada ist ein Wallfahrtsort geworden. <Ohne Pessoa könnten wir nicht überleben>, gibt António de Sousa zu und zieht das Gästebuch hervor, in dem sich die Besucher verewigt haben. <10 000 Kilometer bin ich gereist, nur um diesen Raum zu sehen, ich bin vom Flughafen direkt in den Tempel des Martinho gekommen>, schrieb einer von ihnen, der aus Brasilien stammt. <Leider ist uns hier kein Gedicht eingefallen> ein anderer aus Deutschland. Ein deutsches Fernseh-Team hat hier gedreht und im Martinho die <Tiefe der portugiesischen Seele> ausgelotet.

Was zieht Literatur-Kritiker, Schriftsteller und Freunde der Poesie zum schweigsamen Stammgast des Martinho hin? Es ist das Rätsel, das dieser Mann hinterlassen hat. Niemand kann Pessoa ganz beikommen, er hat zu viele Gesichter. Pessoa selber schrieb, er breche seine Seele in Stücke und in mehrere Personen auf. Dekonstruktion, Aufsplitterung des Ichs, Auflösung der Persönlichkeit, Multiperspektivismus nennen es die Pessoa-Forscher. Pessoa ist das 20. Jahrhundert, die Modernität, in der eine klare Identität nicht mehr möglich ist, er ist an die Seite von Rilke, Joyce und Kafka zu stellen und ist, wenigstens nach großsprecherischen portugiesischen Enzyklopädien einer der grössten Schriftsteller – wenn nicht der grösste – des vergangenen Jahrhunderts.

<Anglomane, kurzsichtig, höflich, scheu, schwarzgekleidet, zurückhaltend und schlicht, ein Kosmopolit, der den Nationalismus

predigt, feierlicher Erforscher nichtiger Dinge, ein Humorist, der nie lächelt und uns das Blut in den Adern gefrieren lässt, Erfinder anderer Dichter, Zerstörer seiner selbst, Verfasser von Paradoxa, die so klar sind wie Wasser und wie dieses atemberaubend – sich verstellen heisst sich erkennen – ein geheimnisvoller Mensch, der das Geheimnis nicht kultiviert, geheimnisvoll wie der Mond am Mittagshimmel, das schweigsame Phantasma des portugiesischen Mittags: wer ist Pessoa?

Octavio Paz

Wüssten seine Bewunderer nur, wie der Bewunderte an seiner Persönlichkeit litt.

<Ich weiss nicht, wie viele Seelen ich habe, in jedem Augenblick verändere ich mich, ich bin mir dauernd selber fremd, ich habe mich nie erkannt oder gefunden>, schrieb der Dichter und lamentierte, dass er weder einen definierbaren Charakter noch eine feste Identität besitze noch ein ganzes Wesen sei, es folglich zu nichts bringen werde und seine Person nur <nach innen> leben könne. Sein Leben beschrieb er als <verlassenes Schiff> in einem stillen Hafen, das sein Schicksal nicht erfülle und nie irgendwo ankomme. <Schon die Sonne entmutigt mich>, schrieb er an anderer Stelle, <nur nachts, allein, ohne Bezug zur Wirklichkeit und Nützlichkeit, finde und tröste ich mich>.

In einem glücklichen Augenblick ätherischer Vision sah ich im Café A Brasileira am Rossio-Platz durch Kleider und Haut hindurch die Rippen eines Individuums.

Fernando Pessoa

Meine anderen Kinder sind vielleicht nicht so gescheit wie Fernando, dafür aber normaler.

Pessoas Mutter

Pessoa definierte seinen Geisteszustand medizinisch gleich selbst und schrieb: <Ich bin ein hysterischer Neurastheniker, in meinen Gemütsbewegungen herrrscht das hysterische und in der Intelligenz und dem Willen das neurasthenische Element vor>. Ganz folgerichtig untersuchte ein Arzt, Mario Saraiva, Pessoas Psyche. Für viele Literatur-Kritiker und Pessoa-Groupies war das ein Sakrileg. Saraivas Buch <Der klinische Fall des Fernando Pessoa>, das 1990 erschien, förderte auf der Grundlage von Texten des Dichters Hartes, aber Unbestreitbares zu Tage. Zum Beispiel dies:

Pessoa litt an gemischter Schizophrenie.
Die angeborene psychische Dissoziation erschwerte und verunmöglichte ihm manchmal, eine volle Persönlichkeit zu sein.
Pessoa war ein profunder Psychopath mit der Obstination zu schreiben.
Ein Teil seines Schaffens ist nicht als Literatur aufzufassen, sondern liegt im Bereich der Pathologie.

Weil er introvertiert war, wollte er ein grandioses Werk vollbringen, das Literatur, Politik, Soziologie, Philosophie, Religion, Astrologie, Okkultismus und mehr umfasste.

Wieviel Faszinierendes schuf aber dieses Gehirn! Der scheue Mann am Marmortischchen im Martinho da Arcada, der alles anders sah als die normalen Menschen, erlebte Phantastisches. Am 8. März 1914 stellte er sich an eine hohe Kommode, nahm einen Bogen Papier und begann zu schreiben, stehend, wie er es immer tat, wenn er konnte: <Ich schrieb in einem Zug über 30 Gedichte in einer Art von Ekstase, deren Besonderheit ich nie werde definieren können. Es war der triumphale Tag meines Lebens; einen zweiten dieser Art werde ich nicht erleben. Ich begann mit einem Titel: 'Der Hüter der Herden'. Und dann erschien jemand in mir, dem ich sogleich den Namen Alberto Caeiro gab. Entschuldigen Sie das Absurde des Satzes. In mir war mein Meister erschienen. Dies war meine unmittelbare Empfindung. Und sie war derart mächtig, dass ich, kaum waren die über 30 Gedichte geschrieben, zu einem anderen Bogen griff und gleichfalls in einem Zuge die sechs Gedichte niederschrieb, die den 'Schrägen Regen'bilden.

In des Dichters Schaffen begann nun ein Verwirrspiel sondergleichen. Pessoa schrieb in seinem Leben insgesamt unter mehr als einem Dutzend Heteronymen. Vier – es waren alles Facetten von ihm – waren entscheidend, sie stattete er mit vollen Lebensläufen aus. Es war der Hilfsbuchhalter Bernardo Soares, der heidnisch denkende Klassizist Ricardo Reis, der Viehhirt Alberto Caeiro, der nicht denken, sondern nur schauen wollte, und Alvaro Campos, ein Futurist und Bohémien. Der

Dichter schuf diese Welt offenbar ohne Anstrengung: In einem seiner vielen Briefe schrieb er: <Ich entriss den latenten Ricardo Reis seinem falschen Heidentum, entdeckte seinen Namen und passte ihn sich selber an – denn in diesem Augenblick sah ich ihn schon. Und auf einmal stieg vor mir, in entgegengesetzter Herkunft von Ricardo Reis, ein neues Individuum auf. In einem Wurf kam an der Schreibmaschine, ohne Unterbrechung oder Verbesserung, die Triumph-Ode von Alvaro de Campos ans Tageslicht, die Ode mit diesem Namen und der Mensch mit diesem Namen>.

Pessoa-Analytiker zogen und zerrten an den mit den Heteronymen unterzeichneten Gedichten herum, andere benutzten die Verwirrung für ihre eigenen Spiele. José Saramago etwa lässt in seinem Roman <Der letzte Tag des Ricardo Reis> den Ingenieur im Jahre 1936 aus Brasilien nach Lissabon reisen. Dort trifft sich Reis auf der Straße und in seinem Hotelzimmer mit dem – bereits toten – Pessoa. Er plaudert mit ihm und bietet ihm Kaffee an, den Pessoa allerdings nicht trinken kann, da er ja schon tot ist.

Mehr als Kaffee trank Pessoa in den Lokalen der Baixa aber Alkohol, vom goldgelben einheimischen Brandy der Marke Macieira bis zum Bagaço-Branntwein. Seine Arbeit als Übersetzer unterbrach er jeweils mit der Ankündigung, er müsse <bei Abel> vorbei schauen. Abel war der Besitzer einer Kneipe und Pessoa kippte bei ihm ein Glas. Der Firmenchef gewährte ihm diese Pause leichten Herzens, denn Pessoa soll danach immer besser aufgelegt gewesen sein. Der Alkohol begleitete ihn auch in seinen langen Nächten und wurde schließlich sein Grab. Pessoa machte sich aber nichts besonderes daraus, für kreatives Schaffen empfahl er sogar einen tüchtigen Schluck. <Schreibt ein Mann nur gut, wenn er angetrunken ist, sage ich: trinke. Sagt er, seine Leber halte das nicht aus, antworte ich: Was ist schon deine Leber? Ein totes Ding, das nur lebt, wenn du lebst, deine Gedichte werden aber ganz alleine leben>. Diese Idee befolgte Pessoa konsequent. Er starb mit 47 Jahren, drei Tage nach seiner Einlieferung ins São Luis-Spital im Lissabonner Bairro Alto, an einer verwüsteten Leber.

Dieser Pessoa erscheint weitaus irdischer und normaler. Es ist der Pessoa, der in der Rua dos Douradores (heute heisst sie Rua Aurea) täglich seine Korrespondenz erledigte, anschließend die Cafés besuchte und darauf mit der Straßenbahn Nummer 28 zu seiner Tante Anica fuhr, wo er die letzten zehn Jahre seines Leben wohnte. Vorher lebte er in mindestens einem Dutzend möblierten Zimmern und Kleinwohnungen des Stadtzentrums zur Miete, unter anderem auch in der Rua dos Douradores. Diese Straße in der Baixa wurde für ihn zum Symbol der Welt. <Hätte ich einen Schlüssel zur Welt, ich würde ihn für die Rua dos Douradores eintauschen>, schrieb er.

Der Dichter reiste wenig, als Erwachsener nie weiter als nach Cascais, das 30 Kilometer von Lissabon entfernt liegt. Lissabon und die Rua dos Douradores, an der er seinen Bürochef und sich selbst analysierte, genügten ihm. Auf einem seiner vielen Notizzettel, die er in seiner Kommode verstaute und den seine Nachlassverwalter zum Fragment 7 des <Buches der Unruhe> verarbeiteteten, zieht er nüchtern und bewegend Bilanz:

<Wir alle, die wir träumen und denken, sind Buchhalter und Hilfsbuchhalter in einem Stoffgeschäft oder in irgend einem anderen Geschäft in irgendeiner Unterstadt. Wir führen Buch und erleiden Verluste, wir errechnen die Summe und gehen weiter; wir schliessen die Bilanz und der unsichtbare Saldo spricht immer gegen uns>.

An einer Wand Raum des Martinho-Restaurants hängt ein Liebesbrief. Pessoas. Der Ausdruck Liebesbrief ist vielleicht übertrieben, denn der Dichter war asexuell und vermerkte einmal, er liebe nichts außer seinen eigenen Empfindungen. Dies hinderte ihn nicht, sich mit der kaum 20jährigen Bürgerstochter Ophelia Queiroz zu verloben. Pessoa schrieb ihr heftig Briefe, von denen einige nach der Meinung seiner Familienangehörigen besser in den Schubladen seiner Kommode geblieben wären. <Bébézinho> (mein kleines Baby) nennt er Ophelia in einem Schreiben von 1920, das im Martinho an der Wand hängt., und phantasiert dann. Treuherzig und tapfer blickt Ophelia auf einem Foto unter einem breitrandigen Hut hervor. Für sie muss die Beziehung schwierig gewesen sein. <Manchmal plauderten wir angenehm, plötzlich sagte er Dinge, die nichts mit dem Thema zu tun hatten, z.B. er sei Schwefelsäure>, schrieb sie. Manchmal gab ihr Pessoa zu verstehen, er sei nicht Fernando, sondern sein Heteronym Alvaro Campos.

An der gegenüber liegenden Wand des Restaurants hängt ein Brief seines Freundes und Dichtes Mario de Sá Carneiro. Es ist ein Hilferuf. Sá Carneiro schrieb aus Paris, er sei <verrückt, verrückt, verrückt> und bittet Pessoa, sein Horoskop zu studieren und Mitleid mit ihm zu haben. Sá Carneiro, der 1913 den Kurzroman <Lucios Bekenntnis> herausgebracht hatte, steckte in einer tiefen psychischen Krise. Er studierte Recht, wollte in Wirklichkeit aber <alles erleben> und, wie viele junge Künstler in der Krisenzeit des beginnenden Ersten Weltkriegs, die Welt verändern, scheiterte aber schließlich an sich selbst. Sá Carneiro litt an schweren geistigen Störungen, er vergaß Worte, sah schwarzen Schnee fallen, schrieb wirre Gedichte, die er Pessoa in unfrankierten Umschlägen zusandte, und kündigte mehrmals theatralisch seinen Selbstmord an. Der Brief, der im Martinho hängt, ist sein letzter an Pessoa. Neun Tage später kleidete sich der Künstler-Emigrant Sá Carneiro besonders elegant, nahm in seinem Hotelzimmer fünf Fläschchen Strychnin zu sich und war nach 20 Minuten tot. Er war 26 Jahre alt.

Zusammen mit Sá Carneiro hatte Pessoa ein Jahr zuvor die erste Nummer der Literaturzeitschrift <Orpheu> herausgebracht und damit in Portugal die literarische Avantgarde-Bewegung des <Futurismus> begonnen. <Orpheu> war für die Lissabonner Gesellschaft ein Skandal. In der Zeitschrift lobten die Autoren die Homosexualität und die freie Liebe, das Opium und das Heidentum und feierten die neuen Maschinen und den Krieg als schöpferische Kraft. Pessoa veröffentlichte in der ersten Nummer seine <Triumph-Ode>, ein resolutes Loblied auf die neue Zivilisation, in der unerwartete Verse wie die folgenden stehen:

Legt mich unter die Eisenbahnzüge !
Schlagt mich an Bord der Schiffe!
Masochismus durch Maschinen !
Sadismus der Modernität, und Ich und Getöse !

Der dritte Dichter, der in <Orpheus> die feine Lissabonner Gesellschaft schockierte, war der Ausgefallenste und gleichzeitig der Lebenstüchtigste von allen: José de Almada Negreiros (1890 – 1973). Er war von der winzigen afrikanischen Insel São Tomé, einer portugiesischen Besitzung, nach Lissabon gekommen. Schon sein Aussehen war ungewöhnlich. Almada hatte eine hohe und breite Stirn und Riesenaugen, er war nach dem Schriftsteller João Gaspar Simões ein <ägyptischer Narziss>. Und ein Multitalent dazu. Der junge Mann malte, zeichnete, schrieb Gedichte und Romane, tanzte und warf Tomaten und Kartoffeln auf ehrwürdige Akademiker. Dass ihn Kunstkritiker verrückt nannten, akzeptierte er mit Wollust. Von ihm stammt das berühmteste Portrait von Pessoa. Er malte es allerdings erst 1954, 19 Jahre nach dessen Tod.

Almada war die einzige Person, die Pessoa duzte. Trotz dieser Nähe waren die beiden grundverschieden. Almada selber brachte den Unterschied und eine von Pessoas Phobien in einer Anekdote zum Ausdruck. Er trat in das Martinho da Arcada ein und begann mit Pessoa zu plaudern. Almada berichtet, dass Pessoa nie sehr gesprächig war, ihn aber dieses Mal dauernd unterbrach. Schließlich fragte der Maler sein Gegenüber, was denn los sei.

<'Ich bin heute sehr schlecht drauf, sehr schlecht.'

'Ich hole einen Arzt, es kostet nichts, er schätzt Dichter sogar.'

Plötzlich entlädt sich ein unheimliches Gewitter. Regen, Regen, Wind, Blitze, Donner, es wollte nicht mehr aufhören. Ich konnte mich nicht zurückhalten, ging zur Tür und schrie nach draussen: 'Ein Hoch den Blitzen und dem Donner, es lebe der Wind, es lebe der Regen !'

Als ich zum Tisch zurück kam, war Pessoa verschwunden. Unter dem Tisch sah ich aber ein Bein. Das war alles. Ich zog daran. Totenbleich kroch er hervor. Ich richtete ihn auf und setzte ihn an den Tisch>.

Das Jahr 1917 brachte für die Erneuerer des portugiesischen Kunstbetriebs einen zweiten Höhepunkt. Im Theater der Republik, dem heutigen Theater Sao Luis, las Almada Negreiros mit viel Klamauk ein <Futuristisches Ultimatum an die portugiesischen Generationen des 20. Jahrhunderts>. <Ich bin nicht daran schuld, dass ich Portugiese bin>, sagte der Multikünstler, <doch ich fühle die Kraft, nicht wie ihr das Land weiter vermodern zu lassen>. Dann folgten, im Geiste des italienischen Futurismus, Lobeshymnen auf den Krieg und eine Auflistung von

Eigenschaften, die ein Volk haben muss, um <vollkommen> zu sein. <Verlangt den Rekord, vergöttert den Stolz, versucht das Abenteuer, rühmt die Kraft und Intelligenz, weckt die Genialität der lateinischen Rasse, glorifiziert die Sieger, wer immer sie auch sind, und helft den Besiegten sterben>, rief Almada ins Publikum und schloss mit einer letzten Provokation: <Das vollkommene Volk wird jenes sein, das die meisten Vorzüge und Fehler auf sich vereinigt. Mut, Portugiesen, es fehlen Euch nur die Vorzüge!>.

Das Publikum kriegte auch das futuristische <Manifest der Wollust> zu hören, das Almada aus Paris mitgebracht hatte. In einer Zeitungsanzeige hatte der Künstler vorher gewarnt, unbescholtene Frauen sollten der Veranstaltung fernbleiben. Nach Zeitungsberichten erschien tatsächlich nur eine, die stadtbekannte Prostituierte Fernanda.

Auch Pessoa nahm am Festival der Pamphlete teil. In der Zeitschrift <Portugal Futurista>, veröffentlichte er, d.h. Alvaro Campos, ein <Ultimatum>, das in die selbe Kerbe wie Almada hieb und Spott und Hohn ausschüttete. <Europa braucht Erneuerung. Ihr grossen Männer aus Liliput-Europa, zieht an meiner Verachtung vorüber, zieht vorüber, ihr Schlappschwänze... Nichts bleibt aufrecht, weder die philosophischen Theorien noch die politischen Ideen...vollständig, umfassend, integral: Scheiße!>

<Portugal Futurista> kam nicht über die erste Nummer hinaus. Junge Künstlertalente der Bewegung wie die Maler Santa Rita Pintor und Souza Cardoso starben 1918 weg, Almada und Pessoa wandten sich anderen Gefilden zu. Ihre Wege trennten sich. Während sich Pessoa innerlich verbrannte, näherte sich der Gaukler und Provokateur Almada de Negreiros der aufziehenden Diktatur und dekorierte für Salazars <Neuen Staat> schließlich öffentliche Gebäude, zum Beispiel die Philosophische Fakultät der Universität Lissabon und das Hafengebäude im Vorort Alcantara. Pessoa füllte seine Schreib-Kommode mit ein Paar Tausend weiteren vollgeschriebenen Notizblättern. Den einzigen Gedichtband, den er – auf Anraten von Freunden – veröffentlichte, ist <Mensagem> (Botschaft). Er nahm mit dem Text sogar an einem Wettbewerb teil und erzielte, oh grausame Ironie, hinter einem patriotischen Sonntagsschreiber nur den zweiten Rang. Die magische Kommode ist im Pessoa-Haus zu finden, das heute

ein Museum und Treffpunkt für Künstler ist. Darin wurden nach des Dichters Tod überraschende Texte wie zum Beispiel ein Reiseführer von Lissabon und Anweisungen zur Verbesserung von Handelskorrespondenz gefunden. Das Museum hat Lissabons Stadtverwaltung am letzten Wohnort des Dichters eingerichtet.

Multikünstler José de Almada Negreiros, ein <ägyptischer Narziss>.

Doch das Martinho da Arcada ist wichtiger. Im Gästebuch des Restaurants sind viele Unterschriften hochrangiger Persönlichkeiten zu finden. Geleitet von seinem literarischen Mentor Luis Machado organisiert der Besitzer António de Sousa in seinem Hause literarische und politische Veranstaltungen. Es ist ein Versuch, die untergegangene Welt der Tertulias, der literarischen Stammtische, wieder zu beleben. Im Martinho da Arcada ist Lissabons politische und künstlerische Crème erschienen, vom Alt-Kommunisten Alvaro Cunhal über Mario

Soares bis zum Ex-Regierungschef António Guterres und Staatspräsident Jorge Sampaio, von Amalia Rodrigues bis zu José Saramago. Im Frühjahr 2000 speiste auch Bundeskanzler Gerhard Schröder im Lokal unter den Arkaden. Ins Martinho muss man einfach gehen – es ist ein Stück von Lissabons Seele.

Musiker der Lissabonner Feuerwehr in der Baixa.

4. EIN MANN OHNE KOMPROMISSE

Das große Erdbeben, der Marquis von Pombal und die Folgen

So einen herrlich leuchtenden und warmen Allerheiligen-Tag hatte Lissabon schon lange nicht mehr erlebt. Strahlend stand die Sonne am Himmel, die Wasserverkäufer in den Gassen und auf dem Rossio-Platz, hatten, obwohl es November war, alle Hände voll zu tun, die Strassenhändler hatten ihre Ware schon früh ausgelegt, die Armen warteten vor Klöstern auf ihre Suppe, die Bettler vor den Kirchen auf Almosen.

Von Sonnenaufgang an hatten Messen zur Feier des Tages stattgefunden. Messdiener hatten zur Beleuchtung Öllampen und Gläubige vor den Heiligenbildern Kerzen angezündet. Die schönste und grösste Messe, an der Sänger und Musikanten auftraten und an der 40 Tage Ablass winkten, sollte um zehn Uhr beginnen. In den Kirchen des Stadtzentrums waren die Bänke voll. Überall läuteten die Glocken, die Leute waren voller Erwartung.

Da erhob sich ein Lärm, der sich wie Getrappel von Hunderten von Pferdehufen anhörte. Er schwoll immer bedrohlicher an und wurde zu einem mächtigen Donnergrollen. Plötzlich begann die Erde zu beben. Mauern wankten und stürzten ein, Kanzeln, Fenstersimse und Dächer fielen hernieder und erschlugen die Wartenden, ein riesiger stummer Schrecken verbreitete sich. Die Menge wollte ins Freie fliehen. In den Gassen bildeten sich Risse, Schrammen und Schlünde, aus denen Schwefeldämpfe emporstiegen. Niederstürzende Hausfassaden begruben in den engen Gassen Mensch und Tier.

Der Kaufmann Jacome Ratton hatte Glück. Er hatte eine Frühmesse besucht und befand sich in der Mansarde seines Hauses, als die Erde wankte. Später beschrieb er den Unglückstag so:

<Als ich den ersten Erdstoß verspürte, schossen mir tausend Gedanken durch den Kopf, wie ich mein Leben retten könne, ohne von den Trümmern begraben zu werden. Ich verlegte mich darauf, das Dach zu besteigen, denn wenn das Haus auch einstürzte, so bliebe ich doch immer über den Trümmern. Als ich dies ausführte, herrschte bereits so viel Staub, dass man wie im dichtesten Nebel nicht mehr als zwei Schritte sehen konnte. Erst nach einigen Minuten legte sich der Staub und ich konnte in die

Nachbarhäuser hineinsehen. Die Fassaden waren bis zum ersten Stock eingestürzt. Die Bewohner liefen, teils noch im Hemde, erschreckt umher, flehten den Himmel um Beistand und die Menschen um Hilfe an. Ich kam die Treppe hinunter und flüchtete über Schutt und Leichname hinweg bis zum Ufer des Tejo-Flusses, wo wir uns sichererer glaubten. Doch kurz nachdem wir und viele andere dort angekommen waren, hörten wir Schreie, dass das Meer in wilder Raserei über seine Ufer trete. Als wir dies beobachteten, erhöhte sich unser Entsetzen noch. Wir flüchteten auf eine Anhöhe auf offenem Felde. Von dort sah man die ganze Stadt, die, sobald es dunkel wurde, das schreckliche Schauspiel der sie verzehrenden Flammen bot. Deren Schein erhellte nicht nur die Stadt, sondern auch die ganze Umgebung so, als wäre es Tag. Man hörte nur Weinen und Wehklagen und Chöre, die das Benedictus, das Miserere und Litaneien anstimmten.>

Das Hauptbeben hatte neun Minuten gedauert. Danach war Lissabon <ein Steinhaufen>, wie sich der deutsche Forscher Johann Friedrich Seyfarth ausdrückte. Das Stadtzentrum wurde besonders hart getroffen. Die Feuersbrunst dauerte sechs Tage lang. Von den 20000 Häusern der Stadt blieben nach der Katastrophe noch 3000 bewohnbar, die meisten Paläste, Kirchen und Klöster waren eingestürzt oder ausgebrannt. Von der Kirche des Carmo-Frauenklosters ragt heute, als Mahnmal, noch ein bizarres Gerippe von Bögen und Pfeilern in die Luft. Das Dach des Gebäudes war niedergestürzt und hatte Dutzende von Menschen begraben.

Die Anzahl der Toten wird immer ein Geheimnis bleiben. Heute schätzt man, dass an jenem sonnigen Allerheiligen-Tag rund 5000 Menschen umkamen. Es handelte sich nicht um das größte Erdbeben, hingegen um dasjenige, das Europa am meisten schockierte und verwirrte. Die Katastrophe hatte eine der grössten Hauptstädte getroffen (Lissabon zählte 1755 über 200000 Einwohner). Bald zirkulierten auf dem ganzen Kontinent Stiche mit Horrorszenen aus der Stadt. Naturwissenschaftler vertieften sich in Bücher über Erdbebenkunde, Intellektuelle sinnierten, wie es kommen konnte, dass Gott, der doch die beste aller Welten geschaffen hatte, diese nun derart bestrafte. Wie sollte man verstehen, dass vor allem die frommen Kirchgänger erschlagen wurden, die meisten Sünder jedoch überlebten? Goethe schrieb: <Hierauf liessen es die Gottesfürchtigen nicht an Bemerkungen, die Philosophen nicht an

Trostgründen, an Strafpredigten die Geistlichkeit nicht fehlen> Emmanuel Kant verfasste drei Abhandlungen über Erdbeben, auch Voltaire meldete sich, ironisch und antiklerikal, zu Wort. Im sechsten Kapitel des <Candide> erleidet der Held das Beben in der Stadt, liegt verletzt unter Steintrümmern und ruft seinem Meister Pangloss zu: <Ich Armer sterbe, bringe mir Öl und Wein>. Pangloss antwortet: Im vergangenen Jahr hat die Stadt Lima dasselbe erlitten wie Lissabon. Gleiche Gründe haben gleiche Auswirkungen zur Folge, sicherlich existiert eine unterirdische Schwefelschicht, die von Lima bis nach Lissabon reicht. <Ganz sicher ist dem so>, entgegnet Candide, <bringe mir jetzt aber ein bisschen Öl und Wein>. <Wenn das die beste aller Welten ist, wie sind dann wohl die anderen?> meint Candide sarkastisch.

Priester und Mönche aber erhoben den Zeigefinger und sprachen von einem Sodom und Gomorrha, das Gott ausgemerzt habe. Sie organisierten Sonder-Messen und Prozessionen, um Gottes Zorn zu sänftigen. Am ersten Jahrestag des Bebens schritt eine zwei Kilometer lange Menschenschlange hinter Prozessionsfiguren her.

In Belém, vor den Toren der Stadt, wohnte in einem provisorischen Holzbau König Dom José I. Er hatte am Allerheiligen-Tag Glück gehabt. Mit seinem Hofstaat hatte er der Messe in der Kirche des Hieronymus-Klosters von Belém beigewohnt und war unversehrt geblieben. Der König war von schwachem Charakter. Bis zu seinem Tod 22 Jahre später sollte er die zerstörte Stadt nicht ein einziges Mal betreten. Das Unglück überstieg seine Kräfte, die Aufgabe des Wiederaufbaus überließ er seinem Staatssekretär Sebastião José de Carvalho e Melo, dem Marquis von Pombal.

Nichts ist also trügerischer als die überlebensgroße Bronze-Statue des Monarchen, die in der Mitte des Terreiro do Paço steht. Vielleicht ist es kein Zufall, dass José I der Stadt den Rücken dreht und auf den Fluss schaut. Pombal, der eigentliche Autor und Held des Neuaufbaus, ist ganz diskret auf der Seite des Sockels zu sehen, die dem Tejo zugewandt ist. Dafür steht er umso imposanter – neun Meter gross – auf einer Marmor-Säule auf dem Platz seines Namens am oberen Ende der Avenida da Liberdade. An seiner Seite sitzt ein Löwe, auf dem oberen Teil des Sockels sind die Konterfeis der wichtigsten Architekten zu sehen, die Pombal die Pläne lieferten. Erst im 20. Jahrhundert haben die Lissabonner ihren hervorragenden Politiker und Stadtplaner gebührend geehrt. Das Denkmal wurde 1934 eingeweiht, es brauchte drei Grundsteinlegungen und 52 Jahre, bis es so weit war.

<O Marquês> nennen die Lissabonner den Marquis von Pombal. Er ist einer der Ihren und ein Fremder zugleich. Mit einer Energie und Disziplin sondergleichen machte er sich an den Wiederaufbau. Noch am Tag des Erdbebens unterschrieb er die ersten Dekrete. Die Geschichte, der Marquis sei Tag und Nacht auf den Trümmerplätzen der Unterstadt geblieben und hätte vor lauter Arbeit jeweils nur Suppe zu sich genommen, ist nicht belegt, entspricht aber dem Bild, das sich die Lissabonner vom Wiedererbauer ihrer Stadt machen. Bald waren die Galgen erstellt, an denen man Plünderer aufhängte, bald die ersten Statistiken erstellt, die halb zerstörten Gebäude ganz abgerissen und Pläne für den Neuaufbau gezeichnet. Projekte, die Stadt an einem neuen Ort in der Nähe von Belém zu erbauen, wies Pombal zurück, für ihn war Lissabons Lage unersetzlich.

Der Marquis von Pombal, ein untypischer Lissabonner?

Was der Marquis in der Unterstadt erbauen liess, war ungewohnt. Im Stile der Neoklassik und ganz dem Zeitalter der Vernunft verpflichtet, entschied er sich für ein rein geometrisch und rechtwinklig angelegtes neues Viertel. Die Trümmer liess er nicht alle abtragen, sie erlaubten ihm, den neuen Stadtteil etwas erhöht zu bauen und die Überschwemmungen des Tejo bei Hochwasser zu vermeiden. Vorher hatte der Fluss die Unterstadt manchmal bis zum Rossio-Platz unter Wasser gesetzt. Die Baixa wurde in ein schachbrettartiges Netz von je sieben Straßen eingeteilt. Noch heute ist an Hausecken an mächtigen Steinquadern Pombals geometrische Einteilung abzulesen: <5 Divisao oriental>, 3 Divisao occidental>, heisst es zum Beispiel. Die Straßen, die vom Fluss in Richtung des Rossio-Platzes verliefen, erhielten später Namen von Berufen: Rua de Ouro (für Goldschmiede) Rua dos Sapateiros (Schuhmacher), Rua Augusta, Rua Correeiros (Lederwarenverkäufer), Rua da Prata (Silberschmiede), Rua dos Douradores (Vergolder), Rua dos Fanqueiros (Tuchhändler-Straße), diejenigen die von Ost nach West führten, religiöse Bezeichnungen (São Julião, Conceição, São Nicolau, Vitoria, Assunção, Santa Justa). Hauptstraße war – und ist – die Rua Augusta mit ihrem mächtigen Torbogen, der Passanten und Flanierern von weit her einen großzügigen Ausblick auf den Tejo-Fluss erlaubt.

Die Baixa ist ein seltsames, genau besehen ein monotones Viertel. Die Häuserblöcke sind gleich groß, im selben Material gebaut und haben die selbe fahlgelbe Farbe. Selbst die Fenster, die Balkone und die schweren gusseisernen Straßen-Lampen sind einheitlich gehalten. Pombal hat erstmals vorfabrizierten Wohnungsbau angewandt. Dies gibt der Unterstadt und auch dem Platz Terreiro do Paço, bei aller Größe und Eindrücklichkeit eine strenge Note, die herkömmlichem Lissabonner Stil widerspricht und in völligem Kontrast zu dem romantischen, kurvigen Straßen und verwinkelten Gassen der Umgebung steht. Die Baixa und auch der beinahe zu groß geratene Terreiro do Paço-Platz sind Ausdruck des aufgeklärten Zeitalters und auch des despotischen Willens seines Erbauers.

Der Terreiro do Paço wirkt allein durch seine vollkommmenen Proportionen, da ihn kein bedeutendes Bauwerk säumt, keine Energien von den Rändern auffüllen, raumgliedernd hereinstrahlen, da keinerlei Kräfte von der belanglosen Reiterstatue Josephs I nach den Seiten zu abfliessen.

Keine Wärme wie sie in Venedig bei ähnlicher Uferlage, bei ähnlich zeremonieller Feierlichkeit vom Dogenpalast und von der Markuskirche hinzugeleitet wird, sondern eine neutrale Ausgewogenheit. Ein großer Verstand war tätig, aber woher sollte in diesem durch sein Heldenzeitalter erschöpften Land eine dem Geist des Platzes angemesssene Architektur kommen?

Ich besuche den Platz am frühen Morgen, wenn die einheimischen Spätaufsteher noch schlafen – die Banken etwa öffnen erst um zehn Uhr. Er ist von Pombal nicht als das gedacht, von seinen Baumeistern nicht als das gemacht, was er heute tagsüber und abends ist, weder als Parkplatz lackglitzernder Autos noch als Bett für mehrere Ströme dieser Vehikel, sondern er ist geschaffen für Hofkarossen, für Reiter, für Wachen.

Gerhard Nebel, 1966

Der Terreiro do Paço ist ein wunderschöner Platz, nur wussten wir nie recht, was mit ihm anzufangen sei. Er gehört noch immer Don José. Er, einer der blassesten Könige Portugals, schaut, als Statue, auf den Fluss, den er sicher nie gemocht hat und der mächtiger ist als er.

José Saramago, Viagem a Portugal (1985)

Der Marquis wollte gleichzeitig mit seinem Werk Lissabons Gesellschaft erneuern. Er selber gehörte dem niederen Adel an und stand mit den Mächtigen und der Kirche auf Kriegsfuss. Einen Anschlag auf König José I benutzte er, um mehrere Familien des höchsten Adels mit Hinrichtungen zu dezimieren. Die dauernden Einmischungen der Prälaten in die Politik nahm er zum Anlass, um die Kirche zurückzubinden und den Jesuiten-Orden zu verbieten. Die Inquisition verwandelte er in ein weltliches Tribunal, dazu befreite er die Sklaven und gab den Neuchristen erstmals volle Bürgerrechte. Pombal stützte sich auf die Armee und das Bürgertum, das durch den Kolonialhandel reich geworden war.

Doch 22 Jahre nach seiner Machtübernahme stürzt der illustre Despot. Noch ist erst ein Drittel der Baixa wieder aufgebaut. Als erstes lässt die neue bigotte Königin Maria I im überholten Barock-Stil eine Kirche, die Basílica da Estrela, bauen. Die Arbeiten an der Unterstadt kommen nur noch langsam voran. 50 Jahre nach dem Beben ist sie noch ein Bauplatz. Anstatt der reichen Bürger ziehen nun Kauf- und Handwerksleute

- Uhrmacher, Schneider, Gold- und Silberschmiede - in die neu erbauten Häuser ein. So kommt die Baixa zu ihren Straßennamen.

1928 schrieb Reinhold Schneider unerbittlich in sein portugiesisches Reisetagebuch:

<*Gewiss, Pombals grandioses Projekt verstiess gegen die Tradition und dies konnte nicht ungestraft bleiben. Ein Projekt kann ehrgeizig sein und alles übertreffen, was die Nation je vollbracht hat, wenn es aber dem Charakter dieser Nation widerspricht, ist es unglücklich.*

Es war nicht möglich, die Portugiesen in ein nüchternes Volk zu verwandeln, das Gefühl durch den Verstand, den Glauben durch die Mathematik, den Enthusiasmus durch die Pflicht zu ersetzen. Pombal wurde abgesetzt und ins Exil gezwungen. So wurden die enormen Anstrengungen eines der stärksten Geister, die das Land je besass, zunichte gemacht>

Im 20. Jahrhundert entwickelte sich die Baixa zum Büro-, Bank- und Geschäftsviertel. Sie war der Mittelpunkt der Stadt. Lissabons Bürgertum ging hier zum Schneider, zum Goldschmied, zum Uhrmacher und kaufte in Kolonialwaren-Geschäften Kaffee, Tee Portwein und Honigkuchen von Madeira, die kleinen Leute spazierten und gafften in die Schaufenster.

Die neuen Viertel in den Vorstädten und die modernen und großen Einkaufszentren, die dort entstanden, haben der Baixa jedoch den Niedergang gebracht. Der Großbrand des angrenzenden Chiado-Viertels, in dem auch zwei traditionelle Kaufhäuser in Flammen aufgingen, tat den Rest: Die Unterstadt begann zu verwaisen, nach Ladenschluss war sie tot. Erst vor zehn Jahren gelang es der Stadtverwaltung, dem Viertel wieder Leben einzuhauchen. Moderne Geschäfte, unter anderen die spanischen Konfektionsfirmen Zara und Mango, richteten sich in ihren alten und großzügig gebauten Räumen ein, Restaurant-Besitzer eröffneten Straßen-Cafés, an der Rua Augusta, die zur Fußgängerzone erklärt wurde, haben sich inzwischen Gaukler, Musikanten und Straßenverkäufer eingerichtet, auch blinde Bettler mit ihren Litaneien und den traditionellen Holzkästchen vor der Brust, in die man einige Cents werfen soll. Heute ist die Rua Augusta wieder belebt, sie ist eine echte, helle und fröhliche Flaniergasse geworden.

Ein- und Ausfahrten: Lissabons erste Handelsstrasse war der Tejo.

5. VERLORENE PARADIESE

Vom Kolonialreich, dem Essen und Trinken

Herr Alves ist klein, grauhaarig und sehr liebenswürdig. Wenn er zur Schaufel greift und die tiefe Holzschublade öffnet, wirkt er fast andächtig. Die Schaufel fährt in einen dicken Berg von Kaffeebohnen. Sorgfältig schüttet er sie in eine Tüte, faltet diese, verschnürt sie langsam und kunstvoll mit einem dicken weißen Garnfaden und reicht sie mit einem <muito obrigado> dem Kunden. Sein Geschäft <A Chineza> an der Rua de Ouro 122 in der Baixa gehört zu den feinsten der Art. Der Name samt Adresse ist sogar mit dunklen Pflastersteinen in den Gehsteig vor dem Geschäft eingelassen, das zeichnet in Lissabon alte Etablissements aus. Bei Herr Alves kann man Kaffee aus allen Erdteilen kaufen. Die Bohnen aus Brasilien, die teuren aus São Tomé und diejenigen aus dem fernen Timor empfiehlt er besonders, auch die Hausmischung. Das Geschäft ist voller geheimnisvoller dunkler Schubladen und Glasvitrinen.

Ohne jede Gemütsbewegung holt der Angestellte das Foto aus dem Schaufenster. Ja, so war <A Chineza> einst, sagt er, <vor dem Umbau von 1990, als Herr Alves noch hier arbeitete>. Jetzt ist er Rentner, vielleicht tot. Aus <A Chineza> ist ein Imbisslokal mit einem vierseitigen Tresen geworden, an dem die Leute einen Kaffee reinziehen oder im Stehen eine Mahlzeit hinunterschlingen. Lissabon ist schnelllebig und härter geworden, für Nostalgie haben die Angestellten aus den nahen Büros, die hier ihren Lunch einnehmen, keine Zeit.

Beim Schnüren der Pakete hat Herr Alves von den alten Zeiten geträumt, von damals, als Lissabon Hauptstadt eines Kolonialreiches war und in der Baixa Güter aus Afrika, Brasilien, Indien und Japan gestapelt und verkauft wurden. Von der Zeit Manuels des Glücklichen, der mit Portugals Karavellen Europa die Türe zur Welt öffnete und in seinem neuerbauten Palast am Fluss-Ufer in Saus und Braus lebte.

Das war zu Beginn des 16. Jahrhunderts. Der König hielt in seinem Palast Löwen und weiße Kamelstuten, die für ihn aus Nordafrika herbeigeschifft worden waren. In den Gassen krächzten Papageien, auch Affen und Schlangen waren zu sehen. Der deutsche Hieronymus Münzer, der sich in jenen Jahren in Lissabon aufhielt, berichtete erstaunt, er habe in einer Kirche ein ausgestopftes Krokodil und im Hafen Fische <mit Schwertern vorne dran> gesehen. Lissabon kam den Besuchern fremd und aufregend vor. Eine italienische Delegation meinte, die Bevölkerung der Stadt sei so stark vermischt, dass sie weiß und schwarz <wie ein Schachbrett> aussehe. In Wirklichkeit war nur rund ein Zehntel der Lissabonner schwarz. Selbst dies war allerdings für Europa neu. Die Schwarzen machten mit ihrer Lebensart Furore. Sie sangen und tanzten auf den Plätzen und Gassen der Unterstadt, ähnlich wie heute die Schwarzafrikaner, die in der Rua Augusta für Kleingeld manchmal die Touristen unterhalten.

König Manuel liebte exotische Neuheiten. <Promenierte er auf den Straßen der Stadt, führte er einen Hofstaat von orientalischem Luxus mit sich>, schreibt die Historikerin Dejanirah Couto. Den Anfang des Zuges bildeten jeweils fünf indische Elephanten, dann folgte das Rhinozeros <Ganga>, dahinter ein Araberhengst aus Persien. An der Leine führte der Reiter einen Gepard, ein Geschenk des Königs von Ormuz.

Die Adeligen und die reichen Kaufleute wollten dem Monarchen nicht nachstehen. Noble Familien hielten sich zwei oder drei Dutzend Sklaven, die sie am wöchentlichen Sklavenmarkt beim Zollgebäude am Tejo-Ufer erstanden hatten. Selbst Bürger, Handwerker und sogar die Fischverkäuferinnen konnten sich Sklaven leisten. Am robustesten waren die Schwarzen. Die Asiaten waren als Hausdiener gesucht, einen chinesischen Koch oder einen japanischen Butler zu haben, galt als besonders raffiniert. Die Gewürze aus Indien und den Molukken, das Elfenbein und Gold aus Afrika und Zuckerrohr aus Brasilien brachten Geld in Hülle und Fülle. Noch nahmen die Lissabonner das geflügelte Wort <Der Duft der Vanille entvölkert unser Königreich > nicht ernst, immer mehr Portugiesen kehrten ihrem Land den Rücken und fuhren auf der Suche nach Abenteuer und schnellem Reichtum zur See.

Das Rhinozeros Ganga, ein Geschenk von Afonso de Alburquerque, dem Eroberer von Goa, brachte den König auf einen besonderen Gedanken. Er wollte der Stadt ein noch nie gesehenes Schauspiel bieten: Ganga sollte zum Zweikampf gegen einen Elefanten antreten.

Hofdiener bauten einen Kampfplatz. Am Tag des Duells waren die Gassen der Baixa voll von Schaulustigen. Das Rhinozeros wurde vom Königspalast herbeigeführt, geleitet von einem indischen Diener bahnte sich der Elefant vom Rossio-Platz her einen Weg durch die Menge. Doch es kam anders als erwartet. Die Schreie der Zuschauer erschreckten den Dickhäuter. Er wurde nervös, begann zu trompeten, verbog die Eisenstangen des Kampfplatzes und wollte ausreißen. Der Einsatz der Diener verschlimmerte die Lage. Der Elefant riss sich los und trabte zum Rossio-Platz zurück.

Der König wollte später mit dem Rhinozeros den Papst beeindrucken. Ganga wurde mit einer goldenen Nasenkette und einem Halsband aus grünem Samt geschmückt und 1514 zusammen mit einer Delegation von Diplomaten nach Genua verschifft. Doch das Schiff sank in einem Sturm und das Rhinozeros ertrank. Sein Kadaver wurde jedoch geborgen, das Tier wurde ausgestopft und defilierte in diesem Zustand in Rom vor dem Papst. Ganga wurde auch im nördlichen Europa berühmt und bestaunt: Albrecht Dürer verewigte das exotische <Ungeheuer> in einer Zeichnung, die er nach einem Stich anfertigte.

Das Erdbeben von 1755 bereitete diesem Treiben ein endgültiges Ende. Der Königspalast am Terreiro do Paço stürzte ein, die Lagerhäuser wurden geplündert, die meisten Paläste der Adeligen verwandelten sich in Trümmerhaufen oder brannten ab. Die Kolonien brachten weniger fette Gewinne, der Handel mit Europa schrumpfte, Lissabons Ansehen sank.Die Stadt, vorher ein wichtiges Einfallstor im Westen des Kontinents, wurde nun an den Rand gedrängt, Europa brauchte sie nicht mehr, Paris, Amsterdam und London hatten ihr den Rang abgelaufen.

Heute erinnern in der Baixa nur noch einige Tupfer an die goldenen Zeiten. Am Eingang der mächtigen <Banco de Ultramar>, der Bank der <Übersee-Provinzen>, die früher die Banknoten für das gesamte Kolonialreich druckte, sind Karavellen in die Mauern eingelassen, im Geschäft <A Chineza>, das zuerst chinesisches Porzellan verkauft hatte (daher der Name), lebt die Kaffee-Tradition in der Form einer Hausmarke <A Cafeeira> weiter. Auch im Café Tofa an der Rua do Ouro können die Gäste die Hausmarke kaufen und im ehemaligen Kolonialwarenladen Macario an der Rua Augusta 272-274 sind in Bastkörbchen noch Kaffeebohnen aus São Tomé, Timor und Brasilien ausgestellt.

An einer Hauswand an der Rua da Prata überlebte ein Ausdruck aus dem 19. Jahrhundert: <Casa da Neve>. Dort muss ein Restaurant gestanden haben, in dem Sorbets verkauft wurden.

Geblieben ist die Lust der Lissabonner auf Kolonialwaren. Kurioserweise ist der Tee in der Stadt nie richtig populär geworden. Dabei waren die Portugiesen die ersten Europaer, die mit Indien, China und Japan in Verbindung standen und Handel trieben. Der Priester Gaspar da Cruz schrieb 1560 als erster ein Traktat über den Tee. Doch die Holländer waren tüchtigere Händler. Ihrer Ost-Indien-Kompanie gelang es 1610, in Europa ein Monopol für Tee-Import zu errichten, das erst nach 1660 von den Engländern gebrochen werden konnte. Viele Lissabonner erzählen überzeugt, dass dafür eine adelige Portugiesin den Engländern am Hofe von Heinrich VIII. Schon im 16. Jahrhundert das Teetrinken beigebracht habe. Die Geschichte stimmt – beinahe. Catarina de Bragança (1638 – 1705), die Gemahlin des englischen Königs James II. machte das Getränk aus den seltsamen Blättern am britischen Königshof salonfähig, allerdings erst 150 Jahre später. Den portugiesischen Ausdruck <Chá> für Tee konnte sie in England allerdings nicht einführen. Dieses Wort, das das Portugiesische im 16. Jahrhundert dem Südchinesischen aus der Gegend von Kanton entlehnte, verwendet in Westeuropa kein anderes Land.

Tee trank in Lissabon vorwiegend die Oberschicht. Das ist noch heute so. In der ganz feinen Gesellschaft wird noch die Tradition des Fünf Uhr-Tees gepflegt. Gutbürgerliche Damen besuchen jeweils am Nachmittag das gediegene <Benard> (rua Garrett 118) mit seinen altmodischen Ventilatoren oder das <Versailles> an der Avenida da República 13 mit seinen massiven dunkelbraunen Säulen, seinen Lüstern und Biedermeier-Medaillons. Im <Versailles> schreiten sie prüfend den 15 Meter langen Tresen voller Süßigkeiten ab und lesen das Stück aus, das ihren <Chá> zu begleiten hat. Das Benard ist in den 50er-Jahren ein literarischer Treffpunkt gewesen, das Versailles ist eine Institution des Bürgertums, beinahe ein Museum geworden. Die Einrichtung des Lokal ist seit 1922 nicht verändert worden und die Angestellten sind stolz darauf.

Vor drei Jahren hat die junge, runde und gemütliche Manuela Salema das Wagnis unternommen, der Lissabonner Jugend das Teetrinken beizubringen. Sie ist überzeugt, dass ihr Lokal mit der Zeit ein Erfolg wird. Damals eröffnete sie am Carmo-Platz das Lokal <O Chá do Carmo>. Heute kommen vor allem im Winter junge Leute, die in Ruhe lesen und studieren wollen. Manuela bietet 50 verschiedene Tee-Sorten an. Der Schlager ist der <Gorreana>-Tee von der Azoren-Insel Sao Miguel. Diese

Insel weit draussen im Atlantik ist der einzige Ort Europas, an dem Tee gedeiht. Teesträucher wachsen auch in den Gärten von Sintra.

Das beliebteste Getränk der Mittelklasse und auch der Literaten ist eindeutig der Kaffee.

Die ersten, die die schwarze Brühe in Lissabon verbreiteten, waren die Italiener. Nach dem Erdbeben siedelten sich in der Stadt italienische Restaurateure an, eröffneten Lokale und schenkten das neuartige Getränk aus, in das sie manchmal tüchtig gemahlene Lupinen und Bohnenschoten mischten. Das Martinho da Arcada gehörte vorübergehend dem Italiener Domenico Mignani, das Nicola am Rossio-Platz dem Genuesen Nicola Brettero, ein anderes Kaffeehaus Nicola Vitalini.

Beliebt wurde der Kaffee in Lissabon erst im 19. Jahrhundert, als in seinem Hafen große Sendungen aus Brasilien eintrafen. Heute sind die Lisboetas ausgekochte Kaffeetrinker, richtige Sibariten. Beim Kaffeetrinken sind sie alle Könige: Jeder und jede von ihnen möchte das Getränk in einer ganz bestimmten Art und in einem ganz bestimmten Gefäß genießen. Die Kellner gehen wie selbstverständlich auf sämtliche Wünsche ein. Der Ritus des Kaffeetrinkens ist allen Beteiligten wichtig, selbst wenn er nur stehend vor dem Tresen zelebriert wird.

Die Folge dieser Tradition ist eine verwirrende Anzahl von Ausdrücken für den Kaffee. In kaum einer anderen Stadt Europas hat das Getränk so viele Namen wie in Lissabon. Was ist ein Carioca, was eine Banheira, wann trinkt man einen Galão? Will der Reisende Lissabon wirklich verstehen, tut er gut daran, einige Namen zu lernen. Zum Beispiel den Ausdruck <bica>. Eine bica ist ganz einfach eine kleine Tasse schwarzen Kaffees. Wieso sie so heißt, wissen die meisten Lissabonner auch nicht. Die Kaffeehaus-Expertin Marina Tavares Dias hat dem Kellner Oliveira, genannt <O Oliveira>, der von 1928 bis 1960 im Café <A Brasileira> arbeitete, das Geheimnis entrissen. An einem feuchtkalten Januartag – nach dem Erzähler war es zum <Zerreißen> kalt, – trat nach durchzechter Nacht frühmorgens eine Gruppe Männer in das Lokal und verlangte Kaffee. Der Kellner brachte seinen vollgefüllten Filter-Krug an den Tisch und begann bedächtig mit dem Einschenken. Beim letzten Gast war der Kaffee nur noch lauwarm. <Halte die Tassen an die bica, den Ausguss>, schrie jemand aus der Runde dem Kellner zu. Der Ausdruck blieb, immer wenn dieser Gast, Luis Gama, das Lokal betrat, riefen die

Gäste: <Kellner, Gama will die Tasse gleich am Ausguss>.Wenn die Bica ein kleiner Schwarzer ist, was bedeuten dann die anderen Ausdrücke?

Hier eine – unvollständige – Liste für Kaffeetrinker in Lissabon:

Uma bica curta:
Ein kleiner Schwarzer, der weniger als zwei Drittel voll ist.
Uma bica bem cheia:
Idem, aber mindestens zu drei Vierteln gefüllt.
Uma bica bem quente:
Idem, aber heißer als normal, gerade noch erträglich heiß serviert.
Uma bica em chavena escaldada:
Idem, aber in eine vorgewärmte Tasse gegossen.
Uma italiana:
Ein Expresso (siehe uma bica curta).
Um carioca:
Schwacher Kaffee, d.h. eine bica, der heißes Wasser beigegeben wird.
Um garoto:
Kaffee mit einer Wolke Milch, in einer Kaffeetasse serviert.
Uma meia de leite:
Milchkaffee (halb Kaffee, halb Milch), in einer Teetasse serviert.
Um galão:
Schwacher Milchkaffee, sehr heiß in hohem Glas mit langem dünnem Löffel und zwei Zuckersäckchen aufgetragen.
Uma banheira:
Doppelte Portion Kaffee
Um abatanado:
Dünner Kaffee mit viel Wasser

Dazu kommen die <modernen> Kaffeearten des Capuccino, Descafeinado, Nescafé und der Café turco, die aber nicht überall serviert werden. Die Lissabonner sind den neuen Moden eher abhold. Sie schwören auf ihren nur leicht gerösteten und sehr aromatischen Kaffee. In einigen wenigen Kneipen gibt es noch Filterkaffee aus alten Zeiten, den <café de saco>, dieser schmeckt noch besser. Wer tiefer in die Details gehen und die Kellner beeindrucken will, verlangt den Kaffee einer bestimmten Marke. Die wichtigsten sind Delta, Segafredo, Nicola, A Cafeeira und Camelo.

Es existiert auch ein Getränk für das einfache Volk. Ausgeschenkt wird es in den Ginjinhas. Das Wort ist schwer auszusprechen und die Lokale sind derart klein, dass man sie kaum findet. Doch wer diese Hürden überwindet, tritt in eine Welt ein, die dem normalen Stadtbesucher verschlossen bleibt. Die Ginjinha-Buden dürfen durchaus alt, dunkel und etwas schmuddelig sein, nein: sie müssen es beinahe. Denn so lebte und leibte Lissabons Unterstadt bis weit ins 20. Jahrhundert hinein. Und so leben die Leute noch weiter in der Mouraria, der Alfama, dem Bairro Alto und weiteren volksreichen Vierteln. Dort gibt es weiter Kneipen und Kaschemmen, die das strenge Auge der Hygiene-Behörden noch nicht entdeckt hat - oder nicht entdecken will.

Ausgeschenkt wird in kleinen Gläsern die Ginja, ein Kirschen-Likör nach Lissabonner Machart. Er ist bekömmlich und gesünder als Medizin: die Ginja-Trinker und erst recht die Schankwirte schwören es. Die Ginja ist süßlich, billig, wird im Stehen eingenommen und ist zu jeder Stunde angebracht. Hier ist das Rezept: Man lege Kirschen in Branntwein ein und lasse sie gären. Dann füge man Zucker, Wasser und Zimt bei – und fertig ist das Getränk. Erfunden hat das Rezept – wie könnte es anders sein – ein Priester. Er verriet es dem Galicier Espinheira, der am Plätzchen vor der São Domingos-Kirche am Rand der Unterstadt, ganz in der Nähe des Rossio-Platzes ein Lokal führte. Heute ist die Ginjinha von Espinheira vielleicht die bekannteste Likör-Schenke. Ihr Gründer blickt ernst und stolz aus einem Medaillon hinter dem kleinen Holztresen. Die Stadtverwaltung hat die Geschichte des Getränks sogar in einer Erinnerungstafel vor dem Eingang festgehalten.

Die Espinheira ist ein idealer Ausgangspunkt für eine Ginjinha-Tour. Als zweite Station kann die <Ginjinha Rubi> dienen, die keine hundert Meter weit entfernt in der Rua Barros Queiros 27 liegt. Die blauen Fliesenmalereien besagen, dass das Lokal 1937 eröffnet wurde. Auf der Rückwand sind Priester gemalt, die fröhlich zechen. <Die Klöster besassen grosse Ländereien mit Steinobst-Bäumen, die Mönche mussten die vielen Kirschen, die sie ernteten, irgendwie aufbewahren, deshalb erfanden sie die Ginjinha>, belehrt ein Gast des Lokals. Nach der Rubi geht es 200 Meter weiter in die Bude des <Eduardino> an der Rua Portas de Santo Antão 7. Eduardino führt seine eigene Hausmarke. Hier wie überall kann man das Getränk <mit> (com elas) oder ohne Kirschen im Glas (sem elas) bestellen. Bevor man in die nächste Station, zum Beispiel das Lokal <Tendinha> am Bandeira-Tor des Rossio-Platzes abtaucht, sollte man sich daran erinnern, dass die Ginjinha zwar sehr süffig ist, jedoch einen Alkoholgehalt von 23 Prozenten aufweist, also doppelt so stark wie Wein ist. Ohne wenigstens ein Glas Ginjinha im Magen sollte der Besucher Lissabon hingegen auf keinen Fall verlassen, meinen die Einheimischen – mindestens diejenigen in den Ginjinha-Buden.

Das wahre Markenzeichen von Lissabon sind aber seine Pastelarias. Wo in anderen Städten Europas eine Bar, eine Kneipe oder ein Restaurant steht, steht in Lissabon eine Pastelaria – eine Konditorei. Die Liebe der Lissabonner zu ihren Pastelarias ist unfassbar. Sie gehören zu ihnen wie die kunstvoll verzierten Gehsteige und der blaue Himmel über der Stadt. Die Pastelarias sind ein wichtiger Teil des geschichtlich-kulinarischen Schatzes der Metropole. Es ist ganz folgerichtig, dass die Lissabonner Europas süßeste Hauptstädter sind. Nicht nur Frauen, auch Männer verzehren Süßigkeiten aus der Konditorei mit erstaunlicher Hingabe und zu jeder Tageszeit.

Die Tradition macht auch vor Künstlern nicht halt. In der Pastelaria Cister (Rua Politécnica 103) trafen sich oppositionelle Schriftsteller und Kunstkritiker um Augusto Abelaira und José Augusto França. Noch heute hängt dort ein Bild des Schriftstellers Eça de Queiroz. Auch in der Pastelaria <Veneza> und der <Nobreza> traf man sich zu Diskussionen.

Die Pastelarias sind nicht nur Konditoreien, sie sind mehr: die Kaffeehäuser des einfachen Volkes. Dort hatten, ganz im Gegensatz zu den großen und schicken Cafés des Stadtzentrums, von Anfang auch die Frauen Zutritt. Die Besitzer dieser unkomplizierten und manchmal sogar schummeligen Quartiercafés stellten vor ihren Verkaufstisch oder in einen Nebenraum Tische und Stühle, schenkten Kaffee, Bier, Früchtsäfte und Mineralwasser aus – und schon lief das Geschäft. Die Pastelarias sind zu echten Treffpunkten der Nachbarn geworden. Dort ersteht man den Lotterie-Schein, kauft man Zigaretten und bucht man eine Busreise zum Wallfahrtszentrum Fátima, an den Algarve-Strand oder in die Berge im Norden des Landes. Jetzt, da viele große Cafés verschwunden sind, haben die Pastelarias noch mehr Zulauf.

Von den Dutzenden, ja Hunderten von Pastelarias Lissabons seien hier drei vorgestellt. Die erste gehört der gehobenen Klasse an und nennt sich sogar <Confeitaria>, Konfekthaus. Es ist die <Confeitaria Nacional> an der Rua do Betesgo beim Figueira-Platz im Stadtzentrum. Sie ist eine der besten der Baixa und damit ganz Lissabons. Wie bei <A Chineza> ist ihr Name im Kopfsteinpflaster vor dem Eingang verewigt. Aussen am Geschäft zeigen Medaillons an, an welchen internationalen Wettbewerben dieses Haus teilgenommen hat. Früher belieferte die Confeitaria Nacional das Königshaus, heute die feine Bürgerschicht und immer mehr Ausländer, die das Lokal entdeckt haben. Die Damen und Herren lesen ihre Patisserie an einem barock geschwungenen crèmefarbigen Tresen aus oder lassen sich an einem der Tische im Nebenraum bedienen. Ganz diskret riecht es nach Kaffee und Schokolade. Die <Confeitaria Nacional> ist ein lichtvoll romantisches Lokal: Spiegel und kleine Lüster an der Wand, bukolische Deckenmalereien, dunkelroter Plüschvorhang, weißer Fliesenboden. <Mehr als 100 Jahre gut angesehen>, steht in einer Inschrift, und, hinter dem Tresen, daneben <Baltazar Castanheiro> sowie das Gründungsjahr: 1829. Im Moment ist die sechste Generation am Werk, und zwar bereits 55 Jahre lang. Die Confeitaria Nacional ist fast immer voll.

Die Verkäuferin Conceição erklärt die Namen der Leckerbissen hinter dem Glas. Sie heissen <Gottes Brot>, <Reiskuchen>, <Felsen>, <Brise>, <Indianer>, <Afrikaner>, <Garibaldi>, <Österreicher> und anderes mehr. Die Liste der Süßigkeiten ist fast unendlich lang. Lieben die Lissabonner das Süße mehr als andere Leute? <Nein, sie sind einfach naschhafter>, antwortet Conceição.

Wer der einheimischen Konditorei-Kunst richtig huldigen will, steigt am Terreiro do Paço in die Strasssenbahn Nummer 15 und fährt nach Belém. Dort, an der Rua de Belém 84, gegenüber des kuriosen Zeitungskiosks <da Rosa>, steht, recht unscheinbar, ein Geschäft, das mit <Pastéis de Belém> angeschrieben ist. Nichts scheint es von einer normalen Pastelaria zu unterscheiden. In Wirklichkeit ist es neben der Hieronymus-Kirche, dem Denkmal der Entdecker und dem neuen Kulturzentrum die vierte Sehenswürdigkeit des Ortes. Der Renner des Hauses ist das <Pastel de Nata>, der kleine Crème-Kuchen.Verkäuferinnen packen am Tresen die feine Kost zu Dutzenden in Tüten.

Das Geheimnis beginnt hinter dem Verkaufslokal. Ein Labyrinth von kunstvoll mit blauen Fliesen und Stichen aus dem 18. Jahrhundert geschmückten Gängen und Korridoren führt zu einer überraschenden Anzahl von versteckten Räumen, die als Imbiss-Orte dienen. 500 Leute finden im Labyrinth Platz. Und fast alle kommen, um zusammen mit einer Bica oder einem Galão die Crème-Kuchen zu geniessen. <Pastéis de Belém> wurde im 19. Jahrhundert eröffnet und ist ein echter Wallfahrtsort geworden. 90 Angestellte arbeiten in dem Unternehmen. Während der Woche verkaufen sie täglich rund 8500 Crème-Kuchen, an den Wochenenden sind es 12 000 bis 15 000.

Der Gerant Manuel Alves da Silva erzählt, dass nicht nur Lisboetas am Wochenende hier ihre Pastéis kaufen kommen. Auch portugiesische Emigranten erscheinen hier während ihres Sommerurlaubs, um ihre Saudade wegzuessen, zudem tauchen immer mehr Ausländer auf. Der brasilianische Schriftsteller Jorge Amado gehörte zu ihnen. Jedesmal wenn er in Portugal weilte, kam er im Lokal vorbei. Amado wählte 1981 den grössten Raum dieser traditionellen Großkonditorei, um dem Lissabonner Publikum seinen Roman <Gabriela cravo e canela> (<Gabriela, Zimt und Nelken>) vorzustellen.

Das Herz des Unternehmens, neben dem bis 1985 eine Zuckerfabrik funktionierte, ist der <Saal der Geheimnisse>. Es ist ein verschlossenes Viereck in der Küche, in dem sich täglich die drei Meister-Konditoren des Hauses treffen. Dort wallen sie den Teig für die Tagesproduktion und bestimmen sie die Zutaten der Füllung. Das Allerwichtigste: die kleinen Crèmekuchen müssen mit Zimt bestreut und frisch gegessen werden, frisch und noch warm sind sie sündhaft gut.

Von den vielen gewöhnlichen Konditoreien sei die Pastelaria de São Roque herausgegriffen, die an der Rua Dom Pedro V 57, am Eingang des Bairro Alto, steht. Die Süßwaren, die hier angeboten werden, sind nicht besonders reichhaltig. Die Konditorei ist alt, das ehemals weiße Mobiliar ist abgewetzt, die Stühle zersessen, die Luftkühlung röchelt. Doch São Roque ist surrealistisch. Es ist, als wäre die Konditorei der hinterste Saal eines vergammelten Schlosses, bereit für eine Film-Szene. Der halbrund geschwungene Tresen ist mit Fliesen und Marmor belegt, dahinter stehen sechs mächtige Steinsäulen mit goldverzierten Kapitellen. Schwere keilförmige Lampen und ebenso schwere Blumentöpfe vervollständigen das Bild. In feinen Lettern steht an <Kathedrale des Brotes> an der Wand. <300 Jahre alt ist das alles hier>, sagt der Gerant des Lokals. Vielleicht hat er sogar recht.

Woher rührt die Vorliebe der Lissabonner für das Gebäck? Von den Klöstern.

Bis zu der Aufhebung der Orden im 19. Jahrhundert stellten die Nonnen die feinsten Süßigkeiten her. Jedes Kloster hütete ein Geheimrezept und bot eine Spezialität an: Gefüllten Marzipan, Butter-, Mandel- und Kokoskuchen, Eigelb-Törtchen... Zum süßen Teil des Klosterlebens gehörten unzweifelhaft auch die Ausschweifungen, von der alle Chronisten bis weit ins 18. Jahrhundert berichten und gegen die selbst Dekrete aller Art nichts ausrichten konnten. Die Monarchen gingen mit dem Beispiel voran. König João V besuchte die Nonnenklöster, vor allem dasjenige von Odivelas, derart fleißig, dass er einen Palast, den Palácio de Palhavã, bauen liess, um darin die Bastarde unterzubringen, die er zeugte. Heute ist der Palhavã-Palast Sitz der spanischen Botschaft.

Die Lust der Nonnen zum Backen ist gut erklärbar: Die Kirche hatte Privilegien beim Bezug der Rohstoffe aus den Kolonien. Zucker, Zimt, Vanille und Kokosnüsse wanderten zuerst in die Klöster. Das gemeine Volk bekam wenig davon zu spüren. Nach der Aufhebung der Klöster übernahmen Konditoren die Rezepte und buken für das Bürgertum und später für das Volk. So gerieten die Delikatessen der Nonnen in die Schaufenster.

António de Oliveira Salazar: Der Diktator in seinen vier Wänden (Karikatur von João Abel Manta).

6. O SENHOR DOUTOR

Diktator Salazar, Dona Maria und die Folgen

Bevor wir von der <Confeitaria Nacional> auf den Rossio-Platz einschwenken, lohnt sich ein Blick auf ein langgestrecktes, fahlgelbes Gebäude. Es steht erhöht zur Linken neben dem Gerippe der Carmo-Ruine und hängt förmlich über dem Platz. Im Gebäude sind Polizisten der Guarda Nacional Republicana kaserniert. Für die Lissabonner ist diese Garnison mitten in der Stadt ein Symbol Jahrzehnte langer Unterdrückung und – mehr noch – der Befreiung. Die Wachen, die mit gewichsten Stiefeln, Säbel und gewichtigen Mienen vor dem Eingang stehen, sehen heute harmlos aus. Sie erinnern aber an die Zeit, in der die Uniformierten die Bevölkerung unter der Knute hielten. 48 Jahre lang lebten die Portugiesen mit Polizeiwillkür und Zensur. Vom Ausland waren sie abgeschottet. Nach der Propaganda des Regimes war das Leben jenseits der Landesgrenzen aufgewühlt und schwierig, in Portugal herrschten dagegen – so lautete die Propaganda – <Ruhe und Sicherheit>. Kein anderes Land Westeuropas hat im 20. Jahrhundert eine derart lange Diktatur erlitten.

Alles begann im Jahre 1926. Eine Gruppe von Offizieren hatte genug von den dauernden Regierungswechseln in Lissabon und löste das Parlament auf. Die Militärs waren jedoch unfähig, die tiefe Wirtschafts- und Finanzkrise des Landes zu lösen. Einer von ihnen, General Costa Gomes, hatte von einem Experten gehört, einem Professor der Universität von Coimbra, der im Priesterseminar erzogen worden war und dem man nachsagte, er sei fähig, die Lage in den Griff zu kriegen. <Holt mir dieses Pfäfflein her>, befahl der General. Er ahnte nicht was er tat. Sieben Jahre später hatte das <Pfäfflein> nicht nur die Finanzprobleme gelöst, sondern auch die Macht an sich gerissen. Es beherrschte die Militärs, die ihn gerufen hatten, und richtete im Lande eine Diktatur ein. Der harmlose Seminarist hiess António de Oliveira Salazar.

Der <Retter> war eine widersprüchliche Figur, ein ganz und gar untypischer Diktator. Öffentliche Auftritte und große Reden behagten Salazar nicht, der Kontakt mit der Bevölkerung war für ihn eine Qual. Charisma besaß er keines. Die Militärs hatten ihn gerufen, das Land zu sanieren, und dies tat er von seinem Büro aus mit einer

Selbstverständlichkeit und Zähigkeit, die die Gegner zur Verzweiflung trieb. Der Finanzprofessor hielt sich dazu berufen, <im Dienste des Staates> Portugal auf die rechte Bahn zu bringen und von da nicht mehr abzuweichen. Die Macht einem Nachfolger zu übergeben oder einen Nachfolger auch nur vorzubereiten kam ihm nie in den Sinn. Im Gegenteil: Salazar riss immer mehr Macht an sich. Er amtierte nicht nur als Regierungs- und Finanzminister, sondern übernahm, je nach Lage und Gutdünken, auch das Außen- oder das Kriegsministerium. Gleichzeitig jammerte er, seine Arbeit sei undankbar, und malte seinen Rückzug an die Wand. Politischer Machthunger, Verschlagenheit und provinzielle Einfachheit verbanden sich bei ihm auf eine eigenartige Weise.

Seine Herkunft erklärt einiges. Salazar stammte aus einer bürgerlichen Familie des Weinbauerndorfs Santa Comba. Der Schriftsteller und Journalist Fenando Dacosta erzählte, der Diktator habe mit ihm Stunden lang über das richtige Entlauben der Rebstöcke, das Sulfatieren, die Weinlese und die Löhne, aber nie über Politik gesprochen. In der Grossstadt Lissabon fühlte sich der Diktator unwohl. Das ganze Land hatte für ihn so geordnet und konservativ zu sein wie sein Heimatdorf Santa Comba. Der Professor aus der Provinz machte deshalb ganz Portugal zu einer Provinz. Weltoffenhcit war für ihn unnötig, Fortschritt verdächtig, Begeisterung und Enthusiasmus empfand er als Schwächen, ja Krankheiten, die es zu bekämpfen galt. In seinen vier Jahrzehnten an der Macht verließ er sein Land nur drei Mal: Er reiste jeweils einige Kilometer über die Landesgrenze, um den spanischen Diktatorkollegen Franco zu treffen. Als ihm nach dem Zweiten Weltkrieg General Humberto Delgado vorschlug, eine zivile Luftfahrtgesellschaft aufzubauen, sträubte er sich. Er sah den Grund dafür nicht ein. Mit 77 Jahren – vier Jahre vor seinem Tod – bestieg er zum ersten Mal in seinem Leben ein Flugzeug. Salazar flog von Lissabon nach Porto. <Es hat mir nicht gefallen> sagte er Reportern nach der Landung. Der Diktator versuchte die Industrialisierung des Landes zu verhindern, denn sie brachte nach ihm unnötige Bewegung ins Land und stärkte die Arbeiterschaft. <Wir Portugiesen hatten still und bescheiden zu sein, das Land erstarrte>, erzählte der Politiker und Publizist António Barreto. Er ist einer der wenigen, die damals dem Mief entflohen, sich ins Ausland absetzten und dort eine Laufbahn vorbereiteten.

In Salazar verband sich ein Sammelsurium von Kleinlichkeiten: die enge Seele des Bauern aus Santa Comba, der Muff des Priesterseminars, die Enthumanisierung der Bibliotheken von Coimbra und das strenge Fachwissen des Professors für Finanzwissenschaft. Salazar war ein Zahlengläubiger, ein Feind der menschlichen Würde und Freiheit.

Fernando Pessoa

Salazar liebte es, mit einem Sammler verglichen zu werden. Gegenstände und Personen zu sammeln und die Zeit aufzuhalten, die sie in sich tragen. Was ihm immer in die Hände fiel, behielt und hob er auf: Das Rasiermesser, das Rasierwasser (Marke Floid), die Taschenuhr (Roskopf), die grauen Krawatten, die dunklen Anzüge, die Schuhe, die Foto-Kamera (Marke Zeiss Ikon), Taschenmesser (mehr als 20), Spazierstöcke, (...), die Geister, Ideen, die Ideologie, die Politik, die Gouvernante, den Chauffeur, die Angestellten, die Freunde, die Feinde – das Leben.

Fernando Dacosta

In seiner Nähe erlischt die Lebenslust, verlieren wir unsere Energie und spüren wir eine seltsame Müdigkeit.

Christine Garnier, Salazar-Biografin

Die Portugiesen hatten einen Diktator, der depressiv veranlagt war. Heute würde man ihn einen Autisten nennen. Tage lang verließ er seine Residenz oberhalb des Parlamentsgebäudes nicht, beklagte sich über Kopfweh und bemitleidete sich. In seinem halbverdunkelten Büro saß Salazar jeden Tag von zehn bis zwei Uhr über Dokumenten, dann aß er und schlief eine Siesta. Am Nachmittag empfing er einige Besuche und gab Anweisungen, den Abend verbrachte er mit seiner Haushälterin Dona Maria de Jesus. Dona Maria hatte ihm schon in Coimbra gedient, war mit ihm in die Hauptstadt gezogen und nannte ihn ihr ganzes Leben lang <Senhor Doutor>. In der Residenz von São Bento war sie die dominierende Persönlichkeit.

Und was für eine: Vor Dona Maria zitterten Sekretäre und Minister, ihre Launen fürchtete selbst der Geheimdienstchef Silva Pais. Dona Maria ließ zu Salazar vor, wen sie wollte. Die trockene und resolute Haushälterin regierte Portugal hinter den Kulissen mit. Für Salazar war sie die Stimme

Architektur unter Salazar: der Areeiro-Platz.

des Volkes, er konsultierte Dona Maria, um herauszufinden, was das Volk fühlte und dachte. Dona Maria las dem Senhor Doutor die Krawatten und Hemden aus, kochte ihm Tee, wenn er in eine seiner Depressionen fiel, sie erzählte dem Diktator alle Einzelheiten der Filme, die sie gesehen hatte, und führte im Haushalt Buch. Noch hat kein Schriftsteller und kein Theaterautor das Thema dieses seltsamen Duos aufgegriffen, das hinter den Mauern der Residenz São Bento das Land regierte. Zu einer solchen lusitanischen Tragikomödie würden die kleinen Mädchen gehören, die Salazar zu seiner Erheiterung einlud, auch die Kontakte zu Hellsehern, die mit der Straßenbahn nach São Bento fuhren und ihn unauffällig besuchten, auch die seltsamkomische Affäre des tristen Junggesellen Salazar aus der portugiesischen Provinz mit der französischen Journalistin Christine Garnier: Der verliebte Diktator ließ ihr von seinem Landsitz in Santa Comba aus Marmelade-Töpfchen und Kuchen nach Paris senden.

Salazars Geiz war sprichwörtlich. Die gesamte Nation kriegte Sparsamkeit verordnet. Austerität und Kleinlichkeit regierten auf allen Ebenen. Eines der Symbole dafür ist Salazars Lederkoffer. Der Professor war mit einem braunen Lederkoffer von Coimbra nach Lissabon gezogen, als er seine politische Arbeit aufnahm. 42 Jahre später erlitt er während seines Sommerurlaubs einen Unfall und musste schleunigst in ein Spital der Hauptstadt transportiert werden. Im Wagen fuhr ein brauner Koffer mit den notwendigsten Habseligkeiten mit: es war der Koffer von Coimbra. Geld reizte den Diktator nicht, im Gegenteil. Er bezahlte sich und seinen Ministern niedrige Gehälter, doch er fand, er verdiene noch zu viel für das, was er benötigte. Als ihm eine seiner Wahrsagerinnen eröffnete, Portugal stehe eine schwere Krise bevor, er solle sich am besten ins Ausland absetzen, entgegnete er entrüstet, er habe keine Mittel, um im Ausland zu leben. Als Salazar nach über 40 Amtsjahren starb, besaß er ein Bankkonto mit umgerechnet nicht mehr als 15 000 Euro und ein Landstück im Wert von 6 000 Euro.

Ich verdanke es der göttlichen Vorsehung, dass ich arm bin.

Ein Volk, das es wagt, arm zu sein, ist unbesiegbar.

Alte Völker sind zynisch oder traurig. Wir Portugiesen sind traurig.

Ich bin voller Trauer, nur Gott weiß, wie ich leide.

Die Macht gefällt mir nicht.

Salazar

Die Schriftstellerin Natalia Correia, eine furchtlose und schillernde Frau, die in den 80er-Jahren in ihrer Bar <O Botequim> im Lissabonner Viertel Graça wöchentlich Schriftsteller und Politiker um sich scharte, wagte es, Salazars Kleinlichkeit und Engherzigkeit zu beschreiben. Sie schrieb ein Buch über ihn und gab ihm den spöttischen Titel <Der Homunkulus>. Die Sicherheitspolizei beschlagnahmte das Werk, bevor es in den Buchläden erscheinen konnte.

Ins Ausland reichte der Arm der Polizei hingegen nicht. Den beißenden Spott und Hohn des deutschen Dramaturgen Peter Weiss auf Salazar konnte sie nicht verhindern. Weiss schrieb eine bissige Theater-Satire mit dem Titel <Gesang vom lusitanischen Popanz>. Das Stück wurde während des Kolonialkriegs zwischen Portugal und den Befreiungsbewegungen in den afrikanischen Besitzungen (1961-1974) zum größten Ärger der Lissabonner Zensoren auf europäischen Bühnen mit viel Erfolg aufgeführt.

Ich empfange meine Befehle
von Gott im Himmel.

Es ist die heilige Mission Lusitaniens
auf der Welt die göttliche Botschaft zu verbreiten

Die gesamte Geschichte zeigt uns
dass der Mensch unfähig ist
sich selbst zu regieren
und deshalb eine Autorität braucht,
die ihn führt

Der Diktator im <Gesang vom lusitanischen Popanz>, von Peter Weiss, (1. Akt). 1967

Salazars Ende war dasjenige eines Popanzen – ein surrealistisches Bühnenstück. Der Diktator hatte Dona Maria erzählt, vor dem Tod Lenins hätten die Kommunisten eigens für ihn eine Zeitung gedruckt, in der die Wirklichkeit vertuscht wurde. Genau so tat es die Haushälterin, als Salazar 1968 einen Hirnschlag erlitt. Nach einem langen Aufenthalt im Rotkreuz-Spital von Lissabon kehrte er in seine Premierminister-Residenz von São Bento zurück und lebte dort in zeitweiliger geistiger Abwesenheit. Dona Maria ließ den Senhor Doutor glauben, er regiere das Land weiterhin. Sie kommanditerte zu diesem Zweck Staatssrekretäre und Minister zu Besprechungen und <Beratungen> in die Residenz. Selbst der greise Staatspräsident Américo Thomaz tauchte auf. Thomaz brachte jedoch immer seine Enkel mit, damit er nicht über Politik sprechen musste. Niemand hatte den Mut, dem <Alten> zu sagen, der Rechtsprofessor Marcello Caetano habe ihn in seinem Amt abgelöst. In seinen lichten Momenten war sich Salazar der Lage wohl bewusst, doch auch er nahm an der Fiktion teil. Beinahe zwei Jahre lang dauerte dieses gespenstische Schaustück, dann, am 27. Juli 1970, starb der Diktator einsam und halb vergessen. Vorher hatte er für sich und seine Haushälterin auf dem Friedhof seines Heimatdorfes Santa Comba einen Grabplatz reserviert. Dona Maria hatte er eine monatliche Rente von umgerechnet 250 Euro vermacht, damit sie nach seinem Ableben nicht darben musste.

Portugiesische Schiffe, die letzte Hoffnung auf eine Reise ins Exil.

7. EIN HORT DES FRIEDENS

Lissabon und die Kriegs-Flüchtlinge

Die <Pastelaria Suiça> am Rossio-Platz ist eine stadtbekannte Adresse. Das historische Café ist ein Treffpunkt und gleichzeitig eine noble Einkehr-Stätte. Leider hat der vor kurzem beendete Umbau das Lokal ziemlich verunstaltet. Im Hauptraum ist die grossbürgerliche Ambiance zwar noch gewahrt, doch Schnellimbiss-Ecke mit den hellen Tresen, die Barhocker und die Ausgänge, die zu zwei Plätzen, dem Rossio und der Praça da Figueira führen, machen die alte Ruhe und Würde zunichte und verbreiten hastige Bahnhof-Stimmung.

Einst war das so zentral gelegene Lokal auch Ausländern ein Begriff. Es war ein Ankerplatz der Ruhelosen, ein Ort des Wartens, Harrens und Diskutierens. Die Ausländer hatten in Wirklichkeit nichts anderes im Sinn, als Lissabon so rasch als möglich zu verlassen, die Stadt war das Etappenziel einer langen Flucht. Doch das Warten konnte Wochen und Monate dauern. Die meisten Ausländer in der <Pastelaria Suiça> waren Deutsche und Juden.

Man schreibt das Jahr 1940. Die erste große Welle von Flüchtlingen aus Hitlerdeutschland ist in Lissabon angekommen. Auch Schriftsteller befinden sich unter ihnen. Einige von ihnen haben Manuskripte in ihrer Habe, andere benutzen den Aufenthalt in Portugal, um ihre Reise- und Flucht-Tagebücher nachzuführen. Maximilian Scheer etwa.

Er schreibt:

<Wir sitzen auf der Terrasse eines Cafés, umhüllt vom Frieden. Vor uns liegt der Platz Pedro IV, genannt Rossio, in der sinkenden Sonne. Jenseits des Platzes, auf einem Hügel, erhebt sich ein Teil dieser weissen Stadt: Portugiesinnen gehen vorüber, als genössen sie die Öffentlichkeit wie eine verbotene Frucht. Männer stehen schwatzend am Rand der Gehsteige oder sitzen in den Cafés. Offiziere schlendern vorbei, als kämen sie aus der Operette <Die lustige Witwe>. Vor zwei Gebäuden staut sich die Menge und liest die letzten Depeschen. Auf der Straße bellen die Hupen der Autos; in ihren höllischen Lärm dringen die unaufhörlichen Schreie unzähliger Zeitungsjungen.>

Der Schrifsteller ist in der Baixa einem eben angekommenen Flüchtling begegnet. Dieser fragt ihn:

<- *Hast du Gift?*>.

<- *Gift? Nein*>

<- *Es beruhigt*>.

Einige Monate später ist auch Scheer besorgt. Er notiert:

<*Anfangs Januar:*

Noch kein Visum, fast kein Geld mehr. Für einen, der nicht – wenn auch bescheiden – als Tourist leben kann, halten die portugiesischen Behörden das Konzentrationslager in Bereitschaft, das in der Nahe von Porto für Kommunisten des Landes eingerichtet wurde. Von dort bis zur Auslieferung ist für Ausländer nur ein Schritt. Unsere französischen Freunde sind abgereist. Die Verlassenheit wird beängstigend.

Mitte Februar:

Wir haben Schiffsplätze für Mitte März auf der portugiesischen „Serpa Pinto".

Anfangs März:

Bekannte – und alle ihre Freunde – hat die Polizei aufgefordert, Portugal binnen dreißig Tagen zu verlassen. Nach dieser Frist ist Verhaftung angedroht. Einige Wartende sind in den letzten Tagen bereits verhaftet worden. Verzweifelte Gesichter. Gespräche voller Ausweglosigkeit.>

Auch Alfred Döblin ist da. Er wohnt in der Pension <Gloria> in der Baixa. Ihn interessiert vor allem die Post, denn dort, auf der Poste restante, erwartet er Briefe, Geld, Neuigkeiten – die Lösung für die letzte Etappe seiner Reise ins Exil. Döblin hat die Muße, die Poste Restante von Lissabon zu beschreiben, die damals im Seitenflügel eines der Regierungsgebäude am Terreiro do Paço lag:

<*Es waren viele, die sie suchten. Sie stellten sich hier in Trupps, in Reihen auf, die Flüchtigen, die Schiffbrüchigen und fragten nach Briefen und Telegrammen. Die meisten waren gut gekleidete Herren und Damen und trugen auf ihren Gesichtern und in ihren Bewegungen die Zeichen ihres Schicksals: die trübe Unruhe und Spannung. Manche fragten schon stumpf und gingen stumpf. (....) Wir hatten bald Nachricht und trugen sie*

wie eine Beute aus dieser Schicksalsecke davon. Es war ein Telegramm, das uns Geld anzeigte. Es lag auf einer hiesigen Bank>.

<Ein träges, brütendes Dasein, ein unruhiges Dösen, oft unterbrochen von Gereiztheit und Ausbrüchen der Ungeduld>. So nennt Döblin die Lage der Flüchtlinge vor ihrer Einschiffung und dem Abschied aus der Alten Welt. Einigen gelingt sie nicht. Den Publizisten Berthold Jacobs ergreift in Lissabon der lange Arm des Dritten Reiches. Er wird nach Deutschland verschleppt und dort zu Tode gefoltert. Die Auslandsabteilung VI des Reichssicherheits-Hauptamtes, für die in Lissabon SS-Sturmbannführer Erich Schröder zuständig ist, wacht, Portugals Sicherheitspolizei hilft. <Es gibt keine Grenzen mehr in Europa, überall herrscht Angst vor Hitler>, klagte der Publizist Friedrich Torberg. Wie alle anderen Flüchtlinge ist er aus Frankreich gekommen und hat bis Lissabon zwei Grenzen überschritten. Deutschland übt Druck auf Portugals Regierung aus, Diktator Salazar hat sein Land für neutral erklärt und versucht, zwischen den Achsenmächten und den Alliierten zu lavieren. Von Zeit zu Zeit machen Schröders Leute Razzien. Sie wissen, dass sich die Flüchtlinge vor allem in den Cafés des Rossio-Platzes aufhalten.

Für Emigrant Alfred Döblin war Lissabon eine „bunte, südliche und friedliche Welt".

Die meisten Schriftsteller haben Glück. Sie kommen heil auf eines der Schiffe, deren Namen wie Verheissungen klingen: <Serpa Pinto>, <Nyassa>, <São Tome>, <Guiné>, <Quanza>. Es sind portugiesische Linienschiffe, die sie über den Atlantik nach Nord- und Südamerika bringen. Internationale Organisationen, z.B. die jüdische <Comassis> oder das <Centre Américain de Secours> helfen ihnen. Maria Pinto Correia und Patrik von zur Mühlen haben in Büchern Flüchtlingsrouten nachgezeichnet: Heinrich Mann ist mit seinem Neffen Golo Mann, Max Werfel, dessen Frau Alma Mahler-Werfel sowie Martha Feuchtwanger unterwegs, die Gruppe überquert von Marseille kommend die Pyrenaen zu Fuss und langt unbehindert in Portugal an, Stefan Zweig lebt einige Zeit bei Dr. Moses Amzalak, dem Präsidenten der <Comassis>, bevor er weiterzieht, Döblin reist wie die meisten Flüchtlinge im Zuge an. Hans Habe zeigt den spanischen und portugiesischen Grenzern einen gefälschten bolivianischen Pass und kommt durch, Heinrich Mann hat amerikanische Papiere und heisst Heinrich Ludwig, Lion Feuchtwanger übersetzt seinen Namen auf Englisch, nennt sich <Wetcheek> und schafft es ebenfalls. Einige portugiesische Diplomaten helfen – entgegen der Anweisungen ihrer Regierung – und retten Menschenleben. So etwa Aristides de Sousa Mendes, Portugals Konsul in Bordeaux. Er stellte vom 17. Bis am 19. Juni 1940, wenige Tage nach dem Fall von Paris, Tausende von Visa aus, rettete vielen Flüchtenden das Leben und wurde deswegen seines Postens enthoben. Von 1940 bis 1944 schafften rund 100 000 Personen den Weg über Portugal nach Amerika. Zwei Drittel von ihnen waren Emigranten aus Deutschland.

Das Lissabon, das die Flüchtlinge zu sehen bekamen, beglückte und verstörte sie zugleich. Alfred Döblin, der einen französischen Pass besaß, schrieb in seiner <Schicksalsreise>: <Wir sagten sofort: Portugal ist ein wunderbares Land>. Ihm gefielen das Licht, der Lärm und die Geschäftigkeit der Lissabonner Unterstadt und auch die Freundlichkeit der Leute.

Alexander Abusch schrieb nach seiner ersten Begegnung mit der Stadt:

<...Und so kamen wir aus den verdüsterten Städten der Länder des Krieges in die Lichterstadt Lissabon. Ja, alles schien uns hell in den hügeligen Gassen der Stadt am Tejo(...). Durchsichtig klar die Luft des

nahen Ozeans in strahlender Herbstsonne und hell auch die prunkvollen Villen der Reichen, erbaut aus der Ausbeute riesiger Kolonialbesitzungen. Lissabon eine weiße Stadt – erster Eindruck, bleibende Erinnerung>.

Die Flüchtlinge waren erstaunt: In Lissabon brannten die Lichter auch nachts. Die Stadt war nicht verdunkelt. Während im Rest Europas Bomben Feuerspuren legten, schoss Lissabon Feuerwerk in die Luft, um seine große propagandistische Ausstellung der <portugiesischen Welt> zu inszenieren. Erich Maria Remarque lässt in seinem Roman <Die Nacht von Lissabon> einen jungen Emigranten dieses Licht bestaunen:

<Ich konnte meine Augen nicht vom Schiff abwenden. Es ankerte im Tejo und war hell beleuchtet. Obwohl ich schon eine Woche in Lissabon war, hatte ich mich noch nicht an die extravagane Helligkeit der Stadt gewöhnt. In dem Gebiet, aus dem ich kam, waren die Nächte schwarz wie Kohlenberge. Der Schein einer einzigen Lampe war gefährlicher als die Pest im Mittelalter>

Lissabon war eine bunte Welt, das Leben war friedlich, die Straßen, Kinos und die Märkte voll. <Ich war damals ein Junge, es war eine seltsame, eine aufregende Zeit> erinnert sich der Maler João Abel Manta. <Viel Glamour kam zu uns: die Filmschauspieler Laurence Olivier und Vivien Leigh, sogar die Tänzerin Josephine Baker trat bei uns auf, Hitchcoks Film „Rebecca" wurde aufgeführt. Wir gingen die Filme anschauen, die die Engländer in ihrem Kulturzentrum beim Estrela-Spital zeigten. Es waren meist propandistische Kriegsfilme, z.B. „Why we fight". Aber auch die Deutschen zeigten ihre UFA-Streifen. Einmal kam sogar die arische Vedette Marika Röck nach Lissabon, um für Hitler zu werben.>. Die Deutschen verteilten die Zeitschriften <Signal> und der <Adler>.

Deutsche, Engländer und Amerikaner warben um die Wette. <Im Schaufenster einer Buchhandlung liegen sechs englische Bücher, daneben sechs Nazi-Werke, am Rossio mieteten die Nazis ein Fenster für ihre Propaganda, daneben die Engländer eines für die ihre, (...) an den Kiosken liegen die Blätter der beiden kriegsführenden Länder nebeneinander>, trug Alexander Scheer im Oktober 1940 in sein Tagebuch ein. Er nannte Salazars Schaukelpolitik zwischen den Kriegsmächten einen <faschistischen Seiltanz>.

Die Fremden brachten nicht nur ihre Not, sondern auch neue Sitten nach Lissabon.

Vor allem die Frauen verursachten Aufregung. Portugal war geistig im 19. Jahrhundert stecken geblieben, Lissabon lebte trotz seiner 600 000 Einwohner provinziell vor sich hin. Nun öffneten die Haupstädter mächtig die Augen. Vor allem die blonden Deutschen, aber auch Russinnen und Polinnen hatten es ihnen angetan. Im Seebad Estoril, wo die reichen Emigranten in Hotels wohnten, badeten die Frauen unbeschwert in kecken Badekleidern, während portugiesische Männer – so schrieb es das Gesetz vor – noch Badeanzüge tragen mussten, die auch den Oberkörper bedeckten. In der Lissabonner Unterstadt gingen die einheimischen Frauen nach alter Tradition mit Handschuhen und langen Kleidern einkaufen. Die Ausländerinnen hingegen brachen Tabus – sie rauchten, besuchten Kaffeehäuser und zeigten ihre Beine. Der Schriftsteller Alves Redol notierte:

<Auf Verlangen der Ausländer, die aus Ländern ohne Sonne kamen und sich wieder für das Leben erwärmen wollten, stellte man Stühle auf den Gehsteig. Und die Ausländerinnen setzten sich da hin, lasen, plauderten und kämpften gegen ihre Angst und Einsamkeit. Sie zeigten dabei völlig schamlos Beine und Oberschenkel, dass den Einheimischen die Augen übergingen>.

Während ihres Aufenthaltes in Lissabon schufen die Schriftsteller verständlicherweise keine grossen Texte. Es waren eher Splitter, Notizen und Aufzeichnungen. Ihrem Auge entgingen die Widersprüche des Salazar-Regimes nicht. In dieser friedlichen Oase am Rande Europas herrschten Zensur und Repression. Nur im Vergnügungsort <Parque Mayer> neben der Avenida da Liberdade war scheues Aufatmen erlaubt. Dort durften die einheimischen Vedetten in den beliebten <Revistas> vorsichtig politische Anspielungen machen und sich ein bisschen über Politik und Alltag amüsieren.

Die Revistas waren Cabarets auf großer Bühne, die bescheidenere Lissabonner Version der Pariser Revue.

Salazar zeigte die Macht des Staates und ließ im faschistischen Stile moderne Gebäude ins Stadtbild klotzen. Die Bauten, die entstanden, z.B. das Santa Maria-Hospital, die Universitäts-Anlagen im Campo Grande und die Parkanlage <Dom Henrique> mit ihrem Leuchtbrunnen, sind unportugiesisch seelenlos. Als das Kriegsglück wechselte, begann das Regime der angelsächsischen Welt zu huldigen.

Auch die soziale Ungerechtigkeit entging den Besuchern nicht. Bettler, Prostituierte, barfüßige Zeitungsjungen und Pferdekarren mitten in der Stadt und die Paläste der Reichen zeigten sie an. <Glanz im Elend, Elend im Glanz>, nannte Stefan Zweig diese Situation. Am prägnantesten fasste wohl der französische Schriftsteller Antoine de Saint Exupéry die Stimmung der ersten Kriegsjahre in Lissabon zusammen. Er nannte die Stadt ein <tristes Paradies>. Dann schiffte er sich zusammen mit dem Filmegisseur Jean Renoir nach New York ein.

Das Café Nicola, letzter Ueberlebender der Kaffeehaus-Politkultur am Rossio-Platz.

8. DAS FORUM DER KRITIKER

Der Rossio-Platz und sein literarisches und politisches Treiben

Der Marquis von Pombal hatte sich getäuscht. Nicht der große und imposante Terreiro do Paço am Flussufer des Tejo, sondern der Rossio-Platz wurde der Mittelpunkt der Stadt. Die Lisboetas hielten sich nicht an die Pläne der Architeken, sie fühlten sich auf dem 200 Meter langen Rechteck im Stadtinnern wohler. Dort fanden Messen und Märkte statt, legten Tuchhändler und Schuhmacher ihre Ware aus und begegneten sich Bauern und Städter. Rossio hieß ursprünglich denn auch <Marktplatz>. Seit der Epoche des Marquis ist dieser Platz wohl ein Dutzend Mal umgebaut worden, das letzte Mal im Jahre 2001. Jeder Bürgermeister meint, er müsse ihn verbessern und verschönern. Die Lisboetas verwünschen und lieben ihn zugleich: Immer dann, wenn ein wichtiges Ereignis zu beklagen oder zu feiern oder eine Gefahr zu bannen ist, strömen sie spontan zum Rossio. <Todos ao Rossio> - Alle zum Rossio - heisst dann der Leitspruch.

Bis zum Ende des Salazar-Regimes war der Rossio-Platz, auf dem heute Rückkehrer aus den ehemaligen Kolonien wie im Schlafwandel herumirren, ein Treffpunkt für Literaten und Politiker

José Cardoso Pires

Der Satz des Schriftstellers Cardoso Pires muss etwas eingeschränkt werden: Bis zum Ende der Diktatur war der Rossio vorwiegend Tummel- und Kampfplatz der Opposition, der Ort, an dem sich Maler und Schriftsteller, Politiker, Polemiker und Poeten versammelten, klagten und Ideen und Aktionen gegen die Regierenden ausheckten. Der Platz war für die Lissabonner ein Forum und Ersatzparlament, auch ein Ort des Sinnierens und Träumens hinter einer Tasse Kaffee und aufgeschlagener Zeitung. In diesem Dialog spielten die Kaffeehäuser die wichtigste Rolle.

Ein Beispiel dafür ist das Café Nicola. Unübersehbar steht im Lokal die Bronzestatue des Poeten Manuel Maria Barbosa de Bocage. Der Dichter ist das Sinnbild des Cafés. Barbosa, ein Priester er selber, war am Ende des 18. Jahrhunderts ein Vorkämpfer gegen das inquisitorische

Pfaffentum. Er war von der Stadt Setúbal nach Lissabon gezogen, um die Kirche das Fürchten zu lehren und wurde Stammgast des Lokals. Aus seinen Versen sprachen Satire, Spott und Hohn gegen den Klerus, auch Neid und Missgunst. Im Nicola verbreiten heute sechs große, in Grau- und Brauntönen gehaltene Gemälde die politische Stimmung jener Jahre. Es ist eine dumpfe Kampfstimmung. Man spürt den Ruch der Inquisition: Priester und Doctores der Kirche sind auf den Bildern zu sehen, auch französische Besatzungs-Soldaten in großen Hüten und liberale Erneuerer wie Bocage, die angeklagt werden, sowie das Volk, das scheu abseits steht. Die Bilder hängen seit 1935 im Nicola und sind eine Hommage an den Dichter Barbosa du Bocage. Dieser war auch ein Haudegen. Er verstrickte sich in Händel aller Art und verwob seine Abenteuer zu Gedichten und Theaterstücken. Einsam, verlassen und verleumdet starb er 1805 mit 40 Jahren.

José Pedro da Silva, ein Kellner des Nicola, führte im 19. Jahrhundert die Tradition der Literatur und der Opposition auf dem Rossio-Platz weiter. Er gründete ein heute verschwundenes Café, dessen richtiger Name niemand mehr kennt, das aber wegen seiner Weinlaub-Dekoration als <Botequim das Parras> (die Schenke der Weinreben) bekannt wurde. Dort richtete der Besitzer im Stile des Nicola eine Ecke für Dichter ein, eine Art Parnass, dem bald jeder Lissabonner Poet angehören wollte. Das Café wurde für die Städter zu einer Attraktion. Immer dann, wenn in Lissabon ein wichtiges patriotisches Ereignis geschah, behing der Besitzer die Fassade seines Lokals mit Bildern und Versen und beleuchtete das Ganze bis zum dritten Stockwerk mit Lampen der verschiedensten Farben. Zum ersten Mal tat er dies 1808, um den Abzug der Truppen Napoleons aus der Stadt zu feiern. Für Lissabon, dessen Straßen damals nur spärlich mit Oliven- oder Fischöl-Funzeln beleuchtet waren, war das Lokal eine Sensation. Der Volksmund gab seinem Besitzer bald einen Spitznamen, der ihm sein Leben lang bleiben sollte: <José der Lichter>.

Das Café Nicola, dessen Name an den italienischen Gründer gleichen Namens erinnert, ging 1837 ein und öffnete seine Tore erst 1929 wieder. Sechs Jahre später wurde es im modernistischen Art-Deco Stil renoviert und war bald wieder ein Treffpunkt der Literaten. Genau so sieht es heute noch aus: Dickliche, prätentiöse Marmorsäulen am Eingang, heller Fliesenboden, grosse Wandspiegel, diskrete hellgrüne Wände mit den

Bocage-Gemälden, viel Glas, Metall und Marmor und eckig-frugale Formen. Das Nicola war immer ein Kaffeehaus mit Stil und wichtigen Kunden. Diese konnten sich ihre Post ins Lokal senden lassen. Ein Fach für die <Poste restante> zeugt noch heute davon. Frauen wagten es nicht, hier einzutreten, das liessen die Sitten bis weit nach 1950 nicht zu. Belustigt erzählt Paulo Mendes, der junge Geschäftsführer des Lokals, dass in den 30er-Jahren trotzdem eine Frau im <Nicola> auftauchte und sogar hinter dem Tresen arbeitete. Sie war als Mann verkleidet.

Während der Salazar-Diktatur war das Nicola nur eines von vielen Kaffeehäusern am Platz. <Insgesamt waren es acht>, erinnert sich der Kaffeehaus-Gänger und Maler João Abel Manta. Eines der schönsten, herrschaftlichsten und wichtigsten war das Café <Chave d'Ouro>. Den Namen (zum Goldenen Schlüssel) trug es, weil vorher dort ein Eisenwarengeschäft gestanden hatte. Den mächtigen säulenbewehrten Eingang verzierte eine geflügelte Frauenstatue. Nach einer Renovation wurde das Chave d'Ouro eine Institution in der Stadt. Es nahm das gesamte Gebäude ein, umfasste nicht nur ein großes Café mit Balkonen und Logen, sondern mehrere Restaurant- und Billardsäle, einen Tee-, einen Raucher- und selbst einen Friseur-Salon. Einer der Ehrengäste nach der Renovation war der Flugpionier Gago Coutinho. Zusammen mit seinem Kollegen Sacadura Cabral war er in den 20er-Jahren mit einem einmotorigen Wasserflugzeug von Lissabon nach Rio de Janeiro und zurück geflogen. Die beiden Piloten hatten das Bild des hehren ozeanischen Imperiums, das Portugal von sich machte, gestärkt und wurden zu Nationalhelden. Im Chave d'Ouro hielten Geschäftsleute der Baixa permanent Tische reserviert, dort empfingen sie Kunden und Lieferanten. In den 40er- und 50er-Jahren war das Café Treffpunkt für Intellektuelle. Am 1. Mai des Jahres 1958 wählte die Opposition das Lokal für eine außerordentliche politische Aktion: Sie präsentierte einen Gegenkandidaten zum Regime. Es war der General Humberto Delgado.

Delgado war ein feuriger Redner, ein Populist und Agitator der Massen und damit das genaue Gegenteil von Diktator Salazar Er bewarb sich für das Amt des Staatspräsidenten. Da er ein Vertreter der Armee war, konnte er es mit Salazar aufnehmen. Im Tee-Salon des Cafés wurde seine Kandidatur mit Ansprachen, Hochrufen und riesigem Applaus lanciert. An der Kampagne des Generals nahm auch ein junger und nimmermüder

Rechtsanwalt namens Mario Soares teil. Befragt, ob er im Falle eines Sieges als neuer Staatspräsident den Ministerpräsidenten Salazar absetzen würde, antwortete Delgado: <Selbstverständlich würde ich ihn absetzen>. In den Ohren vieler Lisboetas klang dieser Satz tollkühn, denn Salazar war zu dieser Zeit bereits 25 Jahre im Amt und war gefürchtet. Mit Brandreden von Balkonen gelang es Delgado, die Mehrheit des Volkes hinter sich zu bringen. Eine Welle der Begeisterung und ein Gefühl der Befreiung gingen durchs Land, das Volk nannte Delgado <General ohne Furcht>. Heute wird angenommen, dass er die Wahl zum Staatspräsident gewann. Das Regime beging jedoch Wahlbetrug, aberkannte ihm den Sieg und änderte die Wahlgesetze. Von nun an durfte das Volk den Staatspräsidenten nie mehr direkt bestimmen. Für Salazar war die Opposition zu weit gegangen. Ein Jahr später wurde das <Chave d'Ouro> geschlossen und in eine Bank verwandelt.

Und Humberto Delgado? Der <General ohne Furcht> reiste ins Ausland und versuchte in Paris und Prag, später auch in Algerien, die verstreute Exil-Opposition hinter sich zu scharen und nach Portugal zurückzukehren. Bei der ersten Gelegenheit liquidierte ihn die Geheimpolizei. Als Delgado heimlich die spanisch-portugiesische Grenze überschreiten und in sein Land einreisen wollte, schossen ihm Agenten ein paar Kugeln in den Kopf. Das war 1965.

Wie das Chave d'Ouro ist auch das <Café Portugal> eingegangen. Dort trafen sich regelmässig Politiker und linke Schriftsteller. Verschwunden ist weiter das <O Gelo>, in dem sich nach dem Weltkrieg die Generation der Surrealisten versammelte. Angeführt wurde diese Gruppe von den Dichtern Mario Cesariny und Aleixandre O'Neill. Cesariny, ein Künstler von magischer Kraft, war Poet und Maler zugleich und verdiente zur allgemeinen Bewunderung sogar Geld mit seiner Arbeit. O'Neill wurde der <Dichter mit der abgehackten Hand> genannt. Dies ging auf seine Familiengeschichte - oder war es eine Legende? - zurück. Einer seiner Vorfahren, der in Irland lebte, war besonders eifrig. Als englische Besatzer an der irischen Küste an Land gingen, rief der Anführer, derjenige, der zuerst Hand ans Land lege, könne dies in Besitz nehmen. Da hieb sich O' Neill mit dem Schwert seine linke Hand ab und warf sie ans Land, um der Erste zu sein. Im Wappen des Clans ist die abgehackte Hand bis heute zu sehen.

O' Neill und Cesariny gehörten zur Bohème, die ihr Leben in den Cafés des Rossio und den Straßen der Stadt verbummelte. Der Surrealismus war für sie der einzige Weg, der tristen Realität zu entfliehen. Damit machten sie sich allerdings die Neo-Realisten zum Feinde. Diese waren politisch links eingestellt und beschrieben akribisch die Armut des Volkes. Zu dieser zweiten Gruppe gehörten der später enttäuschte und verbitterte Humanist, Arzt und Schriftsteller Fernando Namora und José Cardoso Pires, der später die Phase der Demokratie wie kaum ein zweiter genoss und 1998 starb.

Fußball, Kino, Kaffeehaus: dies waren die Belustigungen der Lissabonner in den grauen Jahren der Diktatur. Am wichtigsten aber waren die Cafés.

Bis in die Sechziger-Jahre spielte sich das wirkliche Leben Lissabons in den Kaffeehäusern ab. Während der Woche waren sie voll, am Sonntag waren sie ein Gerangel. Nie ist Lissabon melancholischer als an Sonntagen. Vor allem im Winter.

Die Strassen sind leergefegt, die wenigen Taxis, die fahren, haben die Direktübertragungen von Fußball-Spielen eingestellt. Fußball auch aus Transistorapparaten unter den Storen der Geschäfte und in den Kaffees. (...) Toooor!!!! rufen die Reporter plötzlich laut. Die Cafés sind in diesen Momenten die einzigen belebten Orte. Da die Hauptstädter selber keinen Sport betreiben und überhaupt nicht gerne an die frische Luft gehen, sind die Cafés, selbst die düstersten, auch an sonnigen Tagen voll. (...)

Die Kundschaft wechselt im Laufe des Tages. Am Morgen kommen die Männer, lesen die Zeitung und trinken eine Bica oder einen Zitronentee. Der Nachmittag gehört den Familien. Die Einsamen, Entwurzelten und aus der Provinz Angereisten, ein hier sehr verbreiteter Menschenschlag, haben sich Tische reserviert und lassen für sich Zeitungen zurücklegen. Gegen den Abend leeren sich die Cafés. Nachts öffnen nur die Lokale der Intellektuellen. Die Lissabonner gehen früh zu Bette, nicht wie die Spanier.

Dejanirah Couto, <Geschichte Lissabons>

Fernando Namora beschrieb die Langeweile der Sonntag-Nachmittage in einem Roman mit diesem Titel (<Domingo a tarde>), der Poet Armindo Rodrigues verwünschte diese Stunden und mied die Cafés. Er schrieb:

<An den Sonntagnachmittagen
wenn die Sonne klarer und wärmer scheint
und die Kaffeehäuser voll
verhärmter, verdummter, verweichlichter Bürger sind
begebe ich mich an das Ufer des klaren Tejo>

Seinen Dichterkollegen Aleixandre O'Neill zog die Melancholie ebenfalls auf die Straße.

Inn einem seiner Gedichte wandelt er auf der Avenida da Liberdade und sinniert:

<Lasst uns die Avenida hoch und runter gehen
während wir auf ein anderes Leben
oder das andere Leben
warten>

Der Romancier Luis de Sttau Monteiro fand diesen Spaziergang absurd:

<Ich gehe die Avenida da Liberdade hinunter
irgend etwas ist daran lächerlich und ironisch
warum trägt diese Straße nicht irgend einen anderen Namen?>

Arme Dichter: Dabei war die Avenida da Liberdade ein Ort der Belustigung, die Flanierstraße Lissabons. Hier spazierte in der ersten Hälfte des vergangenen Jahrhunderts ganz Lissabon, vom feinbetuchten Bürger bis zum armen Provinzler, der sich das <große Leben> anschauen wollte. Gleich neben der Avenida konnte man sich im Parque Mayer für wenig Geld eine <Revista> anschauen, auf der anderen Straßenseite frönten die Lissabonner im eleganten <Tivoli> ihrer Leidenschaft für das Kino.

Die Stadtverwaltung hatte die Strasse nach 1880 angelegt und dabei nach Paris geguckt. Die Avenida da Liberdade sollte die Champs Elysées der Lissabonner werden. Mindestens die Ausmasse und die Dekoration stimmen: Sie ist 90 Meter breit und mit breiten, mit Mustern geschmückten Gehsteigen sowie großzügigen Grünzonen versehen. Die Platanen,

Palmen, Dichterstatuen und Wasserbecken samt Brückchen und Schwänen geben der Avenida einen romantischen Touch. Zu Beginn des 20. Jahrhundert liess die arrivierte Bürgerschicht an ihrer Seite kleine Palais bauen und zeigte sich in Kutschen und später den ersten Automobilen.

Heute kann die Avenida ihre alte Rolle nicht mehr erfüllen. Die Palais wurden einer nach dem anderen abgerissen und durch moderne Geschäftsgebäude und Hotels mit nichtssagenden Fassaden ersetzt. Das Flanieren ist schwierig geworden, denn die Straße, die die Baixa mit den modernen Vierteln verbindet, ist zu einer Art Autobahn geworden.. Selbst die Lenker der Autobusse benützen die 1,3 Kilometer lange Gerade zwischen den am Rossio angrenzenden Restauradores-Platz bis hoch zum Denkmal des Marquis von Pombal, um den Motor voll aufzudrehen und verlorene Zeit aufzuholen. Nur noch in den geschlossenen Gartenrestaurants unter den Bäumen ist Ruhe gewährt. Wie die Champs Elysées ist die Avenida da Liberdade zur feinen Adresse für internationale Firmen geworden. Das altehrwürdige Hotel Tivoli und auch das ehemalige Tivoli-Kino bestehen weiter, das Kino ist jetzt ein Theater und Teil eines Einkaufs- und Büro-Komplexes. Im Parque Mayer kämpft ein halbes Dutzend Impresarios, um die <Revistas> vor dem Aussterben zu retten. Doch die alten Zeiten sind nicht mehr. Die Avenida da Liberdade vermag die Lissabonner noch bei Großanlässen, zum Beispiel bei politischen Manifestationen, zu vereinen. Dann marschieren sie friedlich vom Denkmal des Marquis hinunter zum Rossio-Platz. Neuerdings ist sie an Sonntagen für den Verkehr gesperrt. Das Volk soll wieder darauf flanieren.

Die Avenida da Liberdade hat ihre Geschichte. Bei der Einführung der Republik gab sie die Kulisse her. Dieses historische Ereignis, das sich 1910 abspielte, verlief auf typisch einheimische Art. Rund 200 Aufständische, die die Monarchie abschaffen wollten, verschanzten sich am Platz des Marquis von Pombal hinter Brettern, Karren und Sandsäcken und bekämpften die Soldaten und Polizisten, die treu zum Königshaus hielten. Mehr und mehr Leute laufen zu den Aufständischen über. Da verlangt der deutsche Geschäftsträger in Lissabon einen einstündigen Waffenstillstand. Diese Zeit soll es deutschen Staatsbürgern erlauben, sich in Sicherheit zu bringen. Mit einem weissen Zettel in der Hand, der Zusage der Monarchisten zur kurzen Waffenruhe, schreitet der Geschäftsträger die Avenida da Liberdade zu den Aufständischen hoch. Deren Anhänger in den

Seitengassen erblicken das Dokument. Sie sind überzeugt, dass es sich um die Kapitulation der Monarchisten handelt. <Sieg, Sieg!> geht der Ruft von Straße zu Straße. Die Lissabonner verlassen ihre Häuser und stimmen Hochrufe auf die Republik an. Beide Lager legen ihre Waffen nieder, die Kämpfer verbrüdern sich und marschieren unter dem Jubel des Volkes zum Stadthaus, wo feierlich die Republik ausgerufen wird.

Zurück zu den Cafés des Rossio: Diese waren für Schrifsteller, Journalisten und Politiker auch aus einem anderen Grund wichtig. Antonio Tabucchi erzählt in seinem Roman <Erklärt Pereira> warum:

<Pereira zweifelte, ob die portugiesischen Zeitungen über die Ereignisse berichteten, die der Kellner erwähnte. (...) Wer informiert sein wollte, musste sich in den Cafés umhören, dort die Gespräche ablauschen, es war die einzige Art, um auf der Höhe der Ereignisse zu sein. Man konnte an der Rua do Ouro auch ausländische Zeitungen kaufen, aber die kamen, wenn überhaupt, mit zwei oder drei Tagen Verspätung an, es war also unnütz, eine ausländische Zeitung zu suchen, das Beste war es, sich durchzufragen.>

Zu den Stammgästen in den Kaffeehäusern gehörte nicht nur die Opposition, sondern auch deren Schatten, die Agenten der Geheimpolizei PIDE. Stundenlang saßen sie an den Tischen und versuchten, verdächtige Gespräche zu belauschen. Nachher trugen sie die Beobachtungen in ihrem Hauptquartier an der António Maria Cardoso-Straße in der Oberstadt in dicke Dossiers ein.

Salazar bestrafte die rebellischen Künstler und Literaten nicht allzu hart, denn er wusste, dass sie die Massen nicht stark beeinflussen und ihn nicht direkt gefährden konnten. Die Cafés akzeptierte er als ein notwendiges Ventil für Intellektuelle. Den Kommunisten allerdings hatte er eine Art heiligen Krieg angesagt, weil sie politisch sehr aktiv waren. Sie mussten sich im Untergrund bewegen und konnten es nicht wagen, sich in Kaffeehäusern zu treffen. Jeder von ihnen war ein <Staatsfeind> und musste damit rechnen, zu Foltersitzungen ins Caxias- oder Aljube-Gefängnis abgeschleppt zu werden oder im Straflager Tarrafal auf der fernen Kapverdischen Insel Santiago zu landen. Manchmal kam es bei Verhaftungen zu skurrilen Szenen. Als der Denker und Schriftsteller

Eduardo Lourenço festgenommen wurde, fragte ihn einer der PIDE-Häscher respektvoll <Der Herr Doktor ist kein Kommunist, nicht wahr ?>

Eine kleine Abreibung zur rechten Zeit ist notwendig, um die Sicherheit des Volkes zu gewährleisten.

Salazar

Phasen der Unterdrückung wechselten mit Zeiten der Lockerung. Es kam auch zu Annäherungen zwischen Intellektuellen und dem Regime. Der Surrealist Mario Cesariny kriegte 1965 von der Gulbenkian-Stiftung ein Stipendium. Gegründet vom armenischen Ölbaron und Mäzen Calouste Gulbenkian, der sich während des Krieges in Lissabon niederließ, war diese finanzkräftige Stiftung ein Lichtblick im Kulturleben. Ihr Leiter Azeredo Perdigão lavierte erfolgreich zwischen Salazar und der Opposition. Seine Stiftung war mächtig: Sie verfügte über so viel Geld, dass sie ein Kulturprogramm aufziehen konnte, das wichtiger als jenes des Kulturministeriums war.

Andere kleine Freiheiten schaffte der Zufall, zum Beispiel Zensoren, die Texte unerklärlicherweise zum Druck frei gaben. Oder auch die geschickte Camouflage der Schriftsteller. 1958 konnte Aleixandre O'Neill den Gedichtband <Im Königreich von Dänemark> herausbringen, der ziemlich deutlich zum Ausdruck brachte, dass etwas in der Republik Portugal faul war. Augusto Abelaira beschrieb in seinem Roman <Die Stadt der Blumen> die Stadt Florenz. Er benutzte sein Werk, um gegen den Faschismus loszuziehen – natürlich den italienischen. In Wirklichkeit ging es gegen den einheimischen. 1972, nach dem Tode Salazars, aber noch vor dem Ende der Diktatur, durfte José Cardoso Pires zu seinem eigenen Erstaunen die Groteske <Dinossaurio Excelentissimo> veröffentlichen, in der er den Diktator veräppelte. Der Grund war folgender: Im Pseudo-Parlament hatte der Regimevertreter Cazal Ribeiro wider alle Tatsachen bekräftigt, in Portugal herrsche Presse- und Meinungsfreiheit, die Präsentation dieses Buches in Lissabon sei der beste Beweis dafür. Die Zensoren konnten das Werk deshalb nicht mehr beschlagnahmen. Journalisten erinnern sich heute, dass sie jeweils wussten, wann die unbarmherzigsten Zensoren an der Arbeit waren. Politisch heikle Artikel veröffentlichten sie immer an deren Ruhetagen.

Nach dem Ausbruch des Kolonialkriegs in den afrikanischen Besitzungen verschärfte sich die staatliche Kontrolle. 1965 wagte es der Schriftsteller-Verband, den jungen regimefeindlichen angolanischen Schriftsteller Luandino Vieira mit einem wichtigen Literatur-Preis auszuzeichnen.

Für das Regime war dies eine Herausforderung. Am Abend des gleichen Tages verwüsteten 50 Polizisten in einem Racheakt die Büros des Verbandes. Drei Schrifsteller wurden verhaftet. Wegen des Kriegs sank Lissabon in die Jahre des Schweigens zurück.

Die Opposition wartete verzweifelt auf einen Umschwung. Doch nichts geschah. José Gomes Ferreira, ein Romancier und unerschütterlicher Kaffeehaus-Gänger, schrieb am 2. August 1966 in sein Tagebuch:

<Triumphaler Einzug der Fußballspieler der Nationalelf, die an den Weltmeisterschaften in London den dritten Platz erreicht haben. Sie werden wie Helden empfangen. Kurz vor dem Defilee der Athleten stiess ich auf den Kollegen Almeida Faria. Der Enthusiasmus der Menge liess ihn kühl. Traurig sagte er zu mir: 'Wenn dies wenigstens eine 1. Mai-Feier wäre...'>

Die Nationalelf, die schwarze Fußball-Perle Eusebio, die Heldentaten des Fußballklubs Benfica, die Fadosängerin Amalia Rodrigues, die neue Hängebrücke über den Tejo-Fluss: sie alle stellten die Opposition in den Schatten.

Nach der Einweihung der Brücke, die ein amerikanisches Unternehmen 1966 gebaut hatte, schrieb Gomes Ferreira:

<1500 Personen waren da, unter ihnen der Staatspräsident, Salazar, Minister, Richter, Abgeordnete, Magistraten, Diplomaten und andere hohe Tiere der Nation. Nach dem Essen gab es Lieder des Duos 'Schwarzes Gold' und Fados von Amalia Rodrigues zu hören, sie befriedigten die geistigen Bedürfnisse der An- und Abwesenden. Dieses Fest zeigt das intellektuelle Niveau unserer Epoche gut an. Kein einziger wirklicher Künstler war da.>

Vergangene Zeiten, ferner Spuk: Das Nicola, das einzige Kaffeehaus, das noch von jener Epoche zeugt, das einzige echte Café am Rossio-Platz überhaupt, ist heute eine touristische Attraktion. Auch Geschäftsleute treffen sich hier. Einige ältere Herren mit den traditionellen Schiebermützen lesen an den runden Metall-Tischen, einer füllt einen Schein der <Totobola> , der Fußball-Wette aus. Paulo Mendes, der neue Geschäftsführer, will im Nicola die Literatur und politische Diskussionen wieder aufleben lassen. Er will 2002 den alten Poesie-Preis des Lokales erneut verleihen und die <Nächte der Opposition> einführen. Die Politiker der Oppositionspartei sollen sich wieder im Nicola treffen. Es sind Versuche, an die Vergangenheit anzuknüpfen. Weiter will Mendes dem Lokal noch mehr Patina verpassen. Er beabsichtigt, in den Nischen alte Kaffee-Maschinen auszustellen. Im modernen Anbau im Hinterteil des Gebäudes funktioniert bereits eine Kaffee-Boutique, in der Exquisites angeboten wird. Altes Dekor, neue Zeiten: das ist das Nicola heute.

Der Carmo-Platz, Revolutionsort und friedliche Stadtoase in einem.

9. NEUE WEGE

Die Orte der Nelkenrevolution und das Bairro Alto

In wenigen Schritten kann man dem Lärm und der Geschäftigkeit des Rossio-Platzes entrinnen. Die Calçada do Carmo eignet sich dazu bestens. Man schöpfe aber tief Luft, die Straße steigt steil an. Doch die Anstrengung lohnt sich. An Antiquariaten und anderen kuriosen Geschäften vorbei führt sie zu einem Platz, der still und friedlich wie eine Oase im Stadtzentrum liegt. Es ist der Carmo-Platz, ein Ort der Erinnerungen, der Besinnung und der Freude.

Lieblicher und harmloser könnte der Platz nicht aussehen. Jacarandá-Bäume blühen, in seiner Mitte steht wie ein Denkmal ein prachtvoller steinerner Brunnen aus der Barock-Zeit, der früher vom gewaltigen Aquädukt her gespeist wurde, welches das Alcantara-Tal überspannt. An einer Ecke überlebt ein verschnörkelter Kiosk, vor einem Tuchgeschäft blühen Geranien, an Tischen spielen alte Männer Karten, auf den Steinbänken haben sich einige Touristen niedergelassen, die Mosaikmuster der Pflastersteine dienen Tauben als Landeplatz.

Erinnerung, Besinnung, Freude: Das Gerippe der Carmo-Klosterkirche neben dem Platz erinnert an das grosse Erdbeben, die Kaserne der Guarda Nacional Republicana ist der Ort, an dem an einem schönen Aprilnachmittag im Jahre 1974 die Diktatur stürzte. Damals war der so friedfertige Ort ein Tumult, ein freudiges Chaos. José Cardoso Pires beschrieb den Tag so:

<Am Largo do Carmo, im Hauptquartier der Guarda Republicana, waren die flüchtigen Diktatoren von einem einem Aufruhr von Nelken und Gewehren umzingelt. Eine unüberschaubare Menschenmenge stimmte das Lied 'Grandola, Vila Morena' an, ein riesiger Chor, der vor einer Kaserne von Verdammten feierlich das Land der Brüderlichkeit ausrief. Die Panzerwagen standen mit schussbereiten Waffen mitten unter uns, und Alexandra und ihr Gefährte, der Soldatendoktor, konnten die Augen nicht losreissen von den Geschützen der Aufständischen, die gegen die ohnmächtigen und blinden Mauern Front machten - blind vor Furcht waren sie, diese Mauern mit den verrammelten Fenstern und zugezogenen

Vorhängen. Und dahinter das einsame Ende des Regierungschefs, der sich, die Brille in der Hand, beim düsteren Licht die kalten Augen rieb, als er die Macht auf der Straße spürte. Er hatte sich, wie wir später hörten, alleine eingeschlossen und harrte gelassen des Schicksals, das er in aller Form und nach Gottes Ratschluss würde erfüllen müssen; doch weiter hinten im machtlosen Militärpalazzo und daher, so glaubten sie wenigstens, sicherer vor dem Volk und den Soldaten dieses Aprils, stolperten die Minister übereinander und hielten sich die Ohren zu, um ja nicht zu hören, was sie draußen erwartete>.

Der Platz war gerammelt voll, in den Bäumen hingen Menschentrauben, ein blindes Pärchen – so Cardoso Pires – hatte sich in eine Telefonkabine geflüchtet und verfolgte dort die Ereignisse am Transistor-Apparat, die jungen Soldaten hatten Mühe, ihre Panzerwagen zu platzieren und das erregt vordrängende Volk aus der Gefahrenzone zu halten. Nach zwei Stunden der Belagerung war es soweit: Diktator Marcello Caetano, der Nachfolger Salazars, wurde in einem Militärvehikel aus der Garnison zum Flughafen gefahren und verschwand auf Nimmerwiedersehen. Eine Inschrift mitten auf dem Platz, die gegen den Kaserneneingang gerichtet ist, erinnert an jene kurzen Stunden der Euphorie. Sie dankt Salgueiro Maia, dem Befehlshaber der aufständischen Panzerwagenkolonne, für seinen Mut und seine Übersicht. Salgueiro Maia war einer der Helden des 25. April. Er starb jung an Krebs.

Der Sturz der Diktatur löste den vorher so stillen und diskreten Lissabonnern die Zunge. Nun regierte das Volk. 13 Jahre danach beschrieb Hanz Magnus Enzensberger, bereits mit leichter Nostalgie, diese neue Stadt, ihre Einwohner und ihre Stimmung:

<Mit einem Mal war das alles wie fortgeblasen: die alte stockfleckige Ergebenheit, das bescheidene, abgeschabte Duldertum, der klägliche Fatalismus. Auf dem Rossio herrschte ein Taumel bis in die späte Nacht, Verbrüderungen, Demonstrationen, Gerüchte, Streitgespräche – merkwürdig gewaltlos das Ganze, keine eiserne Faust zeigte sich, die Akten der Geheimpolizei wurden auf die Straße gekippt, die Fabriken in der Hand der Arbeiter, die Waffen blieben gesenkt; und was das Tollste war: die Mauern der Millionenstadt füllten sich über Nacht mit farbigen

Zeichen und Bildern. Jedermann malte und schrieb, was er wollte. Und es waren keine Schablonen, keine Klischees, das da stand. Nicht die stereotypen Lügen der Bürokraten bedeckten die Mauern, nicht die trostlosen Graffitti der analphabetischen Null-Stars von New York, denen immer nur eines einfällt: Ich, Ich, Ich: sondern gemalte Träume stiegen auf, Utopien, so hoch die Arme reichten, wucherten über die Fassaden: es war ein politischer Rausch, bunt, tropisch, psychodelisch, hemmungslos. Kein Monolog, sondern ein Stimmengewirr, eine rasende Vielfalt von Wünschen: die Kunst für alle, die Gerechtigkeit für alle, das Testbild einer besseren Welt, auf den brüchigen Putz einer alten Stadt geworfen...>

Tatsächlich: Der politische Druck und die alten Tabus waren weg, das Volk atmete auf, begann zu handeln und sein Schicksal in die eigenen Hände zu nehmen, ein jeder so, wie es ihm einfiel. Kulturschaffende und Schriftsteller notierten in Tagebüchern und Romanen kuriose Szenen, etwa die folgenden:

Ein Taxifahrer: <Heute fahre ich nur für das Volk, Sie sind mir sympathisch, steigen Sie ein>

Kurt Meyer-Clason, Portugiesische Tagebücher

<Aus einem Hausfenster rief eine Frau einer Gruppe aufständischer junger Soldaten zu: „Steigt zu mir hoch, ich wohne im zweiten Stock links, die Suppe ist schon heiss“.

„Vielen Dank, Senhora, wir kommen einer nach dem anderen, wir sind im Dienst“>.

<Dem Erzbischof von Braga, der sich auf der Abreise nach Brasilien befand, befahlen die Kontrolleure auf dem Lissabonner Flughafen Portela, die Hose auszuziehen. Sie wollten sicher gehen, dass er keine Devisen aus dem Land schmuggelte. Ein Erzbischof mit der Hose in den Händen ist eine extrem revolutionäre Angelegenheit und auch eine erlösende Erniedrigung für christliche Seelen>

Alvaro Guerra, <Café 25 de abril>.

Die Freude über die Befreiung nach Jahrzehnten des Schweigens und der Verbote war so groß, dass einige ältere Intellektuelle beinahe nicht zu fassen vermochten, was ihnen so unverhofft und spät in den Schoß fiel.

<Es ist so schön, dass ich es fast nicht glauben kann>, sagte Raul Rego, der Chefredakteur der von der Zensur immer wieder bestraften Tageszeitung <República> einem italienischen Journalisten, <eine Generation von Hauptleuten, die von der Demokratie nichts wusste (....), stellte mit einem Schlag die verlorene Freiheit wieder her. Ich bin jetzt 60 Jahre alt, 50 Jahre lang hatten sie versucht, mich zum Schweigen zu erziehen, plötzlich konnte man sprechen und schreiben und es wagen, die Wahrheit zu sagen>.

Rego war Sozialist, er gehörte zu der Gruppe der unnachgiebigen Kämpfer für die Demokratie. Und er war, wie viele dieser Gruppe, Freimaurer. Die <República> lag an der Rua de Misericordia, ganz in der Nähe des Carmo-Platzes. Ihre Redaktion bestand aus einem einzigen großen Raum, genauer gesagt einer Stube mit niedriger Decke und blank gebohnertem Holzboden, in der 14 junge Journalisten ihre Artikel von Hand schrieben. Das Symbol der Zeitung war die Büste einer französischen Marianne mit phrygischem Barett, dieses Freiheits-Symbol beherrschte den Raum. Chefredakteur Rego saß in einem Kabäuschen aus Glas hinter Zeitungsstapeln und kontrollierte die wichtigsten Beiträge. Nach der Arbeit traf er sich manchmal mit Gleichgesinnten in der nahen <Cervejaria Trindade>. Dort fanden sich Kulturschaffende und Oppositionelle aller Schattierungen ein.

Die Cervejaria Trindade (sie befindet sich an der Rua Nova da Trindade 20 C) ist auch heute eine sehr beliebte Bierstube. Im Hauptraum zeigen die Kellner an der Wand gern die Schriftzüge von Malern, Bildhauern, Schriftstellern, Schauspielern und Journalisten, die hier verkehrten und verewigt wurden. Das Gebäude ist eigenartig und doch ganz Bierstube. Bis 1834 war es das Refektorium eines Männer-Klosters des Trinitarier-Ordens. Noch heute wird der Besucher daran erinnert: Eine der vielen kunstvollen Fliesenzeichnungen zeigt drei Mönche mit Bierkrügen beim fröhlichen Zechen. Auch die steinernen Rundbogen an der Decke des Lokals verbreiten Kloster- und Kirchenstimmung. Als der Staat die Mönche vertrieb, wurde das große Gebäude in eine Bierbrauerei verwandelt. Bald schenkte der Besitzer aus seinen Fässern auch Bier an Passanten aus. 1863 verschönerte der Fliesenkünstler Ferreira das Lokal mit einer Reihe von aussergewöhnlich sorgfältig und einfallsreich gearbeiteten Motiven in Blau und Gelb – und fertig war die Cervejaria, wie wir sie heute kennen.

Die Bierstube hat etwas Festliches an sich: Vielleicht machen es die schneeweissen Wände und Decken aus, die das Blau und Gelb der Fliesen umgeben und betonen, vielleicht sind es auch die Motive: Einige Fliesenzeichnungen stellen die vier Jahreszeiten und die vier Elemente dar, auf anderen scheinen Adelige mit Säbel, Wams und Barett aus goldenen Bechern mit den Besuchern anzustoßen. Die Cervejaria Trindade, von ihren Besitzern die <schönste und älteste Bierstube Portugals> genannt, ist von der Stadtverwaltung zum schützenswerten Kulturgut erklärt worden, ihr ist sogar eine Kunstgalerie angegliedert. Nötig hat sie dies keineswegs. Das Lokal ist fast immer voll. Hierher kommen Lissabonner aller Stände und Schichten, vor allem aber Artisten aus den nahen Theatern, auch Politiker und Medienleute. Diesen Ort wählten 1999 auch die Hauptleute der Nelkenrevolution, um den 25. Jahrestag ihres Putsches und der Einführung der Demokratie zu zelebrieren. Sie feierten zusammen Presseleuten aus dem Ausland, die 1974 vor Ort gewesen waren. <Ihr habt damals mit euren Artikeln dazu beigetragen, dass Portugal nach Jahren des Schweigens und der Schmach auf den Landkarten der Welt wieder seinen Platz fand>, rief Vasco Lourenço, einer von ihnen, den Presseleuten zu und stiess mit einer <Imperial>, dem traditionellen Glas Bier, an. Zwei Jahre später zelebrierte das Lokal seinen 165. Geburtstag. Aus diesem Anlass erfanden die Besitzer ein rot schimmerndes Bier, das sie <böhmisches> Bier nennen. <Das ist für die Kunden, die Neues wollen>, erklärt ein Kellner.

Nicht nur wegen der Tradition und des Biers, auch wegen des Stockfischs mit Sahne besuchen Einheimische und Touristen die Cervejaria. <Der Bacalhau a nata> gehört zu den beinahe unverzichtbaren Vergnügen eines Lissabon-Besuchers. Er ist eine besonders schmackhafte der vielleicht hundert Arten, in der die Portugiesen diesen Fisch zubereiten. Am Stockfisch hängt der Lissabonner, um ihn zu fischen, fuhren die Seeleute einst weit nach Norden und bis nach Neufundland. Für diejenigen, die die Reise nach Lissabon und in die Cervejaria Trindade nicht schaffen, sei hier wenigstens das Rezept des Leckerbissens angegeben:

Man nehme:

-Stockfisch (bacalhau), Kartoffeln, Zwiebeln und Knoblauch,

Milch und Sahne, Mehl, Öl, Käse, Lorbeer-Blätter, Salz, Pfeffer und Muskatnuss.

-Den Stockfisch reinigen, in Fasern zerkleinern und 24 Stunden lang in Wasser einlegen. Die Kartoffeln kochen, schälen und in Würfel schneiden, Zwiebeln und Knoblauch fein zerhacken und im Öl bräunen, Salz, Pfeffer und Mehl dazu geben und gut mischen.

-Die Milch erhitzen, siedend und unter ständigem Rühren dazu geben, so dass eine gleichmässige leichte Bechamel-Sauce entsteht.

-Rahm beigeben.

-Den Stockfisch dem Rahm beimischen und die Sauce dazu geben, gut durchmischen und das Ganze in eine Schüssel legen. Käse darauf reiben, gratinieren und auftragen.

Vor dem Verlassen des Lokals ist eine historisch-kulturelle Besonderheit zu erwähnen. Die Fliesengemälde am Ausgang haben es in sich. Entweder hat sich der Künstler genau anleiten lassen oder er war selber einer: Freimaurer-Symbole sind es, die auf uns heruntergucken, ein Dreieck mit Auge, Säulen, Strahlen, Sonnen, ein Mond... Auch Freimaurer, Leute wie Chefredakteur Raul Rego, haben sich hier getroffen, obwohl Diktator Salazar ihre Organisation verboten und aufgelöst hatte. Sie unterstützten entschlossen die parlamentarische Republik und bekämpften den lange Zeit übermässigen Einfluss der katholischen Kirche,

Fröhliche Priester beim Zechen. Fliesengemälde in der Cervejeria Trindade.

sie haben das moderne und laizistische Portugal wesentlich mitgestaltet. In der Cervejaria Trindade, ausgerechnet einem vormaligen Kloster-Refektorium, haben sie sich selbst ein Denkmal gesetzt.

Die Nelkenrevolution fegte das Regime in wenigen Tagen völlig weg. Plötzlich hatten die Intellektuellen sogar die Gelegenheit, der toten Diktatur in die Eingeweide zu gucken. Kurt Meyer-Clason, damals Leiter des Goethe-Instituts in Lissabon, berichtete, wie junge freundliche Offiziere in Felduniform eine Gruppe von 20 Schriftstellern durch den verlassenen und zerzausten Hauptsitz der Geheimpolizei PIDE an der Rua António Maria Cardoso im Chiado-Viertel führten:

<Wir sehen die langgestreckten Räume mit den unter Beratung der Gestapo eingerichteten, bereits vernichteten Abhörgeräten, die jedes gewünschte Telefongespräch auf Band protokollierten. Mit verhaltener Erregtheit ziehen die Besucher durch die verwüsteten Zimmerfluchten, durchstöbern die verstreuten Stapel von Polizeiakten, Sttau Monteiro stösst – kaum glaublich ! – auf seine eigene Prozessakte aus dem Jahre 1964, ein jeder steckt sich ein Andenken zu, irgendeines: eine Anklageschrift, ein Vorschriftenblatt für die Behandlung von Häftlingen beim Verhör, auf der Flucht, eine Visitenkarte>

Szenenwechsel: Wir sitzen im Solar do Vinho do Porto, Lissabons feinstem Portwein-Lokal, an der Rua Sao Pedro Alcantara 45. Das Lokal befindet sich in einem Palast aus dem 18. Jahrhundert mit diskreter Barockfassade. Es war der Wohnsitz des Bayern Johann Friedrich Ludwig, der den Titel <Oberster Architekt des portugiesischen Königreichs> trug und für König João V den riesigen weißen Palast von Mafra erschaffen hatte. Das Gebäude, in dem das Portwein-Lokal untergebracht ist, heißt deshalb auch Ludovico-Palast. In den roten Plüsch-Sesseln lässt es sich gemütlich trinken und ruhen. Der Reichtum des Angebots ist unerschöpflich: 61 Portwein-Firmen bieten ihre Erzeugnisse an, vom einfachen Tawny bis zum exquisiten Vintage Port. Ein Glas kostet zwischen einem und 22 Euro, die Getränke-Karte ist dick wie ein Buch. Die Atmosphäre ist gedämpft und nobel: Wandteppiche, graues Mauerwerk, dunkelbraune Holzbalken-Decke, dazu diskrete Musik etwa der Gruppe <Madredeus>. Viel Stil auch im Publikum: Es sind junge

Akademiker aus der nahen Universität, auch immer mehr Ausländer, die eine Portwein-Runde genießen wollen. Am Nachmittags erscheinen jeweils <Senhoras>.

Bei einem Glas der Marke <Old World>, <Baron Forrester> oder <Vista Alegre> können wir die Geschichte von Raul Rego, dem Chefredakteur der Tageszeitung <República> weiter verfolgen. Sie hat sich keine 200 Meter weiter unten in der Redaktion des Blattes an der Rua de Misericordia abgespielt. Damals diente das Portwein-Lokal Journalisten, welche die Vorgänge beschrieben, als Warteplatz und Ausguck. 15 Monate nach dem lieblichen und demokratischen Putsch der Hauptleute war Rego samt seinen 14 Redakteuren des Postens enthoben, ein Zeichen dafür, dass sich die junge Demokratie in Turbulenzen befand. Eine revolutionär gesinnte Linke refüsierte die Wahlergebnisse und wollte die Macht an sich reißen. Zu diesem Zweck wollte sie demokratische Institutionen und Symbole kontrollieren. Um die Kontrolle der Zeitung <República> entflammte ein erbitterter Kampf. In jenem heissen Sommer 1975 wurden Regos Zeitung und die Freiheits-Statue im Redaktionsraum zum Sinnbild für das Überleben der Demokratie.

Die Angestellten, die die <República> im Untergeschoß des Gebäudes druckten, hatten ihren Chef abgesetzt und vom militärischen <Revolutionsrat>, der inzwischen regierte, Recht bekommen. An der Rua de Misericordia kam es zu Tumulten, Manifestanten unterstützten mit Fahnen und Sprechchören Rego und seine Leute, Gegendemonstranten versuchten, den Journalisten Eintritt in die Redaktion zu verwehren. Schliesslich regierte ein Offizier in der Zeitung. Er ließ die revolutionären Aufständischen gewähren. Doch ihr Unterfangen scheiterte: Das Blatt ging bald wegen Schulden ein und die Phase der Revolution kam nach acht Monaten zu Stillstand. Die <República> wurde nie mehr gedruckt, die Redaktionsräume standen Jahre lang leer, Raul Rego wurde Abgeordneter des Parlaments.

Dort wo Rego sein demokratisches und danach die aufständischen Graphiker ihr revolutionäres Blatt druckten, steht heute das Restaurant <República> (Rua Nova da Trindade 19). Das ganze Lokal ist eine Hommage an die Zeitung Der Zeitungskopf ist groß auf Fliesen gemalt, an der Wand steht <Die República ist ein unvergängliches Symbol des Widerstands gegen den Faschismus>. Eine Freiheitsbüste und historische

Karikaturen gegen die Monarchie und die Diktatur runden das Dekor ab. Nur die Speisekarte ist nicht sehr einheimisch. Spezialität des Hauses ist die brasilianische Küche.

Maria de Medeiros verfilmte die Nelkenrevolution.

Die Nelkenrevolution hat ihre Literatur und auch ihren Film. Im Jahre 2000 drehte die Schauspielerin Maria de Medeiros <Capitães de Abril> (Die Hauptleute des Aprils). Es war ihr erster Film. Einen wichtigen Teil davon widmet sie den Szenen auf dem Carmo-Platz. Viele Lissabonner, die damals dabei waren, meckern an dem Streifen herum. Für die einen ist er nicht ernsthaft genug, den anderen fehlen <wichtige Details>. <Capitaes de Abril> ist die Sichtweise der jungen Generation, und die muss man gelten lassen. 1974 war Maria de Medeiros neun Jahre alt, sie hat in ihren Film Zufall, Romantik und ein bisschen Spleen eingebaut, sie zeigt auch Frauen, die in einer Demo gleich nach der Befreiung Gleichberechtigung und sexuelle Freiheit verlangen.

Die junge Generation denkt weit weniger politisch, sie will von den Komplexen und Ängsten der <Alten>, die noch die Diktatur kannten und fürchteten, nichts wissen, unbeschwert kreativ sein und sich erst einmal vergnügen. Dazu ist das Bairro Alto, die Oberstadt da, die gleich gegenüber der ehemaligen República beginnt. Das Bairro Alto ist das beliebteste Ausgehviertel für die Jugend. Es bietet eine derartige Vielfalt von Restaurants,

Tavernen und anderen Lokalen, dass eine Tour durch seine Gassen spielend eine ganze Nacht dauert. Im Bairro Alto ist die Welt zu Hause.

Das war lange Zeit gar nicht so. In diesem Viertel auf dem Hügel über der Unterstadt hatten sich Adelsfamilien in Villen und Palästchen niedergelassen. Später, nach dem Auszug der Noblesse, vergammelten diese und werden heute mit viel Mühe und Geld von der Stadtverwaltung renoviert. Daneben lebte in seltsamer sozialer Vermischung in engen und niedrigen Wohnungen das einfache Volk: Handwerker, Kleingewerbler, Schankwirte, Handlanger arme Teufel und Prostituierte. Das Bairro Alto stand in einem schlechten Ruf, es war der Ort der Händel und des Suffs. Die Fado-Sängerin Maria Severa, bekannt geworden als <A Severa>, ist ein Beispiel der zwischen Höhepunkten und Misere zerrissenen Existenzen. Sie war Tochter einer Schankwirtin, liess sich im Bairro Alto nieder und becircte dort mit ihren Liedern und ihrem frechen Wesen den Grafen von Vimioso. Zum Entsetzen der guten Gesellschaft lebten und tranken die beiden bald zusammen. Doch Maria Severa behagte auf die Dauer das großbürgerliche Leben nicht. Sie brauchte die Bohème und kehrte wieder in die engen Gassen des Bairro Alto zurück. Dort starb sie, berühmt und verlassen, im Alkohol - mit 26 Jahren. Heute ist ihr ein Fado-Lokal gewidmet.

Das Bairro Alto wurde in den Nächten noch belebter, als sich dort wichtige Zeitungen niederließen. Journalisten und Drucker arbeiteten spät und kühlten sich nach der Fron in Tavernen und anderen Lokalen ab. Heute wird im Bairro Alto noch das Sportblatt <A Bola>, Portugals am weitesten verbreitete Zeitung, gedruckt. Von den anderen einst wichtigen Blättern künden im Viertel noch Straßennamen, z.B. die Rua do Século und die Rua Diário de Notícias.

Nach 1930, als die Zensoren der Diktatur den Fado auf aufmüpfige Texte hin überprüften und kanalisierten, kamen im Bairro Alto Fado-Lokale auf. Bald war es ein Dutzend. Sängerinnen und Sänger, die <fadistas>, die vorher spontan in Schenken und Kaschemmen aufgetreten waren, begannen nun, von ihnen Liedern zu leben. Heute sind die Fado-Lokale Teilder Lissabonner Touristen-Industrie. <Wir gehen da nicht hin, das ist für Ausländer>, sagt der Musikstudent Pedro. Er zieht nachts mit Freunden und Freundinnen durchs Viertel. Für einen Rundgang empfiehlt er die Rua da Atalaia.

Diese Gasse ist wirklich typisch für das Nachtleben des Bairro Alto. Tagsüber keuchen Hausfrauen mit ihrem Einkauf in Plastiktüten über die

Gehsteige und hängen Wäsche auf winzige Balkone, nach Einbruch der Nacht überlassen sie die Gasse dem jungen Publikum. Aus einem mehr als bescheidenen Lokal namens Mini-Bar oben an der Gasse dringt Musik aus Cabo Verde auf die Gasse. Auf den Barstühlen sitzen ein Paar müde Frauen und Männer mit melancholischen Gesichtern. Im Balkon des ersten Stockwerks hängt ein junger Mann im Unterhemd die letzte Wäsche des Tages auf. Weiter unten, in der Taverne <As Primas>, herrscht rauhe und ruppige Bierstimmung. Die zwei resoluten Frauen, die das Nachtvolk bedienen, sind Cousinen. Dann folgen in bunter Abwechslung winzige, leicht vergammelte Gemüseläden und raffiniert eingerichtete Interieur-Boutiquen, auch ein Fleischergeschäft. Diskret bieten einige junge Männer Haschisch an. Im mittleren Teil der Gasse nimmt der <Verkehr> zu: Nachtschwärmer sitzen in Gruppen auf den Gehsteigen oder lehnen sich mit einem Glas Bier an Autos und Hauswände. Die Diskothek <Fragil> mit ihrem blauen Neonlicht ist in einem baufälligen Haus untergebracht, bleibt aber, vielleicht gerade deswegen, eine der wichtisten Attraktionen des Viertels. Beim Lokal <Portas Largas> wird das Durchkommen schwierig. Die Bar ist in Violett gehalten und mit alten Radioapparaten dekoriert. Einer der Sinnsprüche an der Wand des Lokals besagt: <Freu dich des Lebens, du wirst nämlich ziemlich lange tot sein>. Portas Largas scheint immer voll zu sein, es ist das bekannteste Gay-Lokal des Viertels. Die Homosexuellen haben im Bairro Alto auch ihr Hotel. Es ist das diskrete <Guesthouse> zum Blauen Engel (Anjo Azul, Rua Luz Soriano 75).

Dann folgen ein arabisches und ein italienisches Restaurant, ein Billard-Lokal, Antiquitätengeschäfte und die Diskothek der schrillen Modeschöpferin Fatima Lopes. Fatima Lopes lässt sich an allen hirnrissigen Parties blicken und steht im Ruf, jedes Mal ein bisschen weniger Stoff zu tragen. Der Disko ist ein Kleidergeschäft angegeliedert. Man tanzt nicht nur bis vier Uhr morgens, sondern man kauft auch ein. Studenten, einfaches Nachtvolk und <betinhos>, Jüngelchen der besseren Gesellschaft, treffen sich hier kunterbunt. Andere Lokale heißen etwa <Milchreis>, <Bizarro> und <Mahjong>. Die Rua da Atalaia ist die friedliche Hauptstraße der Lissabonner Jugend.

A Brasileira, Lissabons bekanntestes Café.

10. DIE RICHTSCHNUR DER DINGE

Der Chiado, seine Künstler und Lokale

Zum Chiado hochgehen: Sagte das jemand, klang es, als kündige er das Privileg des Jahrhunderts an: Opernaufführungen im São Carlos-Theater, Essen im Luxus-Restaurant Tavares und Treffen im „Literarischen Gremium" mit Gentlemen und Aussicht vom Balkon auf den Tejo-Fluss>

<Mehr als ein Jahrhundert lang waren der Chiado und die Rua Garrett die Richtschnur der portugiesischen Literatur und Kunst: Tänzer aus dem Theater, Sänger aus der Musik-Akademie, Journalisten, schlaflose Poeten, Verschwörer.

José Cardoso Pires, Lissabonner Logbuch

Fernando Lima ist der Schuhputzer der Garrett-Straße. Ein Schuhputzer mit Stil: Er ist schwarz gekleidet, neben seiner Anlage, die er auf einem Pappkarton aufgebaut hat, klingt aus Lautsprechern Musik, an seiner Hose hängt ein Handy-Telefon, ein Zahnstocher füllt elegant eine Zahnlücke. Seit Jahren beobachtet Fernando seine Straße. Er weiß es: <An jenem Tag ist es nicht mit rechten Dingen zugegangen>.

Er meint jenen schönen, leicht windigen August-Tag des Jahres 1988, an dem das halbe Viertel in Flammen aufging und die Lissabonner einen tiefen Stich im Herzen verspürten. Ihr Chiado brannte, schwarze Rauchsäulen über der Stadtmitte kündigten den Tod ihres Wahrzeichens an. <Ganz Lissabon hing am Radio, verfolgte bang den Frontverlauf, der minutenweise durchgegeben wurde – wie das Feuer von Haus zu Haus, von Straße zu Straße sprang (...). Und am Nachmittag war alles vorbei. Die Häuser ausgebrannt, die Eisenträger verbogen, die Straßenlampen geschmolzen. Der Chiado kühlte aus, und die Diskussion über das Nachher begann>. So beschrieb Ellen Heinemann jenen Tag.

Der Brand hatte noch in der Nacht im Kaufhaus <Grandella> begonnnen. Wie Zunder brannten die Tragbalken und Treppen aus Holz. Es gab weder Rauchalarmanlagen noch Feuerlöscher noch Feuerschranken, bald stand auch das Kaufhaus <Chiado> in Flammen, am Ende des Desasters waren es 17 Gebäude, von denen nur noch die Fassaden hochragten. Die offizielle Ursache des Brandes hiess <Kurzschluss>, doch

Fernando Lima ist sich sicher: das Grandella musste brennen, es war alt und ohne Zukunft.

Viele Lissabonner empfanden nach jenem Tag einen Phantomschmerz. Erst im Unglück spürten sie, was ihnen der Chiado bedeutet hatte. Zum Glück hatten die Feuerwehrleute den Brand löschen können, bevor er ganz auf die Rua Garrett, den oberen Teil des Viertels übersprang. Heute ist auch der versehrte Teil wieder intakt. Der Architekt Alvaro Siza Vieira hat versucht, das Viertel wieder getreu nach den alten Plänen aufzubauen. Es ist ihm nicht schlecht gelungen, doch hinter den Fassaden hat ein neues, ein anderes Leben begonnen, die alten Mieter in ihren billigen Mansardenwohnungen mit den Holzverstrebungen sind verschwunden, verschwunden sind auch einige der traditionellen Ladengeschäfte. An ihrer Stelle stehen jetzt Appartemens, Büros und Boutiques.

Wiederaufbau des Chiado nach dem Brand.

Aus dem Kaufhaus Chiado, das mit gusseisernen Balkons und Flaggen auf dem Dach das untere Ende des Viertels markiert, ist ein Konglomerat von Geschäften und Restaurants geworden. Seine ehemaligen Holztreppen knarren nur noch im Gedächtnis der Lissabonner.

Das Kaufhaus Grandella, einst das modernste der Stadt, in dem die Einheimischen erstmals Rolltreppen bestaunen konnten, ist weg. Nur der Leitspruch des Hauses <sempre por bom caminho> (<Immer auf dem richtigen Weg>) ist an einigen Hausecken noch in den Stein geritzt.

Das Chiado-Viertel erreicht man vom Carmo-Platz in fünf Minuten. Die Rua Garrett, seine Hauptstraße, die ihren Namen von einem romantischen Dichter des 19. Jahrhunderts erhielt, ist unübersehbar. Biegt man in sie ein und schaut man sich um, verspürt man den Hauch verschwundenen Adels. Die Häuser sind stilvoll, die Loreto- und die Encarnação-Kirche am oberen Ende fügen sich mit ihren Barock-Fassaden harmonisch ins Ganze ein, – hier waren Wille und Stil am Werk. In vielen Geschäften sind sie erhalten geblieben.

Lüster, Gold und Spiegelspiel: Das Restaurant Tavares.

Das Chiado-Viertel ist ein Festival der Belle Epoque. Damals schaute Lissabon nach Paris und London, auf dem Chiado fühlte man sich international, er war Lissabons Beitrag zu Europa und der Welt. Am schönsten ist dies im Modegeschäft <Paris em Lisboa> (Paris in Lissabon) zu sehen. Seit seiner Eröffnung im Jahre 1877 wird es von der Familie Sousa geführt. <Wir könnten das Geschäft modernisieren>, sagt ein Familienmitglied hinter einem Holztisch, <doch wir tun es nicht, die Kundschaft bleibt uns treu, es kommen die selben Familien, Generation um Generation>. Die dunkelbraunen Holztreppen und das geschwungene und inzwischen leicht vergammelte Vordach aus Eisen und Glas, das den Eingang schützt, werden bleiben, bis sie ausgedient haben. Auch die Apotheke Durão, die 150 Jahre alt ist, wird ihre zwei Bronzeleuchter und ihren Holzboden nicht erneuern. Das Gold- und Silberschmiede-Geschäft <Aliança> der Familie Silva Pereira ist ein weiteres Bijou aus dem 19. Jahrhundert. Rokoko-Putten an der Decke, Wandmedaillons, gläserne Vitrinen und Goldblatt-Verzierungen führen in einen Ausstellungsraum, der wie ein Museum wirkt. Ähnlich wie die <Aliança> wirkt die Bijouterie <Vista Alegre> hundert Meter weiter oben. Sie stammt aus dem Jahre 1824.

Man kann die Welt nur von zwei Orten aus betrachten, vom Himalaya und vom Chiado

Raul Guerra Junqueiro, Schriftsteller

Diese liebenswerte Übertreibung fiel dem Schriftsteller zweifellos ein, weil der Chiado auf einem Hügel über der Unterstadt liegt und von dort aus die Übersicht besser möglich ist. Hier trafen sich die Geschäftsleute und die Intellektuellen. In den Modegeschäften <Paris em Lisboa> und <Piccadilly> kleideten sie sich nach französischem und englischem Stil, im <Havaneza> erstanden sie Zigarren und ausländische Zeitungen. Die Rua Garrett ist zwar keine 400 Meter lang, doch auf ihr flanierte und traf sich alles, was in der Hauptstadt Rang und Namen hatte. Die Journalisten kamen aus den Redaktionen der wichtigsten Tageszeitungen, die sich in unmittelbarer Nähe befanden, Intellektuelle stöberten in der Buchhandlung Bertrand. Dieses Lokal mit seinen fünf tunnelartigen Sälen wurde nach Angaben seiner Besitzer bereits 1732 am Chiado eröffnet und war für mehrere Generationen von belesenen Lissabonnern ein beliebter Treffpunkt und Schwatzort. Später gesellte sich gegenüber an der Strasse die Buchhandlung Sá da Costa dazu. Das Literarische Gremium, ein geschlossener Elite-Klub englischen Stils, das wie die Buchhandlungen noch heute existiert, machte den Chiado noch exklusiver. Zum artistischen Ruf des Viertels trug auch das Opernhaus São Carlos bei, das sich die Lissabonner erstaunlich früh leisteten: Seine Eröffnung war für das Jahr 1755 vorgesehen, doch das große Erdbeben machte es zur Ruine. Am Ende des 18. Jahrhunderts entstand São Carlos neu. Zu den Luxusorten des Viertels gehörte auch das Restaurant Tavares an der Rua Misericordia. Es steht schon seit 1784 und ist Lissabons ältestes und schickstes Restaurant. Die Besitzer, die zwei Brüder Tavares Rico, sollen im 19. Jahrhundert ihre gelehrte Kundschaft in Versen angesprochen und so den Ruf ihres Etablissements noch erhöht haben. An der Rua Garrett lud das Café Marrare zu Sorbets, Tee und Kaffee ein.

Wie das Nicola und andere Kaffeehäuser wurde das Marrare von einem Italiener geführt. Das Mysterium der italienischen Cafés in Lissabons ist nicht ganz aufgeklärt, doch es ist anzunehmen, dass der Marquis von Pombal nach dem Erdbeben Italiener einlud, die neue Mode des Kaffeetrinkens in seiner Stadt zu fördern. Das blitzblanke Lokal mit seinen großen Spiegeln war im 19. Jahrhundert die größte Attraktion des Chiado. Dort trafen sich die High Society und die Intellektuellen. Der Graf von Lavradio, ein Diplomat, versicherte 1851, das Land werde von den Kaffeehäusern aus regiert. 40 Jahre später sagte der Romancier Eça de Queiroz ähnliches: <Das Geschick Portugals wird von einer kleinen Gruppe von Journalisten, Politikern, Bankiers und Leuten von Welt vom Chiado aus bestimmt>. Auch die Nationalhymne entstand in diesem Viertel. 1890, als die Nation politisch an einem Tiefpunkt angelangt war, fühlte der Komponist Alfredo Keil einen patriotischen Impuls. Auf dem Chiado bat er den Schriftsteller Lopes Mendonça, er möge ihm einen herzhaften Text zu einer Melodie dichten. Der Poet machte sich ans Werk und so entstand die schmissige Nationalhymne <A Portuguesa>. Sie beschwört den Stolz und den <Glanz> Portugals und ruft die Bevölkerung zu den Waffen auf, das ruhmreiche Vaterland zu verteidigen.

Würdiger und einziger Nachfolger der Kaffeehäuser des Chiado ist heute das Café <A Brasileira.> Kaum ein Lissabonner, kaum ein Tourist, der es nicht kennt: Das Café Brasileira ist ein Wallfahrtsort geworden, dort muss man einfach gewesen sein. Ganze Gruppen von Schweden, Japanern, Amerikanern, drängen sich im Lokal auf engem Raum und schlürfen auf den lederbezogenen Holzstühlen mit einer Bica Jahrzehnte der Chiado-

Geschichte. Dann setzen sie sich vor dem Lokal neben den Dichter Fernando Pessoa, der dort seit 1990 lebensgross mit Hut und verschränkten Beinen in Bronze sitzt, und lassen sich ablichten: ein Souvenir ihres Lissabon-Besuches.

Das Brasileira ist zum Stellvertreter für all die verschwundenen Cafés der Stadt geworden, auch zum Mythos. Zu Recht, denn in dieses Lokal an der Rua Garrett 122 hat im 20. Jahrhundert so viele Künstler, Literaten und Politiker wie wohl kein anderes gesehen. Würde A Brasileira geschlossen, käme es zu einem Aufstand. Dieses beinahe letzte Symbol der großen Tradition der literarischen Stammtische wollen sich die Lissabonner nicht nehmen lassen.

Die Geschichte des Lokals begann ganz einfach. Der Kaffeehändler Adriano Telles, eröffnete es 1905, um dort seine Kaffeebohnen aus Brasilien zu verkaufen. Gleichzeitig bot er den Kunden eine Tasse des schwarzen Saftes zur Degustation an. Seine Idee hatte Erfolg. Drei Jahre später bot Telles allen Passanten heißen Kaffee gegen Geld an. Dazu stellte er Stühle und Tische in sein Etablissement. <A Brasileira> ist die Geschichte des Kaffees aus Brasilien, den die Lissabonner bald für den besten hielten. Die Hausmarke <A Brasileira> existiert weiter, die bald hundert Jahre alte Reklame von Telles - ein rotwangiger Alter, der eine Tasse hebt - wird noch heute verwendet und ist über dem Eingang des Cafes und in einer Vitrine im Lokal zu sehen. An Brasilien erinnert auch eine Inschrift in goldgelben Lettern auf einer zerbrochenen weißen Marmor-Tischplatte in der selben Vitrine: Juscelino Kubitschek, einst Staatschef Brasiliens, schrieb 1960 auf den Marmor, er verlasse das historische Lokal <blutenden Herzens>.

Das Café A Brasileira ist ein kompaktes, eng bestuhltes Lokal mit viel Patina. Auch wenn es halb leer ist, scheint es voll zu sein. Die Farben, die vorherrschen, sind Braun und Gold, und die geben gleich noch eine Schicht Patina hinzu. Alte Messingleuchter, ein uralter Ventilator, schwarzweisser Fliesenboden, Holz und Glas, hinter dem Tresen neuerdings einige junge und fröhliche schwarze Gesichter: Ambiance ist immer da. Dazu trägt auch der Mini-Zeitungskiosk im Lokal bei. Er ist so winzig, dass der Verkäufer darin kaum aufrecht stehen kann. Doch er erduldet sein Los mit Langmut, in die Brasileira gehört einfach Presse. An den Wänden hangen zehn moderne Gemälde. Und die tragen eine lange Geschichte mit sich.

Ursprünglich hingen an ihrer Stelle elf Bilder, die Furore machten. Die Lissabonner nannten sie einfach die <Bilder von Telles>. Der Besitzer hatte 1925 den Mut, sein Lokal mit Werken von Modernisten auszustatten. Almeida Negreiros und andere Künstler machten aus dem Café eine Galerie moderner Malerei. Das Lokal war in aller Munde: Ein Teil der Lissabonner spottete über den neuen expressionistischen und abstrakten Stil dieser <Verrückten>, der Rest applaudierte.

Der Besitzer war nur konsequent gewesen. Bei ihm trafen sich Almeida Negreiros und andere Verfechter der Moderne, auch Fernando Pessoa, und diskutierten, stritten und planten Aktionen. Das Brasileira wurde zum Treffpunkt der Erneuerer und Unzufriedenen, auch der Möchtegerne und Selbstdarsteller, eine Art Ersatzparlament. In der Epoche der Diktatur (1926 bis 1974) hörten im Lokal auch Agenten der Sicherheitspolizei mit. Der Effekt ihrer Arbeit war nicht übrwältigend. Die Stammgäste wussten, wo sie saßen und hinter welchen Zeitungen sie lauschten.

Im Kaffeehaus A Brasileira trafen sich Modernisten, Neo-Realisten, Musiker, Maler, Karikaturisten und viele andere. An den Stammtischen galt eine Regel: Mochte man auch noch so verschiedener Meinung sein, Streit durfte nicht aufkommen. Gemeinsamer Gegner war die Diktatur, und vor dieser durfte man sich nicht uneins zeigen. João Abel Manta, Maler und Karikaturist, erzählt, dass die Gesprächsrunden auch in der Buchhandlung Bertrand oder in der Praxis des Arztes und unbeugsamen Salazargegner Pulido Valente stattfanden oder in dem Brasileira beginnen und im heute verschwundenen Café Chiado auf der anderen Straßenseite enden konnten.

Eine herausragende Gestalt des literarischen Betriebs am Chiado nach 1940 war Gualdino Gomes. Vor ihm nahm sich jedermann in Acht. Gualdino Gomes schrieb beinahe nichts, aber seine Auftritte und seine Worte waren gewaltig. Er war Direktor der Nationalbibliothek und eine wandelnde Bibliothek. Sein weißer Bart und seine schwarzer Mantel verliehen dem Junggesellen die Aura eines unanfechtbaren Schiedsrichters. Einige Stammtischgäste verglichen ihn mit dem spanischen Edelmann Don Qujiote. Mit wenigen sarkastischen Sätzen konnte Gomes ein Gedicht, einen Roman oder ein Gemälde erledigen. Bücher, die ihm geschenkt wurden, pflegte er in seine Badewanne zu legen. Als ihn im Brasileira der Durchzug störte, wechselte er aus Protest in das Café Chiado. Von Gualdino

Gomes ist heute kein Werk bekannt. Doch er war eine Autorität und regierte an den Stammtischen des Viertels bis zu seinem 90. Lebensjahr.

Nach 1965 schliefen die Künstlerversammlungen im Café A Brasileira langsam ein. Die modernistischen Gemälde von Almada Negreiros und seiner Kollegen, inzwischen geschätzt und hoch kotiert, waren rauchgeschwärzt und mussten gerettet werden. Um 1970 verschwanden sie in privaten Kollektionen und Museen und wurden durch eine neue Serie ersetzt , die heute im Café zu sehen ist.

Die Nelkenrevolution von 1974 rettete das Kaffeehaus vor dem Niedergang. Nun wurde es zu einer Erinnerungsstätte der Opposition. Hier traf sich wie selbstverständlich die Gruppe der Schriftsteller, die anschließend den nahe gelegenen und unschädlich gemachten Hauptsitz der PIDE-Geheimpolizei besuchte, hier kehrten wieder die Studenten, Journalisten und Literaturfans ein. Das Brasileira fand in den ausländischen Reiseführern der Stadt Eingang und das bescherte eine Welle neuer Kundschaft: die Touristen.

Die Fremden setzen sich hauptsächlich in den neu eingerichteten Teil des Cafés auf dem Gehsteig, wo auch Fernando Pessoa in Bronze sitzt und der Schuhputzer Fernando Lima mit seinen Lautsprechern, Tuben, Dosen und Lappen am Werke ist. Die Zone ist heute äusserst attraktiv. Die Stadtverwaltung hat den oberen Teil der Garrett-Straße für den Autoverkehr gesperrt. Kreti und Pleti flaniert, nun sieht man auch die Statue des gebückten Mannes wieder besser, der dem Viertel den Namen gegeben hat. Es ist der Priester und Dichter António Ribeiro, der den Übernamen Chiado trug. Von seinem Sockel herunter scheint der Poet aus dem 16. Jahrhundert seinem Kollegen Pessoa zuzuwinken. Doch der Kontakt zündet nicht. Zu verschieden waren die beiden: hier das schlaue Pfäfflein, dort der in sich versunkene Weltdichter.

Von einem der Tische des Straßencafés aus ist auch eine Hommage an die Lissabonner Straßenbahn möglich, und zwar an die Nummer 28, die Fernando Pessoa jeweils benutzte, um von der Unterstadt nach Hause zu fahren. Die Nummer 28 hält hinter dem Denkmal von Chiado quietschend an. Dann dreht der Fahrer die Kurbel, kurvt schlenkernd zum Camoes-Platz hoch und verschwindet dort. Die Straßenbahn sieht nicht viel anders als zu Pessoas Zeiten um 1920 aus. Obwohl sie so langsam ist, dass sie den Straßenverkehr behindert und Autofahrer immer lauter gegen sie murren, will die Stadtverwaltung sie nicht abschaffen. Die <Gelbe> soll nicht ins Museum, sie gehört ins Lissabonner Stadtbild, nein – sie schafft es erst recht. Hans Magnus Enzensberger hat sie beschrieben:

Über ein solides Trittbrett besteigen wir die Plattform, die durch ein Scherengitter gesichert ist, und öffnen die Schiebetür. Im Innern des Wagens erwartet uns ein unvergleichlicher Komfort: Sprossenfenster aus honigfarbenem Holz, die sich bei schönem Wetter öffnen lassen, Rouleaus aus braunem Wachstuch, die man, je nach Sonnenstand, höher oder tiefer ziehen kann, Armlehnen aus massiver Eiche und grünbezogene Sitze. (...)

Kerzengerade, heute wie vor einem Menschenalter, steht der Fahrer vor seiner Fahrkurbel, und ernst blickt er auf die Geleise, Spurweite 65 cm, sowie auf den Kuhfänger vor ihm, der im Notfall unvorgesehene Hindernisse beiseite räumen und dem Fahrzeug freie Bahn schaffen kann. Auf der Nickelhaube des Schaltbretts sind die Patente, denen wir dieses elektrische Wunder zu verdanken haben, aufgelistet und datiert (1889 bis 1916). Auch die Erbauerin hat sich hier verewigt: The British Thomsen und Houston Co. Ltd., Rugby, England. (...) Spielend meistert der Fahrer riskante Ecken, schärfste Kurven, gefährliche Schieflagen im Unterbau.>.

Dem ist nur beizufügen, dass heute die Fahrer bei ihrer Arbeit nicht mehr stehen, sondern auf einer Art Barhocker sitzen, und die Motoren offensichtlich erneuert worden sind. Auf der Nickelhaube steht jetzt <Kiepe Elektrik>, das Anzeigebrett unter der Kurbel zeigt unverändert nur <Fahren>, <Null> oder <Bremsen> an. Die Straßenbahnwagen bieten weiterhin nur 20 Sitzplätze. Bis der letzte einsteigende Fahrgast auf die Plattform gehievt ist, vergeht noch immer eine geraume Weile. Dann schaukelt, rüttelt und pflügt sich die Gemeinschaft der Fahrenden für einen Euro durch die Stadt, als wäre sie in einem Schiff.

Der Chiado ist romantisch, gleichzeitig aber modern. Gleich neben der Quietsch-Kurve der Nummer 28 und dem Denkmal des Priester-Poeten öffnet sich ein weißer Schlund, der Leute ausspeit und einsaugt. Wer den Rundgang durch das Viertel elegant beenden und in die Unterstadt zurückkehren will, taucht in diesen Schlund. Mehrere unterirdische Rolltreppen, die der Untergrund-Bahn angeschlossen sind, überwinden die mehr als 100 Meter Höhendifferenz im Nu.

Schwerarbeiter António Lobo Antunes.

11. DER LÄSTERER VON BENFICA

Geschichte und Geschichten um António Lobo Antunes

Er musste jeweils nichts sagen. Trat er ein, wussten die Angestellten der Snack-Bar <Galerias Ritz> bereits, was er wollte: Das Tagesgericht Nummer zwei und dazu ein Seven Up. Der kräftig aussehende Arzt, der nach der Arbeit vom psychiatrischen Hospital Miguel Bombarda rüber kam, zeigte beim Essen kein bisschen Phantasie. Das ist bis heute so: Es ist ihm ziemlich egal, was er isst. Essen ist für den Schrifsteller António Lobo Antunes Verpflegung, ein Zeitverlust, zu seinem Leidwesen ein notwendiger. Er macht es sich sogar zum Spaß, irgend etwas zu essen, er ist auch stolz darauf, die McDonalds von Lissabon und Umgebung bestens zu kennen. Die Mc Donalds sind für ihn besser als andere Lokale. Vielleicht deswegen, weil man dort rascher essen kann.

Das Trinken pflegt er noch weniger. Der Schriftsteller nimmt grundsätzlich keinen Alkohol zu sich. Bei einem Geburtstags-Mahl oder anderen besonderen Gelegenheiten kommt er allerdings nicht darum herum, sich das Glas zu füllen. Dann schüttet er zum Entsetzen der Gastgeber den feinen Markenwein, den sie aufgetischt haben, in sein halbgefülltes Wasserglas. Er findet es überhaupt schade, dass man für das Essen und Trinken so viel Geld ausgibt, und lässt es auch Leute wissen, die ihn in ein besonders gutes Restaurant einladen.

Wir schütteln nun nicht mehr den Kopf und denken auch nicht, sei nur Ironie, wenn wir in Lobo Antunes' <Livro de Crónicas> folgendes lesen:

<Gestern verbrachte ich zusammen mit meiner Tochter Isabel den Tag im wunderbaren Einkaufszentrum Cascais Shopping. (ein schöner Ort), wir sahen den Film <Darling, ich habe die Kinder vergrößert> (seit langem habe ich keinen so schönen Film mehr gesehen). Nachher gingen wir zu McDonalds und aßen einen Hamburger (ein ausgezeichnetes Restaurant)>

Lobo Antunes liebt die Einkaufszentren, die Hochhäuser, die Peripherie, die künstlichen Paradiese. Er könnte sich mit seiner Frau und seinen drei Töchtern eine lauschige Wohnung in einem Altstadtviertel leisten. Aber nein, er lebt in der Vorstadt Algés, nicht in jenem Teil, der am Ufer des Tejo liegt, sondern auf der Anhöhe, in einer Hochhaus-Gegend. Vorher hatte er im Mietskasernen-Vorort Olaias gewohnt.

Schreiben, schreiben, schreiben: das ist seine Obsession. Lobo Antunes ist der Schwerarbeiter unter den Lissabonner Schriftstellern. Ein Tagespensum von elf Stunden ist für ihn die Norm. Am Morgen schliesst er sich in einem Büroraum eines psychiatrischen Spitals ein, am Nachmittag schreibt er hinter einer schweren verschlossenen Eisentür im Mal-Studio des Cousins José an der Rua Gonçalves Crespo weiter. Lobo Antunes schreibt jeden Tag, auch auf Auslandreisen, nur die Signierstunden auf Buchmessen halten ihn davon ab. Die sind für ihn eine Tortur, obwohl er gern im Kontakt mit den Lesern ist, die seine titanische Literatur aushalten.

Lobo Antunes schreibt auf vorsintflutliche Art, mit blauem Kugelschreiber auf weißes Papier. Im Durchschnitt veröffentlicht er dennoch alle zwei Jahre, und zwar nach systematischem und vielfachem Umarbeiten, einen mindestens 400 Seiten schweren Roman. Inzwischen ist er bei einem prallen Dutzend Werke angelangt. Ein guter Schriftsteller ist für ihn derjenige, der viel arbeitet und dauernd an Stil und Form herumfeilt.

Gewissenhaftigkeit, Disziplin und Perfektionisimus hat er in seiner Familie gelernt. Die Lobo Antunes gehören zur Intelligentzia des Landes. Vater Antunes war Arzt und forderte von seinen Söhnen viel, Antónios fünf Brüder haben wie er gebüffelt und sind exzellente Berufsleute. Bruder João zum Beispiel, der ebenfalls Arzt ist, schreibt Essays und hat den Pessoa-Preis gewonnen, eine Ehre, die dem Schriftsteller bisher nie zuteil wurde. Alle sechs Jungs der Familie sind mit einem deutschen <Fräulein> aufgewachsen, sicher deshalb, weil ihre Großmutter eine Deutsche war. <Diese Entschiedenheit zur Arbeit und zur intellektuellen Rechtschaffenheit findet man in Portugal nicht so häufig>, sagt der Autor. Er hat blonde Haare, blaue Augen und fühlt sich in Deutschland ebenso zu Hause wie in Lissabon.

Viele Journalisten halten Lobo Antunes für einen schwierigen Interview-Partner. Einige hat er auch schon mit der Aufforderung nach Hause geschickt, sie sollten zuerst seine Werke lesen, bevor sie ihn befragen. Der Autor steht im Ruf, unnahbar und schwierig zu sein. Das lässt sich erklären. Zu Freunden erklärt er grundsätzlich nur Personen, die er besser als sich selber findet. Und das sind nicht mehr als drei oder vier Personen, darunter sein Verleger, der geduldige Nelson de Matos. Lobo Antunes ist ein schweigsamer und zurückhaltender Mann von außerordentlicher Akribie. Sein Gedächtnis scheint photographisch zu sein, für seine <Archive> wären mehrere Köpfe notwendig. Er lässt sich bitten und ist doch begierig darauf, sein Gegenüber genau kennen zu lernen, denn dies kann ihm Ideen und Stoff für eine neue Roman-Person verschaffen. Lobo Antunes spielt mit seinen Besuchern und Interview-Partnern ein Spiel der Vertuschung: Sein Gegenüber rätselt, was echt und was gespielt ist. Meist ist der Kontakt zu Ende, bevor man hinter die Fassade des Schriftstellers schauen kann.

Der Schriftsteller hört nicht gut, selbst mit einem Hörapparat nicht. Manchmal gibt er Antworten, die nicht der Frage entsprechen, manchmal schweigt er einfach. Dieser ganz banale Grund, den die meisten Leute ignorieren, hat zum Ruf beigetragen, er sei eine schwierige Person. Kein Wunder auch, dass er selten in den Medien auftaucht, nicht an literarischen Stammtischrunden oder Fernsehprogramms teilnimmt und selten an geselligen Anlässen zu sehen ist. Lobo Antunes scheut sich, im Zentrum stehen, er ist der Mann der Vorstadt, der Peripherie. Von dort aus beobachtet er die Gesellschaft unablässig und unbarmherzig und hält ihr den Spiegel vor. Das moderne Portugal schont er ebenso wenig wie das alte der Diktatur. Seine Werke tragen Titel wie <Die natürliche Ordnung der Dinge>, <Der Reigen der Verdammten> und <Portugals strahlende Grösse>. Bereits daraus sprechen Ironie und auch Spott.

Eigentlich möchte Lobo Antunes zu schreiben aufhören und das Leben mehr geniessen. Das denkt er, wenn er mitten in der Fron eines neuen Romans steckt. Ist das Werk aber veröffentlicht, beschleicht ihn nach kurzer Zeit Unruhe und wird er depressiv.

Er kann nicht anders als wieder schreiben. < Ich schreibe, um der Depression zu entgehen>, bekannte er in einem Interview. Ein Leben ohne Schreiben hat für ihn keinen Sinn, in jedem folgenden Werk will er noch besser, noch anspruchsvoller werden und die endgültige Form des neuen Romans finden. Seine Leser, die jetzt schon Mühe haben, seinen Gedanken- und Zeitsprüngen zu folgen, seine Blickwinkel zu erkennen und seine Satztürme abzubauen, können sich auf noch schwierigere Herausforderungen gefasst machen.

Früher war der Schriftsteller noch mehr im Psychiatrie-Spital Miguel Bombarda zu sehen.

Nun, da er mit dem Schreiben genügend verdient, zieht er seinen weißen Psychiater-Mantel nur noch selten über und ist er kaum mehr in der Snack-

Bar Galerias Ritz zu sehen. Doch die Welt des Hospitals steckt in ihm. Mit klinischem Blick sammelt er Bilder der Krankheit und des Leidens. Zärtlichkeit, Liebe und Harmonie sind in seinen Romanen wenig zu finden. Von seinem ersten Einsatz in einem Kinderspital hat er vor allem die jungen Patienten im Gedächtnis, die langsam an Leukämie starben.

Dann beging er einen Fehler. <Kreuzen Sie die Beine, hat man den Eindruck, es sei nichts dazwischen>, sagte er zu einem Vorgesetzten. Das war zu hart. Die Bemerkung bescherte ihm die Verschiebung zu den chronisch Kranken im Miguel Bombarda-Spital, dorthin, wo die Patienten <verwundert ihre eigenen Hände anschauen>. Am neuen Ort hatte er bald den Eindruck, er befinde sich einem Fellini-Film. Im selben Spital hatte bereits sein Vater gearbeitet. Der Junge musste damals im Auto im Hofe auf ihn warten. Er erinnert sich an den invaliden Spital-Direktor und an die wirren und irren Patienten mit ihren kahlgeschorenen Köpfen und grauen Uniformen, die an die Fenster des Autos pinkelten und dazu wild sangen.

Es sind Erinnerungen und Bilder aus der Welt des Hilflosen, Kranken und Dekadenten. Lobo Antunes benützt sie in seinen Romanen und tischt sie mit einer ganz unportugiesischen und schockierenden Direktheit und Schärfe, aber auch mit Ironie und Komik auf.

Etwa das Bild der ahnungslosen Grcisin aus der aristokratischen Oberschicht, die von den demokratischen neuen Machthabern nach der Nelkenrevolution vorübergehend im Caxias-Gefängnis festgehalten wird.

Wir besuchten sonntags die vom Schiffbruch der Familie übrig gebliebenen Onkel und Tanten, die im Fort von Caxias wegen Wirtschaftssabotage einsassen und zwischen den Gitterstäben der Zellen und den Achseln von Fallschirmjägern hindurch an der Mauer die Gezeiten des Tejo steigen und fallen sahen. Nur die Grossmutter, die schon krebskrank war, schipperte aufs Geratewohl im Rollstuhl herum, hatte das kleine Transistorradio auf schüttere Haar am Ohr gelegt und betrachtete lächelnd und ohne zu begreifen die Demokraten, die sich hin und wieder rempelnd durch den Korridor wälzten, mit den Pistolenläufen im restlichen Familiensilber herumstöberten und die seltsamen Reden der Blindenmegaphone wiederholten.

Der Reigen der Verdammten (1991)

Oder, direkt dem Spital entnommen, die Beschreibung des vertrottelten Grossgrundbesitzers und Ex-Politikers, der krank und hilflos auf der Pritsche liegt:

Pipi Herr Doktor, wir wollen doch nicht den sauberen Schlafanzug schmutzig machen nicht wahr Herr Doktor? Hände, die mich hochheben, mich waschen, mich füttern, mir ein Nachtgeschirr zwischen die Beine klemmen, mit einem Murmelklickern laufe ich aus in das Nachtgeschirr, und sie kneifen mir im Weggehen zufrieden ins Kinn, bevor sie den Korridor hinunter entschwinden...

Eine kleine Brühe Herr Doktor, ein gutes passiertes Gemüsesüppchen, ein Stück gebratenen Schellfisch (...). Sie Nervensäge. Eine kleine gekochte Birne für den Papa, nun mal los, diese für die Mama, nun mal ein bisschen schneller, diese für mich, verdammter Alter womit habe ich das verdient, und dieser hier für den Blödmann von Ihrem Sohn, damit er sie am Besuchstag nicht dünner findet, wir wollen Ihren Sohn doch nicht mit diesem eigenfallenen Gesichtchen erschrecken, nun wollen wir mal schön brav sein Herr Doktor, schlucken Sie, der verdammte Typ beißt seine Zähne zusammen schlucken Sie, nun schluck schon, willst du nun endlich schlucken du unverschämter Kerl.

Das Handbuch der Inquisitoren (1997)

Wie ist Lobo Antunes zu diesem Sarkasmus gekommen, wie ist er der Lästerer seiner Gesellschaft geworden? Durch die drei Jahre Kolonialkrieg, die er im Namen der Salazar-Diktatur im Kampf gegen die schwarzen Befreiungsbewegungen in Angola verbracht hat. Der Schriftsteller sagt es selber: <Ich klage den Krieg an, mein Leben verändert zu haben>

Der Krieg kommt ihm <mit Kraft> selbst an einem seiner Geburtstage hoch. Dann schreibt er vom Chauffeur Macaco, der Wasser holen wollte, auf eine Mine fuhr, und <ohne einen Tropfen Blut> tot vor ihm liegt. <Er war der erste einer Serie, ich könnte euch schreckliche, absurde, grausame Dinge erzählen, die das ..... hochbringen>, erklärt er.

Lobo Antunes spricht heute beinahe nie vom Krieg, doch er trägt <all die Mitrailleusen, Minenwerfer und all die Misere> in sich herum. Und Särge, viele Särge. Der Kolonialkrieg hat den jungen Arzt gebrandmarkt. <Ich war zu jung, ich hab das nicht verdient>, schrieb er.

Vielleicht deshalb blickt Lobo Antunes mit Nostalgie auf die Zeit davor, auf seine Jugend zurück. Diese hat er in Benfica, einem anderen Lissabonner Vorort, verbracht. Heute ist Benfica eine Schlafstadt mit acht- und zehnstöckigen Wohntürmen, Baustellen, Benzintankstellen, chaotischen Parkplätzen auf staubigen Terrains, Graffittis, Autobahn-Anschlüssen und der herrlich-künstlichen Welt des riesigen Einkaufszentrums Colombo. Bekannt ist Benfica außerdem durch seinen Fußball-Klub, einen der wichtigsten Vereine des Landes mit einem Millionenbudget, vielen ausländischen Spieler-Stars und seiner 100 000 Menschen fassenden Arena <Estadio da Luz>. Vom alten Vorort Benfica, der entlang der <Estrada de Benfica> stand, ist nur noch wenig zu sehen. Auch das stattliche, zwölf Zimmer große Haus mit Garten der Familie Lobo Antunes ist weg - verkauft.

Diesen Ort, diese Straße, ihre Geschichten und Gerüche schildert der Schriftsteller mit einer Zärtlichkeit und einer Innigkeit, die überraschen. Lobo Antunes ist der Verzauberer Benficas. Ihm verdanken wir die schönsten Beschreibungen eines typischen Lissabonner Vororts, der vor der Zeit des ungezügelten Wachstums noch ein Dorf war und an dessen Rand Schafe weideten. Damals, in den Fünfzigerjahren, war für ihn der Besuch des Zoologischen Gartens, der stadteinwärts in Sete Rios liegt, ein Abenteuer. Weiter ins Stadtzentrum ging man selten. Seine Welt war die des Kurzwarenhändlers Silvino, des Schusters Florindo, des Apothekers Senhor Jardim und seiner Freunde mit den seltsamen Vornamen Lafaiete und Jaures.

Gehe ich heute nach Benfica, finde ich Benfica nicht mehr. Die Pfauen sind verstummt, auf der Palme vor dem Post-Gebäude nistet kein Storch mehr. Die Palme gibt es nicht mehr, das Landgut der Lobo Antunes ist verkauft. (...) Doch die Akazie meiner Eltern widersteht kühn. Nur sie hat jene Zeit überlebt, wie ein Mast, der die Wellen durchsticht, wie ein untergegangenes Schiff. Die Akazie genügt mir. (...) Schließe ich meine Augen und lege ich das Ohr an ihren Stamm, weiß ich, dass ich die Stimme meiner Mutter höre: -- Antóóóóóónio.

Dann durchquert ein blonder Bengel mit einem Sack von Murmeln in der Tasche den Garten und läuft an mir vorbei, ohne mich zu bemerken, steigt in sein Zimmer hoch und träumt davon, dass wenigstens die Frau von Sandokan ihn während der täglichen Folter des Nachtessens nie zu Kartoffelpuffer und auch nicht zu Möhrensuppe verurteilen würde.

Livro de Crónicas

Auch Pastelarias fehlen in den Jugenderinnerungen nicht. In Benfica waren sie wie überall wichtige Treffpunkte und Kristallisierungsorte des sozialen Gefüges:

<Es gab zwei Pastelarias in Benfica. Eine lag unterhalb der Kirche. Sie hiess „Adega dos Ossos", wurde vom Branntwein-Proletariat besucht und war immer voll von Sägemehl und.beknacksten Frömmlerinnen. Sie rieten mir ab, dorthin zu gehen, denn sie fürchteten, dass ich dort den Lastern des Ginjinha-Likörs und des Rauchens verfalle und meine Tage beim Domino-, dem Kartenspiel und dem Husten verbringe. Das Lokal war dunkel, die Wände voller Flaschen, im Schaufenster waren mehr Fliegen als Creme-Törtchen. Ausser an die Gestelle voller Flaschenrücken, eine Bibliothek des delirium tremens, erinnere ich mich an den schielenden Angestellten, der ein wütendes rechtes und ein zärtlich blickendes linkes Auge hatte, und an den Senhor Manuel, den Küster, der zwischen zwei Messen mit seiner roten Kutte rasch ins Lokal runter kam und sich in einer besonderen Art von Eucharistie versteckt hinter dem Kühlschrank einige Gläser genehmigte.>

Die andere Pastelaria lag gegenüber der ersten und trug den Namen <Paraiso de Benfica>:

Nach der Messe kamen hier Senhoras von rostfreiem, antimagnetischem und kugelsicherem Glauben hierher, wie zum Beispiel meine Großmütter und meine Tanten, deren Intimität mit den Heiligen mich in Erstaunen versetzte und die es darauf abgesehen hatten, mir den Katechismus beizubringen (...) Die Frauen besetzten das Paraiso nach und die Männer während der Messe. (...) Hier roch es gut, keiner der Angestellten schielte und das Domino-Spiel war verboten.

Livro de Crónicas

António Lobo Antunes ist beides: Ein Schriftsteller in verwüsteter Welt und ein Träumer vergangener Paradiese, heftig und zart, sarkastisch und poetisch. Er geht auf die 60 zu und wird keine Nachfolger haben. Vielleicht wird er eines Tages jedoch den Nobel-Preis gewinnen. Verdienen würde er es, an Unterstützung fehlt es ihm nicht. Wahrscheinlich muss er aber an der Peripherie verharren: Sein Rivale José Saramago hat 1998 einen Nobel-Preis für Literatur erhalten. Portugal ist ein kleines Land, einen zweiten wird es so rasch nicht kriegen.

Erfolgreich, gefeiert, umstritten: José Saramago.

12. SARAMAGOS LISSABON

Mit dem Schriftsteller durch Straßen und Gassen

Gedankenverloren blickt er aus dem Fenster des Apartment-Hotels. Vom neunten Stockwerk des <Orion-Eden> am Restauradores-Platz im Stadtzentrum eröffnet sich ein schöner Blick auf das historische Lissabon. <Seit acht Jahren bin ich nun weg, ich habe hier kein Haus und keine Wohnung mehr, meine Absteige sind jetzt die Hotels>, sagt José Saramago schliesslich. Man merkt, frohen Herzens ist er damals nicht gegangen, er hängt an seiner Stadt. Lissabon hat ihn geprägt und vertrieben.

Saramago ist ein Lissabon-Experte. Er war ein begeisterter Fussgänger, zu Fuss hat er sich Viertel um Viertel einverleibt. Die rasche Modernisierung der Stadt treibt ihn um. <Früher hiess das Tal zwischen den Hügeln, das heutige Zentrum, Vale verde, das grüne Tal> erklärt, er, <heute drohen neue Bauten seine einstige Harmonie zu zerstören>. Die Idee des Bürgermeisters, in der Stadtmitte einen 86 Meter hohen Turm mit Aufzug zu erstellen und daran einen horizontalen Steg zu legen, damit die Touristen rascher und bequemer auf den São Jorge-Burghügel gelangen können, fand er lamentabel. Saramago hat persönlich dagegen protestiert und dem Bürgermeister einen harschen Brief geschrieben, der <nicht zur Veröffentlichung geeignet> ist.

Wahrscheinlich hat Saramago deshalb so heftig reagiert, weil das Viertel am Burghügel zusammen mit der Alfama und dem Park vor der Estrela-Kirche zu seinen Lieblingsorten der Hauptstadt zählt. Alle drei hat er in seinen Romanen <Das Todesjahr des Ricardo Reis> und <Geschichte der Belagerung Lissabons> verewigt. Diese beiden Werke sind Hommages an die Hauptstadt. Ihre Protagonisten, der Arzt Ricardo Reis und der Kopierer Raimundo Silva, erkunden Lissabon und philosophieren auf langen Spaziergängen, die der Schriftsteller minutiös, Straße um Straße, beschreibt. Die Lissabonner Stadtverwaltung hat sogar eine literarische Reiseroute aufgezeichnet, die literarisch und kulturgeschichtlich Interessierte nachvollziehen können. <A Lisboa de José Saramago> heißt die Broschüre, geschrieben hat sie Clara Ferreira Alves. Die Strecke ist aber so lang und teils so undeutlich skizziert, dass sie besser in zwei Teilstücke aufgeteilt wird.

Das erste beschreibt die Straßen, Viertel und Ecken, die Ricardo Reis auf seinen Wanderungen durch die Stadt besucht hat. Am besten begeht man sie wie Saramagos Protagonist im Winter, mit Regenmantel und Schirm. Im Buch regnet es nämlich dauernd. Der 48jährige, hagere und graumelierte Arzt und Schriftsteller Reis ist nach 16 Jahren Exil in Brasilien nach Lissabon zurückgekehrt, um eine neue Etappe seines Lebens zu beginnen. In Wirklichkeit ist Ricardo Reis ein Alter ego von Fernando Pessoa, eine Ausgeburt des Gehirns des Autisten, der ein Jahr zuvor gestorben ist. Er trifft Fernando Pessoa mehrmals auf derart verwirrende Weise, dass immer unklarer wird, wer nun lebt und wer unwirklich ist.

Ricardo Reis streift durch die Stadt, registriert die Ereignisse wie ein Fremder und versucht daraus einen Sinn zu konstruieren. Wir befinden uns im Jahr 1936. Diktator Salazar hat seine Position gefestigt, in Spanien ist der Bürgerkrieg ausgebrochen, Mussolinis Truppen marschieren in Addis Abbeba ein. Der Protagonist Reis möchte in der Nähe des Tejo-Flusses absteigen. Fremdenführer Saramago quartiert ihn deshalb im bescheidenen, aber gutbürgerlichen Hotel Bragança in der Nähe des Cais do Sodré ein. Dort fühlt er sich bald heimisch, freundet sich mit dem Hoteldirektor Salvador und selbst dem spionierenden Angestellten Pimenta an, sieht erste, dem Bürgerkrieg entflohene spanische Familien, dort verführt er auch das Zimmermädchen Lidia. Das Hotel Bragança existierte wirklich, ist heute aber verschwunden. Den Blick auf Lissabon und den Tejo-Fluss vom Zimmerfenster des Protagonisten aus hat Saramago in seinem Roman verewigt.

Ricardo Reis flaniert vor allem in den Strassen rund um den Chiado und auf dem Hügel des Bairro Alto. Einer seiner bevorzugten Orte ist der Aussichtspunkt des Alto de Santa Catarina. Dort sitzen in der Brise, die die Palmblätter bewegt, meist den ganzen Tag lang alte Männer. Unten auf dem Fluss fahren lautlos Schiffe ein und aus und zerrinnt die Zeit scheinbar sinnlos. An diesem Aussichtspunkt steht auch das Denkmal des mythischen Riesen Adamastor, der nach der Legende aus der Tiefe der Meere auftauchte und die seefahrenden Portugiesen bedrohte. Der drohende Adamastor ist in den Lusiaden, dem portugiesischen National-Gedicht von Camões und später bei Pessoa zu finden. Saramago beschreibt die Szene am Aussichtspunkt so:

<Ricardo Reis ging die Strasse hinauf, um den Fluss zu sehen und die Berge auf der anderen Seite, die von hier so niedrig erschienen, den Glanz der Sonne auf dem Wasser, der auftaucht und verschwindet, je nach den niedrig dahinziehenden Wolken. Er ging um die Statue herum, um zu erfahren, wer ihr Schöpfer war und wann sie geschaffen worden war.(...) Die Alten mustern Reis, das Herumlaufen um die Statue kommt ihnen nicht geheuer vor, jetzt sind sie noch mehr davon überzeugt, dass irgendein Geheimnis den Mann umwittert, wer ist er, was macht er, wovon lebt er?>

<Er nahm die Zeitung und setzte sich in den Schatten Adamastors, da saßen die beiden Alten und sahen die Schiffe ankommen, die das gelobte Land besuchen wollten, von dem man so viel unter den Nationen sprach, und sie verstanden nicht, weshalb es so viele waren, über die Toppen geflaggt, festliche Sirenen ertönen lassend, die Seeleute in strammer Haltung auf Deck, schliesslich kam Licht in den Sinn dieses Wachtaufzuges, als Ricardo Reis ihnen die schon ausgelesene Zeitung gab, es hatte sich gelohnt, achthundert Jahre zu warten, um den Stolz zu spüren, Portugiesen zu sein. Vom Alto de Santa Catarina betrachtete man acht Jahrhunderte, o Meer, die beiden Alten, der dünne und der dicke, wischen verstohlen die Träne ab und bedauern, dass sie nicht für alle Ewigkeit auf diesem Aussichtspunkt verweilen können, um die Schiffe ein- und ausfahren zu sehen, das belastet sie, nicht die Kürze des Lebens.>

Von dem Aussichtsort, der auch heute noch zu den schönsten der Stadt gehört, spaziert Reis zu der Calçada do Combro, einer der steilsten Straßen Lissabons, die die Straßenbahn 28 ächzend und mit viel Schaukeln erklimmt. Dann dreht er rechts ab und geht in Richtung des Camões-Platzes. Dort verweilt er beim Denkmal, das den nationalen Haudegen und Dichter-Helden darstellt, lässt die zwei nahe liegenden Kirchen links liegen und biegt in die Rua do Alecrim ein, wo das Denkmal von Eça de Queiroz, der zweiten Überfigur der portugiesischen Literatur, steht. Beiden Literaten - Camões und Eça de Queiroz - zollt Ricardo Reis alias José Saramago seine Hochachtung. Dann taucht die Straße hinunter, lässt das Hotel Bragança hinter sich und gelangt auf den Cais do Sodré, wo ihn das Markt- und Hafenleben mit schmutzigen Gassen, hoppeligen Kopfsteinpflastern, alten Ladengeschäften mit getrocknetem Stockfisch und Kabelrollen, Tavernen und Spelunken erwarten. Darauf verliert sich sein Weg in der Baixa, wo er mehrmals seinen ursprünglichen Schöpfer Fernando Pessoa trifft.

Echte Saramago-Fans beginnen den Spaziergang nicht am Aussichtspunkt Alto de Santa Catarina, sondern schon vorher, oberhalb der Estrela-Kirche, genauer an der Strasse Ferreiros a Estrela 32. Dort hat der Dichter gewohnt, bevor er aus Lissabon wegzog. Sein Lieblingsrestaurant war das <A Varina da Madragoa> (<die Fischverkäuferin von Madragoa>), eine einfache sympathische Taverne mit Holzdecke, die an der Rua das Madres im einfachen Viertel Madragoa liegt. Saramago zieht es bei jedem Aufenthalt in Lissabon in dieses Restaurant zurück. Dort isst er seine Leibspeise: Bacalhau nach der Art des Hauses. An den Wänden des Lokals hangen Zeitungsausschnitte, die von den Erfolgen des ganz besonderen Gastes berichten. Auch Politiker, unter anderem der ehemalige Staatspräsident Mario Soares und der vormalige Premierminister Cavaco Silva, sind im Lokal aufgetaucht.

Ganz anders und einiges interessanter ist der Spaziergang im östlichen Teil der Stadt, dort wo der Kopist Raimundo Silva, der Protagonist des Romans <Geschichte der Belagerung von Lissabon>, lebte und wirkte. Hier stecken wir im Viertel des Burghügels São Jorge, im Herzen des mittelalterlichen Lissabons mit seinen Gassen, Treppchen und Hinterhöfen. Der Kopist, der einen Text aus dem 12. Jahrhundert zu entziffern und abzuschreiben hat, macht es sich zur Aufgabe, die Ausmasse der Stadt in jenem Jahrhundert zu erkunden. Raimundo Silva schreitet im Roman 18 Seiten lang die Straßen ab, wo damals, 1147, als sich die arabische Bevölkerung gegen die anstürmenden Christen verteidigte, die Stadtmauern standen.

Auf Silvas Erkundungsgang verwirrt uns Saramago mit Zeitsprüngen von der heutigen Epoche in die Monate der Belagerung im 12. Jahrhundert und von dort zurück in die Moderne. Raimundo Silva tritt in ein einfaches Café, die <Leitaria Graciosa>, ein, und hört dort, wie der Wirt mit den Gästen den Angriff der Christen auf Lissabon kommentiert. Einer der Gäste des Lokals ist der Muezzin.

<Es scheint, dass Kreuzritter vom Meer her kommen, verwünscht seien sie, 200 Schiffe sollen es sein, diesmal steht es schlecht um uns, kein Zweifel>. <Ich komme eben von dem Ferro-Stadttor>, erzählt eine dicke Frau und wischt sich die Tränen ab, <dort herrschen Elend und Not.

Saramagos Weg: Versteckter Eingang in der Alfama.

Die Ärzte wissen nicht ein noch aus, ich habe Personen mit blutverschmierten Köpfen gesehen, einem Armen haben sie die Augen ausgestochen, schrecklich, schrecklich, das Schwert des Propheten möge die Mörder treffen>.

<Wir werden uns nicht ergeben>, sagt der Schankwirt, <vor sieben Jahren kamen bereits einmal Portugiesen und Kreuzritter, damals haben wir ihnen einen Denkzettel gegeben>.

Die <Leitaria Graciosa> sollte der Leser nicht suchen. Verschmitzt gibt Saramago zu, dass sie nur in seinem Kopf existiert. Er hat sie erfunden und in das Viertel gestellt. Der Rest des Streifzugs von Raimundo Silva ist jedoch heute nachvollziehbar und äusserst attraktiv. Auch wir machen Zeitsprünge: Bei jedem Schritt entsteht vor uns das alte Lissabon. Der Kopist wohnt am Burghügel in der Rua Milagre de Santo António. Von dort aus steigt er die Treppe von São Crispim hinunter und taucht mit uns in eine bereits verschwunden geglaubte Welt. Die lange Treppe hat schon bessere Tage gesehen. Sie ist ziemlich verlottert, ihre drei verschiedenfarbigen Streifen im Pflasterstein sind beinahe nicht mehr zu erkennen. An steilen Wänden, die im Mittelalter den Stadtwall bildeten, kleben Häuser und Gärtchen. Die Wohnungen sind kaum mehr als vier Meter breit, jeder Hauseingang hat eine andere Straßennummer. Nur wenige Menschen sind an diesem versteckten Ort zu sehen. Hinter Gartenmauern blühen Blumen und stehen Orangen- und Mispelbäume. Ein alter Mann mit Brille schaut über die Mauer: <Ja, den Dichter Saramago kennen wir in diesem Viertel, ich schätze ihn nicht, wegen seiner Politik>, ruft er herunter.

An Saramago scheiden sich die Geister, er ist Kommunist. Der Mann im Garten muss die Präsenz dieser Partei in seinem Viertel wohl oder übel hinnehmen: Die Kommunisten haben 1985, als sie noch besser bei Kasse waren, das Geländer der São Crispim-Treppe gespendet und ihre Wohltat am oberen und unteren Ende der Öffentlichkeit mit einer Inschrift verkündet. Am Anfang der Treppe verbleichen langsam Hammer und Sichel, die einst mit schwarzem Pinsel auf den hellen Stein gemalt wurden.

São Crispim hat einen derartigen Charme, dass sich einige moderne Dekorationsfirmen hier ihr Hauptquartier aufgeschlagen haben. Hier steht auch das <Colegio dos Irlandeses>, ein Studentenheim für Iren, das bereits 1611 gegründet wurde. Am unteren Ende der Treppe stoßen wir unvermutet auf den ehemaligen Adelspalast des Geschlechts der Penafiel. Jacarandá-Bäume mit ihren violetten Blüten verzaubern die Umgebung. Dann steigt Raimundo Silva die Calçada do Correio Velho hinunter und geht an dem alten Postgebäude vorbei, das nach dem Erdbeben im Pombal-Stil errichtet wurde.

Saramago hat das alte Lissabon genau studiert. Das mittelalterliche Stadttor <Ferro> ist heute verschwunden. Nach ihm stand es einst da, wo heute der Platz Santo António da Sé liegt. Anstatt das Tor kann man heute am Platz das Museum für den Stadtheiligen besuchen und sich überzeugen, dass er ein sehr versierter Mann war: Für die Gläubigen ist Santo António für alle verlorenen Gegenstände zuständig, er beschützt die Seelen im Fegefeuer und auch die Tiere. Dazu hilft er jungen heiratswilligen Frauen, einen Mann zu finden. Kein Wunder, dass er unter den Lisboetas so beliebt ist.

Die Reise geht weiter abwärts durch die Rua da Padaria in Richtung Fluss. Hier wird das Leben quirliger, wir gelangen in ein Viertel der kleinen Leute, der Handwerker, Händler, Schankwirte und Pensions-Besitzer. Die Kneipen sind meist sehr einfach, die Pensionen ohne jeden Luxus, die Geschäfte grau und ältlich. Die Schiffe der christlichen Eroberer Lissabons mögen hier angelegt haben. Heute täuen sie nicht mehr an, doch das Viertel riecht weiter nach einfachem Hafenleben. Der Kopist Raimundo Silva geht durch die Rua dos Bacalhoeiros (der Stockfisch-Verkäufer) in der sich heute Restaurant an Restaurant reiht, dann weiter bis zur königlichen Brunnenanlage (Chafariz d'El Rei), aus der die Anwohner früher das Wasser für ihren täglichen Bedarf schöpften. Dort folgt er der Spur der alten Stadtmauer und tritt in die Alfama ein. In der Rua de São João da Praça lässt Saramago ihn ausruhen und gebratene Tintenfische und Reis mit Tomate essen.

<Am Eingang des Restaurants stand ein Zigeuner-Mädchen von nicht mehr als zwölf Jahren, streckte die Hand aus und wartete, still und mit festem Blick auf den Kopisten. Dieser hing den Gedanken nach, die ihn beschäftigten, und sah in dem Mädchen nicht die Zigeunerin, sondern eine Maurin.>

Der Weg führt uns an winzigen vollgestopften Ladengeschäften, an dunklen, kaum mehr als einen Meter breiten Sackgässchen und überraschenden Gärten und Hinterhöfen vorbei. Über die Rua Adica und die Rua Norberto Araujo steigen wir zum Aussichtspunkt Santa Luzia und von dort zur Strasse der Blinden (Rua dos Cegos) hoch, bei der wir zusammen mit Saramago und Raimundo Silva in den Patio de Dom Fradique eintreten. Dieser Hinterhof wirkt wie ein verlassenes Dorf aus alten Zeiten. Reichlich verwildert hat er jeglichem Angriff der Modernität widerstanden.

<Raimundo Silva setzt sich auf eine Steinbank im kühlen Schatten des Nachmittags, überprüft ein letztes Mal seine Dokumente und stellt fest, dass es jetzt nichts mehr zu erkunden gibt, das Kastell kennt er zur Genüge, da muss er nicht mehr hin, selbst heute, am Tag der Inventur nicht. (...) Der Revisor verlässt den Patio und wird sich bewusst, dass er genau da lebt, wo früher das Alfofa-Stadttor stand, nur wusste er nicht, ob er außer- oder innerhalb der ehemaligen Mauern wohnt, ob er ein Belagerer oder ein Belagerter, ein Sieger oder ein Besiegter ist>.

Am Schluss des Rundgangs stellt Saramago die Geschichte in den Hintergrund, macht einen letzten Gedankensprung und lässt die Modernität aufblitzen: Maliziös beschreibt er die hässlichen Hochhaus-Türme des Einkaufszentrums Amoreiras am Horizont.

Mittelalter oder Modernität, Sieger oder Besiegter, Held oder Unerwünschter: Genau so widersprüchlich wie der Kopist Silva über seine Arbeit denkt, denken viele Portugiesen über ihren Nobelpreisträger. José Saramago ist ein Sieger, der überzeugt, aber auch aneckt, er ist störrisch und gleichzeitig viel zugänglicher als Lobo Antunes. Obwohl er sein bekanntestes Werk, das Memorial, in Portugal über 300 000 mal verkauft hat, was einen noch nie dagewesenen Erfolg darstellt, hat er im eigenen Land viel Neid und Argwohn erlebt. Neid: Junge Literaten finden, andere portugiesische Schriftsteller, zum Beispiel Miguel Torga oder Vergilio Ferreira, hätten den Nobel-Preis bereits früher und mit ebenso viel Recht wie Saramago verdient. Argwohn: Saramago ist Kommunist, seit 1969 Mitglied der Partei. Nie hat er ein Hehl daraus gemacht, dass er einer ist – und es bis an sein Lebensende bleiben wird. Saramago ist unerschütterlich. Ein Beispiel: Kurz nach dem Fall der Berliner Mauer zogen Kritiker an der Buchmesse in Turin voll gegen die Missetaten des

Kommunismus vom Leder. Da meldete sich Saramago und sagte ruhig: <ich bin Kommunist>. <Zu viele haben den Kommunismus betrogen, ich stehe dazu>, meint er. Auch seinen Agnostizismus verkündet er offen. In Bragança, einer Stadt im bäuerlich-konservativen Norden des Landes, liess er es sich nicht nehmen, vor versammeltem Publikum die Fehler der katholischen Kirche aufzulisten und ihr die Schuld dafür zu geben, dass sich die Menschen der verschiedenen Glauben verfeindet haben. <Saramago pflegt sein Image nicht, er ändert sich nicht> , sagt, mehr stolz als verlegen, sein Verleger Zeferino Coelho. Coelho gab 1999, nach der Verleihung des Nobel-Preises, auf Wunsch des Autors dessen politische Schriften heraus, die er nach der Nelkenrevolution geschrieben hatte. (<Folhas Políticas, 1976 – 1998>).

Saramago verärgerte nicht nur die konservativen Landsleute, sondern auch die Linke. Seine Einschätzung des demokratischen Militärputsches vom 25. April 1974 löste in ihren Reihen lauten Groll aus. Saramago ist der Meinung, dass die portugiesische Gesellschaft heute auch ohne diese Tat gleich weit entwickelt wäre, der Putsch also letztlich nicht notwendig oder nützlich war. Der Schriftsteller wünschte sich eine <neue Gesellschaft> herbei, doch diese ist nach ihm nicht zustande gekommen. Saramago selber half im politisch turbulenten Sommer des Jahres 1975 mit, einen radikalen Umschwung zu einer sozialistischen Gesellschaft herbeizuführen. Er war damals stellvertretender Chefredakteur der wichtigen Lissabonner Tageszeitung <Diário de Notícias>, die sich in Staatshand befand. In dieser Funktion schrieb er während der heiß umkämpften Monate eine Reihe von Kommentaren, die als Hetzartikel zu bezeichnen sind. Saramago unterstützte die orthodoxe Kommunistische Partei, die an den Urnen verloren hatte, jedoch mit einem kalten Staatsstreich die Macht übernehmen wollte. Wie andere Partei-Schreiber attackierte er sämtliche Gegner der Kommunisten. Die Attacke scheiterte, Saramago wurde im Dezember 1975 seines Postens enthoben. Damals war er 53 Jahre alt.

Erst dann wurde der Schriftsteller José Saramago geboren. Er zog sich zurück und schrieb. Sein Roman-Debut (<Handschrift der Kalligraphie>) fand kein großes Echo. Die erste literarische Arbeit, mit der er aufhorchen liess, war <Os levantados do Chão>, das auf Deutsch unter dem Titel <Hoffnung im Alentejo> erschienen ist. Saramago, der aus einer sehr einfachen bäuerlichen Familie des Ribatejo-Gebietes stammt, hatte Monate lang auf einem Bauerngut im benachbarten Alentejo zusammen mit Tagelöhnern gelebt und einen sozial engagierten Roman aus der Sicht der Armen geschrieben.

Ähnliches interessierte ihn bei seinem zweiten großen Werk. Der Widerspruch zwischen der mächtigen kalten Steinmasse des Königsschlosses von Mafra, das nie wirklich benutzt wurde, und den Tausenden von Arbeitern, die es in Fronarbeit erschufen, reizte ihn, ebenfalls die Beschneidung der Gedankenfreiheit durch die Inquisition. Aus beiden Elementen entstand das <Memorial des Konvents>, das zwei wichtige literarische Preise errang und Saramago internationalen Ruf brachte. Mit dem Roman <Das steinerne Floß> protestierte er 1986 gegen den Eintritt Portugals und Spaniens in die Europäische Union.

Das <Evangelium nach Jesus Christus> führte zum Skandal. Eine unabhängige Experten-Kommission empfahl der konservativen Regierung, das Werk mit einem Preis zu krönen. Doch diese weigerte sich, hatte doch Saramago in seinem Roman nichts weniger als Gott angeklagt, er habe den Menschensohn für seine eigenen Zwecke benutzt und sterben lassen. Den Preis erhielt die anerkannte, konservativ orientierte Romanschriftstellerin Agustina Bessa-Luis. <Ich war entrüstet, das war ein Akt der Zensur mitten in demokratischer Zeit>, ärgert sich der Schriftsteller noch heute. Er beschloss, zusammen mit seiner Frau und Übersetzerin Pilar Rio Portugal zu verlassen. Die beiden entschieden, sich auf der Kanaren-Insel Lanzarote niederzulassen, da Pilars Schwester dort ein Haus besass. Während in Lissabon noch gestritten wurde, ob die Regierung oder der Schriftsteller recht gehandelt hätten und sich z.B. der konservative Bürgermeister des Städtchens Mafra standhaft weigerte, einer Schule den Namen José Saramago zu geben, arbeitete der Geächtete in seiner neuen spanischen Heimat bereits an seinem folgenden Roman <Die Stadt der Blinden>.

Die Verleihung des Nobelpreises im Jahre 1998 glättete die Wogen. Portugals Kulturwelt fühlte sich anerkannt und geehrt. Plötzlich war Saramago ein eminenter Schriftsteller, der Stolz des Landes und Verteidiger der gesamten portugiesisch-sprachigen Welt. Für Portugals Sprache und Kultur setzte er sich in den darauf folgenden Jahren wirklich ein. Der Preis hat den Schriftsteller auch im Volk über jede

Diskussion erhoben. Saramago kann jederzeit nach Lissabon zurück kommen, er weiß, er wird gelobt und gefeiert, niemand wird ihn mehr offen anfechten.

Hauptdarsteller Marcello Mastroianni machte Tabucchis Werk <Erklärt Pereira> populär.

13. EIN AUSLÄNDISCHER FREUND

Auf Fahndung mit Antonio Tabucchi

Als er in Paris bei einem Bouquinisten am Seine-Ufer ein Buch über den Dichter Fernando Pessoa erstand, ahnte er die Folgen nicht. Er war damals 19 Jahre alt und versuchte sich im Leben zu orientieren. Zwei Jahre darauf reiste er mit einem Empfehlungsbrief für den Leiter des Italienischen Instituts und einem weiteren für den Poeten Aleixandre O'Neill das erste Mal nach Lissabon. Seither hat ihn die Stadt nicht mehr losgelassen. Antonio Tabucchi, der Bauernsohn aus Vecchiano bei Pisa, der nicht die Landwirtschaft, sondern die Literatur liebt, ist in Portugal heimisch geworden. Er heiratete eine Portugiesin, Maria José de Lencastre, 22 Jahre nach seinem ersten Besuch wurde Leiter des Italienischen Instituts von Lissabon.

Auch Pessoa liess den Italiener nicht mehr los. Ihm widmete er seine Dissertation, den schwierigen Dichter versuchte er auch in seinem Buch <Wer war Pessoa?> (1992) auszuloten, Pessoa dringt in Tabucchis Geschichten ein, ein Bild Pessoas beherrscht den Eingangsraum von Tabucchis Wohnung im Stadtzentrum von Florenz. Dort wohnt er während seiner <normalen> Arbeitszeit: Professor Tabucchi hält Vorlesungen über portugiesische Literatur an der Universität von Siena.

Die Sommermonate aber widmet er Portugal. Dann lebt er in seiner Wohnung in einem alten Haus an der Rua do Monte Olivete hinter dem Lissabonner Bairro Alto, schreibt sein schwarzes Heft mit Notizen und Fragmenten für neue Bücher voll und besucht Freunde. <Wir haben Tabucchi adoptiert>, sagt der Verleger Nelson de Matos. <Tabucchi ist ein Professor, er schreibt zwar Literatur über Literatur, aber es ist interessant>, meinte der Schriftsteller José Cardoso Pires, der ein guter Freund des Italieners werden sollte. Tabucchi hat eines seiner Bücher sogar auf Portugiesisch geschrieben. Es ist das <Requiem>. <Dieses Buch ist vor allem eine Hommage an ein Land, das ich adoptiert habe und das mich seinerseits angenommen hat, eine Ehrung von Personen, die mich geliebt haben und die ich ebenfalls geliebt habe>, schreibt der Autor im Vorwort. Wieso er die portugiesische Sprache wählte? <Ich brauchte eine Sprache, in der ich gleichzeitig Zuneigung zeigen und Reflexionen anstellen konnte>.

Drei seiner Werke über Portugal (<Erklärt Pereira>, <Requiem>, und <Der verschwundene Kopf des Damasceno Monteiro>) sind sehr bekannt geworden. Die ersten zwei handeln in Lissabon und sind sogar Bestseller, vielleicht deswegen, weil sie auf die Leinwand gebannt wurden. Marcello Mastroianni in der Rolle des Journalisten Pereira hat den Streifen <Erklärt Pereira> zum Erfolg und Lissabon zur Attraktion gemacht. Ähnlich wie nach Alain Tanners Film <Dans la ville blanche> ist die Stadt danach für viele zu einem Reiseziel geworden.

In Tabucchis Büchern über Lissabon ist es heiß, schrecklich heiß. Sie spielen im Hochsommer, in der Zeit, da sich der Schriftsteller in Lissabon aufhält. Begibt man sich mit dem Dichter und seinen Werken auf die Pirsch durch die Stadt, wäre es zur Wiederherstellung der Ambiance vielleicht richtig, einen Sommertag zu wählen und genau diese feuchte Hitze zu spüren.

Die Schicksalsgeschichte des Journalisten Pereira beginnt Ende Juli, Lissabon zeigt sich anfänglich von der besten Seite:

<Es war ein wunderbarer Sommertag, sonnig und luftig, und Lissabon strotzte vor Glanz. Es scheint, dass Pereira in der Redaktion saß und nicht wusste, was zu tun war, der Chefredakteur war in den Urlaub abgereist. (..) An diesem schönen Sommertag umstrich eine Brise des Atlantiks die Baumkronen und schien die Sonne so stark, dass die ganze Stadt erstrahlte, unter seinem Fenster förmlich erstrahlte. Ein Blau, ein nie gesehenes tiefes Blau war zu erblicken, mit einer Klarheit, die in den Augen beinahe schmerzte. Pereira - so erklärte er - dachte in diesem Moment an den Tod. Wieso, wusste er nicht zu sagen>.

Im Roman wird es immer heißer. Pereira wischt sich den Schweiß von der Stirn, sucht die Kühle der Ventilatoren und tritt in sein Stammcafé <Orquídea>, wo er unter der gütigen Kontrolle des Kellners Manuel immer nur Zitronenlimonade trinkt und Omletts verschlingt. Das Café existiert heute nicht mehr, auch Pereiras Zeitung <Lisboa> an der Rua da Fonseca Nummer 66 nicht. Wir müssen uns also die freundliche und zugleich heimtückische Hauswartin Celeste vorstellen, wie sie den Journalisten beim Betreten des Hauses begrüsst und ihn nachher bespitzelt. Den Heimweg Pereiras, der in eine immer größere Bredouille gerät, weil er Oppositionelle schützt und schließlich ins Ausland flieht, können wir jedoch bestens nachvollziehen.

Pereira geht von der Rua da Fonseca zu Fuss zu seinem Stammcafé und von da an die Avenida da Liberdade, wo er eine Straßenbahn besteigt.

<In der Straßenbahn sah er durch das Fenster langsam sein Lissabon vor sich defilieren. Er schaute die Avenida da Liberdade mit ihren schönen Gebäuden und nachher den Rossio-Platz an, der in englischem Stile erbaut war. Am Terreiro do Paço stieg er aus und nahm eine Straßenbahn, die in Richtung Kastell hochfuhr. Auf der Höhe der Kathedrale stieg er aus und mühte sich die steilge Rampe hoch, die zu seinem Haus an der Rua da Saudade Nummer 22 führte. (...) Langsam stieg Pereira die Stiege hoch, zog den Hausschlüssel unter der Teppichablage hervor und trat ein. Im Eingangsraum blieb er vor einem Büchergestell stehen, auf dem das Portrait seiner Frau stand. Er selber hatte dieses Bild auf einem Ausflug nach Madrid gemacht, im Hintergrund sah man die mächtige Silhouette des Escorial-Schlosses. „Entschuldige, ich komme etwas später als gewöhnlich“, sagte Pereira. Er erklärte, dass er es sich zur Gewohnheit gemacht hatte, mit dem Bildnis seiner verstorbenen Frau zu sprechen.>

Heute muss man für das erste Wegstück einen Autobus oder die Untergrundbahn benützen. Die Reise in der Lissabonner Metro ist aber beinahe ebenso interessant wie in der Straßenbahn. Die Stadtverwaltung hat das Netz der Untergrundbahn stark ausgebaut und Künstler beauftragt, Haltestellen zu gestalten. An mindestens einem Dutzend Stationen taucht man in wunderliche Welten ein, die von Gemälden und Fliesen der Epoche der Entdeckungen bis zu heiter-exotischen Tierwelten wie etwa im Zoologischen Garten reichen. Die Station Baixa-Chiado ist ganz in Weiß gehalten, am Eingang goldfarben geschmückt und hat etwas von einer Kathedrale an sich.

Länger und verschlungener sind die Pfade, die Tabucchi in <Requiem> geht. Wieder ist es heiss, wieder sind wir am Ende des Monats Juli. <Diese Geschichte spielt während eines Juli-Sonntags in einem verlassenen und brütend heissen Lissabon>, präzisiert der Autor. In <Requiem>, das Tabucchi eine <Halluzination> nennt, sucht er seinen Freund und Mentor Fernando Pessoa. Von den 23 Stationen, an denen er auf seiner spannenden und langen Fahndung Halt macht, beschreiben wir zur Vereinfachung und Schonung des Lesers drei: den Besuch im Friedhof Prazeres, die Ereignisse im Museum der Alten Künste und die Überraschungen im <Haus des Alentejo>.

Der Protagonist, niemand anders als Tabucchi selber, will im Friedhof das Grab eines verstorbenen Freundes ausfindig machen. Als ihn sein stadtunkundiger Taxifahrer endlich am Eingangstor des Friedhofs aussteigen lässt, findet sich der Autor mitten in einem Markt von lagernden und ruhenden Zigeunern wieder. Eine alte Zigeunerin verkauft ihm ein gefälschtes Lacoste-Trikot, studiert seine linke Handfläche und erklärt ihm im Tone einer Mutter, er könne nicht weiter gleichzeitig in zwei Welten, der Wirklichkeit und dem Traum leben. Bei der Erwähnung der Zigeunerin erinnern wir uns an den gleichnamigen Film, den Alain Tanner zu Tabucchis Buch gedreht hat. Tanners Version von <Requiem> ist ein stilles und poetisches Werk. Die Zigeunerin am Eingang des Prazeres-Friedhofs bringt mit ihrer Bemerkung das Thema des Buches, die Vermischung von Wirklichkeit und Traum zum Ausdruck.

Was ist im Requiem Wirklichkeit und was ist Erfindung? Treten wir mit Tabucchi in den Friedhof ein. Der Protagonist stößt auf den Wärter, der im Wachhäuschen sein Mittagessen zu sich nimmt. <Ich begann hier, als ich noch jung war, seit 50 Jahren bewache ich die Toten>, erzählt der Angestellte. Das Häuschen existiert noch heute unverändert, nur isst der Wärter nicht, sondern liest eine Sportzeitung und hört Transistor-Radio. Tabucchis Protagonist sucht das Grab eines gewissen Tadeus Waclaw Slowacki. Der Wärter holt aus einem <enormen Schrank> ein grosses Register, das wie <ein altes Klassenbuch eines Oberschul-Lehrers> aussieht. Er findet die Grabnummer, es ist die 4664, das Grab befindet sich in der ersten Gasse rechts.

Ein grosses Register existiert auch heute wahrhaftig, allerdings im Sekretariat des Friedhofs gegenüber dem Wärterhäuschen. Zwei Damen schleppen ein dickes Buch heran, blättern und suchen lange in den mit blauer Tinte beschriebenen Seiten und schütteln dann den Kopf. Nein, einen Slowacki gibt es hier nicht. Hingegen das Grab 4664, in der dritten Straße. Wir begeben uns in die bizarre Totenstadt voller grauer Familienpantheons. Endlich, weit hinten in der dritten Straße, stoßen wir auf die Nummer 4664. Enttäuschung: Tabucchis Held findet seinen Toten und wird von diesem unverzüglich in seine Wohnung geladen. Hier aber liegt ein anderer, Joaquim José Marques

Leitão de Barro begraben, der von 1895 bis 1932 gelebt hat. Fotografien eines dicklichen Mannes stehen hinter Glas in der Gruft, weder von Tabucchi noch von einem Slowacki noch von Pessoa ist eine Spur zu finden.

Nun merken wir, dass der Friedhof ein Labyrinth ist. Die Straßen sind in einer unerforschlichen Weise nummeriert, der Rückweg zum Ausgang gestaltet sich schwierig, bald sind wir verloren, kein Mensch ist zu sehen, nur streunende Katzen. Alles wirkt seltsam. Wieso heißt dieser Friedhof überhaupt Prazeres -Vergnügen-, ist dies ein Sarkasmus oder finden die Lissabonner ihre Totenstädte wirklich vergnüglich?

Plötzlich auch die Erinnerung an Saramago: Auch sein Protagonist Ricardo Reis suchte im Prazeres-Friedhof ein Grab, dasjenige von Fernando Pessoa, der hier bestattet war, bis seine Gebeine im Stile eines Nationalhelden nach Belém in die Kirche des Hieronymus-Kloster überbracht wurden. Hat Tabucchi seine Friedhof Episode von Saramago übernommen? Saramago, alias Ricardo Reis, ist eine Allee entlanggegangen, hat eine Biegung nach rechts genommen und ist dann immer geradeaus gegangen, hat das Grab 4371 gesucht und auch gefunden. Pessoa war wirklich da begraben. <Ein Name, nichts weiter, Fernando Pessoa, mit den Daten der Geburt und des Todes, und die goldene Urne sagt, hier bin ich, und mit lauter Stimme wiederholt Ricardo Reis, wiederholt, ohne sich des Gehörten bewusst zu sein, hier ist er, und in diesem Augenblick fängt es wieder zu regnen an>. Wie Ricardo Reis den Friedhof verlässt, sieht er an der Tür einen Wärter, der gerade zu Mittag gegessen hat, <genau hier, eine Serviette über den Schreibtisch gebreitet, das von zu Hause mitgebrachte Essen, warm noch, da es in Zeitungen eingeschlagen gewesen war, dann noch auf dem Gaskocher erhitzt>. Handelt es sich um den Wärter, den wir eben gesehen haben oder gibt es diese Person gar nicht? Wie wirklich ist Literatur?. Ein Gärtner hilft schließlich aus dem Labyrinth der Friedhof-Stadt. Am Ausgang sehen wir den Wärter vor seinem Kabäuschen stehen. <Hier liegen 8000 Tote begraben, kein Wunder, dass sie den ihren nicht gefunden haben>, meint er.

Während Tabucchis Held bei seinem toten Freund isst, nachher in einer Pension Siesta schläft und plötzlich im Museu da Arte Antiga auftaucht, müssen wir ganz banal im Taxi dorthin fahren. Zuerst geht es in die Bar und zum Barmann Manuel, der in <Requiem> einen Fruchtsaft auf einen der Tische im schattigen Garten trägt. Die Tische sind noch da, im Hintergrund stehen Statuen, die Aussicht auf den Tejo-Fluss ist bezaubernd, von den schattenspendenden Bäumen regnet es sanft violette Jacarandá-Blüten, doch von Bar und Barmann keine Spur: an deren Stelle steht ein blitzsauberer Tresen mit Selbstbedienungs-Betrieb. Eine literarisch bewanderte Angestellte klärt das Geheimnis. Tabucchi hat im nahen Hotel <York House> an der Rua das Janelas Verdes 32 gewohnt, er hat die Bar des Hotels beschrieben und sie ins Museum verpflanzt. Das <York House>, ein weinrotes Gebäude aus dem 17. Jahrhundert, ist eines der bezauberndsten Hotels Lissabons. Es versteckt sich hinter hohen Mauern und tropisch anmutenden Blumen, Büschen und Bäumen. Die Bar ist in einem Sonderflügel neben einem fein gepflästerten und mit Pflanzen bedeckten Patio untergebracht. Und hier hat Tabucchi im Geist einen Cocktail gemixt, den er dem Barmann Manuel zuschreibt. Zur Erinnerung an die Straße, an der sich das Hotel und das Museum befinden (Rua das Janelas Verdes) nenn er ihn <Janelas Verdes' Dream>. In <Requiem> verrät Manuel/Tabucchi das Rezept:

Man nehme:
Drei Viertel Wodka
Ein Viertel Zitronensaft
Einen Esslöfel Pfefferminz-Sirup
Drei Eiswürfel

Man mixe, bis der Arm schmerzt, und entferne das Eis vor dem Servieren. Der Pfefferminz-Sirup gibt dem Cocktail seine Frische und ist auch notwendig, damit das Getränk seine grüne Farbe erhält.

Janelas Verdes heißt grüne Fenster. Wegen der grünen Fenster heißt das Museum im Volksmund so.

Körperlich derart aufgefrischt, können wir im riesigen Museum (und ehemaligen Kloster) das Gemälde suchen, das Tabucchi in seiner <Halluzination> beschreibt. Es handelt sich um eines der Meisterwerke von Hieronymus Bosch, die <Versuchungen des Heiligen Antonius>, von dem der Autor sagt, er habe es schon mehrere Dutzend Male betrachtet. In der Abteilung der flämischen Kunst finden wir das

Triptychon tatsächlich. Es steht besonders hervorgehoben auf einem Holzsockel.

Eine der letzten Stationen der Irrfahrt von <Requiem> ist die Casa do Alentejo, das Alentejo-Haus, das sich an der Rua das Portas de Santo Antão unweit des Rossio-Platzes befindet. Geheimnisvoll, seltsam, grotesk: So könnte man dieses Gebäude und seine Geschichte bezeichnen. Zuerst war es ein Adelspalast. Über 200 Jahre bewohnten ihn die Vizegrafen von Alverca. Zu Beginn des 20. Jahrhunderts, am Ende der Monarchie, zogen sie aus. Aus dem Palast wurde ein Spielsalon. <Majestic Club> hieß er, und später <Monumental Club>. Nun spielte in den fliesenbelegten Räumen unter Lüstern und Deckengemälden des 18. Jahrhunderts die gute Lissabonner Gesellschaft - oder was sich dafür hielt.

Aus irgend einem Grund mietete sich 1932 die Vereinigung der Region Alentejo im Gebäude ein. Nun saßen die Vertreter von Portugals ärmster Gegend, eines dürstenden Bauerngebiets, unter den Lüstern.

<Alle für den Alentejo, der Alentejo für das Vaterland>, liest der Protagonist von <Requiem> in Glas eingelassen über dem Portal, als er in das Gebäude mit der diskreten Fassade eintritt. Die Inschrift steht heute unverändert da. Im ersten Stockwerk die erste Überraschung: Ein Innenhof ganz im maurischen Stil öffnet sich dem Besucher. Säulen, Kapitelle, ein plätschernder Brunnen und Pflanzen. Die Farben sind Dunkelbraun, Rot und Dunkelgelb. Sind wir in einem Palast, einem Kasino, einem Armenhäusler-Gremium, oder ist alles ein Traum? Tabucchi wundert sich ebenso, er nennt den Ort <absurd schön>. Da er Zeit hat, streift er durch die angrenzenden Räume und wundert sich weiter. Im zweiten Stockwerk stösst er Glastüren auf, staunt ob des nun plötzlich neu-dorischen Dekorations-Stils und entdeckt den Ess-Saal, das Prunkstück des Hauses. Wir treten mit ihm ein. <Es war der Ess-Saal, ein monumentaler Raum mit Tischen und einem immensen gebohnerten Parkett>, schreibt er. Heute sieht der Saal aus, als hätte ihn hundert Jahre lang niemand benutzt und warte er sehnlichst auf Kunden. Der Holzboden knarrt leise, vorsintflutliche Ventilatoren stehen still, die riesigen Lüster scheinen jeden Moment ihr Leben auszuhauchen und zu Boden zu gleiten, gelbe und braune Farbe blättert still ab, bemalte Medaillons an den Wänden lassen die goldenen Zeiten des Vizegrafen aufleben. Seine Würde hat der Ess-Saal noch nicht aufgegeben, er ist schaurig schön. Er wartet nur auf etwas, das

es nie mehr geben wird: große Feste, Walzermusik und rauschende Röcke. Die kleine Holz-Bühne, flankiert von zwei nackten Frauen als Kariatiden, die Tabucchi für anstößig hält, knickt bedenklich nach vorne ab und hat schon lange keine Schauspieler mehr gesehen.

Die Toilettenräume des Hauses sind immens gross und seit ihrer Einrichtung nicht erneuert worden. <1923, Victorian Pottery> steht auf den ausgewaschenen Lavabos. Alles in diesem Haus, die Medaillons und die Fliesen mit Jagdszenen, Göttern und bäuerlichen Idyllen, ist urecht, die Zeit ist einfach stehen geblieben. Leider ist das Billardzimmer, in dem Tabucchis Protagonist mit dem Maitre des Hauses eine denkwürdige Partie spielt und dabei einen Portwein des Jahrgangs 1952 gewinnt, zweckentfremdet. Der Maitre, der schon im Buch mangels interessierter Mitglieder gegen sich selber spielen muss, spielt überhaupt nicht mehr. Der Billard-Raum mit seinen phantastischen Dekorationen ist zu einem Fernsehzimmer geworden, die beiden grossen Billard-Tische schlafen zugedeckt und mit Kisten und Schachteln beladen in einem Nebenraum für immer.

Die <Casa do Alentejo> ist zu gross für ihre Mitglieder, niemand kann heute den alten Nobelpalast mit seinen Fliesen, Säulen, Sälen, Korridoren und Nebenzimmern angemessen nutzen. Deshalb steht er auch für Besucher offen. In der <Casa do Alentejo> funktioniert, inmitten von Dekorationen mit Szenen aus dem Ancien Regime, ein Restaurant. Es ist sarkastisch-schick, dorthin eingeladen zu werden.

Nach der Zeitreise im ehemaligen Palast von Alverca schliesst Tabucchi seine Fahndung ab und trifft den Dichter Pessoa, den er sucht, leibhaftig. Die beiden betreten ein postmodernes Restaurant und Tabucchi ist an seinem Ziel angelangt: Er darf den Dichter alles fragen, was er will. <Das Requiem> endet am Flussufer des Tejo bei Mondschein und Akkordeon-Klängen. Dann erwacht Tabucchi aus seinem Traum. Die literarische Halluzination ist zu Ende.

Im Labyrinth Lissabon: die Standseilbahn 'Bica'.

Café Concerto Procopio, Alto de Sao Francisco, Praça das Amoreiras, offen von 18 Uhr bis 03 00 Uhr. (Samstag: 21 bis 03 00 Uhr, Sonntags geschlossen)

<Ein vage Brise von Postromantik, samtüberzogene Sofas, Art-Deco, Standuhren, Lampen von Guimard mit einem bürgerlichen Touch>. So beschrieb José Cardoso Pires das Procopio. Das Lokal ist eine Kombination von Bar und Pub und liegt versteckt hinter Efeu in einer lauschigen Seitengasse des Amoreiras-Platzes. Der Schriftsteller war Jahre lang einer der Stammgäste. Besucht wurde – und wird das Procopio – vor allem von Journalisten, Abgeordneten und Ministern der gemässigten Linken, derjenigen Generation, die Portugal in der turbulenten Zeit nach der Nelkenrevolution von 1974 auf den Weg der modernen parlamentarischen Demokratie gebracht hat. Einige von ihnen hat der Karikaturist António der Wochenzeitschrift <Expresso> in Zeichnungen festgehalten, die an den Wänden zu sehen sind. Der ehemalige Staatspräsident Mario Soares ist sofort zu erkennen. Die Seele des ruhigen, für intime Gespräche geeigneten Lokals ist Alice Pinto Coelho. Sie hat das Procopio 1972, noch in der Zeit der Diktatur, in Betrieb genommen, auf ihren Sofas hat fast eine ganze Politiker-Generation gesessen. Viel mehr als Art-Deco ist hier Jugendstil und viel Nippes zu sehen. Vor dem Lokal steht, als Wahr- und Erkennungszeichen, ein Brunnen.

Pavilhão Chinez Bar (rua Dom Pedro V, 91, offen von 18 Uhr bis 02 00 Uhr)

Ein <Procopio> im Grossformat, das Paradies für Sammler. In Dutzenden von Vitrinen ist ein phantastisch anmutendes Sammelsurium von Gegenständen ausgestellt. Die Kollektion reicht vom Hasenkopf zum Zinnsoldaten und vom Fächer bis zum Modell-Eisenbahnwagen. Der Pavilhao Chinez umfasst mehrere Säle, darunter auch ein ideales Billard-Zimmer. Dunkler Holzboden, roter Plüsch, alte Lampen, noch ältere Bilder und Stiche an den Wänden. Das Publikum? Jedermann, von flippigen jungen Leuten bis zum Touristen. Verlangt werden hier Cocktails, ein <Churchill>, ein <Singapur Sling>, ein <Knickbein> oder ein <Nikolaschka>. Das Lokal heisst so, weil es von 1901 bis 1986 unter diesem Namen als Tee- und Kaffeegeschäft diente. In den 80er-Jahren kam es ziemlich herunter und wurde mit einem Teil der alten Einrichtungen in eine Cocktail-Bar umgerüstet. Der Pavilhão Chinez ist ein idealer Ausgangspunkt - oder Endstation - einer Tour durch das Bairro Alto.

Foxtrot (Travessia de Santa Teresa 28 bei der Praca das Flores, offen von 19 Uhr bis 02 00 Uhr)

Ein versteckter Ort, ein Mittelding zwischen Bar und Pub, zwischen Gartenlaube und Keller, mit tropischem Hauch: Eine Palme, ein Feigenbaum, ein arg kreischender Papagei als Maskotte des Hauses, Billard-Säle und Tischfussball-Kästen nach alter Manier und Cocktails jeder Art. Ein ludisches, nur leicht exzentrisches Lokal, in dem Junge und Alte absteigen.

Enoteca (rua da Mãe d'Agua a Praça da Alegria, offen von 18 Uhr bis 02 00 Uhr, Montags geschlossen)

Ein extravaganter Ort: In den unbenützten Reservoirs des historischen Lissabonner Wasserversorgungs-Systems, zu dem auch das Aquädukt gehört, haben Gourmets ein Restaurant - sie nennen es einen <Weinbrunnen> - eingerichtet. In den schmucklos, grauen und gotisch anmutenden Hallen werden 50 Sorten feinster portugiesischer Weine und exquisite Häppchen angeboten. Gäste sind meist jüngere Leute mit Flair und einem Sinn für Ausgefallenes. Die Enoteca ist 1998 eröffnet worden und ein Symbol des ganz neuen, qualitäts- und selbstbewussten Lissabons.

Reservatorio da Mãe d'Agua (Praça das Amoreiras 10, Montags bis Samstags, von 10 – 18 Uhr)

Wer neugierig auf Lissabons historisches Wasserversorgungs-System gworden ist, besucht am lauschigen Amoreiras-Platz das alte Hauptreservoir. Zu klassischer Musik plätschert Wasser über Kalksteine in ein grosses Becken. Die Ausssicht von der Terrasse ist bemerkenswert. Dort beginnt der Tunnel, der zum Aquädukt führt. Es ist möglich, das Aquädukt zu begehen, das in schwindliger Höhe das Alcantara-Tal überspannt und das im 18. Jahrhundert wunderbarerweise das grosse Erdbeben überstanden hat.. Dafür meldet man sich am besten vorher unter der Telefonnummer 021 813 55 22 an. Das Wasserversorgungssystem kann auch beim Santa Apolonia-Bahnhof in einem Museum studiert werden (Estação dos Barbadinhos, Rua Alviela 12). Die Angestellten setzen gerne das mächtig rauschende und brummende Pumpsystem aus dem Ende des 19. Jahrhunderts in Betrieb.

Lux (Cais da Pedra, zwischen dem Bahnhof Santa Apolonia und dem Tejo, offen von 18 Uhr bis 06 00 Uhr)

Ein Must für junge Designer, Video- und Filmschaffende und Musikfreaks aller Art. Das <Lux> ist eine neue Diskothek und total <in>. Sie ist in einem grossen alten Warenlager des Hafens untergebracht. Von den Balkons sieht man auf den Fluss. Hier legen nicht nur DJ's gute und wenig schrille Musik auf, sondern zaubern VJ's (Video-Jockeys) Bildfolgen an die weißen Wände. Das Publikum nistet sich mit Cocktail-Gläsern in der Hand in großen weißen Puff-Sofas ein. Ein Touch von Qualität ist unübersehbar, der Lüster über der Eingangstreppe hat es in sich.

Restô Chapitô (rua Costa do Castelo 1, jeweils ab 19 Uhr offen)

Ein zauberhaftes altes Haus, nein, eine Abfolge von verwinkelten Sälen und Terrassen am Hang des Kastells. Die Bar scheint über der Altstadt zu hängen, die Aussicht von der Terrasse auf die Baixa und den Fluss gehört zu den schönsten von Lissabon, das Menu des Restaurants, in das man durch eine enge Wendeltreppe hochsteigt, ist in fünf Farben angegeben. Manchmal tauchen junge Leute mit roten Tupfen auf der Nase oder Wollstrümpfen auf. Das Chapitô ist auch eine Zirkusschule, in einem zeltartigen Bau auf der Haupt-Terrasse finden die Aufführungen statt. Die Ausstattung des Chapitô ist einfach, die Ambiance künstlerisch-lässig. Viel junges Volk und mehr und mehr ausländische Lissabon-Bummler sind hier anzutreffen. Die Besitzerin des Lokals, dem auch eine Bibliothek und Audio-Zimmer angegliedert sind, ist Teresa Ricou, Portugals erste Clownin.

Cooperativa Abril em Maio (Regueirão de Anjos 69, offen von Freitags bis Montags ab 17 Uhr)

<Abril em Maio> ist der Versuch von progressiven Kräften, die Ideen und Errungenschaften des demokratischen Umschwungs von 1974 hochzuhalten. Die Kooperative ist in einer halb versteckten alten Fabrik neben der Anjos-Kirche gelegen und einfach, aber höchst originell eingerichtet. Sie bietet auf knarrendem Holzboden eine Bücherei mit

alternativen Autoren, Konferenzen und Vorträge über aktuelle kulturelle Themen und eine Bar. Unter den Besuchern sind Schriftsteller, Verleger und Journalisten anzutreffen. Geleitet wird <Abril em Maio> von der unermüdlichen Schriftstellerin Eduarda Dionisio.

Ler Devagar (Rua São Boaventura 119, offen von 12 Uhr bis Mitternacht, in der zweiten Wochenhälfte bis 02 Uhr)

Ler Devagar (Langsam lesen) ist eine aussergewöhnliche Buchhandlung oder mehr als das: ein Kulturprojekt. In einem alten Gebäude des Bairro Alto seit 1999 untergebracht und von José Pinho geleitet, führt sie nicht nur Welt- und portugiesische Avantgarde-Literatur. Ins <Ler Devagar> kommen die Kunden auch, um mit Freunden einen Kaffee zu trinken, an den Tischen zu plaudern und Ideen auszutauschen, Vorträge über kulturelle und politische Themen oder Konzerte anzuhören, in der Musikabteilung zu stöbern oder im Nebenraum, der als Galerie dient, Ausstellungen anzusehen. Wer will, schreibt seine Ideen, Sorgen oder Freuden ins originelle Gästebuch ein. In dieser Buchhandlung gibt es keine Hast, viele Kunden konsultieren Werke, diskutieren und gehen dann ihres Weges. Hier machen auch Jugendliche auf ihrem Nachtbummel durch das Bairro Alto Halt. Ler Devagar hat seine Öffnungszeiten den Nachtschwärmern angepasst. Vor Mitternacht schliesst die Buchhandlung nie. Das modernst eingerichtete Lokal ist wider erwarten rentabel, José Pinho und seine Mannschaft wollen es sogar erweitern. Ler Devagar ist ein Ort des Austausches, ein Kulturerlebnis, an dem viele junge Schriftsteller, Intellektuelle, Maler und Journalisten teilnehmen.

British Bar (rua Bernardino Costa 52, beim Cais do Sodré, offen von 7 Uhr 30 bis 24 oder 02 00 Uhr)

Die letzte maritime Bar Lissabons, ein Zeuge aus der Zeit, als die großen Schiffe beim Sodré-Kai anlegten und Matrosen in das Hafenviertel ausströmten.

<In der British Bar verstreicht die Zeit und verschwinden die alten Generationen, Schriftsteller, Schmuggler vermischen sich hier mit Freudenmädchen, aber der Geist und die Stimmung des Lokals bleiben unverwechselbar. Dieser Ort riecht nach Hafen aber ohne Wasser>

José Cardoso Pires im <Lissabonner Logbuch>

Cardoso Pires selbst war Stammgast im Lokal. Er trank dort englische Spezial-Biere. Bis 1960 lag diese Bar mitten im Trubel des Stadttreibens. Der Romancier Sttau Monteiro und auch Fernando Pessoa kreuzten hier auf. Holzbestuhlung, dunkle Marmortische, Bilder von Schiffen, ein grosszügige Auswahl von Gins, Whiskies und Biersorten geben dem Lokal einen ganz angelsächsischen Anstrich. Die British Bar hat den Regisseur Alain Tanner angelockt, der im Hafenviertel <Dans la ville blanche> filmte. Die Wanduhr, die rückwärts geht, schien es ihm angetan zu haben. Sie hängt noch heute da und geht wirklich rückwärts, mit einigem Geschick ist die Uhrzeit dennoch abzulesen. <Sehr wahrscheinlich hat Tanner die Uhr als Metapher für unsere Nostalgie nach vergangenen Zeiten benutzt>, mutmasste Cardoso Pires.

Die Bar diente Schriftstellern auch dazu, einander nach einigen Whiskies ihr Leid zu klagen. In Antonio Tabucchis <Erklärt Pereira>, besucht der Protagonist – im Film ist es Marcello Mastroianni – den Ort, in der Hoffnung, einige von ihnen zu treffen. An einem Tisch sprachen tatsächlich der Romancier Aquilino Ribeiro und der Illustrator Bernardo Marques, zwei stadtbekannte Figuren der Dreissiger-Jahre. Pereira/Mastroianni hört deren Gespräch ab. Der erste wollte nach Paris auswandern und Marques zu zeichnen aufhören. <Das ist ein scheußliches Land, am besten ist es, mit niemandem mehr zusammenzuarbeiten>, lässt Tabucchi den Illustrator sagen.

Restaurante Tavares (Rua Misericordia 39)

Das Lokal für verspätete Monarchisten. Das Tavares ist eines der ältesten und schicksten Restaurants in der Stadt. Es wurde 1784 gegründet und diente der Oberschicht auch als Teesalon. Hier traf sich am Ende des 19. Jahrhunderts die exklusive Schriftstellergruppe um Eça de Queiroz zum Nachmittags-Tee oder zum Nachtessen nach dem Theater oder dem Besuch im nicht weniger exklusiven Literarischen Gremium. Im Tavares herrscht ein herrlich aristokratisch-dekadentes Ambiente: Bronze-Statuen am Eingang, grüner Samt, üppige rote Teppiche, grosse Wandspiegel, Lüster und sehr viel Goldblatt-Verzierungen verbreiten den Eindruck, man befinde sich im Ess-Saal eines Rokoko-Lustschlösschens. Viele ältere Touristen mit gut gefüllter Brieftasche erscheinen hier zum Dinieren und lassen sich <Stockfisch auf Tavares-Art> oder kalten Hummer auftragen.

Der Besitzer Fernando Lopes und seine 20 Angestellten wollen das Lokal nicht renovieren. Sie könnten auch nicht, denn das Tavares ist zum Kulturgut der Stadt erklärt worden.

Casa Fernando Pessoa (Rua Coelho da Rocha 16-18. Offen von Montag – Freitag von 10 – 18 Uhr)

Die Stadtverwaltung hat Fernando Pessoas letzten Wohnsitz in ein Museum umgewandelt. Sie verlangt vom Besucher einige Vorstellungskraft: Viel von Pessoa ist darin nicht zu sehen. Das Interessanteste ist das einzige Portrait, das von ihm zu Lebzeiten entstanden ist, und die brühmte Kommode, in deren Schubladen mehrere Tausend Seiten Notizen des Schriftstellers schlummerten. Dazu kommt eine Bibliothek mit Werken von und über Pessoa. Interessanter ist das Haus als Ort von Poesie- und Literatur-Treffen.

Rathaus (Cámara Municipal), Largo do Município.

Die Cámara Municipal war ein Bollwerk der Republik. Von ihrem Balkon aus wurde 1910 das Ende der Monarchie ausgerufen. Das Gebäude steckt voller Erinnerungen an diese Zeit der Modernisierung des Landes, es kann am ersten Samstagnachmittag jeden Monats ab 15 Uhr in einer geführten Tour besucht werden.

Casa do Fado e da Guitarra Portuguesa (Largo do Chafariz de Dentro, 1, geöffnet täglich von 10 – 13 und von 14 bis 17 30 Uhr).

In diesem neu eingerichteten Museum am Eingang der Alfama kann der Fado, ein Lissabonner Phänomen, studiert und auch gehört werden. Der Fado ist urbane Folklore, oder mehr als das: Der Ausdruck des Schmerzes, des Verlustes, des Aufbegehrens, manchmal auch der Freude. Die Casa de Fado bietet eine Rundreise von den Anfängen des Fado im ersten Viertel des 19. Jahrhunderts bis zu Amalia Rodrigues und den neuesten Stars. Die Auswahl an CD's und an Literatur im Souvenirgeschäft ist hervorragend, auch CD's von Mafalda Arnaut, Katia Guerreiro und Joana Mendoeira, den jüngsten Fado-Sängerinnen, stehen in den Regalen.

Portugiesische Literatur im Überblick:

Thorau, Henry u.a. (Hrsg): *Portugiesische Literatur, Suhrkamp* TB, 1997

Portugiesische Literatur, *25 Jahre nach der <Nelkenrevolution>*, Zeitschrift für Literatur, Kunst und Kritik *<die Horen>*, Wirtschaftsverlag NW, 1999.

Deutsche Übersetzungen von Autoren:

António Lobo Antunes (geb. 1942)

Die Leidenschaften der Seele, Hanser-Verlag, 1994

Die Vögel kommen zurück, DTV, 1996

Der Reigen der Verdammten, DTV, 1997

Die natürliche Ordnung der Dinge, DTV, 1998

Sonette an Christus, Luchterhand-Literaturverlag, 1999

Das Handbuch der Inquisitoren, Fischer TB, 1999

Der Tod des Carlos Gardel, Luchterhand-Literaturverlag, 2000

Der Judas-Kuss, DTV

Portugals strahlende Größe, Fischer TB, 2000

Die Rückkehr der Karavellen, Luchterhand-Literaturverlag, 2000

Anweisungen an die Krokodile, Fischer TB, 2001

Geh nicht so schnell in diese dunkle Nacht, Luchterhand-Literaturverlag, 2001

Mario de Sá Carneiro (1890 – 1916)

Lucios Bekenntnis, DTV, TB

Lidia Jorge (geb. 1946)

Die Küste des Raunens, Suhrkamp, 1995

Paradies ohne Grenzen, Suhrkamp, 1997

Eine Liebe, Suhrkamp, 1998

Die Decke der Soldaten, Suhrkamp, 2000

Fernando Pessoa (1888 – 1935)

Ein anarchistischer Bankier, Wagenbach-Verlag, 1988

Esoterische Gedichte, Ammann-Verlag, 1989

Faust, Ammann-Verlag 1990

Alvaro de Campos (Gedichte), Fischer TB

Algebra der Geheimnisse, Fischer TB

Briefe an die Braut, Ammann-Verlag, 1995

144 Vierzeiler, Ammann-Verlag, 1995

Mein Lissabon, Ammann-Verlag, 2001

Das Buch der Unruhe, Ammann-Verlag, 2002

Dichtungen, Oden, Ammann-Verlag, 2002

José Cardoso Pires (1925 –1998)

Lissabonner Logbuch, Hanser-Verlag, 1997

José Saramago (geb. 1922)

Das steinerne Floss, Rowohlt, 1990

Geschichte der Belagerung von Lissabon, Rowohlt, 1992

Das Evangelium nach Jesus Christus, Rowohlt, 1993

Das Memorial, Rowohlt, 1996

Die Stadt der Blinden, Rowohlt, 1997

Handbuchder Malerei und Kalligraphie, Rowohlt, 1997

Der Stuhl und andere Dinge, Rowohlt, 1997

Das Todesjahr des Ricardo Reis, Rowohlt, 1997

Hoffnung im Alentejo, Rowohlt, 1997

Die Geschichte der unbekannten Insel, Rowohlt, 2000

Alle Namen, Rowohlt, 2001

Antonio Tabucchi (geb. 1943)

Wer war Pessoa? Hanser-Verlag, 1992

Erklärt Pereira, DTV, 1997

Lissabonner Requiem, DTV, 1998

Die drei letzten Tage des Fernando Pessoa, Hanser-Verlag, 1998

Der verlorene Kopf des Damasceno Monteiro, DTV, 1999

Peter Weiss (1916 – 1982)

Gesang vom lusitanischen Popanz, Suhrkamp, 1966

ÜBER LISSABON

Carita, Helder: *Bairro Alto, Lisboa*, C.M.L, 1994

Couto, Dejanirah: *Histoire de Lisbonne*, Fayard, Paris, 2000

Deininger,T: *Pessoas Lissabon,* Ars Vivendi, 1997

Ferreira Alves, *Clara: A Lisboa de Saramago/The Lisbon of Saramago,* Camara. Municipal Lisboa 1999

Heinemann, Ellen: *Lissabon, ein literarisches Portrait,* Insel-Verl., Frankfurt, 1989

Lisboa: Edit. Acento, Madrid, 1999

Santana, Francisco (Hrg.) *Dicionario da Historia de Lisboa*, C. Quintas, Assoc. Lisboa,1994

Tavares Dias, Marina: *Os cafés de Lisboa,* Edic. Quimera, Lisboa 1999

Tavares Dias, Marina: *O Lisboa de Fernando Pessoa,* Assirio e Alvim, Lisboa, 1992

Torgal, A.P. und C.Botelho: *Lisboa com os seus poetas,* Ed. Dom Quixote, Lisboa 2000

Valdemar, António: *Chiado, O peso da historia,* Lisboa.

Varela Gomes, Mario: *Cartilha do amante do café,* Ed. Colares, Sintra, 1998

Vieira, Alice: *Esta Lisboa,* Caminho Edit., Lisboa, 1993

Vieira Philips:, *Edite. O livro do chá,* Ed. Colares, Sintra 1998

Zur Mühlen, Patrik von: *Fluchtweg Spanien-Portugal,* Bonn, Dietz, 1992

ZU LITERATUR

Blanco, Maria Luisa: *Conversaciones con António Lobo Antunes,* Siruela, Madrid, 2001.

Crespo, Angel: *Fernando Pessoa, das vervielfältigte Leben,* Fischer TB, 1998

Dacosta, Fernando: *As mascaras de Salazar,* Ed. Noticias, Lisboa, 1997

Ferreira Gomes, José: *Dias comuns (Diarios),* Ed. Dom Quixote, Lisboa, 1990

Guerra, Alvaro: *Café Nacional,* Publ. Dom Quixote, Lisboa, 1982

Guerra Alvaro: *Café Republica,* Publ. Dom Quixote, Lisboa, 1984

Guerra Alvaro: *Café 25 de abril,* Publ. Dom Quixote, Lisboa, 1987

Lourenço, Eduardo: *O labirinto da Saudade,* Publ. Dom Quixote, Lisboa, 1978

Lourenço, Eduardo: *Portugal como Destino,* Gradiva, Lisboa, 1999

Lourenço, Eduardo: *Europa y nosotros,* Huerga Fierro, Madrid, 2001.

Melo, João de: *O homem suspenso,* Publ. Dom Quixote, Lisboa, 1996

Saraiva, Mario: *O caso clínico de Fernando Pessoa,* Edic. Referendo, Lisboa, 1990

Reis, Carlos: *Dialogos com José Saramago,* Ed. Caminho, Lisboa, 1998

Simões, Joao Gaspar: *Vida e obra de Fernando Pessoa,* Ed. Dom Quixote, Lisboa, 1987

Tabucchi, Antonio und Maria José Lencastre: *Fernando Pessoa,* Pocket, Archives, 1997

ZEITTAFEL

Vor 1000 v.Ch.	Phönizische Kaufleute gründen im Mündungsgebiet des Tejo die Stadt Olisippo.
Um 500 v.Ch.	Griechen und Karthaginenser erscheinen in der Stadt
218 v. Ch.	Die Römer beginnen ihren Eroberungsfeldzug auf der Iberischen Halbinsel
7 v. Ch.	Schaffung der römischen Provinz Lusitania
nach 408	Einfälle gotischer Stämme. Die Alanen, Vandalen und Sueben überqueren die Pyrenäen. Die Sueben errichten in Lusitanien ein Reich.
711	Berberstämme unter Al-Tariq überqueren die Meerenge von Gibraltar und besetzen Lissabon. Sie nennen die Stadt Al-Ushbuna.
Nach 1050	Christliche Heere erobern Lusitanien von den Arabern zurück.
1147	Afonso Henriques und Kreuzritter aus Deutschland, Flandern, der Bretagne und England belagern Al-Usbuna. Die Stadt fällt nach vier Monaten Widerstand. Erster Bischof von Lissabon wird der Kreuzritter William von Hastings.
1179	Papst Alexander III anerkennt Afonso Henriques als König von Portugal.
1223-1248	Christliche Truppen beenden im Süden (Algarve) die Wiedereroberung Portugals.
1256	Lissabon wird Hauptstadt des Königreichs.
1290	Schaffung der Universität von Lissabon.
1383	Portugal widersteht einem Annexionsversuch durch Kastilien.
1386	Portugals König João I geht eine Allianz mit England ein und unterzeichnet das Abkommen von Windsor.
1415	Portugal auf Expansionkurs unter Heinrich dem Seefahrer: Die Stadt Ceuta wird erobert.
1460	Tod Heinrich des Seefahrers. Lissabon wächst und bereichert sich durch Einfuhren aus den neu entdeckten Gebieten in Afrika.
1492	Kolumbus entdeckt die Neue Welt für die spanische Krone.
1496	König Manuel der Glückliche ordnet die Zwangstaufe der Juden an.
1499	Vasco da Gama kehrt mit einer Ladung Gewürze von Indien

	zurück. Definitiver Aufschwung von Lissabon. Manuel I lässt die Hieronymus-Kirche von Belém bauen. Am Flussufer des Tejo entstehen ein neuer Königspalast und der Turm von Belém.
1500	Pedro Alvaro Cabral landet in Brasilien. Portugal ist die erste Seemacht der Welt.
1507-1517	Portugiesische Seefahrer dringen in Asien bis zur Straße von Malacca vor.
1521	Tod des Königs Manuel des Glücklichen.
1536	In Lissabon wird die Inquisition eingeführt.
1554	Geburt des Königs Dom Sebastião.
1578	Dom Sebastião stirbt mit der Blüte des portugiesischen Adels auf dem Schlachtfeld von Ksar al-Kebir (Marokko). Beginn des Niedergangs des Landes.
1580	Mangels Nachfolger gerät Portugal unter spanische Herrschaft. König Philipp II zieht in Lissabon ein.
1640	Aufstand gegen die spanische Krone in Lissabon. Portugal erlangt wieder die Unabhängigkeit.
1703	Portugal verstärkt seine Allianz mit England durch das Abkommen von Methuen.
1706-1750	Wirtschaftlicher Aufschwung unter König João I hauptsächlich durch Einfuhren aus Brasilien. Erschaffung grosser Bauwerke, u.a.. des Schlosses von Mafra.
1755	Am 1. November zerstört ein Erdbeben den größten Teil der Stadt. Die anschließende Feuersbrunst dauert sechs Tage. Von 20 000 Häusern der Stadt sind am Schluss der Katastrophe noch 3000 bewohnbar. Der Marquis von Pombal beginnt den Wiederaufbau nach geometrischem Plan.
1777	Der Marquis von Pombal gerät in Ungnade und zieht sich zurück.
1807	Truppen Napoleons unter General Junot erscheinen in Lissabon und besetzen die Stadt. Der Königshof übersiedelt ins Exil nach Rio de Janeiro.
1811	Englische Truppen drängen die Franzosen aus Portugal.
1820	Liberale Kräfte gelangen in Lissabon an die Macht. Beginn eines Kampfes zwischen den Liberalen und Absolutisten. Er endet
1834	mit dem Sieg der Liberalen. Aufhebung der religiösen Orden und
1835	Säkularisierung der Klöster des Landes.

	Lissabons Straßen erhalten Gasbeleuchtung
1851	Drei Parteien teilen sich unter der Monarchie die Macht auf.
1888	Geburt von Fernando Pessoa.
1890	Portugal im Konflikt mit England um das Kolonialgebiet in Südafrika. London stellt ein Ultimatum, das Lissabon akzeptieren muss.
1908	Anarchisten ermorden in Lissabon König Carlos I und Prinz Luis Filipe.
1910	Sturz der Monarchie nach Straßenkämpfen in Lissabon. Ausrufung der I. Republik Beginn einer literarischen Blüte. Einführung des Modernismus.
1926	Generäle stürzen mit einem Staatsstreich die unstabile Republik
1928	Finanzminister Salazar saniert das Land und führt Portugal auf den Weg der Diktatur.
1933	Salazar festigt die Diktatur, Errichtung des <Estado Novo>.
1939-45	Portugal verhält sich im Zweiten Weltkrieg neutral. Lissabon wird Auffang- und Durchgangsort für Zehntausende von Flüchtlingen.
1949	Portugal wird Mitglied der NATO.
1959	Der oppositionelle General Humberto Delgado gewinnt Präsidentschaftswahlen.Wahlbetrug.
1961	Beginn des Kolonialkriegs in Afrika. Vier Jahre obligatorischer Militärdienst.
1965	Die Geheimpolizei PIDE ermordet Delgado an der spanisch-portugiesischen Grenze.
1968	Diktator und Regierungschef Salazar wird Opfer eines Unfalls und durch den Rechtsprofessor Marcello Caetano ersetzt. Portugal ist international isoliert.
1974	Junge Militärs stürzen Caetano und seine Regierung in der <Nelkenrevolution>und führen Portugal zur Demokratie zurück.
1975	Die Kommunisten versuchen erfolglos die kalte Machtübernahme. Heißer politischer Sommer.
1986	Mario Soares wird der erste zivile Staatspräsident seit 1928. Portugal wird in die Europäische Union aufgenommen. Beginn des wirtschaftlichen Aufstiegs und der Erneuerung Lissabons.
1998	Lissabon führt an den Ufern des Tejo erstmals eine Weltausstellung durch.

Es liegt mir daran, mich bei Freunden und Bekannten, Journalisten, Schriftstellern, Verlegern und Professoren zu bedanken, die mich in Lissabon aufgenommen und außergewöhnlich selbstlos und freundlich beraten haben. Es sind José Pedro, Lucia, Pedro und Afonso Castanheira, José Carlos Vasconcelos, José Manuel Rodrigues Silva, Marina Tavares Dias, Fernando Dacosta, David Lopes Ramos, Francisco Belard, Antonio Valdemar, Mario Mesquita, Maria Assunção Pinto Correia, João Abel Manta, José Augusto França, Zeferino Coelho, Nelson de Matos, José Saramago und João de Melo. Dazu kommen Leiter von Restaurants, Cafés und Bars wie Manuel Alves da Silva von Belém und Paulo Mendes vom Café Nicola, sowie Kellner, Passanten und der Schuhputzer Fernando Lima.

Werner Herzog

Ist freier Journalist. Lebt in Madrid und war langjähriger Iberien-Korrespondent der Frankfurter Rundschau und der Stuttgarter Zeitung. Er schrieb u.a. eine kulturelle und geschichtliche Einführung zu Spanien (Beck-Verlag) und den literarischen Band <Die Dichter von Madrid> (Rotbuch-Verlag). Portugal beobachtet und beschreibt er seit der Nelkenrevolution.

António Pedro Ferreira

ist Fotograf der Lissabonner Wochenzeitschrift <Expresso>. Sein Spezialgebiet sind die Fotoreportagen. Er hat verschiedene Ausstellungen veranstaltet und ist der Fotograf des Bildbandes <Esta Lisboa> (Verlag Caminho, Lissabon).

JOHANNES ANYURU

Ein Sturm wehte vom Paradiese her

JOHANNES ANYURU

Ein Sturm wehte vom Paradiese her

ROMAN

Aus dem Schwedischen
von Paul Berf

Luchterhand

Er öffnet die Augen. Der Boden bebt. Das Gefühl, dass der Raum eben noch voller Stimmen und Gelächter war. Vielleicht hat er das auch nur geträumt. Er liegt zwischen zwei Sitzbänken. In einem Fenster über ihm bewegen sich, ganz langsam, Sterne. Er liegt in einem Zugabteil, steht auf und lässt sich auf einen der Sitze fallen. Sein Körper schmerzt, die Glieder sind steif. Er blickt auf seine Hände, die Knöchel, die schlanken Finger herab, dreht den Kopf und versucht, in der Scheibe sein schemenhaftes Spiegelbild zu sehen. Er weiß nicht mehr, was geschehen ist, was er in diesem Zug macht. Der Vollmond steht tief am Horizont, eine graue Scheibe. Er sieht die Krater, die Sandmeere. Er erinnert sich nicht mehr, wer er ist. Der Mond, er ruft ihm etwas ins Gedächtnis. Die Wolken. Den Wind. Er erinnert sich nicht. Er erinnert sich nicht an die Geschichte.

I

»Warum sind Sie zurückgekehrt?«

P sitzt auf einem Stuhl, hatte das Kinn auf den Brustkorb gesenkt, schaut nun aber auf und erwidert über den Tisch hinweg den Blick des anderen. »Darauf habe ich Ihnen schon geantwortet«, sagt er.

Das Zimmer hat kein Fenster, und obwohl die Männer mehrere Knöpfe an ihren Hemden geöffnet haben, schwitzen sie stark und haben große, feuchte Flecken am Rücken und unter den Armen. Der Vernehmungsleiter spreizt die Finger und lässt die Fingerspitzen seiner Hände gegeneinander trommeln.

Der Mann ist um die vierzig. Sein Hemd ist olivgrün, ein Uniformhemd ohne Rangabzeichen. Eine einsame Glühbirne hängt an einer Fassung über dem Tisch. »Sagen Sie mir die Wahrheit, dann dürfen Sie nach Lusaka zurückkehren.«

P blickt wieder auf den Boden herab. Der Beton sieht so körnig und trostlos aus, wie man es von Fotos von der Mondoberfläche kennt.

»Mir wurde eine Stelle bei einem Unternehmen in der Nähe von Lusaka in Aussicht gestellt.« P begreift nicht, warum sie ihn festhalten, warum sie ihn überhaupt hierher gebracht haben. »Ich soll dort Sprühflugzeuge fliegen.«

»Sie sollen Sprühflugzeuge fliegen.« Die Männer führen ihr Gespräch auf Kiswahili. Der Vernehmungsleiter blättert in den

Papieren auf seinem Tisch. Er hat einen drahtigen Körper und ein fleischiges und grobschlächtiges Gesicht, sein Schnurrbart ist graumeliert, er ist fast glatzköpfig. Sein Mienenspiel ist amüsiert, brutal, gelegentlich bemüht freundlich. »Ein ausgebildeter ugandischer Kampfpilot reist von Rom nach Sambia, um mit Sprühflugzeugen über Obstplantagen zu fliegen?«

P wischt sich den Schweiß aus der Stirn. Sie haben ihn direkt vom Flughafen hierher gebracht, und er hat den ganzen Tag weder etwas gegessen noch getrunken. Er ist müde und hat das Gefühl, einen viel zu langen Traum zu träumen, unter Wasser zu schwimmen, außerhalb seiner selbst zu sein. Die Wände des Raums sind blau. Streifen nackten Zements treten überall dort hervor, wo die Farbe abblättert. Sie sehen aus wie Kontinente auf einer Karte aus einem anderen Zeitalter, einer anderen Welt.

»Wenn Sie mir nicht glauben, können Sie mich ja nach Rom zurückschicken.«

In der linken Ecke des Raums, hinter Ps Rücken, steht ein Wärter, seine Anwesenheit ruft sich durch das Scharren von Schuhen auf dem Fußboden in Erinnerung. Der Vernehmungsleiter wechselt die Sitzhaltung, stützt das Kinn in die Hand, legt nachdenklich einen Zeigefinger auf seine Lippen. Er weigert sich zu glauben, dass jemand zu diesem zerfleischten Kontinent zurückkehren würde, ohne andere Ziele zu verfolgen als die von P gebetsmühlenartig angegebenen: Er habe fliegen wollen, die einzige Chance dazu habe sich in einem kleinen Unternehmen ergeben, das nahe Lusaka in Sambia Obstplantagen mit Propellermaschinen aus der Kolonialzeit besprühe.

P kneift die Augen zu und spürt die Müdigkeit in seinem Kopf aufsteigen wie weißes Rauschen. Ihm ist schlecht.

»Sie müssen so langsam einsehen, dass Sie nicht zu Ihrem Kontaktmann in Rom zurückkehren dürfen.«

»Meinem Kontaktmann?«

Der Vernehmungsleiter schlägt mit der flachen Hand krachend auf den Tisch. »Wer hat Sie nach Sambia geschickt? Für wen arbeiten Sie?« Der Wärter hinter Ps Rücken bewegt sich, seine Schuhe scharren über den Boden. »Also gut. Wie sollen wir Sie denn nach Rom zurückschicken können? Offiziell sind Sie von Lusaka aus doch schon dorthin zurückgekehrt, nicht wahr? Den Ausweisungsbescheid haben Sie doch selbst unterschrieben.« Der glatzköpfige Tansanier zeigt auf ein Dokument und zieht anschließend ein weiteres Blatt heraus, das er auf den Tisch legt. »Hier haben Sie eine Bescheinigung unterschrieben, nach der Sie von hier aus nach Lusaka zurückgeschickt worden sind.«

P starrt vor sich hin und versucht, sich etwas einfallen zu lassen, was er darauf erwidern könnte. Er ist zwar bisher nicht misshandelt worden, aber die Gewalt liegt in der Luft.

»Sie sollten vielleicht ein bisschen besser aufpassen, was Sie so alles unterschreiben. Sie existieren überhaupt nicht mehr. Es wird höchste Zeit, dass Sie unsere Fragen beantworten.«

Viele der Papiere, die bereits auf dem Tisch verteilt liegen, gehören P: sein Pass, seine Flugtickets. Der Vernehmungsleiter zupft ein weiteres Dokument aus einer Mappe, betrachtet es und gibt sich nachdenklich. Er legt es auf den Tisch und schiebt es zu P hinüber, der es in die Hand nimmt.

P betrachtet die griechischen Buchstaben. Sein Name und sein Rang. Die Insignien der griechischen Luftwaffe: ein Mann mit Flügeln, weiß auf himmelblauem Grund. Seine Examensurkunde.

»Sie wurden an der Griechischen Luftstreitkraftakademie in

Dekelia bei Athen ausgebildet, dann sind Sie nach Rom gereist und von dort nach Sambia. Warum?«

»Ich wollte fliegen.« Der Satz klingt selbst in seinen eigenen Ohren wie eine Lüge. Am liebsten würde er schreien, aufspringen und den Tisch umkippen, schreien, dass er nur fliegen wollte. Er streicht mit den Fingerspitzen über die Buchstaben. Er wollte nur fliegen. Vor seinem inneren Auge flattert ein Bildstreifen vorbei, eine Erinnerung, die sich anfühlt, als hätte sie sich in einem anderen Leben abgespielt: Er steht an einem Maschendrahtzaun und betrachtet Düsenjets, die aus dem Himmel herabsinken, es ist der erste Herbst in Griechenland, die Blätter hängen noch an den Bäumen, aber die Baumkronen auf dem Schulhof haben eine Farbe bekommen wie Karton, er und die anderen angehenden Flugkadetten aus der Dritten Welt lernen auf engen Holzbänken sitzend Griechisch, wiederholen den ganzen Tag lang Verben und Substantive, aber eines Nachmittags sind sie von einem Bus abgeholt worden, durch die Absperrungen um die Luftstreitkraftakademie gefahren und an diesem Maschendrahtzaun herausgelassen worden, hinter dem das Flugfeld liegt, und dann stehen sie dort und schauen auf die Flugzeuge, die sie zu fliegen lernen werden, später, wenn der Sprachkurs abgeschlossen ist – die schlanken Mördermaschinen, die sich in der Ferne über die Start- und Landebahn bewegen, langsam und schwankend wie Sturmmöwen.

»Möchten Sie eine Zigarette?«

P zuckt mit den Schultern, ohne von dem Dokument in seinen Händen aufzublicken. Der Vernehmungsleiter muss dem Wärter ein Zeichen gegeben haben, denn dieser tritt einen Schritt vor und hält ihm eine Schachtel filterlose Zigaretten hin. P nimmt sich eine, steckt sie in den Mundwinkel, der Wärter zündet sie an und weicht anschließend wieder in die

Schatten zurück. P legt seine Examensurkunde auf den Tisch zurück, wartet auf eine Frage, oder die Gewalt, oder darauf, freigelassen zu werden, auf irgendetwas, raucht.

»Was halten Sie von Obote?«

»Von Obote?« Er lässt den Rauch durch die Nasenlöcher hinausschlängeln. »Ich wünschte, er wäre Ugandas Präsident. Er ist vom gleichen Stamm wie ich.«

»Erzählen Sie mir, was passiert ist, als Obote im Frühjahr neunundsechzig Ihr Heimatdorf besucht hat.«

»Neunundsechzig war ich in Griechenland.« P weiß, wovon der Vernehmungsleiter spricht. John hat ihm in einem Brief davon erzählt.

»Frühjahr Neunzehnhundertneunundsechzig.« Der Mann spricht die Jahreszahl betont langsam aus, Silbe für Silbe, als könnte P sie falsch verstanden haben. »Im Frühjahr Neunzehnhundertneunundsechzig reiste Milton Obote, Ihr Präsident, durch die Provinz und hielt Reden auf dem Land. Es war eine Kampagne, um das Volk nach dem Aufstand des Königreichs Buganda zu einen. Das ist Ihnen bekannt?«

»Ich war in Griechenland.«

»Als er in Ihr Heimatdorf kam, wurde er von einem Mob angegriffen, der das Podium niederriss, das Mikrofon zerbrach und ihn in die Flucht schlug.«

»Ich war in Griechenland.«

»Aber Sie haben die Neuigkeit von Ihrer Familie gehört, nicht wahr? Sie waren gegen Obote.« Der Vernehmungsleiter zeigt bei diesen Worten auf P, als stünde dieser hinter der Unzufriedenheit mit Obotes Art, vom Präsidentenpalast aus seine eigene Familie, seinen eigenen Clan zu begünstigen. P schnaubt, ascht auf den Fußboden, schüttelt den Kopf.

»Mein Leben wurde durch den Militärputsch in einen

Scherbenhaufen verwandelt.« Er wartet auf eine Frage, die nicht kommt, versucht, sich zu erinnern, was er gesagt und was er nicht gesagt hat, welche Lügen, Auslassungen und Geständnisse die Grenzen für dieses Gespräch abstecken. Die drei Männer schweigen, nur ihre Atemzüge und das dumpfe Säuseln eines Belüftungsschachts sind zu hören, und weit entfernt, außerhalb des Raums, von Zeit zu Zeit das Geräusch von Schritten. Der Vernehmungsleiter zieht ein Fotoalbum aus einem Karton auf dem Fußboden. P erkennt es, wie die Dokumente auf dem Tisch haben sie es aus seinem Gepäck gefischt.

Neunzehnhundertneunundsechzig war er in Griechenland und flog Schulflugzeuge. Neunzehnhundertsiebenundsechzig war er in Griechenland und lernte Griechisch und sah die Schulflugzeuge starten und landen, und an den Abenden kam eine Kälte, wie er sie in Uganda nie erlebt hatte und die ihn die olivgrüne Trainingsjacke enger um den Körper ziehen und frösteln ließ, und an manchen Tagen kam ein Wind vom Meer, der riesige Mengen Sand herantrug und durch die schmalen Gassen in Dekelia wehte, Sand so weiß wie Perlensplitter, oder weiß wie Bruchstücke des Himmels, Sand, der sich in üppigen Dünen an den Bürgersteigkanten und Häuserwänden sammelte. An den Wochenenden fuhr er manchmal mit einer zivilen Buslinie ans Meer, die in den Sommermonaten Touristen transportierte, deren Wagen im Herbst, Winter und Frühling dagegen nahezu leer waren. Er ging alleine in der Dünung spazieren, die Schuhe in den Händen tragend und mit hochgeschlagenen Hosenbeinen, und spürte, dass etwas aus seiner Kindheit, irgendein finsteres Ding, von Dunkelheit verschluckt wurde, und von Vergebung vielleicht. Damals, am Meer, kam ihm manchmal der Gedanke, dass alle, die existierten, eines Tages verschwinden, Kalkstein auf dem Grund eines anderen Meeres werden würden.

Der Vernehmungsleiter zieht ein Foto aus einer der Plastiktaschen und schiebt es über den Tisch. Ein junger afrikanischer Mann in Pilotenkleidung steht auf einer T-37 an das große, graue Leitwerk gelehnt, das fast doppelt so hoch ist wie ein Mensch.

»Das sind Sie.«

»Nein«, entgegnet er schnell, ohne zu wissen, warum er lügt.

»Das sind nicht Sie?«

Das Foto ist körnig, und das Gesicht auf dem Bild liegt im Schatten des Pilotenhelms und ist unscharf. Es könnte jemand anderes sein. Das Verhältnis zwischen Tansania und Uganda ist äußerst angespannt. Das ugandische Militär schießt Granaten über die Grenze. Amin behauptet, ugandische Guerillakämpfer, die sein frisch etabliertes Regime stürzen wollten, verfügten über Ausbildungslager in Tansania.

»Das ist jemand anderes.« Er hätte nicht lügen sollen, aber nun hat er gelogen und muss bei seiner Lüge bleiben. Er beugt sich herab und drückt die Zigarette an seiner Fußsohle aus. Auf dem Boden liegen bereits zwei Kippen von Zigaretten, die er vorher geraucht hat. Wie lange sitzt er hier eigentlich schon? »Das ist einer meiner Klassenkameraden.«

»Sie halten stur an Ihren Lügen fest.« Der Vernehmungsleiter schüttelt den Kopf, setzt eine enttäuschte Miene auf, faltet die Hände auf dem Bauch und lehnt sich auf seinem Stuhl zurück. »Aber das spielt keine Rolle. Wir fangen noch einmal von vorne an. Der Mann auf dem Foto sind Sie. Sie gehörten zur zweiten Generation ugandischer Kampfpiloten. Sie wurden zur Griechischen Luftstreitkraftakademie in Dekelia bei Athen geschickt, wo seit den frühen sechziger Jahren Kampfpiloten für eine ganze Reihe afrikanischer Länder ausgebildet worden sind.«

Als sie das alles zum ersten Mal durchgingen, weigerte sich P, irgendetwas von dem zu bestätigen, was die Tansanier sagten, aber die irrationale Loyalität, die er den beiden Staaten gegenüber empfand, die ihn nun verraten hatten, verschwand mit zunehmender Müdigkeit völlig. Er schließt die Augen und nickt bedächtig, es stimmt, dass er nach Griechenland geschickt wurde, um zum Kampfpiloten und Offizier in der ugandischen Luftwaffe ausgebildet zu werden. Er sitzt da, mit gesenktem Kinn und geschlossenen Augen, und erinnert sich an die immer kühler werdenden Herbsttage und die Rufe auf Arabisch und Französisch und das Gedränge in den Fluren, wenn sie gemeinsam auf den Hof hinausrannten, alle gleichzeitig, um sich gegenseitig anzurempeln und mit den Militärausbildungen ihrer Heimatländer und den Maschinen zu prahlen, die sie bereits während des Auswahlverfahrens geflogen hatten. Er entsinnt sich dieser Tage. Besonders gut ist ihm jener Tag im Gedächtnis geblieben, an dem sie mit einem Bus zum Flugfeld fuhren und durch den Zaun starrten, und wie sich ihre Augen weiteten, als die Nachbrennkammern einer T-37 gezündet wurden, so dass aus den Austrittsdüsen langsam schweißflammenblaue Kometenschwänze wuchsen, und wie ein Ruck durch die Maschine ging und sie davon und himmelwärts stürzte, und dass man in diesem Augenblick das Gefühl bekam, es sei tatsächlich möglich, neu anzufangen, seine Vergangenheit hinter sich zu lassen, ihr zu entkommen. Als gäbe es die Geschichte nicht.

Uganda hatte erst kürzlich seine Unabhängigkeit von der britischen Kolonialherrschaft erlangt, und man hatte begonnen, eine nationale Luftwaffe aufzubauen, indem man Israel Flugzeuge des Typs MIG-21 abkaufte. Eine erste Generation ugandischer Piloten war von israelischen Sicherheitsberatern ausgebildet worden, diese Flugzeuge zu fliegen, aber während die Israelis weiterhin ugandische Piloten ausbildeten, schickte man gleichzeitig kleine Gruppen junger Männer zur Griechischen Luftstreitkraftakademie. Man wollte, dass sie sich dort mit amerikanischen und französischen Kampfflugzeugen vertraut machten, und vor allem Offiziere wurden, gedrillt in einem militärischen Lebensstil, Gentlemen, Anführer. Während man die ugandischen Piloten, die in ihrem Heimatland ausgebildet wurden, nur ein gutes halbes Jahr trainierte, sollten die Ugander, die nach Griechenland reisten, drei Jahre an der Luftstreitkraftakademie studieren, um danach das Fundament und die Speerspitze der neu formierten Luftwaffe zu bilden.

Sie schliefen in Etagenbetten und verwahrten ihre wenigen Habseligkeiten in grauen Metallschränken, sie waren die Begabtesten ihrer Generation, die zukünftigen Himmelsgötter ihres Landes. Zeternde Vögel fraßen aus Mülltonnen, wenn sie von ihrer Unterkunft zu den Räumen der Sprachenschule gingen. P ging in eine Klasse, die vor allem aus Libyern, Ägyptern und Tunesiern, aber auch aus Schülern von der Elfenbeinküste und einem jungen Mann aus dem Tschad bestand.

Er bekam Briefe von John, seinem ältesten Bruder, die er auf der Bettkante sitzend las. Er sehnte sich danach, endlich den Sprachkurs absolviert zu haben, damit er seine militärische Ausbildung beginnen durfte, um schließlich fliegen zu lernen. Nachmittags joggte er, langsam, und spürte, wie sein Herz schlug und seine Lunge sich weitete, zusammenzog, weitete, er fuhr ans Meer, beugte sich vor und wusch sich das Gesicht in dem Wasser, das salzig schmeckte und nicht süß wie das Wasser an den Ufern des Viktoria-Sees. Nicht wie daheim.

An jenem Tag, an dem sie vor dem Zaun gestanden hatten, mit weit aufgerissenen Augen, damit der ganze Himmel Platz in ihnen fand, der Himmel, der bald ihnen gehören würde, war das Geräusch der Flugzeugmotoren wie Donner gewesen, und als die Maschinen sich herabsenkten, hatten sie die einzelnen Landungen benotet, ihren zukünftigen Kollegen zwei von zehn Punkten gegeben, oder drei, oder manchmal auch nur einen Punkt, und daraufhin schrie natürlich irgendwer von ihnen, null, um die Sache auf die Spitze zu treiben, auf Griechisch, *zero*. Sie hatten einander geboxt und gelacht. Das war am Anfang gewesen. Als Kind hatte er ein Vogel sein wollen.

»Was haben Sie gesagt?«

Der Vernehmungsleiter hat etwas gesagt, was P nicht gehört hat. P sitzt da, die Stirn in die Hände gelegt, die Ellbogen auf den Tisch gestützt. Seine Augen sind noch immer geschlossen. In seinem Inneren das Bild und das Geräusch von hunderten rüttelnden Vögeln.

»Ich habe gesagt, dass ich aus einem Dokument der Luftstreitkraftakademie zitiere.« Der Vernehmungsleiter hält ein weiteres Blatt in der Hand, faltet es zusammen, faltet es wieder auseinander, liest: »›Seit man im Jahre Neunzehnhundertzwölf begann, Flugzeuge in Kriegsoperationen einzusetzen, hat die Luftwaffe den Himmel unseres Landes gegen jede Bedrohung beschützt, und so wenden wir uns mit tiefem Respekt den erbrachten Opfern und den Heldentaten zu, die es Griechenland und seinem Volk ermöglicht haben, in den Genuss von Freiheit und Demokratie sowie des Fortschritts der Zivilisation zu kommen.‹«

P begreift nicht, worauf der Mann hinauswill. Er liest die Worte in einem hohlen Tonfall, der sie leer und lächerlich wirken lässt. »Erkennen Sie das wieder? ›Griechenlands Piloten haben sich aufgeopfert und nehmen eine herausgehobene Position unter den bekannten und unbekannten Helden unseres Landes ein.‹« Der Mann legt das Blatt auf den Tisch, glättet es mit der flachen Hand und gibt vor, sich in Gedanken zu verlieren. Er streicht sich mit dem Zeigefinger über den Schnurrbart, sein Blick geht ins Leere, er trommelt mit dem Zeigefinger gegen die Lippe. Dann sagt er, scheinbar spontan: »Sind Sie Faschist?«

Der Wärter hinter Ps Rücken lacht.

»Ich möchte nicht in die Politik hineingezogen werden.«

»Sie möchten nicht in die Politik hineingezogen werden.«

»Ich möchte nicht in den Krieg hineingezogen werden.«

»Welchen Krieg?«

»Zwischen Ihnen und Amin. Zwischen Tansania und Uganda.«

»Sie meinen, dass Uganda sich im Krieg mit uns befindet? Sehen die das so?«

»Wer?«

»Ihre Auftraggeber.«

»Lassen Sie mich nach Rom zurückkehren. Ich wollte nur fliegen.«

Der Mann erwidert nichts. Er liest von dem Blatt ab, fasziniert, als läse er sich selbst etwas vor, anfangs murmelt er fast:

»›Die Griechische Luftstreitkraftakademie gibt die Wissenschaft des Fliegens an ihre Kadetten weiter, entwickelt ihre militärischen Tugenden und militärische Disziplin und formt den Offizier zu einem Mann mit perfektem militärischen und flugtechnischen Bewusstsein, einem hohem Ausbildungsstandard sowie sozialem, kulturellem und politischem Verständnis und gutem Benehmen und bietet ihm ein umfassendes professionelles und wissenschaftliches Trainingsprogramm.‹ Würden

Sie sagen, dass dies zutrifft? Haben Ihre Freunde gehalten, was sie hier versprechen?«

»Nein.«

»Es stimmt also nicht? Sie sind nicht zum Piloten ausgebildet worden? Was haben Sie denn dann in Griechenland gemacht?«

»Sie waren nicht meine Freunde.«

»Und das sind nicht Sie auf dem Bild?« Der Vernehmungsleiter zeigt auf das Foto, auf dem P am Leitwerk seines Schulflugzeugs steht.

»Ich erinnere mich nicht.«

»Sie beharren auf Ihren Lügen. Der Mann auf dem Foto, das sind Sie. Sie haben die Kampfpilotenausbildung der Luftstreitkraftakademie durchlaufen und behaupten jetzt, dass Sie nach Afrika zurückgekehrt sind, um Ihr – mal sehen, wie stand es da noch –, Ihr ›perfektes militärisches und flugtechnisches Bewusstsein‹ und Ihr ›umfassendes professionelles und wissenschaftliches Trainingsprogramm‹ zu nutzen, um Sprühflugzeuge zu fliegen?«

P presst Daumen und Zeigefinger gegen seine Schläfen. Er hat gelernt, wie man mit Verhörsituationen zurechtkommt, wie man aus Gefängnissen ausbricht, wie man Folter widersteht. Man soll an einem Ort jenseits des eigenen Körpers sein. Man soll überhaupt nicht da sein.

»Kann ich bitte noch eine Zigarette bekommen?« Die kahlen Zementwände des Raums lassen alle Geräusche schneidend und blechern klingen.

Der schlanke, drahtige Mann, der den Kurs zum Thema Gefangenschaft und Folter leitete und wahrscheinlich von der griechischen Geheimpolizei kam, meinte, sobald man alles preisgegeben habe, was man wisse, werde das eigene Leben wertlos, und deshalb, und nicht aus Loyalität oder Nationalismus, solle man es unterlassen, bei einer Vernehmung zu reden. P nimmt das Foto in die Hand. Es ist im letzten Jahr seiner Ausbildung entstanden. Der Vernehmungsleiter wartet darauf, dass er etwas sagt.

Über die politische Lage in Griechenland hat er niemals nachgedacht, obwohl sie als Hintergrundrauschen ständig präsent war: dass erst kürzlich drei Armeegeneräle einen Militärputsch angezettelt hatten und König Konstantin nach dem gescheiterten Versuch, den Putschisten die Macht zu entreißen, außer Landes geflohen war. Kommunisten und Anarchisten sprengten in Athen Autos in die Luft, die Zeitungen waren voller Artikel über die degenerierte, atheistische Jugendkultur und die demokratische Parteipolitik, die um ein Haar die Linksextremisten an die Macht gebracht hätte. P interessierte sich nicht dafür. Das waren bloß Worte in Schlagzeilen. Im Laufe der Zeit sollte er dann erfahren, dass die Luftwaffe genau wie die Flotte, jedoch im Gegensatz zur restlichen Armee, royalistisch eingestellt war und den Versuch des König unterstützt hatte, Ende Neunzehnhundertsiebenundsechzig die Macht zu übernehmen. Dies wurde ihm später von den griechischen Kadetten nervös zugeflüstert, und aus den späteren Jahren, während er das eigentliche Flugtraining durchlief, ist ihm zudem ein tiefer, an Furcht grenzender Respekt in Erinnerung geblieben, mit dem ihm und seinen Klassenkameraden begegnet wurde, wenn sie in Uniform unterwegs waren. Ihm gefiel das Leben beim Militär, ihm gefiel, dass sein Leben zum ersten Mal überschaubar war und es Regeln gab, ein System. Er dachte nicht an Politik. Sein Blick flackert. Die Glühbirne an der Decke surrt ganz kurz. Sie werden es nie verstehen können. Er erinnert sich an die weiße, kurzärmelige Sommeruniform der griechischen

Luftwaffe. Er musste einfach wieder fliegen. Deshalb war er nach Lusaka gereist.

»Bevor Sie zum Piloten ausgebildet wurden, gingen Sie in eine Sprachenschule?«

»Ja. Wir haben Griechisch gelernt«, antwortet er. Und ihr Sprachlehrer versuchte ständig, ausgerechnet die Afrikaner zu Bordellen mitzuschleppen, weil es offenbar das war, was sich die farbigen Amerikaner von den Flugzeugträgern, die gelegentlich in Piräus anlegten, wünschten. Er sagte *eiste pala kaidia*, »ihr seid gute Jungen«, sie nannten ihn Sturmmöwe, er hatte Strähnen weißer Haare, die er ständig mit der linken Hand glättete.

Auch füreinander hatten sie Spitznamen. Hussein sollte zum Hubschrauberpiloten ausgebildet werden und war in der Schule nur angenommen worden, weil mehrere seiner Verwandten hohe Posten in der ugandischen Armee bekleideten, und sie sagten, dass er lerne, wie man eine Mücke, einen Quirl, was noch, eine Libelle fliege, sie rangen im Kies miteinander und lachten.

Damals war P erst ein einziges Mal geflogen, während des Auswahlverfahrens in Uganda. Er hatte in der kleinen Propellermaschine zusammen mit einem israelischen Fluglehrer gesessen, der bewerten sollte, ob ihn sein Gleichgewichtssinn, seine räumliche Orientierungsfähigkeit und sein Koordinationsvermögen befähigten, Pilot zu werden, und als er die Erlaubnis erhielt, das Flugzeug für einige Sekunden selbst zu steuern, hatte er den Steuerknüppel mit beiden Händen umklammert und war durch Schichten aus Licht geglitten und hatte es als Freiheit empfunden, als einen verwandelnden Wechsel zwischen Welten. In Griechenland dachte er oft daran, damals, zu Anfang, als er Verben konjugierte und Dialoge übte und mit dem

Fingernagel im lackierten Holz des Schulpults ritzte und auf die Wolken hinausschaute. Daran, wieder zu fliegen.

»Der Sprachkurs dauerte ein Jahr?«

»Ein halbes Jahr.« Ein halbes Jahr lang saß er abends in der Mannschaftsunterkunft und schnitt Bilder von Flugzeugen aus griechischen und amerikanischen Zeitungen aus, die frühere Schüler dort zurückgelassen hatten. Die F-86, die von den Griechen geflogen wurden und deren Lufteinläufe wie offene Münder unter den Nasen hingen, die T-37 in Diamantformation tief fliegend über einem Küstenstreifen, im grellen Sonnenlicht – kreuzförmige Silhouetten vor brechenden Wellen. Seine Sehnsucht verwandelte ihn, verlieh ihm gänzlich neue Konturen. An den Wochenenden gingen er und die anderen Afrikaner aus seinem Jahrgang von Bar zu Bar, legten einander die Arme um die Schultern und grölten so laut, dass ihre Stimmen zwischen den Häusern widerhallten, und die Kellner gossen griechischen Schnaps in ein großes Glas und mischten ihn mit Wasser, so dass er ganz weiß wurde, wie ein Winterhimmel. Und der Winter kam und das Licht über Dekelia wurde weiß, und er trug seine Schulbücher unter dem Arm und drehte das Gesicht in den Wind, und seine Zukunft war wie das weiße Licht aus dem Himmel.

Wenn er die Hand in den Wind streckte, hob sie sich, sachte.

»Nach dem Sprachkurs wurden Sie in die Luftwaffenschule verlegt?«

»Ja. Zur eigentlichen Flugstreitkraftakademie.«

»Dann begannen Sie also irgendwann Anfang Neunzehnhundertachtundsechzig zu fliegen?«

»Nein. Im Sommer neunundsechzig.«

»Der Sprachkurs begann im Herbst siebenundsechzig und dauerte ein halbes Jahr?«

P geht in Gedanken die Jahreszahlen und Daten durch, um nicht verwirrt zu werden, um nicht den Eindruck zu erwecken, er würde lügen. Er schluckt. Er sagt:

»Die militärische Grundausbildung begann im Frühjahr achtundsechzig. Sie dauerte ein Jahr. Im Mai neunundsechzig begannen wir mit dem Flugunterricht.«

Der Vernehmungsleiter bekommt eine tiefe, bekümmerte Falte zwischen den Augenbrauen. Während der Vernehmung hat er sich mit einem schwarzen Kugelschreiber Notizen in einem kleinen Büchlein gemacht, in dem er nun blättert. Er sagt mit freundlicher, amüsierter Stimme:

»Hatten Sie nicht schon in Uganda eine militärische Grundausbildung absolviert?«

Nichts von all dem ist ein Geheimnis, es gibt nichts, was die Tansanier nicht schon wissen, nichts davon ist es wert, ihnen vorenthalten zu werden.

»Das ist richtig.«

»Trotzdem haben Sie in Griechenland eine militärische Grundausbildung durchlaufen? Stimmt es, dass Sie das behaupten?«

»So lief das da ab.«

»So lief das da ab.« Und daraufhin zitiert der Vernehmungsleiter erneut, auf Englisch, aus einem Papier in der Mappe: »›Die militärische Ausbildung entwickelt die militärische Kompetenz des Flugkadetten, indem seine Ausdauer in langen Trainingseinheiten genauso gesteigert wird wie seine Fähigkeit, unter Druck korrekt zu handeln und konsequent zu denken. Dies geschieht durch geeignete Übungen im Umgang mit Waffen, Überlebenstraining und eine Ausbildung in militärischer Organisation und Vorgehensweise.‹«

P fragt sich, wie sie an diese Dokumente gekommen sind.

Er hatte sie jedenfalls nicht dabei. Möglicherweise handelt es sich um offizielle Beschreibungen, die von der Akademie benutzt werden, um Schüler aus der Dritten Welt anzulocken. »Erzählen Sie mir von den griechischen Kadetten. Wo standen sie politisch.«

»Politisch?«

»Waren sie Faschisten wie die Amerikaner und die griechische Regierung?«

Faschisten? Sie kamen im September in die Akademie, dreißig junge Griechen, die man unter tausenden ausgewählt hatte. Sie stiegen aus einem Militärbus, warfen ihre dunklen Haarmähnen und tuschelten untereinander, als sie an den ausländischen Sprachstudenten vorbeikamen, die vor den Unterkünften saßen. Die Sprachkurse waren abgeschlossen, lange Schatten fielen auf den Kasernenhof, es war Vormittag, die griechischen Männer verschwanden in der Turnhalle, P saß da und betrachtete sie gemeinsam mit seinen Klassenkameraden, er rauchte, und er weiß noch, wie ihm der Gedanke kam, dass er einer von ihnen hätte sein können, dass er in einem ganz anderen Land hätte sein können und er dann einen anderen Körper, einen anderen Namen, ein anderes Leben gehabt hätte, wie seltsam, jetzt erinnert er sich wieder, als er die angehenden griechischen Kadetten musterte, öffnete sich für Sekunden sein Leben vor ihm, und er sah die Willkür in allem, dass er in Uganda als Sohn einer Frau geboren wurde, die ihn fortschickte, und eines Mannes, der sehr jung starb, dass er P hieß und in Griechenland war, weil einer seiner Freunde eines Tages mit seinem Fahrrad vorbeigeschlittert war und ihn gebeten hatte, ihn zum Auswahlverfahren für die ugandische Luftwaffe zu begleiten, dass er mitgekommen war und die Tests zunächst eher spaßeshalber, dann aber natürlich mit immer größerem

Ernst durchlaufen hatte – sein Freund war aussortiert, P dagegen gebeten worden, über Nacht zu bleiben. Anschließend hatte man ihn losgeschickt, um weitere Auswahlverfahren in einer Kaserne im Norden Ugandas zu durchlaufen. Er zeichnete mit seinem Turnschuh im Kies.

Er ertappt sich dabei, die Bewegung mit seinen Lackschuhen auf dem Zementboden zu wiederholen. Er hält inne. Er schließt die Augen.

Eine halbe Stunde später kamen die Griechen wieder heraus, in einer Reihe, in schlecht sitzenden Felduniformen, die Haare bis zu den unebenen, bleichen Köpfen abrasiert. Manche von ihnen reagierten apathisch darauf, dass man ihnen ihre langen Mähnen abgeschnitten hatte, andere brachen regelrecht zusammen. P und die anderen, die dort saßen und warteten und diese Prozedur zunächst in ihren Heimatländern und später ein zweites Mal in Griechenland erlebt hatten, lachten über sie. In jener Nacht, nachdem die Griechen in den Mannschaftsräumen einquartiert worden waren, die sich innerhalb der Umzäunung befanden, an deren Außenseite sie einst gestanden hatten, waren sie alle geweckt und nur in Unterhosen in eine Turnhalle gescheucht worden, wo eine Gruppe von Schülern aus dem Abschlussjahrgang sie geknufft und bespuckt und verhöhnt und *psarades*, Kaulquappen, genannt hatte. Das Ganze war ein Teil der Tradition, der Verwandlung, der Wissenschaft vom Fliegen.

»Ich war ein griechischer Kadett«, sagt P.

Der Vernehmungsleiter blickt mit einem Ausdruck aufrichtigen Erstaunens in seinem runden Gesicht von seiner Mappe auf. »Wie bitte?«

»Sie haben mich gefragt, wo die griechischen Kadetten politisch standen. Wir waren alle griechische Kadetten.«

»Wollen Sie damit sagen, Sie sind Grieche, kein Afrikaner?«

P muss fortwährend gegen das Gefühl ankämpfen, dass die Wände des Raums näher kommen. Die Belüftung grollt.

»Könnte ich bitte ein Glas Wasser bekommen?«

»Sie können noch eine Zigarette bekommen.« Der Vernehmungsleiter nickt dem Wärter zu, der P eine weitere Zigarette gibt. Sie schmeckt nach Durst und Stress, und er raucht sie nervös und mit einem Gefühl von Hoffnungslosigkeit, das in seinem Inneren aufsteigt wie dunkles, trübes Wasser. Nicht einmal, wenn er die Wahrheit sagt, glauben sie ihm.

»Sie wissen nicht, ob Sie Afrikaner oder Grieche sind, erwarten aber, dass wir Ihnen glauben sollen, wenn Sie behaupten, dass Sie in Lusaka außer Ihrer Arbeit als Pilot von Sprühflugzeugen nichts anderes im Schilde geführt haben?«

»Ja.«

»Sie können von mir aus gerne ein Glas Wasser bekommen, sobald Sie den Versuch aufgeben, uns die Tatsache vorzuenthalten, dass Sie Kurse in nachrichtendienstlichen Techniken, in Spionage, in Sabotage während der Zeit besucht haben, in der Sie eine zweite Grundausbildung absolviert haben wollen.«

Sie liefen durch den Frühling und die länger werdenden Schatten des Nachmittags in den Abend hinein, der sich über die Baracken hinweg heranwälzte. Das Einzige, was die frisch geschorenen Kadetten während ihrer militärischen Grundausbildung machten, war laufen. Sie liefen in ihren grauen Trainingsanzügen auf dem Kasernenhof immer weiter im Kreis. Der Schotter knirschte unter ihren Füßen, sie liefen, während sich die Nacht herabsenkte und der Sommer zurückwich und die Blätter von Neuem gelb wurden und herabfielen, ein zweites griechisches Jahr. Sie liefen und hörten ihren Ausbilder brüllen:

»Der eigentliche Zweck der militärischen Grundausbildung ist die angemessene Entwicklung der Persönlichkeit aller Flugkadetten. Der Kadett wird in einen militärischen Lebensstil, ein militärisches Pflichtgefühl und die Abläufe und Traditionen an der Akademie eingeführt.« Sie liefen, und ihr Atem stieg wie Rauch aus ihren Mündern, und die Blicke wurden nach oben geworfen, und er sah Schneeflocken, die über ihnen herabrollten. So erinnert er sich jetzt daran. Als wären sie ein ganzes Jahr gelaufen, ohne jemals stehen zu bleiben. Er erinnert sich an einen Tag, an dem eine Gruppe von Kadetten aus dem zweiten Jahr in ihren khakifarbenen Winteruniformen über den Kasernenhof ging, dass sie stehen blieben und auf die Kaulquappen zeigten, die dort schon immer gelaufen waren, die dort immer weiter laufen würden, aber er weiß nicht, ob er in diesem Bild einer von denen ist, die laufen, oder einer von den Älteren, die zugucken, ob es also später ist. Er weiß es nicht mehr. Er hält die Zigarette in der Hand, die Hand an die Stirn, und der Vernehmungsleiter schiebt wieder ein Foto über den Tisch, er schaut es an, der Vernehmungsleiter klopft fest darauf.

»Leugnen Sie, dass Sie das sind?«

Auf dem Bild trägt er die Sommeruniform der griechischen Luftwaffe. Ein kurzer Säbel hängt von der Taille herab. Er hat eine Schirmmütze auf dem Kopf.

»Das bin ich.« Er nimmt das Foto in die Hand, hält es vor sich hoch. »Das war ich.«

»Erzählen Sie mir, was Sie während der militärischen Ausbildung gemacht haben.«

»Wir sind gelaufen.«

Im Frühjahr brach er auf der freien Fläche zusammen und lag mit dem Rücken auf der pochenden Erde, auf dem raschelnden Kies. Wolken zogen hoch über ihm vorüber, und als er sich jetzt an sie erinnert, denkt er: *Nimbostratus: Regenwolken, die sich in einer einzigen Decke sammeln, eine diffuse Unterseite haben und anhaltende Niederschläge verursachen* – sie belegten später, parallel zum Flugunterricht, einen Grundkurs in Meteorologie, sie mehrten ihr Wissen über den Himmel, über die Winde, über Regen. Er war unterwegs. Das Foto in seiner Hand fängt das Licht der Glühbirne an der Decke ein, ein Streifen graue Helligkeit gleitet über das Gesicht des jungen Kadetten, und er weiß, dass diese Männer es niemals verstehen werden, dass sie diese Fotos sehen, ohne die Kraft des Himmels und der Sonne zu begreifen, die ihn hierher zurückkehren ließ, zu diesem Krieg, zu dieser Gefahr. *Cumulonimbus: Gewitterwolke, deren obere Teile streifig und abgeflacht sind und sich in Form von Ambossen und riesigen Büschen ausbreiten.* Er blickt für einen Moment zum Vernehmungsleiter auf, dann wieder auf das Foto. Er lehnt sich auf dem harten Holzstuhl zurück, hält das Foto noch in der Hand. *Aus der Wolkenbasis fällt Niederschlag in Form von Fallstreifen, die nie den Erdboden erreichen.*

»Wir sind gelaufen«, sagt er ein zweites Mal und lacht auf und schluchzt inmitten des Lachens und schüttelt den Kopf. Er verstummt, starrt auf den Tisch herab.

Das Geräusch einer schnellen Bewegung hinter seinem Rücken. Eine brausende, kohlensäureartige Taubheit, die sich in Armen und Beinen ausbreitet, er spürt, dass er vom Stuhl rutscht, was gleichsam bedächtig geschieht, wie in einem Traum, in gewisser Weise ist es schon passiert, als es passiert.

Er liegt auf dem Fußboden und schaut zu der Glühbirne an der Decke hinauf. Ein scharfer, blitzender Schmerz im Hinterkopf, er strahlt ins Rückgrat aus. Als er sich aufzusetzen versucht, scharren seine Schuhe kraftlos über den Betonboden.

Dunkelheit.

Der Wärter hat ihm mit einem Gegenstand auf den Hinterkopf geschlagen, wahrscheinlich mit seinem Pistolenkolben.

Er hört den Vernehmungsleiter sprechen, aber seine Worte ergeben keinen Sinn, sie sind nur Klänge, Laute.

Dunkelheit.

Sein Kopf pocht. Der Körper ist plump, will ihm nicht gehorchen.

»Setzen Sie sich auf.« Der Vernehmungsleiter spricht in einem Ton, als würde er einen unbegabten Schüler anweisen, einen Tanzschritt zu machen. P bleibt liegen, seine Schuhe scharren, scharren weiter über den Boden. Der Stuhl ist umgekippt, er liegt neben ihm. Der Wärter stellt den Stuhl wieder auf, und P kauert sich zusammen, weil die schnelle Bewegung ihn glauben lässt, dass er noch einmal geschlagen wird. Dann zieht der Wärter P am Arm hoch, unsanft und umstandslos, und setzt ihn auf den Stuhl. Die Zunge ist geschwollen. Vorsichtig tastet er seinen Hinterkopf ab und merkt, dass etwas Klebriges an seinen Fingern haftet. Er betrachtet sie und schmiert, in einer Art geschockter Faszination, eine Weile mit dem Daumen durch das Blut. Er erinnert sich an seine Kindheit, erinnert sich an einen Mann, der nicht sein Vater war, einen Mann, bei dem er viele Jahre gewohnt hat. Er schließt fest die Augen. Eisengeschmack im Mund.

»Wollen wir weitermachen?« Der Vernehmungsleiter wischt sich mit dem Hemdärmel den Schweiß aus der Stirn und schaut bürokratisch und nachdenklich zugleich in seine Mappe. »Ziehen Sie die Schuhe aus«, sagt er. »Ziehen Sie Ihre Schuhe aus, und ziehen Sie die Kleider aus.«

Ein Schwarzweißfoto. Ein junger afrikanischer Mann steht in Badehose auf einem Strand. Er ist durchtrainiert, gleicht fast einer Skulptur und blickt unverwandt in die Kamera. Die Sonne steht direkt hinter seinem Rücken, wodurch der Eindruck entsteht, der Sommerhimmel wäre ein Tunnel aus grauer, körniger Materie. Er steht auf einem Strand, seine Zehen graben sich in den nassen Sand.

Ein Schwarzweißfoto. Drei schwarze Männer hocken auf einem Kiesplatz. Ihre olivgrüne Kleidung erscheint auf der Aufnahme als dunkelgrau. Ihre Gesichter sind hart, ernst, die Augäpfel leuchten in den Gesichtern.

Weitere Fotografien. Griechische Flugkadetten, die an Netzen hochklettern, durch Kiefernwald laufen, Hindernisparcours bewältigen:

Auf einem Bild springen sie zwischen ausgelegten Zementplatten hin und her, und ihre Spiegelbilder sind im lehmigen Wasser vage als Flecken aus grauem Licht erkennbar. Wie Erinnerungen.

Ein verblichenes Farbfoto. Ein Schwimmbad, im Freien, ein Sprungturm aus nacktem Beton, acht Bahnen, markiert durch dunkle Linien auf dem Grund des Beckens. Im Hintergrund Nadelbäume. Das Wasser grau, wie der Himmel.

Auf diesem Bild keine Kadetten.

Ein dünnes Mückennetz schwebte hoch und in den Raum hinein. Für eine Weile konnte der Junge draußen den Abend sehen, wie er sich, violett und endlos, in die Ferne streckte. Die Sonne war eine brennende Oblate über dem Horizont. Er saß auf einer Matratze, ließ das Kinn auf den Knien ruhen. Seine Haut roch nach Vieh, trockenem Gras, Lehm. Er hatte selbst die beiden Nägel gelöst, die sonst die Unterkante des Netzes festhielten. Sollte der Mann nach Hause kommen, bevor er die Nägel wieder eingeschlagen hätte, würde er einfach sagen, das sei der Wind gewesen. Er wollte den Himmel sehen, in ihm verschwinden. Er hatte seine Arme um die Knie gelegt.

Mitten im Zimmer hing eine Glühbirne, das Kabel war um einen Balken an der Decke geschlungen und führte von da aus zu einer Steckdose, die mit einem dieselgetriebenen Generator auf dem Hof verbunden war. Er rutschte ein wenig und versuchte so zu vermeiden, dass er auf den blauen Flecken auf seinen Oberschenkeln und dem Steißbein saß. Er würde sagen, der Wind habe so stark geweht, dass sich die Nägel gelöst hatten. Der Hund des Nachbarn bellte. Die Tür ging auf. Der Mann kam nach Hause.

Der Mann hängte sein Jackett auf. Seine Schuhe waren lehmbespritzt und groß und klobig, die Hose fadenscheinig, aber mit spitzen Bügelfalten. Der Junge stand auf und holte das Gefäß aus gebranntem Ton aus dem Ofen, es war heiß, er musste seine Hände mit einem Lappen schützen. All das in einer Art Erinnerungen an Erinnerungen, flimmernde Filmbilder, jetzt verwaschen von Himmel und Meer. Der Mann saß am Tisch, er starrte den Jungen mit vorgeschobener Unterlippe und den Händen auf der Tischplatte an. Seine Gegenwart war wie Donnern in den Ohren, die Wände schienen sich wie Trommelfelle nach innen zu biegen. Sie sprachen nicht miteinander. Der Junge hatte Schwellungen im Gesicht, er hatte sie in der Schule gesehen, im Toilettenspiegel. Er holte einen Aluminiumteller von seiner Matratze, bekam ein paar Löffel von dem Essen ab. Sie aßen mit den Händen, Grießpudding, der Junge hatte ihn wie üblich gekocht, als er aus der Schule nach Hause gekommen war, während der Mann, der als Lehrer in derselben Schule arbeitete, zur Dorfkneipe gegangen war, um seine Biere und seinen Palmwein zu trinken.

Sie saßen dort, wie immer. Sie aßen, während die Sonne unterging, ein Mann, ein Junge, zwei Brüder. Ihr ältester Bruder John war noch in einem Land namens Burma, wo er gegen die Deutschen gekämpft hatte, und ihr Vater war eines Tages an Malaria gestorben, als der Junge noch sehr jung gewesen war, so dass der Mann mit den großen, lehmverschmierten Schuhen derzeit der älteste Mann in der Familie war. Als er hörte, dass der Mann aufstand, aß der Junge nicht mehr weiter. Er saß wie gelähmt mit einer Handvoll Pudding in den Fingern, den Blick auf den Blechteller zwischen seinen Füßen gerichtet. Er hörte den Klang der Flasche, die gegen die Tischplatte schlug, den Becher, der gefüllt wurde. Er schielte zum Fenster hinüber, zur Abenddämmerung, die so rasch fortschritt, als senkte jemand eine große Hand auf den Himmel herab. Seine Lippe war geschwollen, und als er den Pudding in sich hineinstopfte, kleckerte er. Rasch kratzte er alles mit den Fingern auf und leckte sie ab. Die Kaugeräusche waren klebrig, feucht.

»Komm her.«

Das Mückennetz bauschte sich im Wind, er blieb einfach sitzen, starrte den Himmel an. »Lass den Teller liegen, komm her und setz dich.« Er wünschte sich, er wäre ein Vogel. Der Mann trat so heftig gegen einen Stuhl, dass dieser umkippte. Bei dem Geräusch zuckte der Junge zusammen, änderte jedoch nicht die Blickrichtung. »Mutter hat dich verwöhnt.«

Als er sich auf den Stuhl setzte, tat es an der Unterseite seiner Schenkel, wo ihn zuvor die Peitschenhiebe getroffen hatten, weh. Er schob sich auf den Rand der Sitzfläche vor, wollte weinen, schreien, wegrennen, davonfliegen. Der Mann hielt den Blechbecher vor seinem Gesicht hoch und starrte ihn an, als suchte er in der matten, grauen Zinnfläche nach etwas.

»Warum siehst du mich nicht an? Ich bin dein Bruder.«

Der Tisch zwischen ihnen war aus grobem, dunklem Holz. Die Maserung leuchtete im flachen Licht der Abenddämmerung rot. Der Junge ritzte mit dem Fingernagel in die Tischplatte. Man entkommt nicht. Dies ist das Leben, diese Verlassenheit im Abgrund. Der Mann trank aus dem Becher und knallte ihn auf den Tisch, er sog Luft zwischen den Zähnen ein, ein Geräusch, das idiotischer Bengel, verwöhnter Bengel bedeutete, um den er sich nun, von der Familie dazu gezwungen, kümmern musste. Die Hand des Jungen zitterte, als er die Flasche anhob, er schielte erneut zum Fenster hinüber, zur Sonne, die mittlerweile wie ein dünner Feuerstreifen im hohen Gras lag. Er schenkte nach. Ganz vorsichtig, er verschüttete nichts. Er schraubte den Deckel zu.

»Ich habe schlechte Neuigkeiten«, meinte der Mann. Der Blechbecher sah zwischen seinen Wurstfingern klein aus. Der

Junge spürte, dass der Blick des Mannes sein Gesicht studierte. »John ist tot.«

Stille. Der Junge mochte John, obwohl er ihm nie begegnet war, er mochte die Geschichten, die seine anderen Brüder über John erzählt hatten. John ähnele ihrem Vater, sagten sie häufig. Wenn er zurückkehrte, würde John ihn hier herausholen und mitnehmen. John war Soldat.

»John ist tot.« Der Mann trank ein paar Schlucke. »John ist gestorben, Vater ist gestorben.« Er lachte auf und schlug unmittelbar darauf gereizt mit der Hand auf seinen Nacken – die hastigen Bewegungen ließen den Jungen zusammenzucken. Der Mann lachte. »Wir sind auch tot.« In der Erinnerung war es so: Sie waren tot, der Junge und der Mann, als wären sie aus Holz oder Stein. Die eigenen Worte brachten den Mann zum Schweigen. Er saß eine Weile da, mit offenem Mund, den Blick auf die Wand gerichtet. »Du sollst keine Angst vor mir haben. Ich bin dein Bruder«, erklärte er. Er zog die Krawatte aus, knöpfte das Hemd auf, lehnte sich zurück. Er betrachtete das Mückennetz. Es flatterte. Er kratzte sich im Nacken, schnalzte mit den Lippen, leckte irgendwie an seinen Zähnen. Die Zunge war geschwollen und rosa wie die eines Tiers. »Stell dich dahin«, sagte er. Sein weißes Hemd hatte einen braunen Schmutzrand am Kragen, seine Stimme war ruhig und kontrolliert, fast sanft. »Komm her.« Beinahe warmherzig, heiter, als gäbe es Nachsicht, Gnade, Bruderschaft. Der Junge glitt von seinem Stuhl herab. »Warum hast du das Mückennetz losgemacht?«

Er hob den Blick. Das war er nicht gewesen. Das war der Wind, das war der Wind.

Der Mann schlug mit geballter Faust zu, aber unmittelbar bevor sein Schlag traf, wurde der Junge glatt wie Metall oder wie die abgewetzte Tischplatte. Er spürte den Schlag nicht. So war es immer. Wenn er die Augen aufschlug, lag er schon auf dem Boden und sein Kopf fühlte sich an wie ein Stück Fleisch, feucht und schwer und sinnlos, und die Dunkelheit im Inneren seines Kopfes war wie die Dunkelheit in einem rohen Stück Fleisch. Als er Luft einsog, blubberte es von Blut, und dieses Blut war wie das Blut, das austritt, wenn man Fleisch klein schneidet und es auf ein Brett legt, es war wässrig und dünn, fast kein Blut, sondern irgendeine andere Flüssigkeit. Seine Nase war taub, er spürte ein leichtes Stechen in ihr. Er kroch unter den Tisch, aber der Mann kippte ihn um, so dass Teller, Besteck und Becher auf den Fußboden polterten, der Mann trat nach ihm, und als ihn die großen, lehmigen Schuhe des Mannes mitten in den Bauch trafen, wurde alles fast still, noch so ein blanker, leerer Moment, und dann kam ein blitzendes Licht, und der Raum kippte über ihm, und er flog gegen die Wand.

Er scharrte mit den Fingern über den Erdfußboden. Er kroch. Er wich mit einem Satz einem zweiten Tritt aus und rappelte sich auf, aber ihm war schwindlig und er krachte gegen den umgekippten Tisch. Er schlug mit der Schläfe dagegen, und erneut breitete sich diese Glätte in seinem Inneren aus.

Der Mann blieb stumm, nur seine Atemzüge waren zu hören. Er zog seinen Gürtel aus. Das klang wie der Wind. Seine großen Schuhe trampelten im Zimmer umher, der Junge rollte in einem Regen aus Blutspritzern herum und versuchte, sich vor den Peitschenhieben zu schützen, die seine Welt erzittern ließen, das war ja nicht er. Das war der Wind. Der Mann jagte ihn, aber er kam wieder auf die Füße und stolperte zur Tür und durch die Tür ins Freie – hinter sich hörte er, dass der Mann einen Stuhl umwarf.

Gras kitzelte seine nackten Fußsohlen. Er lief und hatte ständig das Gefühl, der Erdboden würde kippen, sich neigen, dass er fallen würde. Er hörte die Stimme des Mannes hinter sich, eine Stimme, die einen Namen schrie, einen Namen, der seiner war, aber er blieb nicht stehen, er dachte, was er immer dachte, wenn er die ganze Nacht weiterliefe, würde er vielleicht zu dem Dorf gelangen, in dem seine Mutter wohnte, also lief er, immer weiter, aber der Himmel, es war ihm, als kippte auch der Himmel, und als drehte und drehte er sich, und seine Füße trommelten, aber als er einen Blick zurück warf, kehrte die Finsternis der Schläge in sein Gesicht oder des Tritts in seinen Bauch zurück und warf ihn um, und er rollte im Gras herum und schlang die Arme um sich, kauerte sich wie ein Fötus zusammen und wartete auf die nächsten Schläge.

Er sitzt regungslos, den Kopf gegen ein Eisengitter gelehnt. Er fragt sich, wo er ist. Er muss eingenickt sein, etwas geträumt haben. Eine Reihe völlig verdreckter Fenster direkt unter der Decke schimmert matt, wenn auf der Straße vor ihnen Autos vorbeifahren. Der Zementboden ist feucht, kalt. Nach und nach kehren die Erinnerungen an die letzten vierundzwanzig Stunden zurück, sickern sozusagen an den Schläfen ein: dass er stundenlang vernommen wurde und sich nun im Keller unter dem Raum befindet, in dem man ihn ausgequetscht hat, dass er ein Gefangener ist, dass er niemals von Rom nach Afrika hätte zurückkehren sollen, dass es ein Fehler gewesen war.

Er knallt die Schläfe gegen das Gitter des Käfigs, ein einziges Mal, und lässt den Kopf dort ruhen. Ein Ventilator wälzt schmutzige, uringetränkte Luft um. Stimmen in der Dunkelheit um ihn herum beten, schreien Flüche, singen und reden in einem Dutzend verschiedener Sprachen.

Nachdem der Wärter ihm seine Schuhe und Kleider abgenommen hatte, setzte ihn der Vernehmungsleiter noch eine weitere knappe Stunde unter Druck. Er hatte nur noch seine Unterhose an, während sie ein weiteres Mal die gleichen Fragen durchgingen. Warum war er nach Afrika zurückgekehrt? Er wollte fliegen. War er ein Gegner Milton Obotes? Nein. Wenn überhaupt, ist er gegen das Regime Amins. Was lernte er in Griechenland, welche nachrichtendienstlichen Techniken, welche Arten von Spionage, Sabotage, Meuchelmord? Als die Vernehmung vorbei war, brachten sie ihn zu diesem Keller in einem Gebäude, das vermutlich eine Art Polizeiwache war. Der unterirdische Raum ist voller kleiner Käfige aus verschweißten Metallstangen. Die Käfige haben eine niedrigere Decke als der Keller und sind in zwei Reihen aufgestellt, so dass zwischen ihnen ein langer Korridor verläuft. Er sitzt regungslos, den Hinterkopf an das Gitter gelehnt. Er hatte geglaubt, dass sie ihn entlassen würden, sobald die Vernehmung abgeschlossen war, dass er nach Rom würde zurückkehren dürfen, oder zumindest nach Lusaka in Sambia. Er beginnt lautlos zu weinen. Er spürt ein Kribbeln auf der Haut, er spürt, wie ihm alles aus den Händen gleitet. Er hatte geglaubt, der Himmel würde seine schützende Hand über ihn halten. Es fällt ihm schwer, einen klaren Gedanken zu fassen. Er kann nicht atmen. Er schaut nach oben und bleibt lange so sitzen und wimmert und starrt bloß die Fenster an, die verschwommenen Lichter, und versucht gegen die Übelkeit anzukämpfen. Vielleicht werden sie ihn töten. Sie sagen, dass er Papiere unterzeichnet hat, die dafür sorgen, dass ihn kein Mensch aufspüren kann, dass er verschwunden ist, dass es ihn gar nicht mehr gibt. Er betet zu Gott, ein wisperndes Gebet in Gedanken. Er begreift, was sie von ihm hören wollen. Er sitzt still, mit einem Sturm aus flüsternden Stimmen im Inneren, bis er schlagartig erkennt, woher das kribbelnde Gefühl auf der Haut rührt, und unwillkürlich aufschreit. Sein Schrei ist ein gellender, vogelähnlicher Laut, das missfällt ihm, er ist etwas Fremdes, das seinem Körper entfährt. Er ist so schnell auf den Beinen, dass er sich den Kopf an der niedrigen Decke des Käfigs stößt. In seiner Zelle wimmelt es von Läusen. Sie sind bereits in seinen Achselhöhlen, seiner Unterhose, zwischen den Zehen. Er bürstet seine Schenkel ab, kratzt sich im Haar, im Schritt, ruft nach dem Wärter, packt das Gitter, rüttelt daran, brüllt.

Eine verbleichende Polaroidaufnahme. Der Krafttrainingsraum der Akademie. Junge Männer sitzen zwischen kleineren Hanteln und Scheibenhanteln. Die Decke ist schräg, da der Raum unter der Zuschauertribüne eines Stadions liegt. Sonnenstrahlen fallen in Spalten durch hoch liegende Fenster außerhalb der rechten Bildecke.

Ein Schwarzweißfoto. Ein junger Afrikaner steht vor einer zweisitzigen Propellermaschine, unter seinem Arm ein großer Helm. Hinter dem Flugzeug türmen sich Wolken auf, gestochen scharf wie auf einem Ölgemälde. Graue Schattierungen, am Horizont vage ein Sendemast, die Motorhaube steht offen, die Silberkolben des Motors glitzern im Licht. Der große Propeller ist ein weißes Kreuz hinter dem Rücken des Piloten.

Herbst neunundsechzig. Die Piper fiel sachte aufwärts, Sonnenstrahlen wurden in den Kratzern im Glas eingefangen und wurden zu weißen Haaren, einer irrenden Blindheit, sein Ausbilder saß neben ihm und zog behutsam den Steuerknüppel zu sich heran und sprach gleichzeitig über Funk, die Stimme in Ps Ohren knisternd, fern, er drehte den Kopf und versuchte sich zu orientieren, bekam ein wenig Klaustrophobie, ausgelöst durch den Helm und das Gewimmel analoger Instrumente vor ihm. Er spürte, dass seine Arme von der Beschleunigung schwer wurden. Im Osten sah man das Meer. Als hätte jemand einen Spiegel zu feinem Staub zertrümmert und ihn dort hinten, auf dem Grund, zusammengefegt. Er hatte das Gefühl, im Herzen aller Dinge zu sein.

»Ich werde Ihnen gleich die Kontrolle über die Maschine überlassen, Kadett.« Das Flugzeug zitterte und schien abgebremst zu werden. »Orientieren Sie sich.«

»Ja, Sir.« Er zwinkerte Schweiß aus den Augen und atmete so tief ein, dass die Sauerstoffmaske an seinem verschwitzten Gesicht klebte.

Eine Flüssigkeit oder ein inkompressibles Gas, das schnell entlang einer Stromlinie strömt, übt entlang der Strömungsrichtung einen niedrigeren Druck aus als die gleiche Flüssigkeit oder das gleiche Gas, das entlang der gleichen Stromlinie langsam strömt;

die Gleichungen des Unterrichts in Aerodynamik zeichneten Bögen und Kurven in die Luft, wenn er später zu den Vögeln aufschaute, die sich über der Stadt, in der Abenddämmerung, hochpeitschten oder wenn er sah, wie die Wolken sich über den Landebahnen und Unterkünften heranwälzten.

Der Himmel war jetzt in ihm, in seinem Herzen, er wurde wie Gas im Kreis durch seinen Körper gepumpt. Nach dem Flug ging er duschen. Als er danach seine Uniform anzog, kam ein anderer ugandischer Kadett atemlos in seinem Fliegeroverall in die Umkleide. Er setzte sich neben P auf eine der Holzbänke und sagte:

»Wir haben heute über Luftkämpfe gesprochen.« Der Umkleideraum roch nach Seife und Schweiß, der Geruch erinnerte P an die Turnhalle der Internatsschule, an den beißenden Geruch von Jungen, Sexualität, Hierarchien, unterdrückter Gewalt. Er legte Manschettenknöpfe an und stellte sich vor den Spiegel. »Wir sind Manöver geflogen, die man im Kampf anwendet.« P klappte den Kragen herunter, erwiderte nichts. Er sah den anderen im Spiegel an. »Stell dir vor, es gibt Krieg.« Der andere Ugander strich sich mit der flachen Hand über sein schweißnasses Gesicht und zog den Reißverschluss des Fliegeroveralls herab. Das Geräusch war so schneidend und durchdringend wie beim Zerreißen einer Stoffbahn. »Stell dir vor, Uganda befindet sich im Krieg? Dann müssen wir Menschen bombardieren. Wir müssen andere Piloten töten. Daran habe ich vorher noch nie gedacht.«

P strich sein Hemd glatt. Der junge Mann hinter ihm griff mit krampfenden Händen nach der Holzbank unter sich, als würde er von einem Absatz rutschen und im nächsten Moment geradewegs zur Decke fallen. Es widerstrebte P, über dieses

Thema zu sprechen. Eine sinnlose Diskussion. In Uganda konnte es zu keinem Krieg kommen.

»Wir werden nur bei Flugschauen auftreten. Über den Köpfen der Leute rollen, Loopings drehen.«

Sonntags hatten sie frei. Er ging mit seinen griechischen Klassenkameraden in die orthodoxe Kirche, weil es in der Nähe der Akademie keine katholische Kirche gab. Er kniete in den Holzbänken und schloss mit gefalteten Händen die Augen. Er ging dazu über, eine T-37E zu fliegen, ein Schuldüsenflugzeug. Die Jahreszeiten lösten einander ab, Regen peitschte die Küste. Sie flogen im Morgengrauen, in Formation, Flügel an Flügel. Anfang Neunzehnhundertsiebzig wurde Husseins Verwandter zum Befehlshaber der Armee und der Luftwaffe befördert, und Hussein lud sie eines Abends im Zentrum von Athen zu Schnaps ein. Sie stolperten in einem dieser kalten Nieselregen des griechischen Winters auf den Bürgersteigen umher, riefen Frauen auf Kiswahili hinterher, lachten und starrten zu den stillen, weißen Vogeldaunen hinauf, die in jener Nacht plötzlich im Licht der Straßenlaternen fielen, blickten zum seltenen griechischen Schnee hinauf. John schickte ein Foto von seinem neugeborenen Sohn, das P über seinem Bett aufhängte. In den Nächten spürte er den Horizont unter den Füßen wanken. Die nackten Äste der Platanen und Obstbäume strebten im fotografisch braunen Licht des Nachmittags auseinander, wenn er von ihrer Unterkunft zu dem Bus spazierte, der die Kadetten zum Flugfeld fuhr, und manchmal dachte er an die Bäume, in die er als Kind geklettert war, und an seine Spiele. Er wäre gerne ein Vogel gewesen.

Bombenabwürfe, Training auf Ziele, die Beschleunigungskräfte schlossen sich wie ein schwarzer Tunnel um seinen Kopf, die Linie des Visiers raste über die felsige Landschaft, die kleinen Wäldchen dahin. Luftkampftraining, die Radarsysteme wischten über den Himmel, er warf sich im Gurt seines Pilotensitzes von links nach rechts und versuchte, die Maschine seines Klassenkameraden hinter sich zu sehen, presste das Flugzeug in eine steile Kurve, um die wärmesuchende Rakete zu verleiten, nach einer anderen Wärmequelle zu suchen, in die Sonne zu fliegen.

Im Frühjahr Neunzehnhundertsiebzig wurde er von einer seiner Kusinen besucht, die mit ihrem italienischen Mann in Rom lebte. Er zeigte ihnen Athen, sie saßen in Straßencafés, der Wind wehte Ps weiße Sommeruniform zu einer flatternden Wolke hoch, er sprach Englisch mit ihnen, weil ihr Mann weder Lango noch Kiswahili beherrschte, wodurch er sich distanziert und fremd fühlte. Vielleicht lag es auch an etwas anderem. An dem Menschen, zu dem er allmählich wurde. Er dachte an seine Kindheit. Er wollte sich von ihr befreien, ihr vergeben. Er winkte ihnen zu, als sie im Hafen an Bord der Fähre gingen.

Das Fliegen in großer Höhe. Er holte alles aus seiner Maschine heraus und kletterte zu den Schichten des Himmels hoch, in denen das Licht, das ins Cockpit fällt, in einen mitternachtsblauen Ton changiert, er spürte das Metall beben, er spürte eher, als es zu hören, dass die doppelten Düsenmotoren stotterten, er zog die Maschine in die Waagerechte, und der schwere Metallkörper hing in der Höhe für einen Moment vollkommen still, ehe er die Maschine zur Seite kippen und in die Tiefe zurückfallen ließ.

Die Liebe zur Griechischen Luftwaffe ist ein entscheidendes Element, von dem die Seele jedes jungen Mannes erfüllt sein muss, der den Wunsch hegt, ein Kadett zu werden.

Der Vorsommer Neunzehnhundertsiebzig. Er saß in einem

offenen Hotelzimmerfenster, acht Etagen über der kühlen Aprilnacht. Während einer Leichtathletikgala, bei der die Luftwaffe gegen die Armee angetreten war, hatte er gerade den Hochsprung gewonnen. Der Siegerpokal mit einer kleinen Goldfigur lag hingeworfen auf dem Bett. Auf dem Tisch stand eine geöffnete Sektflasche. Der Wind vom Mittelmeer trug Salz und Sand heran. Das hellblaue Herz seines Lebens. Ein Abend, an dem sie seinen Namen bejubelt hatten. Seine Muskeln waren nach dem Siegessprung ermattet, sein Kopf nach der psychischen Entladung leer, die Gedanken schwammen ruhig, ein wenig traurig. Vielleicht war das der Abend, an dem er erkannte, dass alles verschwinden würde. Doch so war es eigentlich auch nicht. Er legte das Kinn in die Hand. Eine Griechin saß neben ihm im Fenster und betrachtete ihn mit forschenden Augen, ihr Name war K, und sie machte sich wohl Gedanken über ihn, den ugandischen Flugkadetten, der eben noch schwerelos im Licht gehangen hatte, in der vor Menschen wimmelnden, ihn anfeuernden Kurve des Olympiastadions. Sie trank einen Schluck Sekt und küsste ihn, berauschter und leichtsinniger, als sie normalerweise war, wenn sie sich in Hotelzimmern oder Parks trafen. Er dachte, dass die Leere nach dem Sieg auch wie Wind war, wie der Wind, war alles nur der Wind gewesen? Es war ein so stiller, wundersamer Abend wie nach einer Katastrophe. Er vermisste es, mit John unter den Bäumen zu gehen. In weniger als einem Jahr würde er ein fertig ausgebildeter Pilot sein. Er verlor sich in dem Kuss, in ihr, die etwas Verlorenes an sich hatte in dieser Nacht, der nahenden Nacht – etwas Neues und Verletzliches in ihrer Wesensart. Es war, als bewegte er sich entlang der Kante von etwas. Draußen leuchtete Athen blaugrün, eine Stadt auf dem Meeresgrund. Über einer Brache auf der gegenüberliegenden Straßenseite hing ein großes Schild mit einem Text im Scheinwerferlicht. *Ganz Griechenland ist eine Baustelle* – einer dieser Slogans der Militärjunta und eine der Eigenheiten der Diktatur, an die er manchmal dachte, dass dieses Militär hunderte Touristenhotels in Athen und auf den Inseln im Ägäischen Meer erbauen ließ. Er lächelte und nahm die Flasche aus Ks Hand. Ihre Finger verweilten an seinen. Er sprach Griechisch mit ihr und spürte, dass er viele Personen in einem Körper war. Ein Junge, der eines Abends ins Gras hinausläuft. Ein junger Mann, der sich auf einem Schulhof prügelt. Die bewundernswerte Waffe der Himmel. Er lachte auf, und als sie ihn fragte, woran er dachte, antwortete er, dass er sein Land vermisse, wusste jedoch nicht, ob das wirklich stimmte. Er erklärte, dass er früher Priester habe werden wollen, das ist wahr, aber sie lachte darüber und glaubte ihm nicht, denn er sei so sehr Militär, so sehr Pilot, sie könne sich ihn einfach nicht als etwas anderes vorstellen, sagte sie. Er atmete einen Rauchstreifen in die Nacht hinaus. Er sprach über seine Kindheit, sein Heimatland, er erzählte ihr, dass er bei seinem großen Bruder wohnte, der ihn schlug, aber er konnte nicht alles aussprechen, was der Mann getan hatte, konnte es nicht in Worte fassen. Es war eine jener Nächte, in denen das Leben zu tief, zu lang, zu groß ist, eine Nacht, die wie ein Traum oder eine Erinnerung war, noch während es sie draußen vor seinen Augen gab. Er blinzelte, rieb sich die Augen. Sie hatten seinen Namen gerufen, als er sich vor seinem letzten Versuch, dem Siegessprung, konzentrierte – wahrscheinlich hatte ihn einer seiner Klassenkameraden im Publikum als Erster gerufen, doch der Ruf war von anderen aufgenommen worden und erschallte immer lauter, und plötzlich hatte das ganze Olympiastadion immer und immer wieder seinen Namen skandiert, während er den Anlauf abgemessen hatte und losgelaufen war und absprang und abhob.

Altostratus. Blaue Wolkenschicht, streifig. Die Sonne ist erkennbar wie durch mattes Glas.

Er ging mit seinem Helm unter dem Arm über die Landebahn, schon lief ihm Schweiß über das Gesicht. Eigentlich war er zu groß für die modernen Kampfflugzeuge, und wenn er Grieche gewesen wäre, hätte man ihn ausgemustert, aber da er die Tests in Uganda durchlaufen hatte, bemerkten die Griechen es erst jetzt, in der letzten Phase seiner Ausbildung: Jemand hatte seine Papiere durchgesehen und schockiert begriffen, falls er sich jemals mit dem Schleudersitz hinauskatapultieren müsste, würde er sich die Kniescheiben am Instrumentenbrett zertrümmern. Er strich mit der Hand über die Nieten unter dem Flügel. Er klopfte gegen die matte Fläche des Aluminiums und lauschte. Er wusste nicht, worauf er lauschte, aber er tat es. Er achtete darauf, dass keine Blätter und kein Sand im Lufteinlauf der Düsentriebwerke lagen. Er bürstete mit der Hand, streichelte die blanke Fläche der Maschine. Er kletterte in das Cockpit, schnallte sich an und klappte die Kanzelhaube herab, während er auf die Startbahn rollte. Er erhöhte die Treibstoffzufuhr, das Flugzeug erzitterte vor gebändigter Kraft, er sprach über Funk mit dem Kontrollturm. Das Glas des unbeweglichen Himmels. Er gab Gas, löste die Bremsen, sein Kopf wurde gegen die Nackenstütze gepresst, die Landschaft sank nach hinten. Alles fiel zurück. Sehen, wie die Erde sinkt. Die Welt sinken zu sehen. Der Himmel trug ihn.

Cumulus. Haufenwolke mit scharfen Konturen, die in die Höhe wächst, in Hügeln, Kuppeln, glänzenden weißen Türmen. Dunkle, horizontale Basis.

Formationsflug. Halb verborgen hinter einem Sonnenreflex im Glas der Kanzel sah er die T-37 der anderen in einer Reihe, schräg angewinkelt, über Bergen. Er zog den Steuerknüppel zu sich heran, stieg auf aus dem Sturm aus Silberflocken, die funkelten, funkelten.

Er erwachte in seinem Bett, mitten in einem tiefen Einatmen. John war stolz auf ihn, das schrieb er in seinen Briefen. Kurz vor Morgengrauen. Er schob sich aus dem Etagenbett herab, ganz vorsichtig, um die anderen nicht zu wecken, stellte sich ans Fenster und blickte zum dunklen Winterhimmel hinaus. Ende Neunzehnhundertsiebzig. Er war tief im Sonnentunnel des Düsenjetfliegens. Die Griechen hatten ihm angeboten, stattdessen Hubschrauber- oder Transportflugzeugpilot zu werden, aber er hatte die Hacken zusammengeschlagen, das Kreuz durchgedrückt und mit lauter Stimme das Wort ergriffen – er hatte dem Verwaltungsbeamten hinter seinem Schreibtisch fast schon zugerufen, dass er Kampfpilot war, Sir. Er fürchtete nicht den Tod im engen Sitz des Düsenflugzeugs, er fürchtete, nicht die tödliche Waffe des Himmels, der Sohn der Sonne, seines Landes stolzer Held sein zu dürfen. Er stand da, die Stirn gegen das Fenster gelegt, und sein Atem ließ die Scheibe beschlagen. Es war ein wenig kühl. Er dachte an seinen Vater, an dessen Gesicht er sich nicht erinnerte – er war nur drei oder vier Jahre alt gewesen, als er die Nachricht von seinem Tod erhalten hatte: Einer seiner vielen Brüder, F, hatte ihn eines Tages beiseite genommen und gesagt, »Unser Vater ist tot«. Er hatte es nicht begriffen. Er erinnerte sich, dass er sehr hungrig gewesen war und an jenem Tag beim Abendessen viel gegessen hatte, weil kein anderer Appetit zu haben schien. Ein paar Tage später war er mit dem Bruder, der seine Kindheit zu einer Hölle machen sollte, aus dem Haus seiner Mutter ausgezogen. Er atmete, setzte die Hand in das Weiche, Verschwommene. Als er sie fortnahm, glich der Abdruck gespreizten Federn, Schwungfedern.

Die Cessna T-37 war ein leichtes, zweisitziges Schulflugzeug, ursprünglich entwickelt von der amerikanischen Luftwaffe. Sie verfügte über zwei Continental-Teledyne J69-T-9 Turbojetmotoren, in Lizenz hergestellt von der französischen Firma Turbomeca Marboré. Das Leergewicht lag bei zwei Komma siebenundzwanzig Tonnen, die Höchstgeschwindigkeit betrug sechshundertachtundzwanzig Kilometer in der Stunde. Die Sitze waren nebeneinander montiert, so dass Schüler und Ausbilder enger interagieren konnten als in einem Flugzeug mit Sitzen in Tandemstellung. Die obere Grenze für Flüge in großer Höhe lag bei fünfundzwanzigtausend Fuß.

Altocumulus. Große Schäfchenwolke. Beschattete, grauweiße Felder, blendender Sonnenschein zwischen den Wolkenschichten.

Die Motoren der T-37 waren selbst im Vergleich zu denen regulärer Kampfflugzeuge extrem laut: Wenn die Luft in die schlanken Turbojetmotoren der Maschine gesogen wurde, gaben sie einen mächtigen, kreischenden Ton in hoher Frequenz von sich, und das Bodenpersonal, das in der Nähe startender oder landender T-37 arbeitete, trug Ohrenschützer, um nicht taub zu werden.

Erschöpfter Schlaf. Er raste über Himmel, durchkreuzt von Wurfbahnen, Parabeln, Kurven.

Es gab eine Flugübung, bei der man die Glashaube der Kanzel von innen mit schwarzem Stoff abdeckte und nur noch nach Radar und Höhenmesser flog. Man schoss durch eine kompakte Dunkelheit.

»Warum sind Sie zurückgekehrt?«

Das kleine Vernehmungszimmer ist feucht und klamm, als hinge die Nacht noch in den kahlen Wänden, von denen die Farbe abblättert. P massiert seine nackten Arme. »Warum sind Sie nach Afrika zurückgekehrt?« P pflückt ein paar Läuse aus seinen Haaren, presst die Hände zwischen die Knie, um sie zu wärmen und damit sie nicht mehr zittern. Sein Körper ist eine hohle Skulptur aus trockenem Ton. Er kaut auf seinen Fingernägeln. Er ist nicht dieser nackte, juckende, hustende, weinende Körper. Seine Haut riecht nach Alkohol. Ein Wärter hat ihm am Vortag einen nassen Wattebausch gegeben und ihn angewiesen, sich mit der Flüssigkeit einzureiben, um die Läuse loszuwerden. Seine Unterhose ist nass. Der Wärter hat auch sie in Alkohol getränkt. Der Vernehmungsleiter sieht ihn an und lacht auf. P kommt der Gedanke, dass dies alles von Seiten der Tansanier nur Theater ist und dass der Brief, in dem ihm eine Stelle in der Nähe von Lusaka in Aussicht gestellt wurde, auch Teil der Inszenierung war. Er denkt, dass der sambische oder tansanische Geheimdienst eines seiner Bewerbungsschreiben in die Finger bekommen und beantwortet hat, um ihn hierher zu locken.

»Für wen arbeiten Sie?«

»Ich soll Sprühflugzeuge fliegen. Sie haben den Brief doch selbst gesehen.«

»Sie waren in Europa. In Rom. Sie waren in Italien, einem Natoland. Sie haben in einem anderen Natoland eine militärische Ausbildung durchlaufen. Sambia ist eine sozialistische Republik. Sie haben sich dafür entschieden, nach Afrika zurückzukehren, um Obstplantagen zu besprühen.«

»Ja.«

Der Wärter, der hinter ihm steht, legt einen Arm um seinen Hals und zieht ihn nach hinten, so dass er keine Luft mehr bekommt. P tritt mit den Beinen unter dem Tisch und versucht sich frei zu winden, der Vernehmungsleiter ist mit dem Studium seiner Akten beschäftigt.

»Wir möchten, dass Sie uns sagen, für wen Sie arbeiten. Danach dürfen Sie gehen.«

P wird schwarz vor Augen, er bekommt das Gefühl, dass seine Kehle zermalmt wird wie ein dicker Stiel, den jemand mit bloßen Händen bricht, seine nackten Fersen scharren über den Zementboden. Der Vernehmungsleiter gibt dem Wärter ein Zeichen, der daraufhin seinen Griff löst und einen Schritt zurückweicht.

»Was haben Sie gedacht, als Sie erfuhren, dass Obote gestürzt wurde?«

P lehnt sich über den Tisch. Hustet. Er versucht sich an diese Tage zu erinnern. Aus heutiger Sicht begreift er nicht, dass er den Putsch nicht hatte kommen sehen, dass er so blind sein konnte. Er entsinnt sich eines anderen Tags. K kam auf ihn zu, ihre Haare wehten im Licht der Straßenlaternen, und ihr langer, schwarzer Rock flatterte um ihre Beine, sie setzte sich neben ihn, sie sagte seinen Namen, sie war zwei Jahre jünger als er, sie studierte Literatur an der Universität, und als sie seinen Namen aussprach, war es, als würde er in Wolken und Sonnenschein gehüllt, in Momenten wie diesem dachte er manchmal, dass er bei ihr bleiben wollte, statt nach Uganda zurückzukehren, um dort Ausbilder von Piloten zu werden. Sie saßen auf einer Parkbank im Zentrum Athens, auf dem Syntagma-Platz vor dem Parlament, es war kalt, er trug eine Pilotenjacke, die olivgrüne mit dem orangefarbigen Futter. »Musst du nach dem Examen abreisen?« Die Vögel pickten Krümel von den Cafétischen.

Er versucht sich zu erinnern. Der Vernehmungsleiter sieht ihn an. Er entsinnt sich, dass er über die metallene Haut der Todesmaschine strich, über die Ausbuchtungen der Nieten, wie er ein wenig Sand aus dem Lufteinlauf bürstete, dass er stets eine zweite Runde um die Maschine herumging und alles nochmals kontrollierte, hier klopfte und lauschte, dort klopfte. Er erinnert sich, dass er eines Tages mit dem Kopf zwischen seinen Beinen und dem Blutgeschmack vom Laufen im Mund im Staub saß und ihm die Tränen kamen und es sich anfühlte, als liefen die Peitschenhiebe aus ihm heraus, und seine Kindheit, alles, als strömte eine große Vergebung und Gnade in das Universum. Es war der letzte Winter vor seiner geplanten Rückkehr nach Uganda. Am siebten April Neunzehnhunderteinundsiebzig würde er ausgebildeter Kampfpilot und Offizier der ugandischen Luftwaffe sein.

»Nehmen Sie sich eine Zigarette.« Der Vernehmungsleiter wirft eine Schachtel auf den Tisch. P zieht eine Zigarette heraus und steckt sie sich zwischen die Lippen. Er hat natürlich kein Feuerzeug, schaut sich um und überlegt, den Vernehmungsleiter um Feuer zu bitten, traut sich aus einer diffusen Furcht heraus jedoch nicht. »Sind Sie so schlecht erzogen?«, faucht der Vernehmungsleiter den Wärter an. »Jetzt geben Sie dem Mann schon Feuer«, und der Wärter beugt sich vor und zündet seine Zigarette an. P weiß nicht, ob es derselbe Mann ist wie bei seiner gestrigen Vernehmung oder ein neuer, er hat ihre Gesichter im Grunde nicht gesehen. Er raucht hastig ein paar Züge.

»Was haben Sie gedacht, als Sie von dem Militärputsch gehört haben?«

Was hatte er gedacht. Er lungerte halb liegend auf einer Bank vor dem Haupteingang der Akademie. Er trug eine lange Hose und einen Pullover, es war ein kalter Tag im Januar, drei Monate blieben ihm noch bis zum Examen, er starrte ins Grau hinaus und wartete, dass sich sein Puls beruhigte. Er hatte die Hände hinter dem Kopf gefaltet, war knapp zehn Kilometer gelaufen. Ein griechischer Kadett aus dem ersten Ausbildungsjahr, eine Kaulquappe, näherte sich ihm joggend und blieb vor ihm stehen.

»Bist du nicht einer der Kadetten aus Uganda?« P gähnte demonstrativ, bevor er antwortete. »Ja«, sagte er, »ja, Kaulquappe, das bin ich.« Die Donnerschläge beim Durchbrechen der Schallmauer durch die F-86er, mit denen die fertig ausgebildeten Griechen flogen, verhallten über der Flugbasis.

»Entschuldige die Störung.« Die Kaulquappe stand mit den Händen hinter dem Rücken vor ihm, ein junger Bursche mit schlankem Gesicht, großem Kinn und halb offenem Mund, er trippelte verlegen auf der Stelle und schaute zu Boden. »Ich hatte letzte Nacht Wache«, sagte er, wurde aber davon unterbrochen, dass eine ganze Gruppe von Kaulquappen um die Ecke bog. Das Geräusch ihrer Schritte auf dem Kies wurde lauter und verebbte wieder. *Psarades.* P blieb regungslos liegen, sein Blick schweifte in die Ferne.

»Ich habe im Radio gehört, dass es in Uganda einen Staatsstreich gegeben hat.« P schielte jetzt unter halb geschlossenen Lidern zu ihm hinüber und spürte eine Taubheit in den Körper einsickern. Was dachte er. Er dachte nichts. »Ein Militär namens Idi Amin hat die Macht ergriffen.« Er dachte nichts, nicht in diesem Moment. Noch ein Flugzeug donnerte über ihnen vorbei.

»Idi Amin?«, sagte er. Er versuchte sich vor der Kaulquappe unbeeindruckt zu geben, reiner Instinkt. »Husseins Onkel? Amin?«, murmelte er vor sich hin und ließ sich der Kaulquappe zuliebe zu einem kurzen, verächtlichen Lachen hinreißen.

»Ja, ich glaube, das haben sie gesagt. Idi Amin.« Der Jüngling konnte seinem Blick nicht begegnen, er stand bloß vor ihm, hatte den Kopf ein wenig gesenkt. Plötzlich grüßte er unbeholfen, unsicher, machte auf dem Absatz kehrt und entfernte sich joggend über den Kasernenhof – seine Turnschuhe knirschten auf dem Kies, das Geräusch jedes Schritts war in der Winterluft einzeln ausgeschnitten. P stand langsam auf. Wenn er nun, fast ein Jahr später, an jenen Tag zurückdenkt, fragt er sich, ob er nicht trotz allem eine politische Veränderung in Uganda geahnt hatte, ob er nicht, ohne bewusst zu verstehen, dass er es wusste, letztlich doch gewusst hatte, dass sich dort ein Militärputsch anbahnte, denn manche Dinge, die er nicht begriffen hatte, passten plötzlich ins Bild: ein eigentümlicher Ton in Johns Briefen der letzten Zeit, ein Attentat auf Obote im Vorjahr, kleine Verschiebungen im Konversationston zwischen den Ugandern und in ihrer Körpersprache, wenn sie den Arm um den Hals eines anderen gelegt und ihn an sich gezogen hatten, mit Gewalt, und etwas im Gelächter und in den Scherzen und Husseins Blick, wenn sie zu ihm sagten, er sei kein Pilot, sondern, na, was schon, ein Chauffeur, ein Hubschrauberchauffeur.

P schloss und öffnete die Hände, während er die Treppe vor dem Akademiegebäude hinabging, seine Finger waren betäubt, gleichsam wie Stein, versteinert. Er dachte, Idi Amin, der Befehlshaber des Heeres und der Luftwaffe, Husseins Onkel? Er stieg die Treppe hinunter. Er blieb stehen und lehnte sich an das Geländer.

»Ich bekam Angst.«

Der Vernehmungsleiter hat sich ebenfalls eine Zigarette angezündet, die er in kurzen Zügen pafft, er scheint nicht regelmäßig zu rauchen.

»Sie gingen in dieselbe Klasse wie Hussein, Amins Neffe, ist das richtig?«

»Ja.«

»Was hat Hussein gesagt?«

»Ich erinnere mich nicht.«

»Es will mir einfach nicht in den Kopf, warum Sie so halsstarrig lügen. Es ist Ihr Volk, das in Uganda stirbt. Arbeiten Sie noch für die Griechen? Oder für die Amerikaner? Wer hat Sie nach Lusaka geschickt?« Der Vernehmungsleiter dreht sein rundes Gesicht von Seite zu Seite, als lauschte er auf etwas, als könnte er Ps Gedanken hören, die sich wirr und in panischer Furcht im Kreis drehen. »Sie arbeiten für die Amerikaner?«

»Sie sind verrückt«, erwidert P und reißt den Mund so weit auf, dass der Rauch aus seinem Mund qualmt.

»Sie arbeiten für die Amerikaner.«

»Warum sollte ich für die Amerikaner arbeiten? Lassen Sie mich nach Rom zurückreisen.«

»Sie hätten nicht nach Afrika zurückkehren sollen.« Der Mann lehnt sich auf seinem Stuhl zurück und zeigt mit seiner brennenden Zigarettenglut auf P, zunächst drohend, aber dann werden seine Mimik und seine Körpersprache verständnisvoll. »Ich möchte Ihnen etwas erklären. Hier in Tansania sind wir Sozialisten. Genau wie in Sambia. Wir bekämpfen die

Imperialisten. Den Imperialisten haben wir es zu verdanken, dass Amin an die Macht gekommen ist. Sie haben ihn eingesetzt. Großbritannien, Frankreich, die USA und so weiter. Ihre Freunde, Griechenland. Sie erkennen sein Regime als rechtmäßig an, das tun wir nicht, genauso wenig wie unsere Genossen in China und in der Sowjetunion. Den Briten hat es nicht gepasst, dass Obote so viel Wirbel um ihre Waffenverkäufe nach Südafrika gemacht hat, ist Ihnen das bekannt?«

»Nein.«

»Natürlich nicht.«

P ascht auf den Fußboden und bemerkt, dass sie nicht einmal die Kippen von der letzten Vernehmung weggefegt haben.

»Ich habe Hunger.«

»Erzählen Sie mir, warum Sie nach Afrika zurückgekehrt sind.«

»Ich wollte fliegen.«

»Obote hat gedroht, aus dem Britischen Commonwealth auszutreten, falls die Briten ihre Waffenexporte nach Südafrika wiederaufnehmen sollten. Jetzt haben sie es getan, Amins Segen haben sie.«

Der Vernehmungsleiter schweigt mit offenem Mund und betrachtet P. Er bewegt das Kinn seitlich, mechanisch kauend, die Muskeln in seinem sehnigen Hals spielen unter der Haut. Er sagt: »Im Zweiten Weltkrieg führten die Briten in Uganda Volkszählungen durch.« Er verstummt. Vielleicht versucht er sich an die Geschichte zu erinnern. »Die Völker in den Kolonien wurden im Hinblick auf ihre Fähigkeit bewertet, als Soldaten in der britischen Kolonialarmee zu dienen, und es wurden ihnen gewisse Eigenschaften zugeschrieben – eine Veranlagung, mit Gewehren zu zielen und zu schießen, die Veranlagung zu führen oder geführt zu werden, körperliche Statur, Intelligenz, Aggressivität. Sind Sie aggressiv und ungehorsam?«

P wirft verstohlen einen Blick nach hinten. Der Wärter steht an die Wand gelehnt, ein Schatten.

»Sehen Sie mich an, wenn ich mit Ihnen spreche.« P dreht den Kopf, langsam. »Sie wurden von diesen Volkszählungen erschaffen. Die Briten gebaren Völker, wo es zuvor nur lose verwandte Clans und Stämme gegeben hatte. Bevor die Briten anfingen, sie als ein solches zu verwalten, hatten die Acholi überhaupt keine Vorstellung von sich selbst als Volk. Ausgerechnet die Acholi und die Langi waren die beiden Völker, die von den Imperialisten für ihre Armeen rekrutiert wurden. Fragen Sie mich, warum?«

P zuckt mit den Schultern.

»Sie wollen wissen, warum?«

Er hat das Gefühl, dass der Wärter ihm gleich mit dem Pistolenkolben ins Genick schlagen wird. Eine Fliege surrt um die Glühbirne an der Decke.

»Man wählte die Soldaten nach ihrer Körpergröße aus, als wären sie Vieh. Das wart ihr auch, und das seid ihr geblieben. Vieh, das sie in ihren Kriegen opfern. Das liegt auf einer Linie mit der Strategie und Denkweise der Imperialisten. Die westnilotischen Völker, zu denen Amin gehört, wurden ausgemustert, weil sie im Schnitt kleiner sind als Acholi und Langi. Verstehen Sie, was ich Ihnen sage? Ich lehre Sie Ihre Geschichte.« P zwinkert schnell, begreift nicht, wozu das gut sein soll. In seinem Inneren hört er das Rasseln von Schlössern und der Gittertüren zu den Zellen.

»Das Königreich Buganda und gewisse andere Bantu-Völker bildeten mit ihren zentralistischeren Gesellschaften dagegen eine wirkliche Bedrohung für die britische Souveränität, und deshalb wollten die Briten deren junge Männer nicht in Kriegsführung ausbilden. Und so weiter. Die Acholi und Langi wurden zufällig als geeignete Soldaten betrachtet, und als Uganda selbständig wurde, habt ihr eine militärische Organisation geerbt, die von Rivalitäten zwischen den einzelnen Stämmen und von Misstrauen durchzogen war und die in Anbetracht dessen, wie der Rest der Nation aussah, monströs war. Sie ist ein Monster. In eurer neugebildeten Armee gehörte fast die Hälfte aller Soldaten und Offiziere der Volksgruppe der Acholi an, die lediglich ein knappes Zwanzigstel der gesamten Landesbevölkerung stellt. Ein weiteres Viertel wurde aus Ihrem Stamm rekrutiert, den Langi, zu denen auch Obote gehört.«

Die Dinge, die der Vernehmungsleiter sagt, sind P nicht wirklich neu, aber in Politik, in Geschichte, in allem, was nicht zu seinem eigenen, privaten Leben gehört, kennt er sich alles andere als gut aus.

»Bilden Sie sich etwa ein, dass Sie auf Grund Ihrer Begabung für die Pilotenausbildung ausgewählt wurden?« Der Vernehmungsleiter lacht auf. »Sie sind Langi. Sobald Sie auf der Militärbasis auftauchten, nahmen Ihre Stammesbrüder Sie unter ihre Fittiche. So wie sie es von den Briten gelernt haben.«

P blickt auf seine Hände herab, auf die Linien und Furchen in ihnen. Viele der hohen Militärs, denen er in jenen fernen Tagen begegnete, als er die Tests durchlief, waren natürlich Langi gewesen, und viele der jungen Männer, die sich durchsetzten, waren Langi oder Acholi gewesen. Aber das lag daran, dass sie in den Tests am besten abschnitten, war es nicht so? Er streicht sich mit dem Daumen über den Handteller, hebt die Hand, wischt sich den Schweiß aus der Stirn. Die ethnischen Konflikte, die Uganda jetzt zerfleischen, hat er im Grunde immer nur instinktiv erfasst, mit Hilfe einer Hypersensibilität, die er in seiner Kindheit lernte, und obwohl er seit dem Putsch täglich an die Sprenglinien aus Blut gedacht hat, die durch sein Heimatland verlaufen, hat er das Gefühl, erst in diesem Moment zu erkennen, dass er tatsächlich mit solchen holzschnittartigen Vorstellungen über verschiedene Völker aufgewachsen ist, wie sie der Vernehmungsleiter angesprochen hat: Was er wusste, war, dass Westniloten listig und hitzköpfig sind, dass Baganda habgierig und faul sind.

»Obote.« Der Vernehmungsleiter mustert ihn. »Jetzt kommen wir zu Ihrem Feind.«

»Er ist nicht mein Feind.«

»Er hat versucht, die verschiedenen Völker Ugandas zu einem einzigen zusammenzuschweißen. Darum ging es ihm, als er durch das Land reiste und Reden hielt. Als die Leute in Ihrem Heimatdorf seine Ausrüstung zerstörten. Ihr seid Reaktionäre. Ihr Langi. In dem Punkt ähnelt ihr Amin. Ihr seid von Natur aus konservativ und ewig Gestrige, ihr seid von den Briten begünstigt worden, genau wie die Inder und Pakistani, die heute alle Geschäfte und Textilfabriken Ostafrikas besitzen. Euch fehlt politisches Verständnis, weil ihr einer Gesellschaftsschicht angehört, für die Blindheit eine Voraussetzung für die Privilegien ist, die ihr genießt. Ihr seid Parasiten. Ihr vermehrt euch in der Dunkelheit. Ihr verschwört euch. Ihr bootet alle aus, die nicht zu eurem Stamm gehören. Ihr seid nur deshalb gegen Amin, weil er eure wahre Natur gesehen hat. Ihr habt Obote gehasst, weil er zu eurem eigenen Volk gehörte, aus dieser Blindheit jedoch ausbrach und anfing, für die ganze Nation zu arbeiten. Er war ein großer Führer. Er war der Julius Nyerere eures Landes.«

P kennt diesen Namen, Nyerere. Tansanias Präsident, er arbeitete mit Obote zusammen. Obote ist seit dem Putsch in

Tansania im Exil, höchstwahrscheinlich hält er sich sogar hier in Daressalam auf, vielleicht in einem Hotel, das nur einen oder zwei Kilometer von diesem engen Raum entfernt liegt.

»Ich hatte nichts gegen Obote.«

Der Vernehmungsleiter blättert in seiner Mappe. »Sind Sie ihm einmal begegnet?«

»Obote?«

»Amin.«

»Ob ich Amin begegnet bin?«

»Eine simple Frage.«

»Ich habe Hunger.«

»Möchten Sie etwas essen?«

»Ja.«

»Sind Sie Amin begegnet?«

»Nein.«

»Niemals? Ich auch nicht.« Der Vernehmungsleiter starrt einen Augenblick ins Leere. P hüstelt kurz, sein Hals tut noch weh vom Würgegriff des Wärters. Neunzehnhundertsechsundsechzig, ein Jahr, bevor er nach Griechenland geschickt wurde, schlug das Militär einen Aufstand der primitiven Bantu-Königreiche nieder, was die Spannungen zwischen den Bantu-Völkern auf der einen und den Acholi und Langi auf der anderen Seite extrem steigerte. Im Anschluss änderte Obote die ugandische Verfassung so, dass die traditionellen Königtümer vollständig aufgelöst wurden und jegliche reale Macht verloren. Diese Macht bündelte er stattdessen in seinen eigenen Händen. Jetzt nutzt Amin die überproportionale Vertretung von Langi und Acholi im Militär aus und deutet genau wie der Vernehmungsleiter vorhin an, dass eine von Obote angezettelte Verschwörung die Absicht verfolgt habe, alle, die keine Langi oder Acholi waren, aus dem Militär auszuschließen.

Amins Stimme ist das ganze Jahr über in diversen Ausschnitten in alle Welt gedrungen, der BBC gefällt es, seinen Scherz darüber zu wiederholen, dass keiner schneller läuft, als eine Pistolenkugel fliegt, aber seine Reden enthalten auch immer Drohungen gegen die Völker Acholi und Langi, genau wie gegen die im Lande lebenden Inder und Pakistani. P kratzt sich mit den Fingernägeln über seinen nackten, juckenden Brustkorb. Er denkt, dass die Politik eine Art Labyrinth ist, ein Haus, in dem die Türen und Wände ständig den Platz wechseln.

Amin hörte er zum ersten Mal an jenem Tag im Radio sprechen, an dem er von dem griechischen Kadetten die Neuigkeit vom Putsch erfahren hatte. Er war zur Mannschaftsunterkunft gegangen und hatte sich auf sein Bett gesetzt, einer seiner Klassenkameraden war da, ein Acholi. P hatte ihm die Neuigkeit erzählt, und sie hatten beide versucht, von einem Münzfernsprecher im Korridor aus ihre Verwandten anzurufen, waren aber nicht durchgekommen. Sie lauschten vor Husseins Transistorradio sitzend den Nachrichten der BBC. Sie warteten darauf, etwas über Uganda zu hören. Sie saßen einander gegenüber, ohne zu sprechen. Die trockene Stimme verlas Cricketergebnisse und Kulturnachrichten, es war Abend geworden, leiser Regen klatschte auf die Fensterbleche, andere Kadetten aus ihrem Jahrgang gingen im Korridor vorbei, Tunesier, Ägypter und Libyer, einige von ihnen hatten die Nachricht von Amins Putsch gehört und lehnten sich kurz gegen den Türpfosten und fragten, ob sie etwas wüssten, aber P und sein Klassenkamerad schüttelten die Köpfe und schickten sie fort. Hussein und die anderen Ugander, mit denen sie sich das Zimmer teilten, hatten Wachdienst. Von den übrigen Ugandern auf der Akademie war nichts zu sehen. Vielleicht saßen sie Radio hörend in ihren eigenen Zimmern. P stand auf und stellte sich ans Fenster, draußen hüpften Vögel umher, die scharfen Spitzen ihrer Schnäbel pickten in dem winterharten Schotter. Er schob die Hände ineinander, seine Finger fühlten sich immer noch taub und tot an, und er spreizte sie, woraufhin sie sich unerprobt und neu oder eventuell auch wie die Finger eines sehr alten Mannes anfühlten. Er stützte sich auf das Fensterbrett. Seine Knie schlotterten. Er wollte nicht sterben. Er dachte, dass es vielleicht gar nicht stimmte und es sich nur um ein Gerücht handelte, das Flügel bekommen hatte. Er hörte das Blut durch seinen Kopf rauschen wie Wind. Alles war weit entfernt. Der Kasernenhof draußen, auf dem er ein ganzes Jahr gelaufen war, die Unterkunft, in der sein Körper an einem Fenster stand, beides war weit weg. Er setzte sich wieder aufs Bett.

»Wir sind ihm einmal begegnet.«

Sein Klassenkamerad blickte auf.

»Wem?«

»Idi Amin.«

»Du bist ihm begegnet?«

»Ich habe beim Essen am selben Tisch gesessen wie er. Es ist mir gerade wieder eingefallen. Er hat in Uganda unsere Kaserne besucht, als wir unseren Militärdienst abgeleistet haben. Erinnerst du dich nicht? Im Sommer? Dass er zu Besuch kam? Er zeigte in der Messe auf mich, in der Essensschlange, und sagte, ich solle ihm Gesellschaft leisten. Weil ich groß war.«

Sein Klassenkamerad lachte nervös, ertappte sich dabei und verstummte. Sie konnten sich nicht in die Augen sehen, es hatte sich etwas verschoben, ihre Blicke waren nackt und irrten unruhig umher.

»Was hat er gesagt?«

»Wir saßen uns gegenüber und aßen. Es waren auch noch andere an dem Tisch. Er wollte uns zeigen, dass er mit den einfachen Soldaten zusammen essen konnte. Dass er einer von uns war.«

Sie warteten. P stellte sich erneut ans Fenster. Als er vorhin die Treppe vor dem Haupteingang hinuntergestiegen war, hatte er beschlossen, nicht nach Uganda zurückzukehren, doch nun wusste er nicht recht. Er dachte, dass vielleicht alles halb so wild war und es sein Leben letztlich wahrscheinlich nicht beeinflussen würde. Um acht kam eine kurze Meldung über ein Ausgangsverbot in der ugandischen Hauptstadt Kampala. Den ganzen Tag über hätten heftige Kämpfe getobt, und am Vorabend sei es zu einem Staatsstreich gekommen. Die BBC sendete einen kurzen Ausschnitt aus einer Rede, die Amin im ugandischen Rundfunk gehalten hatte und in der er auf Englisch erklärte, er sei Soldat, kein Politiker, und habe Obote gestürzt, um sicherzustellen, dass die Korruption im Land ein Ende habe. Es sollten Neuwahlen abgehalten werden. Menschen hatten grüne Zweige vor die Panzer der Armee gelegt. Als die Nachrichtensendung vorbei war, schaltete P das Radio aus. Sein Klassenkamerad, der mit ihm über den Krieg und die Aussicht gesprochen hatte, dass sie unter Umständen gezwungen sein würden zu töten, dass ihre Ausbildung darauf hinauslief, kratzte sich mit den Fingern am Kopf und meinte:

»Ich kann nicht zurückgehen.«

»Das hält höchstens ein halbes Jahr«, sagte P. »Wir bleiben hier. Wir warten.«

Er bittet den Vernehmungsleiter um seine Kleider und erneut um etwas zu essen oder zumindest ein heißes Getränk. Er reibt sich über die Arme, fröstelt.

»Was haben Sie und die anderen in den Tagen nach dem

Putsch getan?« Der Vernehmungsleiter spricht jetzt in einem müden und ungeduldigen Ton.

»Wir sind geflogen. Alles war wie immer. Ich versuchte das Krankenhaus anzurufen, in dem John arbeitete. Mein ältester Bruder.«

»Er ist noch in Uganda?«

»Ja«, antwortet P, ja, seine ganze Familie sei noch dort, in der Diktatur, seit dem Putsch habe er nichts mehr von ihnen gehört, er wisse nicht, ob Amins Regime sie getötet habe. »Ich bin nicht durchgekommen«, erläutert er, und die Worte fühlen sich hohl und schwer an. Als er die Augen schließt, sieht er ein Bild in seinem Inneren. Zertrampelte Schädel, Blut, das von Erdfußböden aufgesogen wird.

»Was haben die anderen Ugander gesagt?«

»Die meisten meinten, sie hätten Angst davor, nach dem Examen heimzufahren.«

»Hussein hat sich über die Neuigkeit gefreut.«

»Ich erinnere mich nicht.«

Details aus den Tagen nach dem Putsch, Augenblicke und Momente so scharf wie Fotos, aber dennoch traumartig, weil sie aus dem Zusammenhang gerissen waren: Er ging über den Kasernenhof, und der Himmel wurde rasch dunkler, als glitte eine rußige Glasscheibe vor die Sonne, vielleicht, weil ein Sturm aufzog, vielleicht auch, weil das nicht wirklich geschah, sondern nur in seinem Inneren. Er stand an einem Wochenendnachmittag auf einem Bürgersteig, und es kam Wind auf und Papierzettel und Blätter hoben vom Erdboden ab, als wären sie auf einmal schwerelos. An jenem Tag hatte die BBC berichtet, Amin habe die Armee in Gefechtsbereitschaft versetzt, die Spannungen zwischen Uganda und Tansania nähmen an Schärfe zu, Amin beschuldige Tansania, einen Angriff zu planen, und ugandische Kampfflugzeuge patrouillierten an der Grenze.

Eine knappe Woche nach dem Putsch flogen sie in Formation über dem Meer, durch einen Regensturm. Als er über die Wolkendecke stieg, lief das Wasser wie Tränen über die Glashaube der Kanzel. Er spürte das Schwanken des Horizonts und schaute auf die weißen Schluchten hinaus. Die Dünung des Funkgeräts knisterte in seinen Ohren, er las die Instrumente ab, die Beschleunigung presste das Blut in die Füße und machte sie schwer wie Eisen.

»Korrigieren Sie Ihre Position, Kadett.«

Er wandte das Gesicht nach oben, und die Sauerstoffmaske mit ihrem dicken, geriffelten Gummischlauch zischte. Die Maschine des Staffelführers stieg in die Sonne, die blitzte wie ein Strauß Messer. Es war sein letzter Flug. Es ist ein Mal in ihm. Dass noch Zeit gewesen, von einer anderen Lösung zu träumen.

Er saß in einer Villa außerhalb des Akademiegeländes und blickte durch das Fenster auf die nackten Zweige des Gartens hinaus, die sich wie verlaufene, schwarze Tusche in den Abend streckten, auf die Sträucher mit ihren von der Kälte gelb verblichenen Blättern. Eine knappe Woche war seit dem Militärputsch vergangen, und er hatte an jenem Morgen einen Brief von John bekommen, der aufgeschlitzt und wieder zugeklebt worden war. Er fuhr sich mit den Händen über das Gesicht. Ein fließendes Gefühl in der Brust. In seinem Brief beklagte John sich darüber, dass es regnete. Aber in Uganda war jetzt Trockenzeit. John erwähnte weder Amin noch die Unruhen in seinem Brief, obwohl er laut Poststempel nur zwei Tage nach dem Putsch abgeschickt worden war. Ein Brief über Regen. Nach der Lektüre hatte er beschlossen, den Griechen seinen Entschluss mitzuteilen, den er gleich bei der Nachricht vom Putsch gefasst hatte, auf der Treppe vor dem Eingang zur Akademie. Er war zum Sekretariat gegangen und hatte dem Verwaltungsbeamten gesagt, dass er nach seinem Examen nicht nach Uganda zurückkehren könne, dass er gezwungen sein würde, in Athen zu bleiben. Der Beamte hatte darauf einen Militärpolizisten gerufen und P gebeten, seine Sachen zu packen. Er hatte neben seinem Etagenbett gestanden und mit rasendem Herzen Kleider und Dokumente in den alten Koffer geworfen, den er für die Hinreise benutzt hatte, aber dann hatte sich herausgestellt, dass die Griechen ihn lediglich in ein leer stehendes Haus verlegen wollten, das der Luftwaffe zur Verfügung stand. Es war kühl in dem Haus, es war in den Wintermonaten offen-#sichtlich nicht beheizt worden. Er wusste nicht, wofür man das Gebäude vor seinem Einzug genutzt hatte, wahrscheinlich befürchteten die Griechen, dass er seine Klassenkameraden mit seiner Ansicht anstecken könnte. Sprühregen rieselte auf den Garten herab, er sah ihn im Licht der Straßenlaternen hinter dem Eisenzaun schimmern. Er strich mit einer Hand über die Hosenbeine seiner Winteruniform. Er war ein schiffbrüchiger Himmelsgott, eine potentielle diplomatische Krise. Er fragte sich, ob er wirklich der einzige seiner Klassenkameraden war, der nicht nach Uganda zurückkehren wollte. Er schaltete das Radio ein, das im Regal zwischen alten Büchern von Platon, Herodes und anderen stand, deren Namen ihm nichts sagten. Er stellte die BBC ein und setzte sich ins Fenster. Ein Wetterbericht vom anderen Ende der Welt berichtete von einem Sturm, der über Neuseeland hinwegzog. Er dachte, dass Idi Amins Herrschaft wohl kaum länger als ein halbes Jahr währen konnte. Er würde warten.

Erst nachdem eine weitere Woche vergangen war, an einem Abend Mitte Februar, hörte er Neues aus Uganda. In der Nähe einer Vorschule in einem Wohnviertel von Kampala war es zu Feuergefechten gekommen, die ugandische Armee und Soldaten, die treu zu Obote standen, hatten sich Gefechte geliefert. Er saß am Küchentisch, aß und hörte zu. Er kaute auf einem zähen Bissen Fleisch, versuchte das Rauschen aus der Stimme zu entfernen, drehte am Sendersuchknopf des Radios. »Die Anwohner brachten sich angsterfüllt in Sicherheit, als Rebellen und regimetreue Soldaten ohne Rücksicht auf das Leben von

Zivilisten ihre automatischen Waffen abfeuerten. Während die Gefechte noch andauerten, übernahm Amin offiziell alle gesetzgebenden Privilegien Obotes, löste das Parlament auf und ernannte sich zum Staatsoberhaupt, Oberbefehlshaber über alle Streitkräfte sowie zum Verteidigungsminister.« Die Stimme verschwand in einer knisternden Welle, er rührte mit der Gabel auf dem Teller, und als die Stimme wiederkehrte, klang sie hohl und blechern, aller menschlichen Nuancen beraubt. »Amins Regierungsverbände umzingelten das Haus, in dem sich die Obote-treuen Truppen verschanzt hatten, und steckten es in Brand.« Er schaltete das Radio aus. Er stand wieder auf und fühlte mit unangenehmer Deutlichkeit seinen Körper, dessen Muskeln, Haut, Nägel. Er dachte daran, dass Obote ein Langi war wie er selbst und dass dies nun etwas bedeutete, dass es durch den Militärputsch ein ganz anderes Gewicht bekommen hatte, aufgeladen worden war. *Ich bin Langi.* Er stand am Bücherregal und drehte seine Hand vor sich, schloss und öffnete sie. Er gehörte einem Volk an.

Nachts kam, manchmal, K zu ihm. Früher hatten sie sich nur in diversen Hotels und Restaurants getroffen. Sie lagen schweigend zusammen und hörten einander atmen. Sie sagte: »Hast du mit deiner Familie gesprochen?«

Er berührte ihren Mund mit seinen Fingerspitzen, sie drehte sich auf den Rücken und blickte zu dem kleinen Rechteck Himmel im Fenster hinaus. Er sagte: »Ich komme nicht durch.« Er war ihrer Familie noch nicht begegnet. Er war ihr Geheimnis. Ihre Augen waren getrübt. »Ich bin Idi Amin einmal begegnet«, erzählte er. »Während meines Militärdienstes kam er in Uganda in unsere Kaserne. Ich habe am selben Tisch gegessen wie er.« Er lächelte und wandte sich ihr zu, betrachtete ihr Profil. Er begriff, dass sie die nackte Angst wahrnahm, die ihn übermannte, und dass sie auch nicht wusste, wie man mit ihr umgehen sollte, was sie bedeutete.

»Bleib hier«, sagte sie.

»Haben Sie auch noch andere Flugzeuge geflogen als die hier erwähnten?« Der Vernehmungsleiter hat sich Ps Fluglogbuch zur Hand genommen. Minutenlang hat er in dem meergrünen Band geblättert, während P über den Putsch gesprochen hat, darüber, was er damals dachte. Jetzt legt der Mann das Buch zwischen ihnen auf den Tisch, presst die Handflächen gegeneinander, platziert sie vor seinen Lippen, eine priesterhafte Geste, über irgendein Mysterium sinnierend, abwartend.

P dreht das Buch um, so dass er darin lesen kann. Er blättert, betrachtet die einzelnen Spalten mit Flugzeugtyp, Uhrzeit, wer welche Flugübung geleitet hat. Er selbst hat die kleinen Kästchen nach jedem Flug mit deutlichen griechischen Buchstaben ausgefüllt.

»Sie sind keine Militärmaschinen geflogen?«

»Die Schulflugzeuge sind Militärmaschinen.« Er berührt mit den Fingerspitzen die Tinteneintragungen. »T-42. T-37.«

Der Vernehmungsleiter wedelt abwehrend mit der Hand. »Sie behaupten, die Griechen hätten Sie isoliert?«

»Sie wollten verhindern, dass ich mit meinen Klassenkameraden sprach.«

»Weil Sie gegen Amin waren?«

P schließt das Logbuch und schiebt es über den Tisch.

»Weil ich nicht zurückkehren wollte.« Er atmet in seine Hände, um sich zu wärmen, sein Blick ist auf die Wand hinter dem Vernehmungsleiter gerichtet, auf die Stellen, an denen die blaue Farbe abgeblättert ist. Er fragt sich, ob sie entstanden sind, als nackte Körper wie sein eigener gegen die Wand geschleudert wurden. Als Knochen gebrochen wurden, als Haut aufplatzte.

»Es war mutig von Ihnen, den Griechen zu sagen, dass Sie nicht in Amins Uganda zurückkehren wollten.«

»Kann ich bitte meine Kleider haben?«

Der Vernehmungsleiter öffnet erneut das Fluglogbuch, blättert darin, versucht die griechischen Buchstaben zu deuten, als wäre ein geheimer Code in sie eingeschrieben.

»Könnte ich bitte meine Kleider wiederbekommen? Ich friere.«

»Ihre Kleider sind voller Läuse. Sie sind eine Laus. Sie sind ein Faschist. Sie lügen. Was haben die Griechen zu dem gesagt, was in Uganda passiert ist?«

»Nichts.«

»Ihr letzter Flug war Anfang Februar? Stimmt das? Lese ich das richtig?«

»Nachdem ich ihnen gesagt hatte, dass ich nicht vorhatte zurückzukehren, verboten sie mir zu fliegen.«

Er joggte jeden Morgen, in einem Parkgelände rund um das Haus. Manchmal lief er stundenlang. Zum ersten Mal in seinem Leben hatte er nichts, um seine Tage zu füllen. Der nasse Kies knirschte unter den Turnschuhen, die Sonne glitzerte fremd und weiß zwischen den Zweigen, er lief durch eine kompakte und gleichbleibend dichte Ruhe, eine Stille und Trägheit, die seine trampelnden Füße und seine Atemzüge wie Glyzerin umschloss. Eines Tages, als er nach einer Laufrunde auf der Veranda saß, spürte er, wie die Panik, die manchmal in der absoluten Erschöpfung verschwand, in seinem Inneren von Neuem aufstieg wie ein brausender, dumpfer Ton im Kopf. Er konnte ihn nicht kontrollieren, bekam ihn nicht in den Griff, wusste nicht, was er tun sollte. Er wollte mit seinen ugandischen Klassenkameraden sprechen, wollte wissen, worüber man in der Akademie redete, was in Uganda passierte. Er stopfte das T-Shirt in die Hose seines Trainingsanzugs. Mehr als zwei Wochen waren seit dem Putsch vergangen. Er sah jemanden auf der Straße hinter dem Garten näher kommen, die Gartenpforte öffnen und den Kiesweg hinaufgehen. Es war einer seiner Fluglehrer, ein griechischer Pilot, er stand auf und grüßte ihn militärisch, nahm Haltung an.

»Rühren.« Der Mann warf P einen enttäuschten, väterlichen Blick zu. »Was tun Sie denn nur?«

P blickte auf seine Füße herab, runzelte die Stirn, schwieg eine ganze Weile, sagte: »Wie meinen Sie das, Sir?«

»Sie haben einen Vertrag unterschrieben, in dem Sie geloben, im Auftrag der ugandischen Luftwaffe Kampfflugzeuge zu fliegen. Deshalb sind Sie in Griechenland.«

P wusste nicht, was er entgegnen sollte, er war wütend, nervös, spürte den Schweiß, der die kühle Haut des Rückgrats herablief. »Nach dem, was Sie getan haben, können Sie sich glücklich schätzen, wenn Sie am anderen Ende der Welt einen Job als Kofferträger auf einem Flugplatz bekommen.« P wunderte sich darüber, wie unumwunden der Mann, der ihm das Fliegen beigebracht hatte, seinen Entschluss verwarf. Bis zum Examen waren es noch zwei Monate. Begriff der Mann nicht, dass er nicht zurückkehren konnte, dass keiner der Ugander würde zurückkehren können?

»Haben Sie jemals auch nur einen Gedanken an den diplomatischen Status Griechenlands Uganda gegenüber verschwendet?«

»Ja, Sir.« Er sagte es leise. Er blickte auf, blinzelte über den Kopf des Mannes hinweg in den kiesfarbenen Himmel, die

Wolken, das Licht. In einem gewissen Sinne stimmte es, was sein Ausbilder sagte. P war Soldat, kein Politiker. Er war darauf gedrillt zu gehorchen, keine eigenen Entscheidungen zu treffen. Der Ausbilder hielt weiterhin die Hände hinter dem Rücken verschränkt. Er sagte, sehr formell und mit dieser neuen, harten Distanz in Stimme und Körperhaltung, dass P isoliert bleiben müsse, bis die Griechen eine Entscheidung darüber getroffen hätten, wie sie mit ihm verfahren würden, und dass sein Entschluss den ugandischen Behörden noch nicht bekannt sei.

»Sie sprechen über all diese Dinge, als wären sie einem anderen passiert.« Der Vernehmungsleiter kaut auf seiner Oberlippe, saugt sie in den Mund, seine Augen sind auf P gerichtet. »Sie reden, als wären das gar nicht Sie gewesen, der das alles erlebt hat.«

»Wir wurden trainiert, unsere Gefühle zu ignorieren. Wir waren Kampfpiloten.«

P wagt es nicht, den Vernehmungsleiter anzusehen, er fürchtet, dass der Mann aus seinen erschöpften Augen oder seinem nervös zuckenden Gesicht Schuld herauslesen wird.

»Vielleicht wurde ja einer Ihrer Klassenkameraden isoliert, aber nicht Sie.« Die Stimme des Vernehmungsleiters ist zugleich prüfend und fest, als wäre jeder Satz ein Ding, das er eine Weile im Licht hin und her drehte und anschließend auf dem Tisch aneinanderreihte. P hat versucht seine Fragen so ehrlich wie möglich zu beantworten, aber das ist schwierig, da er ständig im Auge behalten muss, was er erzählt, da er Sorge hat, dass ein in seinen Augen unwichtiges Detail als Beweis für seine Schuld benutzt werden könnte. »Sie sind nie isoliert worden, weil Sie der Akademie niemals mitgeteilt haben, dass Sie nicht beabsichtigten, für Amin zu arbeiten, denn das entspricht nicht der Wahrheit. Alles, was Sie mir erzählt haben, sind Lügen. Sie haben Amins Putsch unterstützt, und Sie unterstützen ihn auch jetzt noch. Als wir Sie in Sambia abgefangen haben, waren Sie auf dem Rückweg nach Uganda. Habe ich recht?«

»Nein.«

Der Vernehmungsleiter gibt ihm mit einer Geste zu verstehen, dass er still sein soll, es ist nicht vorgesehen, dass der Angeklagte die Ausführungen mit seinen Lügen unterbricht. Ps Blick flackert umher, findet keinen Halt in dem kahlen Raum. Der Vernehmungsleiter schließt die Augen, sein Gesicht ist müde und gleichsam um sich selbst geschlossen, und als er erneut das Wort ergreift, ist es, als würde er lediglich Fakten vorlegen, über die sich alle Anwesenden einig sind. »Sie waren unterwegs, um sich wieder der ugandischen Luftwaffe anzuschließen. So viel steht fest. Wir begreifen nur nicht, warum Sie nicht direkt nach Kampala geflogen sind. Was hat Sie nach Sambia geführt? Welchen Auftrag sollten Sie in Amins Auftrag in Sambia ausführen?« P drückt seine eigenen Hände, die eiskalt sind und sich mager und irgendwie zerbrechlich anfühlen, wie trockene Halme. Dass er von allen denkbaren Orten auf der Welt ausgerechnet auf dem Weg nach Uganda sein sollte, ist ein völlig neuer Blickwinkel. Als sich der Vernehmungsleiter auf seinem Stuhl vorlehnt, wirft die Stirn tiefe Schatten in sein Gesicht, als blutete es Dunkelheit.

»Sagen Sie die Wahrheit.«

P schießt der Gedanke durch den Kopf, dass sich einer seiner früheren Klassenkameraden nach Tansania abgesetzt und diesem Mann Informationen gegeben haben könnte, um seine eigene Haut zu retten. Er legt eine Hand vor den Mund, muss würgen. Ein anderer könnte in diesem Raum gesessen haben und auf die gleiche Weise verhört worden sein und seinen Namen genannt, von ihm erzählt haben. Es ist ein wahnsinniger Ort, weil es ein Ort ist, an dem Geschichten erschaffen werden, auf diesem Stuhl, auf dem man sitzt, um gezwungen zu werden, sich zu erinnern.

»Wenn Sie die Wahrheit sagen, bekommen Sie Ihre Kleider.« Der Vernehmungsleiter schiebt den Kopf auf seinem sehnigen Hals vor, sucht Ps Blick. Er sagt mit sanfter, fast bedauernder Stimme: »Als Sie in Griechenland waren, hatten Sie Kontakt zu Amins Regime. Sie standen in Kontakt mit diesen Leuten, als Sie in Griechenland waren, und dann fuhren Sie nach Rom, um dort einen Auftrag auszuführen, oder um diejenigen zu täuschen, die sie möglicherweise verdächtigten. Sie sind ein Mann Amins. Was will Amin in Sambia?«

Eine schweigende, bedeutungsschwere Stille erfüllt den Raum. P ist vor Anspannung und Warten steif. Wissen sie, dass er Vertreter von Amins Regime getroffen hat, als er in Griechenland war? Hat während des Sommers irgendjemand Fotos von ihm gemacht? Wie viel wissen sie eigentlich? P schaut nochmals verstohlen über die Schulter, der Wärter begegnet seinem Blick, seine Augen sind wie zwei in Blechbüchsen geschnittene Löcher.

Ein Windstoß trieb trockenes Vorjahreslaub über den Kiesweg vor den Mannschaftsgebäuden. Drei Wochen nach dem Putsch hatte man seine Isolierung ebenso plötzlich aufgehoben, wie sie eingeleitet worden war: Die Griechen hatten offenbar beschlossen, einfach so zu tun, als wäre nichts passiert, und Amins nächsten Schachzug abzuwarten. Fliegen durfte P weiterhin nicht. Er saß rauchend mit seinen Klassenkameraden zusammen, sie unterhielten sich über ein Gerücht, das in der

Akademie offenbar seit Kurzem die Runde machte, während er isoliert gewesen war: Es lautete, Amin habe ein Verkehrsflugzeug ausgesandt, das in Europa von Land zu Land fliege und studierende Ugander, insbesondere Angehörige des Militärs, in die Heimat zurückhole.

»In England ist die Maschine schon gewesen«, erklärte ein Ugander aus dem ersten Ausbildungsjahr, ein Westnilote wie Amin und Hussein, der den Putsch allerdings im Gegensatz zu diesen beiden missbilligte, vielleicht auch, weil er aus einer Oberschichtfamilie stammte, die Geschäfte mit Obote gemacht hatte. Er spielte mit einem Feuerzeug, ließ Funken in den bewölkten Nachmittag sprühen. »Mein Bruder studiert in London, er will Diplomingenieur werden, und sie haben ihn aus Uganda angerufen und unseren Eltern gedroht. Sie meinten, dass sie unsere Mutter umbringen würden, wenn er nicht zurückkommt.« Jemand formte den Mund zu einem Kreis und sagte »Oh«, und sie lachten über ihn. »Das Flugzeug ist ganz schwarz, ohne Markierungen, ohne Namen.«

P versuchte immer wieder, das Krankenhaus in der Stadt Gulu anzurufen, in dem John arbeitete. Er hielt den Hörer in der Hand und lauschte dem anhaltenden, leiernden Ton. Keine Verbindung. Der Tag des Examens rückte näher. Die ausländischen Studenten bekamen Uniformen aus ihren Heimatländern zugeschickt. Aus dem offiziellen Uganda: Funkstille.

Er sah die anderen Ugander vom Flugfeld kommen, nachdem sie geflogen waren. Manchmal ging er zur Landebahn, stand wie in der ersten Zeit da und betrachtete die startenden und landenden Maschinen. *Stratocumulus. Wolken mit ausfransenden Wolkenteilen an den Rändern.* Die BBC berichtete von Kämpfen an der Grenze zwischen Uganda und Sudan. Zu Obote stehende Truppenteile unterhielten offenbar Lager im Sudan.

Eines Nachts wurde er von einem seiner Klassenkameraden geweckt. Schwamm aus einem Alptraum, gejagt von etwas Diffusem, dem er kein Gesicht geben konnte, an die Oberfläche. Warf die Decke von sich. Die Tür zu ihrem Zimmer stand offen, im Flur bewegten sich Menschen schleppend und gedämpft. Hussein sagte ihm, alle ugandischen Flugkadetten sollten ihre Taschen packen und sich in der Aula versammeln, und entfernte sich anschließend mit einem Koffer in der Hand nach draußen, unter die Neonröhren. P zog Hose und Uniformhemd an, warf seine Kleider und Papiere in den Koffer – es war das zweite Mal seit dem Putsch, dass er packte.

Die durch Mark und Bein gehende Kälte der Frühlingsnacht stach ihm wie mit Nadeln ins Gesicht und in die nackten Unterarme und Hände. Kadetten aus allen Jahrgängen gingen, verschlafen und desorientiert, über den Hof, ein gutes Dutzend Schatten im grünen Lichtschein der spärlich verteilten Lampen. Alle trugen Koffer und Stoffbündel, einige nutzten die Gelegenheit, um zu rauchen, andere atmeten Dampf in ihre Hände. Einer war nur im Unterhemd und streifte sich im Gehen sein kurzärmeliges, khakifarbiges Hemd über – graue, flatternde Flügelschläge in der Nacht.

Sie gingen in die Aula, setzten sich. Ein griechischer Offizier stand am Rednerpult, seine Augen waren rot unterlaufen und sein Gesicht aufgedunsen und schlaftrunken. Er räusperte sich und wartete, bis die jungen Männer sich hingesetzt hatten und still geworden waren, und informierte sie anschließend in diesem erörternden Tonfall, den die Griechen den Ugandern gegenüber immer öfter anschlugen, dass Idi Amins Regime sämtliche Flugkadetten aus Griechenland nach Hause beordert habe und in dieser Nacht ein Flugzeug unterwegs sei, um sie abzuholen. Die Maschine werde in fünfundvierzig Minuten landen, und unabhängig davon, was sie davon hielten, würden sie alle an Bord gehen. P schloss die Augen und wandte das Gesicht nach oben, zum Licht der Neonröhren, die das Blut der Lider rosa färbten. Er hatte etwas geträumt, er wusste nicht mehr, was. Die Lider verdunkelten sich rotschwarz, als Blut in die Haut gepumpt wurde, ein Abendhimmel trat hervor, verschwand. Ein Mückennetz flatterte. Er gähnte. Der Offizier am Rednerpult sprach weiter.

»Zu unserem Bedauern handelt es sich um ein offizielles Gesuch des ugandischen Staats, und wir können uns nicht weigern, diesem Gesuch nachzukommen, ohne den diplomatischen Beziehungen Schaden zuzufügen.« Die Kadetten flüsterten untereinander, der Mann sei ein Fliegerass aus dem Zypernkrieg, er habe in seiner gesamten Karriere nie auch nur einen simulierten Luftkampf verloren. »Ihr werdet hier warten, bis die Maschine gelandet ist.« Der Offizier blieb noch einen Moment stehen, ließ schweigend den Blick über die Gesichter der jungen Männer schweifen, nickte ihnen dann leicht bedauernd zu und verließ die Aula. Ein griechischer Militärpolizist bezog an der Tür Posten.

Die fürchterliche Angst im Raum war roh, animalisch, sie war ein Stoff in der Luft, ein Hormon mit Geschmack und Duft, so deutlich spürbar, als handelte es sich um ein Gas, das durch die Belüftungsschächte hereingepumpt wurde. P wischte seine verschwitzten Handflächen an den Hosenbeinen trocken. Er fragte sich, ob Amins Regime wusste, dass es seine Absicht gewesen war, nach dem Examen die Rückkehr zu verweigern. Er schaute sich um und suchte in den Gesichtern der anderen nach einem Einverständnis signalisierenden Blick, einem Versprechen von Loyalität. Ein junger Bursche, ein Kadett aus dem ersten Ausbildungsjahr, schluchzte leise und wurde von einem Kameraden getröstet.

Nach einer knappen halben Stunde kehrte der griechische Offizier zurück, blieb in der Tür stehen und sagte mit lauter Stimme, dass sie sich wieder hinlegen sollten, der griechische Staat habe beschlossen, sich zu weigern, sie an Amin auszuliefern, dadurch sei eine kleinere diplomatische Krise ausgelöst worden, sie seien jedoch vorerst sicher.

Wochen vergingen, ohne dass sich ihr Status änderte.

Die Obstbäume schlugen aus, rosa Gespenster, die scheinbar schwerelos über den Rasenflächen hingen. *Cirrostratus. Wolken ohne Schatten.* An den Wochenenden traf er sich mit K, sie spazierten durch das warme Orangenlicht der griechischen Frühjahrsabende, unterhielten sich, über nichts, die Zukunft war leer, er durfte immer noch nicht fliegen, werktags joggte er und trainierte in der Sporthalle oder hörte im Mannschaftsgebäude Radio. Er kaufte sich einen kleinen Kassettenrekorder, auf dem er manchmal Harry Belafonte hörte. Es blieb unmöglich, Kontakt zu seiner Familie aufzunehmen, aber von den anderen Kadetten hörte er Gerüchte über eine Stimmung im Land, die Acholi und Langi gegenüber noch aggressiver war, als die sporadischen Meldungen in den Nachrichtensendungen der BBC erahnen ließen. Außerdem kämpften ugandische Truppen inzwischen fast täglich mit Rebellen, die Lager im Sudan eingerichtet hatten. Ein offener Krieg schien kurz bevorzustehen. Die Flugzeuge donnerten über die Akademie hinweg und verschwanden über dem Mittelmeer. Am siebten April legten sie ihr Examen ab. Da die ugandischen Kadetten wegen des Chaos im Militär ihres Heimatlandes keine Uniformen erhalten hatten, trugen sie bei der Zeremonie ihre weißen, griechischen Sommeruniformen mit den goldenen Manschetten und kleinen Säbeln, die von der Taille herabbaumelten. Man erhielt seine Examensurkunde von einem hochrangigen Offizier, man grüßte militärisch, man trat ins Glied zurück. P betrachtete seine Kollegen, als sie das Ritual vollzogen, und wurde von Enttäuschung übermannt, vielleicht war es auch nur Klarheit; mit ihren weißen Schirmmützen sahen sie ausnahmslos wie kleine Jungen aus. Er dachte an John und an die Spiele der Kindheit. Er hatte ein Vogel sein wollen. Die griechischen Militärangehörigen standen an den Wänden des Saals verteilt, in Rüstungen aus Rangabzeichen und Orden.

Nach dem Examen reisten einige Ugander heim. Die Mehrheit beschloss, im Land zu bleiben. Sie konnten nach Abschluss ihrer Ausbildung nicht in der Akademie bleiben, so dass die Luftwaffe sie in verschiedene Hotels in der Athener Innenstadt einquartierte. Sie ließen sich durch die Straßen treiben, saßen in Straßencafés und blinzelten in die Sonne, geblendete Jungvögel. Alle ausländischen Kadetten hatten den Sold von ihren Heimatländern bezogen, aber seit dem Putsch waren die Zahlungen aus Uganda wahrscheinlich wegen des gleichen bürokratischen Chaos ausgeblieben, weswegen sie auch keine Uniformen erhalten hatten. Allmählich gingen ihre Ersparnisse zur Neige. Wochenlang sprachen sie nur noch darüber, wie sie zu Geld kommen sollten, aber dann beschaffte ihnen die Luftwaffe Jobs in der Tourismusbranche und der Gastronomie, was eventuell aus der Sorge heraus geschah, die arbeitslosen Piloten könnten anfangen, militärische Geheimnisse zu verkaufen, sobald ihnen das Geld ausging. Vielleicht war es auch nur eine Geste verbliebener Loyalität.

P wurde trotz seiner Sturheit und seines Eigensinns zum Restaurantchef des Hotels ernannt, in dem sie wohnten, und zwei seiner Landsleute begannen dort als Kellner zu arbeiten.

Er saß die meiste Zeit in einem Büro hinter der Rezeption und verwaltete riesige Geldsummen, häufig bis tief in die Nacht. Er betrank sich mit seinen Landsleuten und den anderen Hotelangestellten. K besuchte ihn gelegentlich, und er lag neben ihr und wand sich in unruhigen Träumen, in denen er durch endlose Wolkenschichten fiel oder durch den Himmel schwamm. Vormittags unterhielt er sich in den Taxiabgasen und im Sonnendunst vor dem Hotel mit seinen beiden Landsleuten. Sie spielten Karten um Geld, lachten lakonisch und kraftlos, und wenn mittags das Restaurant öffnete, zogen sie ihre Jacketts und weißen Hemden an. Sie waren Flieger ohne Land. Er blätterte in dicken Banknotenstapeln, spannte Gummiringe um sie und legte sie in einen Tresor. Im Vorsommer dieses Jahres begann er, Amins Männer zu treffen.

Seit seinem Putsch hatte Amin mehr als die Hälfte aller Botschafter und große Teile des Botschaftspersonals im Ausland entlassen, und nun sandte er seine eigenen Männer aus, in den allermeisten Fällen hohe Militärs, um die freien Stellen zu besetzen. Diese neuen Herren kamen auch nach Griechenland, und das griechische Militär bat P, als Führer und Dolmetscher für sie zu arbeiten. Sie fragten ihn freundlich. Er grüßte militärisch, als er die Männer auf dem Flughafen abholte. Sie lachten, als sie durch die Ankunftshalle gingen, und ihre Grüße waren bloß Skizzen, als wäre die militärische Tradition ein Witz. Sie hatten Gesichter wie Masken aus Gummi, ausdruckslos und dehnbar, und Sonnenbrillen, die den Himmel spiegelten. P führte sie zur Limousine hinaus und saß mit ihnen auf der Rückbank. Er trug seine griechische Uniform, die er seit seinem Examen nicht mehr hatte anziehen dürfen, er beantwortete höflich die banalen Fragen der Männer und versuchte tunlichst keine Verachtung, Sorge, Wut zu zeigen. Er dachte, dass er ein unbedeutendes Körnchen war, das zwischen gewaltigen Kiefern schwebte. Ja, er hatte fliegen gelernt, ja, er hatte gelernt, wie man aus Gefangenenlagern floh. Hinter den getönten Scheiben floss die Stadt vorbei, verfinstert wie von einer Gewitterwolke. Hochhäuser, klatschende Sonnenschirme, Palmen. Ja, er hatte gelernt, Folter zu ertragen, ein Gewehr abzufeuern. Die Männer wechselten Blicke und lachten. Er konnte ihr Verhalten nicht deuten, konnte nicht herauslesen, ob ihre Fragen bedeuteten, dass seine ausländische Offiziersausbildung sie wirklich faszinierte, oder ob sie sich über ihn lustig machten.

Die Männer wohnten stets im gleichen Hotel wie er selbst, und er sorgte dafür, dass sie die besten Suiten in der obersten Etage bekamen. Abends ging er mit ihnen essen und half ihnen, mit der Bedienung oder vorbeigehenden Frauen zu sprechen. Ja, er sprach fließend Griechisch. Ein Armeegeneral, nach dem Putsch in diesen Rang befördert, lehnte sich über die weiße Leinentischdecke.

»Hast du von dem Skandal bei Amins Besuch in Großbritannien gehört?«

»Nein«, antwortete er und trank einen Schluck Wein. Er fragte sich, ob diese Ugander begriffen, warum er noch hier war, ob sie erkannten, dass er sich geweigert hatte zurückzukehren. Sie sprachen eine Bantu-Sprache untereinander und lachten von Zeit zu Zeit, und er stimmte ohne nachzudenken in ihr Lachen ein. Zu dem Unbehagen, das er empfand, kam eine schmierige Verführung in der Macht dieser Männer, in den Zeremonien auf dem Flughafen mit gezogenen Säbeln und Hacken, die zusammengeschlagen wurden.

Er war Ende Juni und das dritte Mal, dass man ihn gebeten hatte, diese Arbeit zu übernehmen, von der er nicht recht wusste, ob er sie immer mehr hasste oder allmählich als Teil seines Lebens in Griechenland akzeptierte.

»Amin war zu einer Audienz bei der Königin. Er hielt eine Rede vor ihr und ihrem Stab. Weißt du, wie er sie nannte?« P schüttelte den Kopf. Offensichtlich war das eine Geschichte, die alle anderen schon kannten und viele Male wiederholt hatten, denn die übrigen Ugander glucksten bereits erwartungsvoll. P lehnte sich über den Tisch und verspürte etwas Schlafwandlerisches in seinem Körper, in seinem Gesicht, etwas Einschmeichelndes und Resigniertes und Grausames. Er war ein wenig betrunken. Er lächelte, nickte, dass er verstand.

»Er nannte sie ›Herr Majestät‹.«

P ließ sein Lächeln größer werden, Herr Majestät, das war schon ziemlich witzig, wenn man bedachte, dass Uganda bis vor einem Jahrzehnt eine britische Kolonie gewesen war. »Möchtet ihr einen Nachtisch?« Er lehnte sich auf seinem Stuhl zurück und zog den Blick des Kellners auf sich. Er dachte an John, den er immer noch nicht erreichen konnte, und fragte sich, ob diese Männer an einem Mord an jemandem aus seiner Familie beteiligt gewesen waren. Vielleicht hatten sie bisher nur andere ermordet. Die Rangabzeichen an der Uniform des Generals funkelten in den Strahlenbündeln der Kronleuchter. P dachte an die Briefe über Regen. Er spürte, wie eine Kälte seine Eingeweide packte und zudrückte.

»Kann ich bitte ein Glas Wasser haben?« Er würde sich gerne hinlegen, er will nicht weiterreden, will sich nicht mehr erinnern. Seine Arme hängen schlaff herab, wenn er die Augen schließt, spürt er den Schwindel durch seine Stirn streichen wie Flügelschläge. Es muss um die Mittagszeit sein, eventuell sogar noch später.

»Warum sind Sie nach Rom gereist?«

»Ich war dort in Urlaub.« Er versucht aufrecht zu sitzen, sackt auf seinem Stuhl aber immer wieder zusammen. Er will auf gar keinen Fall über seine oberflächlichen Kontakte zu Amins Abgesandten sprechen, da er Angst hat, die Tansanier könnten es so deuten, dass er freiwillig mit Amins Regime zusammengearbeitet hat. Er reibt sich über seine schmerzenden Lider, die vom Schlafmangel angeschwollen sind.

»Ich war dort in Urlaub«, wiederholt er. »Ich habe Ihnen doch schon erzählt, dass eine Kusine von mir in Italien lebt.«

»Und während Sie dort in Urlaub waren, wurde Ihnen eine Stelle in Sambia angeboten?«

P legt das Gesicht in die Hände, sein Mund schmeckt nach Magensäure und Nikotin. »Sie bekamen eine Arbeit angeboten, und das Schreiben war an Ihre Kusine in Rom adressiert?«, fragt der Vernehmungsleiter. »Ist das nicht ein wenig seltsam?« Irgendwo hinter den brausenden Schirmen der Müdigkeit erkennt er, dass er auf dem besten Weg ist, sich in Lügen zu verstricken, dass er in Gefahr ist, dass er denken, sich orientieren muss.

Athen. Er saß im Fenster des Hotelzimmers und blickte auf die Blätter herab, die fünf Stockwerke unter ihm hin und her wogten. Es war Anfang August einundsiebzig, und an jenem Abend war die Sehnsucht nach dem Fliegen wie ein körperlicher Schmerz, und er schenkte sich ein Glas Whisky ein, und während er trank, merkte er, dass etwas langsam, aber unaufhaltsam anschwoll wie eine Flut. Etwas Entscheidendes. Er stellte das Glas auf die Fensterbank, sah auf seine Armbanduhr. Er sollte wieder einmal einen hohen ugandischen Offizier am Flughafen abholen, es war bereits zehn Minuten nach der verabredeten Zeit. Er hatte sich noch nicht einmal sein Hemd angezogen. Es lag neben ihm auf dem Bett. Das weiße, kurzärmelige Hemd mit Rangabzeichen lag dort. Seine Lackschuhe standen neben dem Bett, sie reflektierten das Licht der sinkenden Sonne, das zum Fenster des Hotelzimmers hereinfiel. Einer seiner ehemaligen Klassenkameraden, ein Langi wie er selbst, hatte ihm erzählt, dass in Uganda mehrere seiner Verwandten verschwunden waren. Man hatte offenbar alle, bei verschiedenen Gelegenheiten, gezwungen, ihre Schuhe auszuziehen, ehe sie in die Autos gestiegen waren, die sie abgeholt hatten. Man hatte die Schuhe hinterher ordentlich abgestellt am Straßenrand gefunden. Die Schuhe der Toten. Eine der Eigentümlichkeiten im Uganda des Ausnahmezustands. Er warf noch einen Blick auf die Uhr. Durch das offene Fenster wallte der stickige Sommerabend ins Zimmer herein und schmeckte wie Abgase, und er dachte, dass er die Griechen hasste, weil sie ihn zwangen, diese Arbeit zu machen, und er sich hasste, weil er es nicht wagte, sich zu weigern. Er dachte an Gott, er entsann sich der Gebete, die er während seiner Jahre im Internat gelernt hatte, heilige Maria voll der Gnade, er stand auf, zog das Uniformhemd an und knöpfte es sorgsam und sehr bedächtig zu. Es war ein Abend, ein Sommer im Limbus.

K übernachtete immer öfter in seinem Hotelzimmer. Sie lag da, die langen Haare ausgebreitet auf dem weißen Laken des Hotels, und sprach mit ihrer rauen Stimme über ein Leben in Griechenland. Er wunderte sich über sie, über die Griechin, die Literaturwissenschaft studierte und ihren Eltern seine Existenz verheimlichte.

Ende des Monats sprach ein anderer ehemaliger Klassenkamerad, einer der Kellner, von einem Massaker, zu dem es angeblich im Norden Ugandas gekommen war, aber das klang abwegig. Trotzdem beharrte der Mann darauf und erwähnte es mehrmals: Hundert oder mehr junge Soldaten aus der Volksgruppe der Acholi seien in Baracken gezwungen und dort mit Machetenhieben und Tritten getötet worden.

»Fotografien.« Die Stimme des Vernehmungsleiters weckt P, der auf seinem Stuhl halb eingedöst ist. Der Mann hat wieder einmal Ps Fotoalbum hervorgeholt und zieht Aufnahmen heraus, die er, eine nach der anderen, auf dem Tisch ausbreitet.

Da liegt ein Bild, auf dem P im Cockpit seiner T-37 sitzt, der Fotograf steht über seine Schulter gebeugt, und P dreht sich zu ihm um und lächelt in die Linse. Es muss in seinem zweiten Jahr an der Akademie entstanden sein.

»Bei Fotos muss ich immer an den Tag des Jüngsten Gerichts denken«, erklärt der Vernehmungsleiter und schiebt ein Klassenfoto über den Tisch. P sucht nach seinem Gesicht auf dem Bild, findet es aber nicht, obwohl er weiß, dass er einer der abgebildeten Kadetten sein muss.

»Sie sind Katholik?«

»Ja.«

»Glauben Sie an den Jüngsten Tag? Den Tag des Jüngsten Gerichts, an dem die Toten erwachen?« Der Wärter in der Ecke bewegt sich unruhig. »Ja«, antwortet P.

Der Vernehmungsleiter schlägt das Fotoalbum abrupt zu. »Wir sind Sozialisten«, sagt er, als sei damit alles entschieden, was womöglich ja tatsächlich der Fall ist, P weiß es nicht, die Fragen haben ihn erschöpft, seine Hände zittern vor Hunger und Schlafmangel, seine Augen können nichts mehr fixieren. »Erzählen Sie mir, wer Sie von Griechenland nach Rom geschickt hat. Ich möchte nicht erleben, dass die tansanischen Behörden Sie schlecht behandeln. Sagen Sie mir jetzt endlich die Wahrheit.«

Die Stille im Raum schmiegt sich wie ein Gummituch um die drei Körper, P atmet mehrmals kurz und stoßweise durch die Nase, duckt sich und wartet auf die Schläge. Sie bleiben aus. Stattdessen hilft ihm der Wärter aufzustehen und führt ihn in den Keller zurück. Er bricht in seinem Käfig zusammen und bleibt auf dem Rücken liegen, während das Schloss rasselt und die Schritte des Wärters im Korridor verhallen. Hinter dem Jammern und Murmeln der anderen Gefangenen hört man Verkehrslärm. Der beißende Geruch von Lösungsmitteln und Urin füllt Mundhöhle und Nase. P setzt sich sachte auf und krabbelt zu einer kleinen Erhebung im Zement, die einem Stuhl ähnelt, und lehnt sich an das Gitter. Er versucht einzuschlafen. Seine Schläfen pochen. Er unterdrückt einen Würgereflex, krallt die Hände ins Gesicht, versucht zu denken. Soll er erzählen, dass er als Fremdenführer für Amins Männer gearbeitet, dass man ihn dazu gezwungen hat? Wissen sie womöglich schon davon und halten ihn nur fest, weil er in diesem Punkt lügt? Er denkt daran, was der Vernehmungsleiter über Fotografien gesagt hat, dass sie wie das Jüngste Gericht sind – diffuse, wirre Gedanken, er sitzt still und starrt in die Dunkelheit hinein. Immer weniger Autos fahren an den kleinen Fenstern unter der Decke vorbei, es wird bereits Abend. *Wenn du über Feindesland abgeschossen wirst, darfst du niemals ein Kind um Hilfe bitten, denn Kinder werden den Erwachsenen früher oder später verraten, was sie gesehen haben.* Er blinzelt mit schweren Lidern, er ist kurz davor einzuschlafen, blickt jedoch auf, als er ein plätscherndes Geräusch hört: Der Mann im Käfig gegenüber hat sich hingestellt, sein Geschlechtsorgan zwischen den Gitterstäben hinausgesteckt, und pinkelt in den Korridor. P schaut weg, als die Pisse in seinen Käfig läuft. *Die Informationen in deinem Kopf sind das Einzige, was deinem Leben einen*

Wert gibt. Er streicht sich mit einer Hand durchs Haar, packt eine Handvoll Locken und reißt an ihnen, um sich wirklich zu fühlen, um überhaupt etwas zu fühlen. Die blinkenden Lichter entlang der Decke spiegeln sich in dem Urin, der über den Boden fließt, er denkt, dass es aussieht, als würde sich zu seinen Füßen ein Nachthimmel auftun. Er atmet in seine Hände, um sie ein wenig zu wärmen. Er ist Pilot. Er wird wieder fliegen. Er wird fliehen.

Mein blinkendes Handy. Im Display *Papa*. Ich schließe die Augen, und die Schatten von Raubvögeln schießen über den Erdboden. Es war November, als ich ihn das letzte Mal sah. Er war mit dem Taxi aus dem Krankenhaus gekommen und stand im körnigen, blauen Licht des Treppenhauses, er hatte die Sauerstoffflasche auf seinen Rollator gelegt, starrte mich lange an, schüttelte dann den Kopf, wandte sich um und ging. Solange ich denken kann, ist er ein Sterbender gewesen. Ich nehme den Anruf nicht an.

In diesem Winter habe ich die Geschichte der Langi studiert. Einer Variante der Geschichtsschreibung zufolge bilden sie den letzten Ausläufer einer Völkerwanderung, die im siebzehnten Jahrhundert vom abessinischen Reich ausging: Die Volksgruppen der Acholi im nördlichen Uganda und der Luo in Kenia, beide sprachlich mit den Langi verwandt, wären demzufolge Teile der gleichen Völkerwanderung, übriggebliebene Spuren eines vergessenen Exodus. Andere Erzählungen lassen sich mit dieser nicht in Einklang bringen. Eine Version der Geschichte behauptet, die Langi seien Hirten aus dem Sudan gewesen, die sich bereits im vierzehnten Jahrhundert zwischen den zentralistisch und hierarchisch organisierten Bantu-Königreichen rund um den Viktoriasee ansiedelten und dort einen Platz in der rigiden Gesellschaftsordnung einnahmen, indem sie behaupteten, sie könnten Regen und Fruchtbarkeit kontrollieren und besäßen übernatürliche Kräfte. Vater weiß eigentlich nur eins über den Ursprung seines Volks: dass er und seine Familie sich immer als Niloten bezeichnet haben, was bedeutet, dass sie einst die Quellen des Nils im östlichen Sudan passierten.

Ich stehe an einem Zebrastreifen in einer Stadt, die nicht meine Heimatstadt ist, und denke an all jene, die in den Tiefen der Zeit aufbrachen, die Nomaden aus Abessinien oder dem Sudan, dass dies ein Ursprung ist, der genauso wahr ist wie etwas anderes: Die Menschen, die uns vorausgingen, machten sich auf den Weg. Ich glaube nicht an den Ursprung. Ich gehe zu meinem Hotel, es ist eine heller werdende Frühlingsnacht, regenschimmernde Straßen, von keinen Autos befahren. Ich bin kein Produkt der Geschichte, wenn ich aus der Geschichte komme, dann komme ich in jedem Moment ganz neu aus ihr, so wie man den Wellen entsteigt und die Kälte, das Meer und das Salz abschüttelt.

Als Idi Amin Uganda betrachtete, sah er eine lose zusammengehaltene Föderation aus Stämmen und Königreichen. Die Geschichte war für ihn die Zukunft. Für Obote, Tansanias Präsident Julius Nyerere und andere afrikanische Sozialisten, die in den sechziger und siebziger Jahren aktiv waren, bildete die Nation vor allem einen Kreis, der die Menschen, die innerhalb seiner Grenzen lebten, zu einem Volk mit einem gemeinsamen Streben, einem gemeinsamen Blut, das durch seinen Körper floss, einem gemeinsamen Ursprung versammelte.

Ein Junge läuft durch hohes Gras. Er läuft von einem Ort fort. Danach wird er für immer mit diesem Ort verknüpft werden.

Ich setze mich auf die Bürgersteigkante. Ich ziehe ein Buch aus dem Rucksack und blättere darin: Frantz Fanons *Die Ver-*

dammten dieser Erde. Ich war sechzehn, als ich es in der Schulbücherei fand und stahl. Ich las es im Stadtteil Araby in Växjö auf Stromkästen sitzend. Fanon war Psychiater und Philosoph, er wurde auf Martinique geboren, entwickelte sich mit der Zeit jedoch zum Sprachrohr für die algerische Befreiungsbewegung FLN. Er schrieb wunderbare Bücher über schwarze Haut und weiße Masken, darüber, sich von der Geschichte zu befreien, indem man sein Leben riskierte. Tansania bezog wie Sambia und viele andere Länder die Kombination aus Nationalismus und Sozialismus aus Fanons Gedankenwelt. Das Buch ließ mich fühlen, dass ich mich auf das Leben verlassen konnte, dass die Geschichte mich irgendwohin tragen würde. Ich halte es ins Licht der Lampe im Eingang des Hotels, blättere in ihm und erinnere mich an einen Winternachmittag, an dem ich die Buchstaben am Kleinstadthimmel herantreiben sah, mit schwarzen Häuptern und wie Seevögel schreiend. Ein Splitter meiner Jugend.

Im Hotelzimmer blättere ich in einem Dokument, das viele Jahre alt ist, in einem Text, den Vater einmal einen Herbst über schrieb. Er wollte schriftlich festhalten, was ihm von seinem Leben in Erinnerung geblieben war. Er blieb nachts wach und erinnerte sich, das mache ihn traurig, erklärte er, aber auch, dass es für ihn notwendig gewesen sei und er zum ersten Mal verstehe, was er durchgemacht habe, wie seltsam und brutal das alles gewesen sei. *Ich schaute in die finstere afrikanische Nacht hinaus und fragte mich, wo ich war.* Ich denke an seine Hände, die diese Worte an einem Computer in einer Wohnung schreiben. Ich sitze im Fenster des Hotelzimmers, die Gardinen bauschen sich, ich rauche.

Julius Nyerere träumte davon, Afrika zu einem paradiesischen Zustand aus Kollektivität und Gleichheit zurückzuführen, wie er seiner Vorstellung nach vor der europäischen Nacht geherrscht hatte. Auch für ihn war die Geschichte die Zukunft. Nyerere mochte Dichtung, übersetzte Shakespeare ins Kiswahili. In Amins Putsch schien die Welle sozialistischer, afrikanischer Staaten zu brechen und sich zu wenden. *Ujamaa*, das Kiswahiliwort, das er als Bezeichnung für die afrikanische Form von Sozialismus benutzte, bedeutet »Familie«, so lautet die treffendste Übersetzung, die ich finde.

Ich reise zwischen Orten, die ich für mich zu einer Nation zu machen versuche. In den Tagen nach meiner Heimkehr klingele ich mehrmals an Vaters Tür, aber er öffnet nicht. Schließlich erfahre ich von einem meiner Brüder, dass er wieder im Krankenhaus ist und operiert werden soll. Auf dem Järntorget blühen die japanischen Kirschbäume. Ich bin rastlos und gebe meine Versuche auf, mich mit ihm in Verbindung zu setzen, und als er dann wieder anfängt, mich anzurufen, gehe ich nicht ans Telefon. Ich denke, dass ich ein Baum mit ausgerissenen Wurzeln bin. Ich lese noch einmal den Text, den er in jenem Herbst schrieb, und bemerke zum ersten Mal, dass mehr als ein Drittel oder vielleicht sogar die Hälfte aus seinen Erinnerungen an das halbe Jahr Wehrdienst besteht, das er in Uganda ableistete, ehe man ihn nach Athen schickte: langatmige Beschreibungen davon, wie man vorschriftsmäßig marschiert, Listen über die Spitznamen der Offiziere, Beschreibungen der alltäglichen Abläufe in den Unterkünften und taktischer Übungen. Es liegt ein eigentümliches Gewicht in den vielen konkreten Details, ein Gewicht, das mit dem Tod zusammenhängt, mit dem Körper, der die Gegenstände berührt, mit der Hand, die schreibt. Ich sehe erneut die Bilder von Hinausgeworfenheit, von Vertreibung vor mir, wehende Blätter, Blütenblätter, die den Himmel füllen. Ich bin ein Hase, ich renne durch wirbelnden Schnee. An einem der ersten Sommertage steht er vor meiner Tür. Er hat eine weiße Schutzmaske vor dem Gesicht, in der schwülen Wärme riecht das Treppenhaus nach Müll. Er sagt, dass ihm in der Zeit, die wir uns nicht gesprochen haben, eine Lunge transplantiert worden sei. Er wagt es nicht, mich zu umarmen, weil er Medikamente nimmt, die sein Immunsystem schwächen. Ich denke, dass eines Tages ein Wind kam und sein Leben davonwehte. Er zieht die weiße Maske ab, ich sehe sein Gesicht.

P sitzt regungslos da und betrachtet die Lichter und Schatten. Seine Glieder schmerzen. Als er letzte Nacht kurz vor dem Morgengrauen endlich Schlaf fand, träumte er, dass er auf ein Gitter zufiel, auf die Eisenstangen schlug und weiter durch die Dunkelheit fiel, zu dem gleichen Gitter hinab, erneut dagegenschlug. Er wurde davon wach, dass seine Beine austraten. Er gähnt, draußen ist es Vormittag, schmale Spalten aus Sonnenschein im Dunkeln, die Pisse, die in seinen Käfig lief, ist verdunstet oder vom Zementfußboden aufgesaugt worden. Nach einer Weile kommt ein Wärter, schließt den Käfig auf und befiehlt P, ihn zu den Toiletten zu begleiten. Dort wird ihm erlaubt, sich mit kaltem Wasser aus einem Hahn zu waschen, aber seine Kleider bekommt er nicht. Er wird auf einen leeren Gefängnishof hinausgeführt, er geht im Kreis, der Wind trägt Rost, Rauch, Kohlenmonoxid herbei, und er denkt, dass das Leben zu groß, zu gewaltsam, zu grenzenlos ist, dass er keinen festen Grund unter den Füßen findet. Er sieht zwischen den Mauern einen Vogel vorüberziehen, die Schwungfedern glühen kurz in der Sonne und erlöschen, und das Bild brennt sich ihm ein. Er schließt die Augen. Ein Vogel vor dem Himmel. Er hängt am Wind, schlägt mit den Flügeln, sinkt. Der Wärter reicht ihm eine Schale gekochte braune Bohnen, P schlingt sie an die Mauer gelehnt in sich hinein. Die Kühle der Mauer an seinem nackten Rücken. Der metallene Löffel schrammt über seine Zähne. Die Müdigkeit durchströmt seinen Körper, sein Leben wie grauer elektrischer Strom. Der Wärter reißt ihm den Teller aus den Händen.

Als er in seinen Käfig zurückkehrt, sitzt dort zusammengekauert, tief im Schatten, ein anderer Mann. Im ersten Moment glaubt er, dass er selbst dort sitzt. Der Wärter versetzt ihm einen Stoß in den Rücken. Daraufhin steht er gebückt im Käfig, betrachtet den Mann, der wie er selbst bis auf die Unterhose nackt ist. Als er sich mit dem eiskalten Wasser wusch und danach auf dem Gefängnishof war, kroch eine Kälte in seine Beine, und nun strahlt diese Kälte ins Fleisch aus. Er hustet. Der Wärter hat bereits abgeschlossen und ist den Gang hinabgegangen. Der Mann im Schatten streckt eine Hand aus, er hat dünne Arme, sein Gesicht erinnert an einen Vogel, er ist glattrasiert, P gibt ihm die Hand und nennt seinen Namen. Der Mann sagt ihm seinen. »Ich bin Journalist. Aus Zaire. Stehe unter dem Verdacht der Spionage. Ich bin seit drei Tagen hier.«

»Ich bin aus Uganda.«

»Wie bist du hier gelandet?« Sie sprechen Kiswahili. P lässt sich auf den Fußboden sinken und stützt die Ellbogen auf die Knie.

»Ich bin Kampfpilot, ausgebildet an der Griechischen Luftstreitkraftakademie in Athen.«

»Ich habe eine Familie in Zaire. Eine Frau und zwei Kinder. Und du?«

»Ich habe eine Familie in Uganda. Brüder.«

»Ein ugandischer Kampfpilot in einer Polizeiwache in Daressalam?«

Es ist so befreiend, ein Gespräch zu führen, das nicht Teil eines Verhörs ist, reden zu können, ohne dass einem ständig misstraut und alles in Frage gestellt wird, und P erzählt rasch von seiner Zeit in Athen, von seiner Ausbildung, von dem Staatsstreich. Flüsternd erzählt er auch von dem, was er in den Vernehmungen verschwiegen hat: seinen persönlichen Kontakten mit Amins Männern während des Sommers, seinen Schuldgefühlen, seinen Zweifeln. »Ich beschloss, nicht mehr für die Griechen zu arbeiten«, sagt er und verstummt anschließend. Er grübelt über seine Entschlüsse, über das Leben nach, wie es sich krümmt.

Er erinnert sich an einen Abend, an dem er in der Dusche stand und sich das Haar schamponiert hatte, er hatte die Augen geschlossen und die Hände auf die Kacheln der Wand gestützt und merkte zunächst eher zerstreut und erstaunt und danach mit absoluter Deutlichkeit und Sicherheit, dass seine Finger aneinanderklebten und das Wasser aus der Dusche zähflüssig und klebrig war. Es passierte gegen Ende des Sommers. Es war eine Phase, in der nicht nur Gerüchte unter den ugandischen Exilpiloten über Auseinandersetzungen zwischen verschiedenen Volksgruppen in der Armee, Morde und verschwundene Menschen berichteten, sondern auch die ausländischen Nachrichtenagenturen. Er tastete nach der Armatur, drehte ab. Als er die Augen öffnete, schrie er auf. Aus der Dusche war Blut geflossen, er war bedeckt davon, strich sich eine Weile mit den Händen über den Körper, panisch und verwirrt, und versuchte die warme, schmierige Flüssigkeit von Haut und Handflächen zu entfernen. Er presste die Augen zu und lehnte seine Stirn gegen die gekachelte Wand. Das war nicht wirklich. Das konnte nicht wirklich sein. An jenem Abend sollte er sich mit einem ugandischen Beamten aus dem Verteidigungsministerium treffen. Er blieb regungslos und mit geschlossenen Augen stehen, während aus dem

Duschkopf mit klebrigen, saugenden Lauten die letzten Tropfen auf dem Fußboden landeten.

Er saß auf der Bettkante, außer Atem und voller Angst. Er betrachtete die Fußspuren auf dem Teppichboden. Sie waren rot.

Der Journalist zieht am Gummibund seiner Unterhose, als würde er den Gürtel einer eleganten Anzughose zurechtrücken. P fühlt sich verlassen und leer. Sie sitzen schweigend zusammen, aber nach einer Weile lacht der Journalist nervös auf und sagt: »Es hat gutgetan, die Stimme eines anderen Menschen zu hören.« P legt eine Hand in seinen Nacken, massiert ihn, nimmt in seinem Inneren einen Ton in hoher Frequenz wahr. Die Vernehmungen haben etwas mit den Worten gemacht, sie zerschlagen und nackt wie Steine gezeigt.

»Ich hatte keine Schwestern«, murmelt er und richtet seinen Blick erneut auf den Schatten, der ihm im Käfig gegenübersitzt. »Nur Brüder.« Das Gesicht vor ihm lächelt kurz über seine eigentümliche Bemerkung, eine weiße Zahnreihe im Dunkeln. »Brüder, die im Gras standen und schrien.«

»Du musst das nicht erzählen.«

Aber er will erzählen. Er hat das Bedürfnis, die Geschichte jemandem zu erzählen.

Das Telefon hatte einige Male geklingelt. Er hatte stundenlang auf dem Bett gesessen, die Blutspuren auf dem Teppichboden angestarrt, bis sie mitten in einem Zwinkern verschwanden, einfach fort waren. Er leerte das Whiskyglas in drei Schlucken. Vor einer halben Ewigkeit hätte er diesen ugandischen Beamten am Flughafen treffen sollen. Das Fenster stand offen, Straßenlärm drang an sein Ohr, schwach und fern wie aus einem Traum, wie alles in diesem Sommer, ein Alptraum.

Es war zu spät, um zum Flughafen zu fahren, er trank noch einen Schluck Whisky direkt aus der Flasche, stand auf und blickte auf die Hotelgäste herab, die durch die gläsernen Türen des Hotels ein und aus gingen. Er fragte sich, ob John lebte. Warum schrieb ihm niemand mehr? Taxis warfen ihre Lichtkegel auf den Asphalt. Er konnte nicht nach Uganda zurückreisen. Amin hatte in der vergangenen Woche ein weiteres Guerillalager in Tansania von Kampfflugzeugen bombardieren lassen, und wenn er zurückkehrte, würde man ihn bestenfalls zwingen, solche Luftangriffe zu fliegen, oder ihn schlimmstenfalls umbringen. Er konnte nicht zurückkehren, aber er konnte auch nicht mehr in dieser Limousine sitzen und mit den ugandischen Offizieren und Ministern reden, denn in jeder einzelnen Sekunde, die er in ihrer Gesellschaft verbrachte, fragte er sich, ob sie seine Familie, seine Freunde ermordet hatten. Es klopfte an der Tür. Als er aufstand, wankte er leicht und stützte sich an der Wand ab. Er war ein wenig betrunken.

Sein Fluglehrer stand im Hotelflur. Sie standen sich eine Weile schweigend gegenüber, maßen einander mit den Augen, zwei Männer, die einmal Teil eines Systems, einer Ordnung gewesen waren.

Vor dem Eingang des Hotels wartete eine Limousine des Militärs. P sah sein Spiegelbild im schwarzen Lack, ein langgezogenes und gespenstisches Wesen. Sie fuhren aus Athen heraus, ans Meer. Sie fuhren an Hochhäusern, Vororten, Bauernhöfen, Dörfern vorbei, sie stiegen aus, sie gingen zum Meer hinunter, der Fahrer blieb am Auto stehen, eine Silhouette vor dem Hintergrund der Sommernacht.

»Wir versuchen, Ihnen zu helfen.« Der Fluglehrer strich mit Daumen und Zeigefinger über seinen gepflegten Schnurrbart. Sie flanierten Seite an Seite entlang der Dünung. »Wir erlauben Ihnen hierzubleiben, wir geben Ihnen einen Job, und Sie danken es uns so? Sie tauchen einfach nicht auf?«

Es gab nichts, was P dazu hätte sagen können, er ging mit gesenktem Kopf, er würde zuhören, und dann würde es möglicherweise vorbei sein und er eine andere Arbeit übernehmen dürfen. Die Lackschuhe sanken im Sand ein, das Meer raste, sein Tosen erinnerte an einen Düsenmotor. »Warum sind Sie nur so verstockt?« Mehr als ein halbes Jahr war es mittlerweile her, dass P geflogen war, und nun, ausgerechnet in diesem Augenblick, vermisste er es von Neuem und mit der gleichen brennenden Intensität wie an den allerersten Tagen, als er in dem Haus gesessen und geglaubt hatte, sein Flugverbot würde nur ein paar Tage Bestand haben. Er vermisste es, davonzuschießen. Die transparenten Wellen leckten über den Strand. Die Stimme seines Ausbilders wurde von der Brandung fast verschluckt. »Es gibt viele, die Sie gründlich satthaben.«

P blieb stehen, er bückte sich und hob einen Stein auf, warf ihn ins Wasser.

»Wo waren Sie heute?«

P wischte sich den Sand von den Handflächen. Sie hatten einmal seinen Namen gerufen. Das ganze Olympiastadion hatte seinen Namen gerufen. »Sie müssen anfangen, in der Wirklichkeit zu leben.« Sie standen Seite an Seite, die Blicke weit ins Nichts hinaus gerichtet. P war jetzt niemand, nichts. Über dem Meer sah man die Sterne. »Wenn Sie eines Tages verschwinden würden, einfach verschwänden, wer würde Sie vermissen? Amins Regierung? Ich muss Ihnen etwas sagen. Man spricht davon, Sie nach Uganda zurückzuschicken. Sie zur Rückkehr dorthin zu zwingen.«

Das Schloss am Ende des Korridors klirrt. Der Gefängniswärter nähert sich, er zieht seinen Schlagstock über die Gitterstäbe, P wendet das Gesicht von diesem knallenden, knatternden Geräusch ab. Der Journalist krabbelt in die Käfigecke, schließt die Arme um seinen Kopf und wimmert kurz, ein kläglicher, tierischer Laut. Angst vor Schlägen; P kennt das aus seiner Kindheit. Der Wärter holt jemanden aus einem anderen Käfig, die beiden verschwinden. Die Augen des Journalisten blitzen auf.

»Du bist nach Rom gefahren?« Stille. In der Dunkelheit schreit jemand. »Du bist nach Rom gereist, nachdem die Griechen dir gedroht haben, stimmt's? Du hast gesagt, dass du aus Rom nach Sambia gekommen bist.«

P kaut auf seiner Unterlippe, antwortet nicht. Allmählich wird es wieder Abend, das Sonnenlicht, das zu den Fenstern hereinfällt, ist verdünnt, der Zementstaub, der aus Rissen in der Decke gerüttelt wird, wenn auf der Straße Autos vorbeifahren, glüht schwach rötlich wie trockene, qualmende Erde.

»Habe ich gesagt, dass ich nach Rom gereist bin?«

»Du hast gesagt, dass du von Athen nach Rom gefahren und von Rom nach Sambia gekommen bist.«

P ist sich nicht sicher, was er dem Journalisten gesagt hat und was Teil der Vernehmung gewesen ist, es ist ein beängstigendes Gefühl der Verwirrung, Welten, die sich vermischen.

»Ich bin nach Rom gereist, weil dort eine Kusine von mir wohnt.« Die Eisenstangen des Gitters sind kalt und hart an seinem Schulterblatt. Er dreht den Kopf und betrachtet den Journalisten, der immer noch in der Ecke des Käfigs kauert. »Außerdem bin ich Katholik, als ich klein war, ging ich auf eine Internatsschule, die von italienischen Priestern geführt wurde, für die Einreise nach Italien brauchen wir kein Visum.« Er macht eine Handbewegung, er hätte nach Deutschland oder

Libyen oder sonst wohin reisen können. »Ich wollte nur weg von Griechenland.«

An einem Nachmittag Anfang September flanierten K und er durch die Straßen im Zentrum Athens. Die Zypressen und Maulbeerbäume warfen sich im Wind hin und her, die Kalksteinmauern leuchteten, matte, weiße Lampen. Sie kamen an einer alten Kirche vorbei und blieben, von Tauben umgeben, auf dem Vorplatz stehen.

»Es gibt ugandische Heilige«, sagte P. Sie schob ihren Arm unter seinen, hielt seine Finger in ihren Fingern, spielte mit ihnen. »Wusstest du das?« Sie schüttelte den Kopf. »Märtyrer. Einige der ersten ugandischen Katholiken wurden im neunzehnten Jahrhundert verbrannt. Vor zehn Jahren hat der Papst sie heiliggesprochen.«

Sie hielt seine Hand, flocht ihre Finger in seine. Er schaute zu der alten Kirche auf, zum Himmel, dem endlosen und wogenden Sommerhimmel, er dachte, dass dies das Leben war, all diese Momente.

»Ich überlege, am Wochenende meine Kusine zu besuchen. Für ein paar Tage nach Rom zu fahren, um einen klaren Kopf zu bekommen. Könntest du mir einen Gefallen tun?«

»Welchen?«

»Könntest du die Fährtickets für mich kaufen? Ich gebe dir das Geld.« Die Tauben kletterten durch den bleichen Himmel. »Wenn das Militär mitbekommt, dass ich ein Ticket für die Überfahrt gekauft habe, bilden sie sich vielleicht ein, dass ich fliehen möchte, und halten mich auf. Es ist eine wirklich seltsame Zeit.«

Zwischen Piräus westlich von Athen und Brindisi an der italienischen Südküste verkehrte eine Fähre. Vermögende Griechen nahmen sie häufig am Wochenende. K stand auf dem

Kai und winkte ihm zu, als er an Bord ging. Er hatte sie gebeten, ein Hin- und Rückfahrtticket zu kaufen. Der Wind kam von den Inseln und war salzig, er trug seine weiße Uniform, obwohl er sie außer bei offiziellen Aufträgen eigentlich nicht mehr anziehen durfte. Es war ein ganz gewöhnlicher Nachmittag. Ein Dienstag. Der metallene Rumpf der Fähre schwankte unter seinen Füßen, ein Mann bat ihn um seine Papiere, er zeigte seinen Ausweis von der Akademie und seinen ugandischen Pass. Er benötigte kein Visum, das wusste er. Er drehte sich ein letztes Mal um. Ihre Haare waren eine dunkle Flamme im Wind, sie wandte sich ab, verschwand in der Stadt.

Er reservierte einen Tisch im Speisesaal und aß, während die Fähre den Hafen verließ. Kais glitten an den Fenstern vorbei, er stocherte mit seiner Gabel im Fisch, dachte an seine Brüder, an seine Mutter, die ihn einst fortgeschickt hatte. Er schob den Teller von sich, starrte auf die Wellen hinaus. Um ihn herum tanzten Menschen langsam und ein wenig täppisch zu Klaviermusik, die aus Lautsprechern ertönte. In seiner Kindheit hatte er einen Freund gehabt, mit dem er häufig angeln gegangen war. Sie hatten es geliebt, am Ufer des Viktoriasees zu stehen und ihre Leinen auszuwerfen. Als er eines Tages nach seinem Freund fragte, war er über Nacht an irgendeinem Fieber gestorben. P legte das Kinn in seine Hand, der Ellbogen ruhte auf der weißen, ein wenig speckigen Tischdecke, und dachte an damals zurück und daran, warum ihm diese Episode in den Sinn gekommen war. Er aß einen Bissen Fisch, er schmeckte nach nichts, wie Papier. Hatten die Griechen wirklich vorgehabt, ihn nach Uganda zurückzuschicken? Er fühlte sich nackt, Messern ausgeliefert. Der Geschichte. Dem Krieg. Er ging auf die Toilette und zog sich um, warf die Uniform und den Akademieausweis über Bord. Er stand an der Reling und sah, wie sich das weiße Stoffbündel auseinanderfaltete wie eine Qualle, während es im Dunkeln versank. Er trug seine grüne Bomberjacke, eine Jeans, ein graues T-Shirt. Es war der Spätsommer Neunzehnhunderteinundsiebzig. Er dachte dies, Jahreszahl und Jahreszeit, wie eine Markierung. Hinter der Fähre war die Küste bereits verschwunden. Er dachte an K, dass er überlegt hatte, ihr im letzten Moment die Wahrheit zu sagen, unmittelbar bevor er an Bord ging. Schauer aus Salzwasser spritzten in sein Gesicht hoch. Er kehrte zum Speisesaal zurück, stand in der Tür und betrachtete die Menschen, die darin saßen und aßen oder tanzten. Dort gab es Männer in Anzügen und Griechinnen in langen Kleidern, die sich langsam im Kreis drehten. An dem Fenstertisch, an dem er selbst eben noch in seiner weißen Uniform gegessen hatte, saß schon wieder jemand, ein Grieche. In Brindisi nahm er den Bus nach Rom. Während der Fahrt schlief er die meiste Zeit und erwachte erst wieder, als der Bus zwischen bläulichen Straßenlichtern durch die südlichen Vorstädte Roms rollte. Er blickte auf das trockene Gras hinaus, das in den Scheinwerfern des Busses loderte, er stellte sich Gott als einen Sturm aus zerfetztem Gras und abgerissenen Schwungfedern vor, er dachte, dass er zur Beichte gehen würde, seine letzte lag lange zurück. Einzelne Gestalten tauchten entlang der Autobahn auf, blieben hinter dem Bus zurück. Er dachte, dass dies Europa war, diese Erscheinungen in einer Weise europäischer waren als Griechenland, dass ihre Bedeutung sich ihm nicht erschloss. Gegenverkehr, Hochhausfassaden, von denen die Farbe abblätterte, Plätze, auf denen Menschen in kleinen Gruppen zusammenstanden, geöffnete Bars. Er fühlte tastend, ob sein Pass noch in der Innentasche seiner Pilotenjacke lag, stieg am Hauptbahnhof aus und betrat die große Wartehalle. Seine Schritte hallten wider, vor den Fahrkartenschaltern und

Geschäften waren die stählernen Rollgitter heruntergelassen, die meisten Lampen waren ausgeschaltet. Eine Tafel unter der Decke berichtete von abfahrenden und ankommenden Bussen und Zügen. Namen von Orten wurden mit einem leisen, automatischen Rascheln aufgeblättert, sie spiegelten sich auf dem Kopf im schmutzigen Marmormeer des Bodens. Er stand dort eine Weile mit seinen beiden Koffern in den Händen. Er dachte, dass er nun reisen konnte, wohin er wollte. Überallhin, nur nicht nach Hause. Er setzte sich auf eine Bank, bald darauf schlief er ein. Als er wach wurde, eilten in einem steten Strom Reisende an ihm vorbei. Er machte sich auf einer Toilette frisch, wechselte Geld, rief von einem Münzfernsprecher aus seine Kusine an. Sie gab ihm ihre Adresse. Er nahm seine Koffer und trat auf die Straße hinaus, Tauben hüpften vor seinen Füßen davon, er blieb in der Menschenmenge stehen. Er wusste nicht, ob er glücklich oder traurig war. Die Leute, die sich an ihm vorbeizwängten, fluchten auf Italienisch. Er war Lire-Millionär. Er erwog umzukehren, in die Wartehalle zurückzugehen, K anzurufen, ihr die Wahrheit zu sagen und sie zu bitten, zu ihm zu kommen. Er war ein Flieger ohne Flügel. Als er sich in ein Taxi setzte und dem Fahrer die Adresse gab, tauchten wie aus dem Nichts eine Menge anderer Taxis auf und blockierten jede einzelne Straße. Hunderte Autos hupten gleichzeitig, und Menschen schrien durch die offenen Seitenfenster. Taxis setzten zurück, fuhren einen halben Meter vor, hielten an. Eine Schlucht aus Lärm, der Fahrer drehte sich zu ihm um und schrie in schlechtem Englisch, dass soeben ein Taxistreik begonnen habe, machte eine entschuldigende Handbewegung und schaltete den Motor aus. P streckte den Kopf aus dem heruntergekurbelten Seitenfenster und schloss fest die Augen, sein Kopf füllte sich mit dem grauen Wespenschwarm des Verkehrs. Bald würden die Griechen merken, dass er nicht zur Arbeit erschienen war, irgendwann würden sie sich dann bei K melden und sie fragen, wo er steckte. Sie würde antworten, dass er nur für ein paar Tage Urlaub zu seiner Kusine gefahren war. Sie würde ganz ruhig bleiben und ihnen sagen, dass er in einer Woche zurück sein werde. Aber sie würde sich wundern, dass außer ihr kein anderer etwas davon zu wissen schien, und dann würde ihr mit der Zeit klar werden, dass er nie mehr zurückkommen würde. Hupen blökten, Motoren jaulten, als die Kakophonie ohrenbetäubend wurde, schlug er die Augen auf, um sie mit Blicken zum Schweigen zu bringen. Grelles Sonnenlicht wurde von der großen Glasfront des Hauptbahnhofs zurückgeworfen.

In der großen Villa, die sie mit ihrem Mann bewohnte, brachte seine Kusine ihn in einem Gästezimmer unter. P duschte, blieb lange unter dem Wasser stehen und ließ es über sein Gesicht fließen. Er musste laut lachen, als er daran dachte, dass er entkommen war, wie leicht es gewesen war. Sobald er sich sicherer fühlte und wusste, wohin er unterwegs war, würde er K anrufen. Er dachte es und wusste nicht, ob es auch wahr war. Als er sich erinnerte, wie sie am Ufer gestanden und ihm zugewinkt hatte, hätte er am liebsten geweint, geschrien, mit der Faust gegen die gekachelte Wand geschlagen. Sie aßen in einem teuren Restaurant. Der Mann seiner Kusine war Architekt, hatte eine eigene Firma, war fast doppelt so alt wie P, trug eine runde Brille und bekam eine Glatze. Er lehnte sich über den Tisch und sagte, was sich in Uganda ereignet habe, sei unglaublich, aber Amin werde nicht sehr lange an der Macht bleiben. Das sage jeder. P trank Wein. Ein Teil von ihm wollte bereits nach Athen zurückkehren, den Griechen würde er sagen können, dass er nur einmal für ein Wochenende einen Tapetenwechsel gebraucht habe, sich entschuldigen und erklären, er habe etwas Gravierendes und Schweres durchgemacht, aber nun sehe er klar und sei bereit, jede Arbeit zu übernehmen, die sie ihm zuteilten. Der Mann seiner Kusine zog seine Brille aus und putzte die Gläser mit einer Leinenserviette. »Du könntest in meiner Firma eine Ausbildung machen. Es würde ein gutes Leben sein.«

»Mal sehen.«

»Was hast du vor?«, fragte seine Kusine.

Er zuckte mit den Schultern.

»Mir einen Job als Pilot suchen.«

Es gab eine Erwartung in ihm wie vor einem Sprung. Die Tage vergingen. Er spazierte auf den breiten Bürgersteigen umher, saß auf Bänken. Manchmal hatte er das Gefühl, K zu sehen, die einen Zebrastreifen überquerte und auf ihn zukam, aber wenn er dann genauer hinsah, war es jedes Mal eine andere Frau. Seine Kusine kaufte ihm mehr als ein Dutzend teurer italienischer Hemden. Er besuchte eine Kirche, kniete vor Christus nieder, das stille, anonyme Gesicht der Holzskulptur starrte auf ihn herab. Er erinnerte sich an das Internat, er war Chorknabe gewesen. Er erinnerte sich an die Soutanen der Priester, die im Wind flatterten, den schlichten Altar und das Kreuz, vor dem sie auf die Knie gegangen waren, um die Kommunion zu empfangen. Er sann über Gott nach, über das Große, Gesichtslose, das atmete. Er schaute zu Christus hoch. *Warum rufst du nicht nach deinem Vater?* Eine Touristengruppe betrat die Kirche, ihre Absätze hallten auf dem blanken Steinboden, sie sprachen mit lauten Stimmen in einer gutturalen europäischen Sprache, die er nicht kannte. Er verharrte noch eine Weile auf den Knien, den Blick zur Decke gerichtet, zu den Bildern von Wolken und strahlenden Engeln, mit denen die gewölbte Fläche bedeckt war. Es musste etwas vor allem gegeben haben, vor der Geschichte. Er ging in den heißen, flammenden Spätsommer hinaus. Er hatte Bewerbungen an Air France, British Airways, Pakistan Air, Air India und eine große Zahl anderer Fluggesellschaften in aller Welt geschickt, aber noch keine Antworten bekommen. Er saß mit seiner Kusine unter einem im Wind klatschenden Sonnenschirm und trank Kaffee. In ihren Gesichtszügen sah er seine Mutter lächeln. Sie hatte eine Ansichtskarte von ihrer Schwester in Uganda bekommen, auf der jedoch nichts über die politische Situation stand. Wahrscheinlich wurde die Post zensiert. Sie sprachen nicht viel. Er dachte an seine Mutter, dass sie so selten gelächelt hatte. Er dachte ans Fliegen, dass es ein Gefühl gewesen war, als fiele man in die Sonne, er schaute auf die Uhr, aber dann fiel ihm ein, dass er es nicht eilig hatte, dass er nicht mehr unterwegs war. Er bestellte Zigaretten, die der Kellner ihm auf einem Silbertablett brachte. Er hob den Blick, und die Wolken vor dem Abendhimmel waren ein langsamer Regen aus rosa Vogeldaunen. Er erwachte, stellte sich nackt ans Fenster, sah auf die Millionen Lichter in der Nacht hinaus. Einige Tage waren vergangen, und er hatte Antwort auf eine seiner Bewerbungen bekommen. Eine Hupe schnitt die Nacht auf, sank zurück. Er stand da, die Arme wie ein Kreuz, stützte sich mit den Händen auf die Ränder des Fensters, die Stadt glitzerte. Er könnte in Rom bleiben, Architekt werden. Es würde ein gutes Leben sein. Er empfand große Trauer, schicksalsschwer und bedrückend, und dass sein Herz ein Schmetterling aus schwarzem Samt war, der weit hinten in der blutroten Dunkelheit saß und die Flügel auseinanderklappte, die Flügel zuklappte. Er erinnerte sich, dass es anders war, nachts zu fliegen. Über die

Abgründe zu gleiten. Idi Amin würde in Kürze gestürzt werden. Es musste bald geschehen.

An seinem letzten Tag in Rom fuhren sie zum Restaurant des Hilton. Das Taxi glitt an den Wasserbäuschen der Springbrunnen vorbei, er kühlte sich ab, indem er die Hand aus dem heruntergekurbelten Seitenfenster streckte, und spürte, wie der Wind seine Hand fing und anhob. Die Stelle in Sambia, die man ihm angeboten hatte, war nicht das, wovon er geträumt hatte, aber es war eine Arbeit und er würde wieder fliegen dürfen. Er dachte, dass er jetzt K schreiben und sie bitten konnte, nach Sambia zu kommen, überlegte es sich dann jedoch anders und beschloss, sie aus Sambia anzurufen, später, wenn er etwas Geld gespart oder eine bessere Stelle gefunden hatte. Seine Kusine sagte:

»Fahr nicht.« Ihr Mann, der auf dem Beifahrersitz saß, drehte sich um, und die Scheinwerfer des Gegenverkehrs glitten über sein Gesicht, zwei schnelle Flügelschläge. »Mach eine Ausbildung in meiner Firma.«

»Ich bin Pilot. Ich muss fliegen.«

»Heißt das, du bist freiwillig nach Afrika zurückgekehrt?«

P versucht sich seine Enttäuschung darüber nicht anmerken zu lassen, dass auch dieser Mann seinen Entschluss, nach Afrika zurückzukehren, ohne Umschweife als einen Witz, als reinen Wahnsinn deutet. Der Journalist lacht auf, legt den Kopf schief und nickt vor sich hin. »Jetzt verstehe ich, wie du hier gelandet bist.« Draußen ist die Sonne über dem Planeten wieder untergegangen, Autoscheinwerfer huschen über die Fenster, die Schatten, die ihre Käfige werfen, werden auf dem schmutzigen Fußboden in die Länge gezogen. »Sambia wird von Kenneth Kaunda regiert, der die kommunistischen Freiheitsbewegungen im südlichen Afrika unterstützt. Er versorgt die UNITA in Angola, die ZAPU in Simbabwe, den ANC in Südafrika mit Waffen und Geld. Er unterhält enge Verbindungen zur Sowjetunion, zu China.« Der Journalist fährt mit dem Daumen über die Innenseite des Gummizugs seiner Unterhose, kratzt sich. »Und zu Tansania.«

P wusste, dass Sambia eine sozialistische Republik war, dass Obote mit Kaunda zusammenarbeitete, hatte dies jedoch nie mit sich selbst in Verbindung gebracht. Er saß im Flugzeugsitz auf dem Weg nach Lusaka und empfand nichts als angespannte Vorfreude auf sein nächstes Leben. Gewitterblaue Wolken wälzten sich vor dem Fenster dahin. Er wagte zu hoffen, dass seine Familie den Putsch und seine Nachwehen überlebt hatte und Amin in naher Zukunft gestürzt wurde oder aus freien Stücken abtrat, so dass er in seine Heimat zurückkehren konnte, um dort die Kampfflugzeuge zu fliegen, für die er ausgebildet worden war. Er schlief ein paar Stunden, leichter Schlaf, von Flugzeuggrollen, Stimmen und Licht erfüllt. Als er aufwachte, sah man die Regenwälder auf Höhe des Äquators wie Inseln aus schattigem Grün überall dort, wo die Regenwolken auseinandertrieben. Zum ersten Mal seit drei Jahren befand er sich wieder in Afrika.

Eine halbe Stunde vor der Landung teilte die Stewardess Formulare aus, auf denen die Reisenden eine Reihe von Informationen angeben mussten: ihre Staatsbürgerschaft, die Geldsumme in ausländischer Währung, die sie bei sich trugen, welche Gründe sie für ihren Besuch in Sambia hatten und wie lange sie sich im Lande aufzuhalten gedachten. Er beantwortete die Fragen wahrheitsgemäß. Er würde fliegen, er war ausgebildeter Pilot. Falls Amin nach dem Jahreswechsel noch an der Macht war, würde er sich eine bessere Stelle suchen, am liebsten bei einer der großen internationalen Fluggesellschaften. Er fragte sich, welches Modell die Firma benutzte. Eine Cessna wie beim Auswahlverfahren in Uganda? Eine Piper vielleicht. Das Flugzeug, in dem er gerade flog, war ein älteres russisches Modell. Als die Maschine durch die Wolkendecke herunterging, trommelte Regen auf das Metall. Der Pilot hatte mit Sicherheit nie an einem Zaun gestanden und Punkte für Landungen vergeben – sie hoppelten über die Landebahn, einige Fluggäste schrien auf, kurze, furchterfüllte Kiekser, die P schmunzeln ließen. Als er auf das Rollfeld hinaustrat, kühlte der Regen sein Gesicht. Es war Vormittag, die Sonne war eine rote, ovale Nebelkugel zwischen den Wolken über den Palmen, Busse brachten sie zum Flughafengebäude, regenschwere Blätter bewegten sich im Wind, sie ähnelten den Händen eines Schlafenden, die unbeholfen nach etwas griffen. Der Bus hielt, ein Grenzbeamter ließ den Blick über die Insassen schweifen, kam zu P und fragte ihn nach seinem Namen. P war nicht ganz wohl dabei, dass ausgerechnet er aus der Menge herausgepickt worden war, aber er antwortete und griff nach seinem Pass. Der Grenzbeamte bat ihn zu warten, P steckte den Pass wieder ein, faltete eine Zeitung auseinander, die er aus dem Flugzeug mitgenommen hatte, und hielt sie sich über den Kopf. Regentropfen klatschten auf das dünne Papier.

Seine Mitreisenden strömten in das hell erleuchtete Flughafengebäude. Der Grenzbeamte trug eine grüne Uniform und eine Schirmmütze, die chinesischen Zuschnitts zu sein schien. Der bewölkte Himmel und das große, schmutzig weiße Verkehrsflugzeug spiegelten sich in der nassen Landebahn, deren Spiegelfläche vom Regen zerrissen wurde. P dachte, dass das Unternehmen, für das er arbeiten sollte, möglicherweise mit der Regierung zusammenarbeitete und er von dem Grenzbeamten direkt zu seinem Arbeitsplatz gebracht werden sollte, oder dass er das Formular an Bord an irgendeiner Stelle falsch ausgefüllt hatte. Als alle anderen Passagiere verschwunden waren, führte ihn der Grenzbeamte in die Haupthalle des Flughafens und wies P an, auf einer Bank neben einer geschlossenen Tür zu warten. Der Mann verschwand. Ps Schuhe waren nass, Wasser aus ihnen breitete sich auf dem Fußboden zu einer Pfütze aus. Er dachte an die Schuhe, die in Uganda am Straßenrand standen. Menschen kamen durch die Glastüren herein oder begaben sich in den warmen Sprühregen hinaus, um Taxis oder Busse ins Zentrum von Lusaka zu nehmen. Mehrere Angehörige des Militärs standen an den Wänden verteilt, unterhielten sich mit leisen Stimmen und trugen lässig über die Schultern geworfen automatische Waffen. Wenn P einem ihrer Blicke begegnete, überkam ihn jedes Mal das Gefühl, aufspringen und sie militärisch grüßen zu müssen. Es war für ihn ein ungewohnter Anblick, bewaffnete Militärs zu sehen, die sich so selbstverständlich unter Zivilisten mischten. Er blinzelte, fühlte sich benommen, legte die Beine auf die Bank, rollte sein Jackett zusammen und benutzte es als Kissen. Er musste sich immer wieder in Erinnerung rufen, dass er Zivilist war. Die Hälfte der Neonröhren in der Ankunftshalle funktionierte nicht, sie flimmerten und sirrten über ihm, er schloss die Augen, lauschte den plappernden Stimmen, dem Geräusch von Schuhen und Koffern in Bewegung. Er schlief ein und träumte davon, durch hohes Gras zu laufen, vom Nachthimmel über sich, von einer Stimme, die seinen Namen rief. Er wachte auf. Die Tür schräg hinter ihm war geöffnet worden. Er wandte sich schläfrig um, weil er schauen wollte, wer durch sie gekommen oder gegangen war, aber noch ehe er dazu kam, etwas zu sehen, packte eine Hand seinen Kragen und riss ihn mit einem kräftigen Ruck von seiner Bank. Jemand schleifte ihn rückwärts durch die Tür, und er verlor einen Schuh, als er über die Schwelle gezogen wurde, ein uniformierter Mann hob ihn auf, knallte die Tür zu und beugte sich über ihn.

Der Mann streckte die Hand aus, die ihn soeben von der Bank herabgezogen hatte, nun jedoch, um ihn zu begrüßen und ihm aufzuhelfen. »Guten Tag, Sir. Ich bin Einwanderungsbeamter.« Die seltsame Situation, der schnelle Wechsel zwischen Gewalt und Freundlichkeit, brachte P zum Lachen. Er stand ohne fremde Hilfe auf, wich geradewegs bis zu der verschlossenen Tür zurück.

»Setzen Sie sich, Sir, Sie müssen müde sein. Setzen Sie sich, bitte.« Der Mann, der groß und hager war und fast schlohweiße Haare hatte, zeigte auf einen Stuhl.

Sie befanden sich in einem kleinen Zimmer, das wie eine leere Abstellkammer aussah. Zwei Stühle an den Wänden, keine Fenster, eine einzige, nackte Glühbirne an einem Sockel in der Wand. Der Mann zog ein Blatt und einen Stift aus der Innentasche seiner Uniformjacke.

»Sie sind in Sambia leider nicht willkommen.« Der Mann überflog das Papier. P bürstete seine Hose ab, blieb mit dem Rücken an die Tür gelehnt stehen. Er fragte sich, ob sie ins Schloss gefallen war, als sie zuging, oder ob er sie öffnen und einfach hinauslaufen konnte.

»Ich soll in Sambia arbeiten. Der Arbeitsvertrag ist in meinem Gepäck.« Er schaute sich in dem Raum um, als könnte es darin eine dunkle Ecke geben, in der seine Koffer verborgen lagen. Erde und Dreck entlang der Wandleisten. »Wo ist mein Gepäck?«

»Sie werden ausgewiesen und nach Italien zurückgeschickt.« Der Mann schlug einen sehr förmlichen Ton an, als wäre es ein vollkommen normales Verfahren, einen Reisenden von einer Bank zu zerren und anschließend in eine kleine Kammer zu schleifen. »Sie sind hiermit über den Ausweisungsbeschluss unterrichtet worden. Wenn Sie jetzt bitte so freundlich wären, unter der gepunkteten Linie zu unterschreiben.« Er hielt P das Blatt und den Stift hin, die Wände schienen ihre Position zu ändern, näher zu kommen, P nahm Blatt und Stift entgegen, presste das Papier gegen die Wand und schrieb seinen Namen. Er hätte in Rom bleiben sollen. Er erinnerte sich an die Aussicht von seinem Zimmer in der Villa, die vielen Straßenlaternen. Der Beamte riss ihm das Blatt aus der Hand, faltete es mehrmals längs zusammen und stopfte es in seine Uniformjacke zurück, woraufhin wie auf ein Kommando ein weiterer uniformierter Mann das kleine Zimmer betrat. Er schloss die Tür hinter sich mit einem Knall. Er hatte Ps Gepäck dabei, und die beiden Koffer waren zerschnitten und anschließend wieder zusammengeklebt worden. Auf dem Klebeband stand mit schwarzen Buchstaben: *Sambische Zollbehörde*. Der Wärter trug eine Pistole in einem Halfter, er stand an der Wand stramm. In dem olivgrünen Stoff seiner Schirmmütze saß ein kleiner, roter Metallstern. Der hagere, weißhaarige Mann sagte: »Der nächste Flug nach Italien geht diese Nacht um halb zwei. Bis dahin werden Sie hier warten. Ich werde dafür sorgen, dass Sie etwas zu essen bekommen.« Der Mann, der die Koffer gebracht hatte, blieb, als der Weißhaarige, der sein Vorgesetzter sein musste, hinausging. Etwas später kehrte der Weißhaarige mit Reis und braunen Bohnen in einer Metallschale zurück und ging anschließend wieder. P stand an der Wand, dem Wärter gegenüber, er hielt die Metallschale in der Hand, aß einige Bissen. Er sollte Sprühflugzeuge fliegen. Der Wärter verlagerte das Gewicht seines Körpers von einem Fuß auf den anderen, das

Leder seiner Stiefel knirschte, und P dachte, es war gut, dass sie ihn ausweisen würden, da er nicht in diesem Land oder auch nur auf diesem Kontinent bleiben wollte. Er zog eine Schachtel italienischer Zigaretten heraus und bot dem Wärter eine an, woraufhin die beiden Männer schweigend rauchten. Der Raum war schlecht belüftet und hing schon bald voller Rauch, und als der erste Beamte schließlich zurückkehrte, bekam er einen Hustenanfall. Der Wärter drückte rasch seine Zigarette aus, trat auf den Glutfleck und hob die Hand zu einem strammen Gruß, den der andere lediglich mit einer kurzen Handbewegung erwiderte. Auch der Wärter hustete, gekünstelt. »Mitkommen.« Der weißhaarige Mann öffnete die Tür.

Die Haupthalle des Flughafens wurde von warmem Nachmittagslicht durchflutet, und die zerkratzte, staubige Uhr, die an der Wand hing, stand auf halb fünf. »Geht die Maschine früher?« Der Mann beantwortete Ps Frage nicht, packte ihn stattdessen am Hemdärmel und führte ihn durch den Raum.

Eine Gruppe von Reisenden stand einige Meter entfernt mit ihrem Gepäck, mehrere von ihnen waren Europäer, so dass P überlegte, ihnen etwas zuzurufen – er war instinktiv überzeugt, dass Europa seine Rechte, sein Leben verteidigen würde, aber dann dachte er an Griechenland und wie er dort behandelt worden war. Der Grenzbeamte zog ihn zur Tür hinaus. Es regnete nicht mehr, hinter den sachte auseinandergleitenden Wolken schien der Himmel aus flüssigem Gold zu bestehen. Der Beamte hielt P am Hemdärmel fest und zog ihn mit sich, P sträubte sich halbherzig, sie gingen über die Landebahn, zwischen Gepäckwagen und Containern hindurch. Eine Art Abkürzung. P trug seine beiden zusammengeflickten Koffer links und rechts in der Hand. »Sollte das Flugzeug nicht erst heute Nacht gehen?« Er bekam keine Antwort.

Eine Militärmaschine des Typs DC-3 stand startklar auf dem Rollfeld. Die Propeller drehten sich, perfekte geometrische Kreise, die in der ansonsten so drückenden und schwülen Luft im Kreis dahinstürmten. Das Geräusch der Motoren war schrill und jaulend. Der Grenzbeamte schob P die Metalltreppe hoch, und als er das Geländer packte und sich stärker widersetzte, spürte er etwas Schweres über den Bäumen hereinbrechen und wie eine Sturzwelle über die Startbahn heranrollen, und er erkannte, wie schutzlos sein Körper war, wie dünn die Knochen in den Händen, die das Geländer umklammerten, wie leicht es gewesen war, ihn in einen Verschlag zu ziehen und die Tür abzuschließen, um ihn kurz darauf zu diesem Flugzeug zu schleifen.

»Weiter, weiter.«

Er stand auf halber Höhe der Treppe, drehte sich um und begegnete dem Blick des Grenzbeamten, der unter dem Schirm der Uniformmütze unversöhnlich und abweisend war.

»Steigen Sie in das Flugzeug.«

Der Wind zerrte an nassen Palmblättern, die am Rande der Startbahn auf dem Asphalt lagen. P kam es vor, als wären seine Schläfen wie Tafelkreide oder dünne Wände aus Lehm, als könnte er jeden Moment zerbrechen. Er betrat das Flugzeug. Es war voller Chinesen in grauen Uniformen, die entlang der Wände auf Bänken saßen. In der Mitte der Kabine stand eine Reihe von Holzkisten, die mit chinesischen Schriftzeichen bedruckt waren. Es roch nach Flugzeugtreibstoff, Erde, Öl. Einer der Chinesen zeigte mit einer Kalaschnikow träge in seine Richtung und sagte etwas auf Chinesisch. Der Grenzbeamte entfernte sich die Treppe hinab, und P starrte ihm hinterher, als er über das Rollfeld davonging. Jemand stupste ihm mit einem Gewehrlauf in den Rücken und gab ihm zu verstehen, dass er sich auf einem der Sitze niederlassen solle. Er gehorchte, und wie damals, als er vor einem guten halben Jahr die Nachricht von dem Putsch in Uganda erhalten hatte, kam es ihm vor, als wäre alles, was in diesem Moment geschah, bereits eine Erinnerung, als wäre es vor sehr langer Zeit passiert, so dass er es jetzt bloß wiedererlebte. Alptraumartige Zwangsbewegungen, Dinge, die einfach geschahen. Er setzte sich und schnallte sich an, seine Finger zitterten, er hatte das Gefühl, außerhalb seines Körpers zu sein. Einer der Chinesen erklärte ihm in Kiswahili mit sehr starkem Akzent, er solle sich in der Maschine nicht bewegen, ohne vorher um Erlaubnis zu bitten, ein dritter Soldat stand auf und schloss die Tür. P suchte in ihren Gesichtern nach einer Erklärung, einer Antwort, aber sie waren ausdruckslos, teilnahmslos. Als existierte er gar nicht. Das Flugzeug startete, der Dschungel bewegte sich in den runden Fensteröffnungen.

In der Dunkelheit singt ein Gefangener eine Melodie, die wie ein Kinderlied in irgendeiner Bantu-Sprache klingt, abgehackte, lispelnde Silben.

»Sie haben dich hierher geflogen?«, fragt der Journalist, und P nickt, ja, sie flogen ihn hierher, nach Daressalam, wo ein Streifenwagen der Polizei ihn zu dieser Polizeiwache brachte. P steht auf und pinkelt durch das Gitter. In den Schatten und der Kälte draußen flucht jemand. Der Journalist spricht hinter seinem Rücken: »Die Geschichte balanciert im Moment auf Messers Schneide. Durch Idi Amins Militärputsch ist der Siegeszug der linken Regierungen in Afrika gebrochen worden. Obote lebt in Daressalam im Exil und befehligt von hier aus eine Guerillabewegung, sowohl Tansania als auch Sambia hoffen, dass es ihm gelingen wird, die Macht zurückzuerobern.

Sie helfen ihm mit Soldaten, Waffen und … Informationen.« P wischt sich die Hände an den Gitterstäben ab, setzt sich. Der Journalist gestikuliert in seine Richtung: »Du bist einfach in einem … Energiefeld hängen geblieben.«

»Für ein Glas Wasser würde ich jemanden umbringen.«

»Sobald man mich freilässt, gehe ich zum Flüchtlingskommissariat der Vereinten Nationen. Wenn du möchtest, kann ich ihnen deine persönlichen Daten geben und ihnen erzählen, dass man dich hier gefangen hält. Vielleicht können sie sich mit deiner Familie in Verbindung setzen und deinen Verwandten mitteilen, wo du bist, oder dich zumindest offiziell als Flüchtling registrieren.«

»Als Flüchtling registrieren?«

Der Journalist steckt die Hand in seine Unterhose und zieht einen Bleistiftstummel und einen Zettel heraus, die er dort versteckt hatte. P lacht erstaunt auf. »Wenn du bei den Vereinten Nationen als Flüchtling registriert bist, hast du gewisse Rechte. Du hast zum Beispiel das Recht, einen Antrag auf Asyl zu stellen, du kannst nicht mehr einfach weggeschafft oder getötet werden, ohne dass es jemand erfährt.«

P nennt dem Journalisten seinen vollständigen Namen und Geburtsort sowie Johns Namen und den Namen des Krankenhauses, in dem John arbeitete, als er zuletzt von ihm gehört hat. Der Journalist notiert sich die Informationen hastig, nervös, während P nach dem Wärter Ausschau hält, dann lehnen sie sich gegen die Gitterstäbe und unterhalten sich weiter, der Journalist fragt P nach Details seiner Geschichte, P erläutert sie, erzählt wieder. Der Journalist spricht über die Zeitung, für die er in Zaire arbeitet, und über seine Frau, seine beiden Kinder. Es ist immer noch wunderbar, mit jemandem zu sprechen, der einem nicht misstraut, und die beiden Männer lachen, berühren sich mit den Händen an den Knien, sehen einander in die Augen. Einige Minuten später kommt der Wärter und holt den Journalisten, der jetzt weniger ängstlich wirkt als sonst, wenn die Schritte des Wärters zu hören gewesen sind. Etwas in seinem Blick beim Aufstehen ist bemitleidend, gebrochen. Die Tür klappert, P ist wieder allein in seinem Käfig, eine Einsamkeit wie Eisen. Die Inhaftierten bekommen etwas zu essen, die gleichen braunen Bohnen wie zum Frühstück, hinterher ist P übel und er fühlt sich schwer und legt sich auf den Zement. Der Schmutz, der Urin, die Läuse, die von Neuem über seinen Körper krabbeln, schrecken ihn nicht mehr. Er fragt sich, ob der Journalist entlassen oder nur zu einer Vernehmung geholt wurde, er bleibt lange liegen und starrt zur Decke hoch und denkt, dass es dort oben den Himmel gibt, denkt, dass der Journalist jetzt vielleicht draußen umhergeht, unter dem Blätterdach der Bäume und unter den Sternen, unterwegs zum Flüchtlingskommissariat, hieß es nicht so? Das Flüchtlingskommissariat der Vereinten Nationen. Das Ränkespiel Tansanias und Sambias mit dem Ziel, ihn einfach verschwinden zu lassen, wird scheitern. Seine Mutter und John werden erfahren, wo er ist, dass er lebt. Es wird alles gut werden. Er ist schläfrig, gähnt, kratzt sich, kauert sich wie ein Fötus zusammen und versucht warm zu werden, schließt die Augen. Er denkt, dass er den Journalisten nicht nur gemocht hat, weil sie einander zugehört haben, sondern auch, weil der Mann sorgsam gekämmt war, gut roch und saubere Füße hatte, Dinge, die P daran erinnerten, dass es da draußen eine Welt gab. Offenbar hatte man ihm erlaubt, im Waschraum Seife zu benutzen. Er setzt sich hastig auf, sein Blick flackert umher, eine Hand berührt die Stirn, ganz sachte, wie einen Gegenstand, der unter Wasser treibt. Langsam, aber sicher geht ihm ein Licht auf.

Wie soll ein als Spion verdächtigter Journalist Papier und Stift in seiner Unterhose in die Zelle schmuggeln können? Er presst die Fingernägel in die Kopfhaut, in seinem Inneren ertönt ein Schrei, der jedoch nur als ein leises Wimmern über seine Lippen kommt. Wenn der Mann schon seit drei Tagen hier war, warum hatte er dann keine Bartstoppel? Er rauft sich die Haare und wiegt sich in panischer Angst vor und zurück. Der Mann war kein Journalist. Sie haben ihn hereingelegt. Sie haben ihn dazu gebracht, alles zu erzählen.

Das Vernehmungszimmer, eine Stunde nach Morgengrauen. Der tansanische Vernehmungsleiter sitzt mit verschränkten Armen am Tisch. Hinter ihm steht ein Mann in Zivil, der P bekannt vorkommt, ohne dass er ihn einordnen könnte. P wird seit einer Viertelstunde, vielleicht auch seit einer halben, vernommen. Der Mann in Zivil hat bis jetzt geschwiegen. Er trägt eine dunkle Hose, ein weißes Hemd. P schwitzt stark. Der Vernehmungsleiter hat ein weiteres Mal nach Ps Zeit in Griechenland gefragt, nach dem Zweck seiner Reise nach Sambia, nach seiner Haltung zu Idi Amin. Sein Tonfall hat sich verändert. Sie wissen, was er im Sommer getan hat. Sie wissen, dass er nach Rom gereist ist, weil er nicht als Dolmetscher und Betreuer für Amins Männer arbeiten wollte. Trotzdem streitet P dies ab.

»Warum haben Sie Europa verlassen?«, faucht der Mann in Zivil. P erkennt schockiert, dass der Mann Lango spricht, und daraufhin fällt ihm ein, wo er ihn schon einmal gesehen hat: Der Mann ist einer der ugandischen Offiziere, die ihn während des Auswahlverfahrens für die Luftwaffe befragt haben. Er ist zehn oder fünfzehn Jahre älter als P, hat gepflegte Haare, ist gut rasiert. »Sind Sie dumm?« Um seinen Mund und seine Augen eine Anspannung, die P von anderen gewalttätigen Männern kennt. Wahrscheinlich ist der Mann aus Amins Militärapparat übergelaufen. Er ist wie P Langi.

»Was tun Sie hier?«, fragt P, aber der Ugander schnaubt als Antwort nur und wiederholt seine Frage. P antwortet auf Lango: Er wollte fliegen.

»Sie wollten fliegen? Sie wollten Sprühflugzeuge fliegen?«

»Ich bin Pilot. Wie Sie.«

Der Tansanier schaut in seine Papiere. P sucht im Blick des Uganders, forscht nach einer Antwort auf eine Frage, die er nicht einmal in Worte fassen kann, aber der Mann rückt seinen Hemdkragen gerade, sein Gesicht bleibt hart, unbewegt, eine steinerne Skulptur. Der Tansanier legt die Akten auf den Tisch und sagt auf Kiswahili:

»Stellen Sie einen Antrag auf Asyl? Wollen Sie als Flüchtling in Tansania bleiben?«

»Ja«, antwortet P, »ich möchte Flüchtling werden.« Er denkt, dass ein Flüchtlingslager zumindest besser sein muss als die Käfige im Keller der Polizeiwache. Der Tansanier notiert sich etwas in seinen Akten.

»Die schicken Sie nach Tabora«, sagt der Ugander. »In drei Stunden geht ein Zug.«

Der Vernehmungsleiter und der Ugander gehen hinaus, nur der Wärter bleibt bei ihm, und nach einer Weile kommt ein zweiter Wärter mit Ps Koffern, in die sie seine Habseligkeiten kunterbunt durcheinandergeschmissen haben. Er zerrt eine Hose und ein Hemd heraus, zieht beides an. Er knöpft das Hemd falsch, fängt noch einmal von vorne an, ist nervös und hat Probleme, sich zu orientieren. Vielleicht ahnten die Tansanier die ganze Zeit, dass er etwas verbarg, und waren erst beruhigt, als »der Journalist« ihnen enthüllte, um was es genau ging. Vielleicht war aber auch etwas ganz anderes passiert, was er nicht begriff und mit der plötzlichen Anwesenheit des ugandischen Mannes zusammenhing. P lässt seine Schuhe im Koffer liegen und zieht stattdessen Ledersandalen an, die ihm seine Kusine in Rom gekauft hat. Er wird in einem zivilen Polizeifahrzeug zum Bahnhof gebracht. Vormittag, letzte Nebelschwaden über den Straßen, weißes Licht fällt durch die Bäume. Ein Wärter eskortiert ihn in einen Zug und setzt sich neben ihn, bevor sie aus dem Bahnhof rollen. P sitzt am Fenster, blickt auf Daressalam hinaus, eine Stadt, in der man ihn jetzt mehr als drei Tage gefangen gehalten hatte. Wohnungen und Fabriken, Slums und Alleen mit Obstbäumen, Wellblechhütten. Er denkt an eine lange Reise in seiner Kindheit, als er, sein Bruder und dessen Frau mit einem alten, klapprigen und überfüllten Auto zu dem Dorf fuhren, in dem sie wohnen sollten. Er hatte eingeklemmt zwischen Kleiderbündeln und Gardinen auf der Rückbank gesessen und nicht begriffen, warum er seinen Bruder begleiten musste. Er wollte bei seiner Mutter und seinen anderen Brüdern bleiben. Vielleicht schickten sie ihn ja aus Armut fort, oder weil eine Krankheit grassierte. Keiner erzählte ihm etwas. Sein Bruder hatte ihn und den Rest der Familie jahrelang geschlagen, und alle wussten, dass P täglich Prügel beziehen würde. Trotzdem hatten sie ihn weggeschickt. Er sitzt still, sein Blick fährt über die Landschaft, sucht nach festen Blickpunkten im trockenen Gras, am leeren Himmel. Der Zug stampft, stampft. Er hat es nie verstanden. Manchmal hat er gedacht, dass er ein Geschenk oder eine Bezahlung war, um den Mann, der die ganze Familie terrorisierte, zum Fortgehen zu bewegen.

Der Wärter neben ihm ist uniformiert und mit einem alten Gewehr bewaffnet, das fast schon antik aussieht, und liest in einem kleinen, roten Buch. Als der Zug eine gute Stunde unterwegs ist, bittet P, auf die Toilette gehen zu dürfen, und der Wärter winkt zerstreut, dass er nichts dagegen hat. P steht auf und bewegt sich durch den Zug. Zahlreiche andere Reisende sitzen im gleichen Waggon wie er, die meisten sind Zivilisten, aber es gibt auch ein paar Angehörige des Militärs. Er öffnet die Toilettentür, aber statt hineinzugehen, schleicht er sich in ihrem Schutz um die Ecke des Gangs. Er streckt den Arm zurück und schließt die Tür. Anschließend öffnet er vorsichtig die Schiebetür, die zu der Plattform zwischen den Waggons hinausführt. Trockene Erde weht ihm ins Gesicht. Das Stampfen der alten Dampflokomotive ist ohrenbetäubend. Er wirft einen Blick über die Schulter. Wartet. Nichts. Er steigt auf ein massives, rußiges Metallgatter, schließt die Schiebetür hinter sich.

Einzelne Bäume zeichnen sich vor dem kahlen Mittagshimmel ab, so klein wie Blutgefäße. Er schaut auf die Erde herab, sie rast dahin. Plötzlich übermannt ihn das Gefühl, im Leben keinen Halt zu finden. Um nicht das Gleichgewicht zu verlieren, hält er sich an einer schaukelnden Kette fest. Gelbe Palmblätter huschen vorbei, als der Zug an einem Wäldchen vorüberfährt. Als er zum Horizont schaut, scheint die Welt stillzustehen, als wäre der Zug ein in die Savanne geworfenes Gebäude. Erneut geht es durch eine baumlose Landschaft. Erde staubt über den Himmel. Der Zug fährt nach Norden. Der Erdboden rast dahin. Ihm bleibt nicht viel Zeit, bis sein Bewacher merkt, dass er gar nicht auf der Toilette ist. Der Zug befindet sich am Ende eines langen, abwärts führenden Streckenabschnitts, und sobald er wieder durch ebenes Gelände fährt, wird er langsamer fahren. Dann wird er abspringen und einfach ins Gras hinauslaufen. Er wird fliehen. Er umklammert die Kette.

»Was tust du da?« Ein Soldat ist in der Tür zum Waggon gegenüber aufgetaucht, ohne dass es P bemerkt hat, und wedelt lässig mit einer Maschinenpistole. P hat keine Ahnung, ob die anderen tansanischen Soldaten im Zug über ihn Bescheid wissen, ob sie überhaupt wissen, dass er ein Gefangener ist.

»Ich möchte zur Toilette.«

»Die Toilette ist da drinnen.« Der Soldat nickt zu dem Waggon, aus dem P gekommen ist, richtet die Waffe auf seinen Bauch und drängt ihn rückwärts in den Zug zurück. Als P auf die Toilette geht, sagt er: »Ich warte draußen.« Er ist sehr jung, eigentlich noch ein Jugendlicher.

Durch das Fenster der Toilette betrachtet ist die Landschaft in verwischte Flecken gebrochen, in Andeutungen von Himmel und Erde. P legt die Arme auf den Fensterrahmen, führt das Gesicht nah an die Scheibe heran und starrt in das wechselnde Licht hinaus. Er versucht zu verstehen, was sie von ihm wollen, warum er nun zu einer Stadt namens Tabora geschickt wird, statt nach Europa zurückkehren zu dürfen. Er wäscht sich in dem kleinen Kupferwaschbecken die Hände, da er befürchtet, dass sein Bewacher auf alle Geräusche horcht, die er in der Toilette macht. Hat das sambische Militär auf seine Bewerbung geantwortet? Jemand aus Tansania? Er starrt im Spiegel in seine Augen. Er konnte nicht vom Zug abspringen, es ging einfach zu schnell. Er hat sich nicht getraut.

Der Soldat begleitet ihn zu seinem Platz und wechselt in einer Stammessprache ein paar Sätze mit seinem Kollegen, der in sein kleines, rotes Buch vertieft gewesen ist und nun spürbar verlegen wird. Er legt das Buch fort und gibt P zu verstehen, dass er sich setzen soll. Der Zug klettert die sanft ansteigende Landschaft hinauf. Die beiden Männer sitzen sich schweigend gegenüber. Wieder rasen Bäume vorbei, Äste und große, trockene Blätter scharren über die Seitenwände des Zugs. P blickt auf die ländliche Umgebung hinaus, hat einen Geschmack von Tier und Blut im Mund. Er lehnt den Kopf ans Fenster, schließt die Augen. Er ist die Silhouette eines Mannes, ausgeschnitten aus einer Fotografie des Himmels. Er schlägt die Augen auf, schielt zu seinem Bewacher hinüber, der wieder in seinem kleinen, roten Buch liest. Wie so oft, seit er Rom verließ und in diesem Dasein aus nächtlichen Vernehmungen und kalten Zementböden landete, ist P schläfrig. Das intensive Gefühl, auf einen Abgrund, auf dichter werdende Schatten zuzufahren. Er schläft schlecht, zusammengefaltet auf seinem Sitz wie eine Gottesanbeterin.

Koffer werden ein- und ausgeladen, die Dampflokomotive schnauft. Es ist ein sehr heißer Abend, und wenn P atmet, füllen sich Nase und Mund mit einem feuchten und süßen, fast fauligen Geschmack. Er ist noch schlaftrunken, er wankt. Sein Bewacher steigt hinter ihm aus. Eine Handvoll Menschen wartet auf dem Bahnsteig vor einem Bahnhofsgebäude aus rissigen Backsteinen. Am Ende des Bahnsteigs steht ein Mann in einer weißen Hose und einem blauen, kurzärmeligen Hemd und mit einem weißen Hut auf dem Kopf an einen Lastwagen gelehnt. Er und Ps Bewacher tauschen ein paar Höflichkeitsfloskeln auf Kiswahili aus und geben sich die Hand, dann wendet sich der Mann an P.

»Ich bin der Leiter des Flüchtlingslagers in der Nähe der Stadt.« Während P seine Koffer auf die Ladefläche wirft, betont der Lagerleiter P gegenüber die historische Bedeutung der Stadt, als wäre er ein Tourist, der überzeugt werden muss, dass die lange Reise nicht vergebens gewesen ist. P hört ihm wenig begeistert zu. »Tabora ist ein wichtiger Verkehrsknotenpunkt an der Eisenbahnlinie, die durch ganz Tansania führt, und ist darüber hinaus das Verwaltungszentrum der Region. Hundert Jahre alte Mangobäume säumen die Straßen.« Der Bewacher gibt P mit seinem Gewehr zu verstehen, dass er auf die Ladefläche steigen soll. P gehorcht, der Lagerleiter plaudert munter weiter. »Sie können sie dahinten sehen. Die Bäume wurden von arabischen Kaufleuten und Sklavenhändlern gepflanzt, die Tabora Mitte des neunzehnten Jahrhunderts gegründet haben. Die Stadt war in der Anfangsphase ihrer Geschichte ein lokales Zentrum für den Sklavenhandel, und für fast ein halbes Jahrhundert, nachdem das übrige Ostafrika in europäische Kolonien und Protektorate aufgeteilt worden war, wurden die Stadt und ihre Umgebung als ein gesetzloses Gebiet beschrieben.« Als ein Windstoß über die Gleise und durch die menschenverlassenen Straßen fährt, hält der Lagerleiter seinen Hut fest. »*Terra incognita.* Niemandsland.« Der Bewacher begleitet sie nicht, als sie aus Tabora hinausfahren. P sitzt mit seinen Koffern auf der Ladefläche und erwägt zu fliehen, fühlt sich aber plötzlich kraftlos und hat Angst. Er weiß nicht einmal, wo er ist, geschweige denn, an wen er sich wenden oder wie er nach Europa, nach Rom zurückkommen soll. Er schlingt die Arme um seine Knie.

Die ländliche Umgebung ringsum wird vom Obstanbau dominiert: Ananas- und Melonenplantagen, Zitronen- und Pfirsichbäume, scheinbar endlose Reihen aus weiß und rosa. Landarbeiter, die auf den Feldern arbeiten, schauen auf, wenn der Wagen an ihnen vorbeifährt, ihre Gesichter sind wie Holzsplitter, klein und scharf. Nach einer halben Stunde Fahrt enden die Plantagen und werden von einem dichter werdenden Dschungel ersetzt. Raschelnd fliegen Vögel aus Baumkronen auf. Als sie das Lager erreichen, ist es Abend. Der Lagerleiter führt P in sein Büro und schenkt ihm Tee ein, den ein Bediensteter warmgehalten hat. Der Diener, ein älterer, fettleibiger Mann in schäbiger Kleidung, tischt eine Lehmschüssel mit Margarine und ein paar Scheiben Brot auf. P bestreicht sie dick mit Margarine und beginnt zu essen. Ausgehungert. Stopft das

Brot in sich hinein, bremst sich, beruhigt sich. Durch das Fenster sieht man lange Reihen von Hütten. Hin und her wogende Blätter zeichnen sich vor dem glühend roten Licht der Abenddämmerung ab. Es herrscht eine Stille wie jenseits der Welt. P steht am Fenster. Er trinkt einen Schluck Tee, der dünn ist, fast nach nichts schmeckt. Vor ein paar Tagen saß er in sauberen Kleidern im Hilton in Rom. Jetzt ist er hier. Nirgendwo. Der Lagerleiter redet, aber P hört ihm nicht zu, es geht ohnehin nur darum, welche Waren ihm zugeteilt werden, wenn er sich ins Lager begibt. Der Diener räumt Dinge hin und her, der Lagerleiter sagt:

»Sie bekommen eine Wochenration, die aus getrockneten braunen Bohnen, Salz, Speiseöl und Mehl besteht.« P weiß nicht, wie er sich in dieser Situation verhalten soll, trinkt ein wenig Tee, blickt verstohlen zu den beiden Männern hinüber, die seine neue Habe zusammenstellen, schaut wieder hinaus. Die Hütten werfen Schatten so lang wie Flüsse. »Sie bekommen einen Eimer, eine Waschschüssel, zwei Teller, einen Becher und einen Topf, alles aus Aluminium. Sie erhalten eine Machete, eine Petroleumlampe, eine Flasche Petroleum, eine Schachtel Streichhölzer, zwei Decken, zwei leere Sisalsäcke.« Er denkt die ganze Zeit, dass er fliehen sollte. Er sollte nach Tabora zurücklaufen und dort den Zug nehmen. Zu irgendeinem Ort. Aber es gibt keinen Ort mehr. Der Lagerleiter und sein Diener helfen ihm, seine neuen Sachen den kleinen Hügel hinunterzutragen, auf dem das Büro liegt, das dem Lagerleiter offensichtlich auch als Wohnsitz dient.

»Suchen Sie sich eine freie Hütte«, fordert der Lagerleiter ihn auf und gestikuliert mit seinem weißen Hut zu den Reihen von Bruchbuden hin, ehe sein Diener und er wieder den Hügel hinaufsteigen.

P bleibt mit seinen Koffern in den Händen und allen anderen Sachen in einem Haufen neben sich stehen. *Die bürgerliche Dämmerung setzt ein, sobald die Sonne unter dem Horizont versunken ist und das Land im Schatten liegt, die Atmosphäre jedoch noch beleuchtet wird.* Er blickt in den Himmel hinauf und denkt, dass er um diese Zeit des Tages wie eine glühende Blase um die Erde ist. Ein Glorienschein. Insektenschwärme steigen hoch und sinken wieder im letzten Licht, ihre Flügel wispern aneinander. Als er den Blick senkt, sieht er überall Flüchtlinge, sie tauchen aus der Landschaft auf, sitzen in Gruppen zusammen, unterhalten sich mit leisen Stimmen. Viele von ihnen essen aus ihren Aluminiumtöpfen etwas Graues und Klebriges. Er bewegt sich tiefer in das Lager hinein. Manchmal lächelt er Flüchtlinge an, grüßt sie kopfnickend. Nur wenige von ihnen reagieren. Wenn sie seinem Blick begegnen, hat er oft das Gefühl, direkt in sie hineinsehen zu können wie in leere, aufgebrochene Schalen. Das ist unheimlich, brutal. Alle freien Hütten haben entweder große, gähnende Löcher in den Dächern oder Böden, die von Unkraut überwuchert sind, weil schon zu lange keiner auf die Erde in ihnen getreten ist. Er steht in einer dieser unbrauchbaren Hütten und schaut durch das löchrige Dach zur einbrechenden Nacht hinauf. Die ersten Sterne. Zwei Wochen zuvor war er in Athen. Vor weniger als einem halben Jahr war er Kampfpilot. Er erinnert sich an die Geschichte, spürt, wie sie brennt, schmerzt. Alles, was gewonnen wurde, alles, was sein Leben war. Er denkt, dass Gott eine Leere ist, ein winziger, spatzengroßer Abdruck in der Tiefe eines Marmormassivs, und ein Richter und ein Retter und ein Vater und ein Sohn. Danach andere Gedanken ohne Sinn, ohne Trost, vorüberströmend. Es ist lange her, dass er gebeichtet hat. Er umklammert den Griff seines Koffers, und die Nägel der leeren Hand bohren sich in den Handteller. Wenn ihm früher Leute begegneten, grüßten sie ihn militärisch korrekt. War das überhaupt wirklich gewesen. Er würde gerne nach Uganda zurückkehren und den Mann töten, bei dem er gelebt hat, den Bruder, der ihn schlug. Er kann nicht klar denken, verlässt die Hütte und setzt seine Suche nach einer brauchbaren Behausung fort. Nachdem er mehr als eine halbe Stunde durch das Lager gelaufen ist, kommt er an einer Gruppe von Flüchtlingen vorbei, die Lango spricht. Er bleibt stehen und stellt sich vor, und zwei von ihnen bieten ihm an, ihre Hütte mit ihm zu teilen, ein Angebot, das er jedoch dankend ablehnt. Er möchte allein sein. Er muss fliehen. Morgen oder spätestens übermorgen wird er fliehen.

Schließlich findet er eine Hütte, die weit entfernt von allen anderen bewohnten Hütten liegt, er setzt sich auf den Erdfußboden, lehnt sich an die Wand aus geflochtenem Holz und getrocknetem Lehm. In seinem Kopf regt sich ein gleichsam zeitenthobenes Gefühl, ein Gefühl von Ewigkeit, das mit diesem Ort zusammenhängt. Er könnte aufstehen und auf der Landstraße nach Tabora zurücklaufen. Ins Nirgendwo. Er denkt an K und bereut, dass er sie aus Rom nicht angerufen und ihr nicht erzählt hatte, wohin er unterwegs war. Vielleicht hatte sie inzwischen nach ihm gesucht, sich an jemanden gewandt. Ein längliches Insekt krabbelt seinen Unterarm herauf, sein Panzer schimmert, die langen Fühler zittern und suchen seine Haut ab, er betrachtet es lange, erstaunt, dann wischt er es fort und legt den Kopf in die Hände. Er rauft sich die Haare und fragt sich, ob John lebt, er denkt einen dieser hysterischen, an ihm nagenden Gedanken, die seit dem Putsch immer wieder auftauchen: dass John ausgerechnet von jenen Männern getötet wurde, mit denen er letzten Sommer in Athen gegessen und gelacht hat. Für einige Momente hat er das Gefühl, dass Gott ihm näher ist als seine eigene Halsschlagader, dann ist das wieder vorbei. Er steht auf und geht zu seinen Landsleuten zurück. Sie bieten ihm an, mit ihnen zu Abend zu essen. Sie sitzen um das Feuer versammelt und unterhalten sich über Idi Amin. Rußflocken fliegen aus dem Lagerfeuer in den dichten Rauch hinauf, tanzen eine Weile vor dem Sternenhimmel, rote Linien und Flecken, erlöschen. P hört Geschichten aus der Zeit des Ausnahmezustands, über die ländlichen Regionen Ugandas, die von Militär überschwemmt werden. Ein Mann erzählt mit heiser wispernder Stimme, dass man ihn gezwungen hat, Schwefelsäure aus einer Autobatterie zu trinken, und dass man ihn anschließend zum Sterben an einer Landstraße liegen gelassen hatte. Er überlebte, weil ihn ein Engländer aufsammelte, in seinem Kofferraum versteckte und die weite Strecke bis nach Tororo, einer Stadt in Uganda, und danach zu einem Krankenhaus in Nairobi fuhr. In Kenia wurde er von einem kenianischen Soldaten aufgesucht, der ihn mit einer Gruppe anderer Ugander in einem Lastwagen in dieses Lager brachte. P schlingt das Essen von seinem Metalllöffel in sich hinein, es ist eine Art Brei aus Grieß und Milchpulver. Das Erzählen trägt Züge eines Rituals, einer magischen Beschwörung. Ein junger Mann, dessen eines Auge eine eiternde Beule ist, überzogen von einer langen Narbe, erzählt, dass Amins Truppen ihn zwangen, sich an bizarren Gladiatorenspielen zu beteiligen, bei denen die Gefangenen Macheten bekamen und in einen dunklen Raum getrieben wurden, in dem sie die Wahl hatten, sich entweder gegenseitig zu töten oder erschossen zu werden. Die Überlebenden mussten ihre Opfer auf einen Lastwagen laden und wurden anschließend freigelassen. Der Junge beantragte Asyl in Tansania und wurde daraufhin hierher gebracht.

P fällt auf, dass es in ihrem Lager keine Frauen gibt, und fragt sich, warum so viele ugandische Männer an diesem Ort zusammengeführt worden sind. Als er das Gefühl hat, als Nächster das Wort ergreifen zu müssen, erzählt er von seiner Flucht aus Griechenland und den Ereignissen in Lusaka. Er verspürt ein diffuses Gefühl der Scham, weil er als Einziger freiwillig nach Afrika zurückgekehrt ist, nach seiner Zeit in Europa. Verstohlen blickt er zu dem Strudel aus fragenden Augen im Licht des Feuers auf, stellt seinen Teller ab. Die letzten Tage oder vielleicht sogar Wochen kommen ihm wie ein Traum vor, aus dem er gerade langsam, an diesem Ort, erwacht. Als die Flüchtlinge nach und nach aufbrechen, um schlafen zu gehen, begreift er, warum so viele Hütten große Löcher in den Dächern haben – die Flüchtlinge haben das Stroh heruntergeholt, in Säcke gestopft und so eine Art Matratze fabriziert. P steht in der Tür zu seiner Hütte. Er ist erschöpft genug, um überall schlafen zu können, geht aber dennoch etwas Stroh aus dem Dach einer leeren Hüte holen und bereitet sich eine Schlafstatt. Mehr als eine Stunde wälzt er sich im Stroh hin und her. Wenn er die Augen schließt, sieht er immer noch Griechenland vor sich: die Zypressen vor der Akademie, K, die auf ihn zugeht, die Düsenflugzeuge, die sich aus dem Mittelmeerhimmel herabsenken. Ein Traum. Die Geschichte ist nur ein Traum. Schließlich schläft er trotz allem ein, und als er irgendwann weit nach Mitternacht aufwacht, in Schweiß gebadet und durstig, hört er ein fernes Donnern und fragt sich, was das ist, schläft aber gleich wieder ein.

In seinem Traum läuft er durch Streifen aus Mondlicht, streckt tastend die Hände aus, schiebt Blätter und Zweige fort. Er ist ein Hase, der durch hohes Gras läuft. *Kampfflugzeuge der ugandischen Luftwaffe löschten letzte Nacht nahe der tansani-*

schen Grenze ein Ausbildungslager auf tansanischem Boden aus, vermeldete gestern ein Sprecher des Militärs – es ist eine Nachrichtensendung, die er in Griechenland gehört hat, er hört sie in seinem Ohr knistern, und als Nächstes schießt ein stechender Schmerz durch seinen Kopf. Er denkt, dass ihr Lager bombardiert worden und sein Trommelfell nach einer Explosion geplatzt ist. Er taumelt durch das hohe Gras, er hört die Flugzeuge über den Bäumen, er stolpert über Wurzeln und herabgefallene Äste. Gleichzeitig spürt er unablässig diesen stechenden Schmerz im Ohr. Die Flugzeuge über ihm nähern sich in Wellen und fliegen so tief, dass das Brüllen der Düsentriebwerke Blätter von ihren Zweigen schüttelt, die im Mondlicht zur Erde herabschweben, und er denkt, dass das aussieht wie der Schnee, den er in Griechenland im Winter manchmal im Licht der Straßenlaternen fallen sah. Die riesigen Schatten der Flugzeuge fegen über den Erdboden.

Er zündet die Petroleumlampe an und stochert mit einem Finger in seinem Ohr. Die Strohhalme pieksen seine Haut. Desorientiert schaut er sich um. Seine Koffer und die Sachen, die er vom Lagerleiter bekommen hat, stehen in einer Ecke der Hütte, sie sehen unheimlich aus, als starrten sie ihn an. Der Schmerz pocht weiter in seinem Kopf, und er hört ein Geräusch, das wie das Knistern von Funkverbindungen klingt, nur lauter, viel lauter, ohrenbetäubend – er reißt den leeren Sack fort, den er als Decke benutzt hat, und setzt sich auf. Jetzt ist er hellwach, aber der Schmerz in seinem Ohr verschwindet nicht, sondern türmt sich über ihm auf, dumpf grollend wie entfernte Explosionen oder Motorenlärm, und als er aufsteht, stimmt etwas mit seinem Gleichgewichtssinn nicht, und seine Beine geben nach. Er kracht gegen die Hüttenwand. Was geht hier vor? Er kriecht über den kühlen, feuchten Erdboden, rollt herum und scharrt mit den Fingern in der Dunkelheit, reibt mit ihnen über sein Ohr. Er begreift nicht, wie das passieren konnte, aber im Traum muss ein Granatsplitter bei einem Bombeneinschlag sein Ohr getroffen und ihn ins Wachsein begleitet haben. Er hyperventiliert, rappelt sich mühsam auf und irrt in die Nacht hinaus.

Im Mondschein sehen die Hütten aus wie Reihen großer Tiere mit borstigen, grauen Fellen. Er läuft, glaubt, dass er schreit, schlägt sich mit der flachen Hand gegen die Schläfe, reißt den Mund auf und schließt ihn wieder. Er findet die Hütte der Flüchtlinge, mit denen er zu Abend gegessen hat, und stürzt hinein. Einer der Schlafenden schießt sofort hoch und späht zur Tür, zum leeren Nachthimmel hinauf. Der Mann spricht und wendet sein Gesicht, das eine angsterfüllte Maske ist, P zu, aber P hört unter dem Grollen in seinem Kopf nur leise, unzusammenhängende Laute und braucht Sekunden, um diese Töne zu einem Satz, zu einer Frage zusammenzufügen: »Kommen die Bomber?«

Jemand zündet eine Petroleumlampe an, und ein Flüchtling legt eine Hand auf Ps Schulter und versucht ihn zu beruhigen. P zeigt unbeholfen auf die Seite seines Kopfes und schreit, dass da etwas drin sei, in seinem Ohr. Er sinkt auf der Erde zusammen und fühlt, dass sich etwas um sein Bewusstsein schließt wie ein rotierender Tunnel. Offenbar träumt er immer noch. Das ist ein Traum, den er in den Mannschaftsunterkünften in Athen träumt. Der Schmerz im Ohr ist so intensiv, als stäche ihm jemand mit einem glühenden Spieß in den Kopf. Er stochert mit einem Grashalm in seinem Ohr herum, schabt, das Ganze muss ein Traum sein. Schließlich befördert er ein paar dünne, schwarze Borsten aus dem Ohr. Er betrachtet sie im

Mondschein. Sie sind gekrümmt wie Wimpern und stachelig, und während er sie mustert, ist da ein Schatten am Rande seines Bewusstseins, eine Stimme, die ihm zuflüstert: *Du sollst keine Angst vor mir haben. Ich bin dein Bruder.* Er sitzt mit ein paar seltsamen Borsten in der Hand da und weiß, dass er in diesem Augenblick loslassen und fallen könnte, und anschließend würde er nie mehr denken oder laufen müssen. Die Erkenntnis erschreckt ihn, und er springt wieder auf, kippt einen Stapel Metalltöpfe um, findet einen Eimer mit Waschwasser und schöpft es mit beiden Händen. Er schüttet es in sein Ohr, schüttelt sich, versucht, den ganzen Kopf in den Eimer zu tauchen. Schließlich gelingt es ihm, weitere Teile des Alptraums aus seinem Ohr zu spülen: Das Hinterteil einer Termite, traubenförmig und glänzend von Blut und Wasser. Er macht weiter und holt zwei scharfe, scherenartige Mandibeln mit ihren großen, kompliziert gebauten Köpfen mit den stecknadelgroßen Dämonengesichtern heraus. Er sitzt still und atmet durch, Blut läuft über seine Hände, sein Puls donnert im Kopf, der Schmerz ist etwas schwächer geworden, und ein glasklarer und scharfer Gedanke durchschneidet wie die Spitze eines Messers die abklingende Panik: Wenn sein Ohr dauerhaft Schaden genommen hat, wird er nie wieder als Pilot arbeiten können. Besorgte Stimmen, blechern und abgehackt, umgeben ihn. Als sich die Situation ein wenig beruhigt und P den anderen erklärt hat, was geschehen ist, mit einer Stimme, die in ihm stimmlos und hohl tönt, bieten ihm die Flüchtlinge an, in ihrer Hütte zu schlafen, aber er will immer noch alleine sein. Als er zu seinem Schlafplatz zurücktaumelt, hört er, dass sie hinter seinem Rücken tuscheln. Er wollte vor der Nacht, vor den Sternen geschützt sein. Er wollte beschützt werden. Mit zitternden Händen konstruiert er aus einigen dicken Ästen aus dem Dach der Hütte eine Art provisorisches Bett und ein Gestell, auf das er seine Koffer hebt: Er will nicht, dass die Termiten seine Kleider aus Rom zerstören. Er wundert sich, dass er diesen Gedanken, der ihm pragmatisch und logisch zu sein scheint, formulieren kann. Er sitzt auf der Strohmatratze und tastet lange sein Ohr ab, vielleicht eine, vielleicht auch zwei Stunden lang. Er legt sich hin, das Ohr pocht, seine Gedanken drehen sich in Spiralen, die immer tiefer hinabführen. Er erinnert sich an den hellblauen Himmel über Dekelia, die Wolken, die der Wind über die Dachziegel der Mannschaftsunterkünfte fegte wie Federn über einen Fußboden.

Er schlägt die Augen auf, starrt die Wand der Hütte an. Mittlerweile dringt das Licht des Morgengrauens zwischen den geflochtenen Zweigen herein. Das verletzte Ohr vorsichtig auf die Matratze gedrückt, liegt er da und hört das Flussdelta aus Blut, das in großer Tiefe unter der Erde murmelt.

Ich weiß noch, dass er in meiner Kindheit an einem Fenster vor fallendem Schnee steht. Zu dieser Zeit wird er immer noch von Alpträumen heimgesucht, in denen er wieder im Lager ist. Er erwacht atemlos im Bett und weiß nicht mehr, wo er ist. Er verlässt die neben ihm schlafende Frau und tapst leise über den zerkratzten Parkettboden: Er stellt sich ans Wohnzimmerfenster, bleibt dort lange stehen und schaut in die Nacht und auf den Schnee hinaus. Er ist nicht mehr dort. In Afrika schneit es nicht. Er wird sich niemals geborgen fühlen können.

Ende Februar. Autos fliegen im Abend davon, ausdruckslose Gesichter hinter Windschutzscheiben. Gestern traf ich ihn. Wieder einmal wurde mir schlagartig bewusst, dass er ohne Vater ist. Plötzlich war der Gedanke da, mitten in einer seiner Gesten. Es zeigt sich auch in seinen Augen. Mein Vater. Er besaß ein kleines Stoffabzeichen, das er an einem feuchtkalten Frühlingstag in Borås auf eine Jeansjacke leimte: seine Flügel aus Athen. Das Abzeichen hatte er nach seinem ersten Alleinflug bekommen. Er läuft unten auf dem Hof mit einem großen, silbernen Kassettenrekorder auf der Schulter umher, in einer Jeansjacke mit abgeschnittenen Ärmeln und kleinen, aus Goldfäden gestickten Flügeln auf der Brust.

Schneeregen, ein wolkiger, lichtdurchbrochener Himmel, ich stehe an meinem Fenster und schaue auf den Verkehr hinaus. Ich lese Nyereres Reden und Manifeste und rufe mir in Erinnerung, wie ich als Jugendlicher *Das kommunistische Manifest* und die Tagebücher Che Guevaras las, wie die Vision mich packte und verwandelte. Wie die Geschichte uns mit raschelnden Todesflügeln berührt. In der Arusha-Deklaration, die Nyerere vorlegte, unmittelbar nachdem er die ersten und einzigen freien Präsidentenwahlen des Landes gewonnen hatte, ermahnte er seine Mitbürger dazu, hart zu arbeiten und das Tanzen, Trinken und Tratschen aufzugeben. Man solle Brunnen bohren, Bewässerungsgräben ausheben, Dämme anlegen. Man solle eine neue Welt erschaffen. Neue Meere, einen neuen Himmel.

Als ich heute Vormittag auf dem Weg zur Moschee war, kam mir im Schneematsch auf dem Parkplatz der Nachbar mit seinem Rollator entgegen. Er erkundigte sich, ob ich ein Bier haben wolle, er hatte die Dosen in einem Korb auf seinem Rollator. Vater und er arbeiteten in den Achtzigern gemeinsam im Hafen. Es dämmert. Die Tage verschwinden, sie verwehen zwischen meinen Fingern.

In der Moschee gab es eine kurze Predigt über das Leben des Propheten, möge der Friede Gottes mit ihm sein. Der Prophet wurde am ersten Frühlingstag geboren. Er hatte übrigens auch keinen Vater und keine Mutter. Es ist, als würde Vater aus dem Nichts kommen. Aus einer gewaltigen Einsamkeit, die wie der Himmel ist. Vor den Fenstern wirbelten im Sonnenlicht sachte Schneekristalle umher. Die Männer in der Moschee fragen nach Vater, sie wollen wissen, wie es um seine Gesundheit bestellt ist. Ich zucke mit den Schultern und sage, *inschallah* wird es ihm besser gehen, *inschallah* betet für ihn. Aber vielleicht ist sein Ende jetzt doch nicht mehr fern. Als ich ihn gestern besuchte, saß er in seiner Wohnung und blätterte in einer

Flut von Behördenbriefen und Bankschreiben. Er zerriss eine Mahnung zu einem alten Studiendarlehen und warf sie in den Papierkorb. Die Ufer des Todes werden von Überweisungsträgern überschwemmt. »Es bleibt mir wohl nicht mehr so viel Zeit«, sagte er, über sein Leben. Sein Wolfsleben. Er nimmt zahlreiche schmerzstillende Medikamente, auch andere. Wir wissen nicht, ob sein Körper die transplantierte Lunge annehmen wird.

In den Nächten, in diesem wiederkehrenden Traum, halte ich einen Vogel in meinen Händen, ganz fest, die schlagenden Flügel eng an den kleinen Körper gepresst. Mein Leben lang diese Einsamkeit und das Gefühl von Unausweichlichkeit.

Ich lese etwas über Chinas Beziehungen zu Tansania, suche nach Klarheit, Erkenntnis. Schon Ende des neunzehnten Jahrhunderts kamen die ersten Chinesen nach Ostafrika, um wie die Inder und Pakistaner beim Eisenbahnbau für die Briten zu arbeiten, und eine zweite Welle chinesischer Einwanderer kam Ende der sechziger Jahre nach Tansania, als Mao Arbeiter dorthin schickte, um eine neue Eisenbahn zu bauen. Schwieriger ist es, offizielle Erklärungen für die Anwesenheit chinesischen Militärs zu finden. Es ist vor allem Amin, der die tansanischen Streitkräfte beschuldigt, zweiundsiebzig und später die Grenze zu überschreiten und unter chinesischen Befehlshabern zu kämpfen.

Ich bat ihn darum, mir noch einmal seine Fotos ansehen zu dürfen. Er holte den Koffer aus dem Schrank. Übriggebliebenen sind größtenteils Porträtaufnahmen, die Mutter gemacht hat. Ich lachte über die weiten Schläge der Hosen. Er meinte, Mutter habe diese Hosen aus Europa mitgebracht, und im Übrigen habe man sich damals eben so gekleidet, das sei zu jener Zeit Mode gewesen. Es gibt eine sehr schöne Aufnahme, auf der er ganz in Weiß gekleidet ist und breitbeinig in einem Garten steht. Er lacht. Dieses Bild ist wie das glückliche Ende, das ich mir wünsche. Vor mir. Vor uns. Es gibt ein Fluglogbuch: ein türkisfarbenes, geheftetes Notizbuch, dessen Seiten in mehrere Spalten unterteilt sind. Ein Foto von ihm und John. John hat den Arm um ihn gelegt, und sie sitzen unter einem Bogen aus roten Kletterrosen. Der Fotograf muss einen Filter benutzt haben, denn das Bild ist verschwommen wie bei den Liebesszenen alter Filme in Technicolor. Ich fragte ihn, ob der Koffer aus Afrika sei, aber er meinte, er habe ihn gekauft, als er einige Jahre an der Technischen Hochschule Chalmers in Göteborg studierte. Der Koffer, den er besaß, als er aus Afrika kam, war aus Pappe, erläuterte er.

Manchmal fragt er mich, wie ich mit meinem Buch vorankomme. Als ich ihn einmal vor langer Zeit im Krankenhaus besuchte, las ich ihm einen Abschnitt daraus vor. Es ging in der Passage ums Fliegen, und er berichtigte ein technisches Detail, bei dem es um Aerodynamik ging und das auf Englisch als *stall* bezeichnet wird: Wenn die Maschine anfängt, wie ein Stein zu fallen, weil sie zu langsam fliegt und man schnell einen Sturzflug einleiten muss, um wieder eine ausreichend hohe Geschwindigkeit zu erreichen und so Auftrieb zu erzeugen. So ungefähr, er zeigte mir mit der Hand, wie man das Flugzeug seitlich legt und in die Tiefe hinabtaucht.

Ich wurde in Borås geboren. Als ich sechs oder sieben war, zog ich mit meiner Mutter und meinen Brüdern nach Växjö. Vater ging nach Göteborg, und meine Brüder und ich hatten danach nur sehr wenig Kontakt zu ihm. Ich wurde auf Spielplätzen geschlagen, ich trödelte alleine am Straßenrand nach Hause. Meine Kindheit war wie die aller. Von Riesen bevölkert. Es gibt kein Ende, weil es keinen Anfang gibt. Ich habe zwei Brüder, eine Schwester.

Mutter hat irgendwann einmal erwähnt, dass Vater mehrere Schwestern hatte, über die er jedoch niemals sprach, die er verleugnete, wenn sie nach ihnen fragte. Ich scheue davor zurück, ihn danach zu fragen. Möglicherweise liegt es bloß daran, wie die Langi Verwandtschaft bewerten, dass Frauen eher als ein Teil der Familie betrachtet werden, in die sie einheiraten, als der Familie, aus der sie stammen. Wenn es um ihn geht, ist alles so konturlos, alles weicht zurück, wenn ich danach greife, alles sind nur Schatten, Erzählungen, die sich laufend verändern. Alles ist Geschichte.

Es ist Nacht geworden. Es fängt wieder an zu regnen, graue Bleistiftstriche zwischen den Gebäuden, und ich lehne mich zum Fenster hinaus, schließe die Augen und spüre, wie der Regen meine Haut trifft, meine Lider, meine Lippen. Da draußen gibt es nur Orte, zu denen Vater auf seiner Flucht kam oder auch nicht kam. Vater sagte mir oft, ich müsse bereit sein, aus meinem Land zu fliehen, dass ich eine international gültige Ausbildung haben und jederzeit bereit sein müsse, aufzustehen und alles zurückzulassen. Splitter. Zufälligkeiten. Vorstellungen vom Schicksal, dass gewisse Dinge in einem Buch festgehalten sind, bevor die Geschichte beginnt.

Als ich sechzehn bin, lese ich auf einem Stromkasten sitzend *Die Verdammten dieser Erde*. Nyerere liest das gleiche Buch und benutzt die gleichen Ideen, um Tansania auf brutalste Weise umzugestalten. In den dreißiger Jahren studiert Nyerere Staatswissenschaft an der Universität von Tabora. In den siebziger Jahren kommt Vater auf dem Weg zum Lager durch Tabora.

In den Tiefen der Zeit spielt ein Junge in einem Internat Antonius in *Julius Caesar,* und es ist Nyerere gewesen, der das

Stück ins Kiswahili übersetzt hat. Ein halbes Jahrhundert später kann der Junge immer noch Textabschnitte aus seiner Rolle zitieren. Er sagt: »Lass mich dein Spiegel sein.«

Nachts sehe ich Bücher, die zerfallen, wie meine Zigaretten in dem Regen zerfallen, der die Stadt wäscht. Bücher, die wie Länder zerfallen, Skulpturen aus schwerem, nassem Sand, Bücher, die zusammenbrechen wie Wellen, die brechen.

Füße bewegen sich an der Hütte vorbei. Er liegt auf seinem strohgefüllten Sisalsack. Er öffnet und schließt den Mund. Seit einem Monat ist er inzwischen im Lager, aber sein Ohr ist immer noch wund und geschwollen, und wenn es still ist, hört er in seinem Kopf einen dumpfen, jaulenden Ton. Schrundige, knochige Füße, die vorbeigehen, vorbeigehen.

Er fragt sich, ob seine früheren Klassenkameraden manchmal an ihn denken, wenn sie hoch über der Welt dahinschießen, verschwitzt und konzentriert im Sonnenlicht, im Herzen des Himmels. In seinem Herzen. Sonnenstrahlen fallen zur Tür herein, ein wenig Erde und Schmutz weht launisch im Licht umher, ein weiterer Mann kommt draußen vorbei. Manchmal bleibt er einen ganzen Tag so liegen, verloren in etwas, was nicht einmal Gedanken sind, nur leere Wirbel, die seinen Körper durchspülen. An anderen Tagen sitzt er stundenlang an eine Hütte oder einen Baum gelehnt und betrachtet den Himmel, der durch die Laubkronen gefiltert wird, wie er Farbe und Intensität wechselt. An den Abenden erwärmen sie über dem Feuer ihren Maisbrei. Die Gesichter um ihn herum ähneln Tag für Tag ein wenig mehr Bruchstücken aus Erde und Holz. Er stochert mit einem Stock im Feuer. Warum sind hier nur Männer, was geschieht mit den weiblichen Ugandern, die nach Tansania fliehen, warum ist er hierher gebracht worden? Äste spreizen sich dem nächtlichen Himmel entgegen. »Gute Nacht, Pilot«, sagt eine Stimme aus der Dunkelheit. Er tritt in das hohe Gras hinaus und pinkelt. Als er den Kopf in den Nacken legt, hat er das Gefühl, in die Dunkelheit hinauf, davon zu fallen. Ihm wird schwindlig, er schließt die Augen, hört das Rauschen in seinem Kopf, hört das Singen der Vögel, die Rufe der Flüchtlinge, die in ihren Hütten träumen, hingeworfen auf die endlos weite Erde. Als er zum Feuer zurückkehrt, ist der Einzige, der noch wach ist, ein ehemaliger Polizist, ein weißhaariger Mann, der seine selbst gedrehten Zigaretten mit dem glühenden Ende im Mund raucht.

»Nicht müde?« Der Mann steckt die Zigarettenglut zwischen die Lippen und bläst die Wangen wie Ballons auf, Rauch qualmt aus Mundwinkeln und Nase. Es sieht abstoßend aus. Er ist mit einem löchrigen Stück Sackleinen bekleidet, das er sich um die Taille geschlungen hat.

P setzt sich auf einen Baumstamm und hält seine Hände den knisternden Flammen entgegen.

»Möchtest du eine Hose haben?«, fragt er. Er hat die Koffer voller Kleider, sie jedoch niemandem gezeigt, weil er nicht möchte, dass ihn alle im Lager um Kleidungsstücke bitten. Der Polizist betrachtet P mit schläfrigen Augen, zieht die Glut der Zigarette aus dem Mund, bläst ein paar Rauchringe aus, wobei er den Mund gespitzt öffnet und schließt wie ein Fisch. Er scheint über etwas Großes und Unergründliches nachzusinnen und schaut dann wieder fort, ins Feuer. Er nickt, beinahe zerstreut, sicher, er möchte eine Hose haben.

Der Polizist ist Acholi, eine der ältesten Personen im Lager, und seine Geschichte ist eine der seltsamsten, die P gehört hat. Eines Tages saß er im Polizeipräsidium, das Radio lief, und er hörte, dass sein Name als eine von mehreren kürzlich verschwundenen Amtspersonen genannt wurde. Offenbar war er aus irgendeinem Grund bei Amin oder einer anderen hochgestellten Person in Ungnade gefallen, so dass seine Ermordung angeordnet worden war. Dann hatte allerdings jemand einen Fehler begangen, und die Nachricht von seinem Verschwinden war schon an den Rundfunk weitergeleitet worden, noch ehe der Mord überhaupt verübt worden war. Der Polizist hörte die Nachrichten, erhob sich von seinem Schreibtischstuhl, ging zum Bahnhof und nahm einen Zug nach Tansania, wo die Behörden ihn in dieses Lager steckten.

Er war Geschichte geworden, hatte sich aus der Geschichte erhoben und war ins Leben zurückgelaufen.

»Wenn ich jung wäre, würde ich dieses Lager verlassen«, sagt der Mann und steckt sich die Zigarette wieder in den Mund, und wie immer möchte P auch diesmal instinktiv aufschreien und ihn warnen, dass er sich an der Glut verbrennen wird. P mag den alten Polizisten, ihm gefällt sein schlangengleicher Blick, der stets auf einen Punkt in weiter Ferne gerichtet zu sein scheint. Er lehnt sich vor und schürt die Glut, pustet auf die flimmernden Kohlenstücke.

Das Lager wird nicht bewacht, es wäre ein Leichtes, einfach aufzustehen und in die Wildnis hinauszulaufen. Aber mit einem ugandischen Pass unterwegs zu sein, ist in Tansania nicht nur nutzlos, sondern regelrecht gefährlich.

»Wo soll man denn hin?«

»Geh nach Nairobi«, sagt der Polizist.

»Nairobi?«

»Dort kannst du dich als Flüchtling registrieren lassen.«

P denkt an den Journalisten, mit dem er sich in Daressalam den Käfig geteilt hat. Auch er sprach von dieser Registrierung. Er hält den Stock, den er benutzt hat, um die Glut zu schüren, in den nächtlichen Himmel. Er brennt. P merkt, dass er den Mann in Daressalam immer noch einen Journalisten nennt, obwohl er ein Polizist oder Angehöriger des Militärs, vielleicht auch des Geheimdienstes gewesen sein muss. Nairobi. Er schlägt mit dem Stock in der Dunkelheit nach einem sirrenden Insekt.

»Registrierter Flüchtling?« Er blinzelt, der Rauch lässt seine Augen tränen. Manchmal ist Gott ihm hier im Lager ganz nah, so nah wie ein feines Pulver aus Licht, das knisternd hinter dem strömenden Dunkel der Augen versprüht wird. Er versucht, Ruß und Rauch in seinem Gesicht mit einem ebenso rußigen und schmutzigen Hemdärmel fortzuwischen. Glutfunken springen aus dem Feuer in die Dunkelheit über ihnen. Nachts fliegen. Über dem Abgrund dahingleiten.

»Ist dir noch nicht aufgefallen, dass hier Menschen verschwinden?«

»Verschwinden?«

»Tiefer im Inland Tansanias gibt es ein Guerillalager, und aus unserem Lager werden Leute dorthin verlegt. Sie werden nachts geholt, wenn die anderen es nicht sehen.« Der Polizist lacht und breitet die Arme aus. »Man zwingt sie, Soldaten zu werden. Wir sollen Amin stürzen.«

»Wir sollen Amin stürzen?« P schaut in die Nacht. »Du und ich?« Amin hat Kampfflugzeuge, Panzer, Soldaten, P ist selbst einer von ihnen gewesen. Amin kann man nicht mit ein paar versprengten Flüchtlingen stürzen. Er spürt den Atemhauch des Todes im Gesicht, er schließt die Augen und schüttelt den Kopf. Es gibt nur Brüder, Brüder, die im Gras stehen und schreien.

Wasser holt man sich an einer Pumpe. Er hält seinen Eimer in die Morgensonne. Er sieht die Ablagerungen, die umhertreibenden Schmutzpartikel. Wenn die anderen um ihre Töpfe versammelt zusammensitzen, geht er manchmal zu seiner Hütte und öffnet den Koffer mit den italienischen Hemden und berührt den dünnen, glatten Stoff. Seit seinem Gespräch mit dem alten Polizisten denkt er immer wieder daran zu fliehen. Jeden Tag wird er wach und fühlt sich ganz schwer, es ist, als bewegte er sich unter Wasser. Er setzt sich unter seinem Laken aus Sacktuch auf, reibt die skelettartigen Hände aneinander. Er wird immer magerer. Als gehörte sein Körper einem anderen. Er wird von Trauer, von Erschöpfung durchströmt. Er muss fliehen. Die Tage vergehen. Wenn es stimmt, was der Polizist gesagt hat, dass sie nachts fortgebracht werden, muss er fliehen. Er muss.

Der Mann in seinem Traum macht einen Schritt auf die Savanne hinaus. Der Gürtel in seiner Hand ringelt sich wie eine Schlange. Der Junge schreit. Der Mann bleibt stehen. Der Junge atmet durch den Mund. Seine Nase ist blutverklebt. Das hohe Gras ist im Licht der Sterne grau. Der Junge sieht seinen Bruder an, den Gürtel in seiner Hand, die bebenden Schultern. Weint der Mann?

»Ich werde fortgehen und nie mehr zurückkommen!«, schreit er, und im Traum ruft der weinende Mann seinem kleinen Bruder daraufhin zu:

»Eines Tages wirst du diesem Ort so fern sein, dass du ihn mit jedem Knochen im Leib vermisst.« Er macht einen Schritt auf den Jungen zu, bleibt stehen. »Du wirst die Bäume vermissen und die Erde und dieses Gras!« Der Mann schwankt und macht eine bedächtige, düstere Bewegung – er fährt mit seiner flachen Hand in Höhe der langen Grashalme durch die Luft, eine beerdigende oder niedermähende Geste, und etwas an dieser Bewegung lässt den Jungen zum ersten Mal erkennen, dass dieser Mann, sein Bruder, ihren gemeinsamen Vater vermisst.

Wenn er die Augen öffnet, sind sie jedes Mal verklebt, und er hat das Gefühl, dass sie im Laufe der Nacht beinahe zusammengewachsen sind. Er frühstückt, während der Traum in seinem Inneren noch so scharf und deutlich verweilt wie ein langes, hartes Messer. Er wiederholt die Handbewegung seines Bruders, versucht sich ihre Bedeutung zu erschließen, indem er sie selbst ausführt. Vielleicht geschah das nicht wirklich, sondern nur im Traum. Er glaubt, sich an sie zu erinnern, genau wie an die Worte, die der Mann an jenem Abend zu ihm sagte. Wenn er von seinem Bruder träumt, ist es jedes Mal, als stünde er kurz davor, etwas zu durchbrechen, zu einer Form von Vergebung zu finden. Er erinnert sich an jene Nacht. Als er schließlich heimkehrte, nachdem er stundenlang in der Dunkelheit im Gras gefroren hatte, schlug sein Bruder ihn mit dem Gürtel so, dass er tagelang nicht gehen konnte. So ging es immer weiter. Das war seine Kindheit, seine Jugend. Er läuft mit einer erstickenden Schwere in sich durch das Lager. Er entsinnt sich der Scham über die eingenässte Matratze, dass dieses Gefühl ein eigenes Ding war, ein unfassbar wirklicher Gegenstand aus Dunkelheit. Er spürt bis zu diesem Tag ihren Druck auf der Brust. Er wurde mit Fäusten, Schuhen, Büchern geschlagen, er wurde mit aufgeplatzter Lippe, blauen Flecken, einem gebrochenen Finger, blutender Nase auf den harten Holzfußboden geworfen. In der weiten, nackten Morgendämmerung humpelte er von zu Hause los, und seine Schenkel waren von Peitschenhieben gestreift. Er kam aus der Schule und kochte. Die Tage vergingen. Die Angst wurde nie geringer. Sie war sein Leben. Mit der Zeit wurde sein Bruder, der als Lehrer gearbeitet hatte, auch noch Rektor der Schule, und von da an wurde er oft in sein Büro hinaufgerufen und mit Gürteln, Linealen, Zeigestöcken gepeitscht. Die Blätter regen sich im Wind, berühren einander, er sitzt vor seiner Hütte, blinzelt zum Waldrand hinüber. Keiner unternahm etwas. Der Mann schlug und schlug, bis er so müde war, dass er atemlos und verschwitzt umherstolperte und nicht mehr schlagen konnte. Seit jener Nacht, in der P seinen Bruder angeschrien hatte, dass er fortgehen würde, und damit einem Aufschrei eine Stimme gegeben hatte, den er vielleicht schon immer in seinem Inneren gehört hatte, war etwas anders geworden: Die Worte, die er gerufen hatte, wurden zu einem sehr kleinen, scharfen Steinsplitter im Tiefsten seines Inneren, er war nass und blank von Blut und Pisse und hart und glatt, er glänzte. Er würde fortgehen und nie mehr zurückkehren. Das dachte er, wenn er mit verquollenen Augen am Tisch saß und die halben Nächte Hausaufgaben machte und wenn er zur Schule ging. Wenn er mit seinem Freund am Ufer stand und fischte, dachte er daran und war sich dabei selbst fremd und kam sich gemein vor, weil er ein Geheimnis hatte. Als sein Freund dann eines Tages starb, stand er in seinen Sonntagskleidern am Grab, sah den kleinen Holzsarg, der in die Erde herabgelassen wurde, und dachte daran. Zu fliehen. Er musste fliehen.

Als John aus dem Krieg zurückkehrte, dürfte er neun oder zehn gewesen sein. John, von dem er so viel gehört hatte. John legte seinen langen Arm um ihn. John nannte ihn *wing commander*, Worte aus dem Krieg in weiter Ferne. Er und John. Er glaubte an jenem Tag, dass er bei John würde wohnen dürfen, dass es vorbei war.

»John? Wie war Papa?«

John hatte einen dünnen Schnurrbart und trug ein weißes, aufgeknöpftes Hemd, er besuchte sie an einem verlängerten Wochenende, sie gingen unter den Akazien die staubige Straße hinab.

»Als Vater jung war, lebte er weit flussaufwärts«, sagte John und lachte leise vor sich hin. Er zeigte in nordöstliche Richtung, zum dunkler werdenden Himmel. »Als die Engländer zu seinem Dorf kamen, wollten sie einen Stammesführer finden, mit dem sie verhandeln konnten. Weil sie glaubten, Schwarze wären dumm, dachten sie, dass das ganze Dorf Vater folgen würde, nur weil er so groß war, und beachteten deshalb den eigentlichen Dorfältesten nicht und zeigten stattdessen auf Vater und sagten, er solle der Sprecher für das Dorf sein.« John machte eine Handbewegung, als schraubte er an seiner Schläfe einen großen Deckel ab: was für Idioten, diese Engländer. P sah John an, einen Riesen. Die Sonne glitzerte in den Laubkronen über ihnen. »Aber Vater war damals ein junger Mann und hatte keine Familie, so dass er fortlief und in den Fluss sprang.« Er liebte diese Schlaglichter von einem Vater, dem er selbst nie begegnet war.

»Vater schwamm, solange seine Kräfte reichten, und als er nicht mehr weiterschwimmen konnte, ließ er sich einen ganzen Tag und eine ganze Nacht lang von der Strömung weitertragen, und dort, wo er am nächsten Morgen aufwachte, kroch er an Land und begann ein neues Leben in dem Dorf, in dem wir aufgewachsen sind.«

P hebt aus Gras und Erde einen Stein auf. Er lässt ihn zwischen den Fingern rollen, verspürt den unerklärlichen Impuls, ihn in den Mund stecken und verschlucken zu wollen. Er wirft ihn von sich. Bleibt an die Wand der Hütte gelehnt sitzen. Er blinzelt in das rote Licht des hereinbrechenden Abends. Er war ein Junge, der mit seinem großen Bruder durch das Gras ging. Er hält seine hagere Hand vor sich hoch, ballt die vogelkrallenartigen Finger zu einer Faust, öffnet sie wieder.

»Willst du einen Job haben?« Der junge Mann mit dem zerstörten Auge steht vor ihm. P wendet ihm schlafwandlerisch das Gesicht zu.

»Eine Bäckerei in Tabora braucht Brennholz. Wir sollen es schlagen, und der Lagerleiter fährt es mit dem Lastwagen in die Stadt. Wir teilen uns das Geld.«

Nach wenigen Minuten Arbeit mit der Machete ist er in Schweiß gebadet. Er und eine Handvoll anderer Flüchtlinge holzen Bäume am Rande des Lagers ab und entfernen Zweige und Äste von den Stämmen, die sie anschließend in kleinere Holzscheite zerteilen und auf die Ladefläche des Lastwagens werfen. Seine Muskeln schmerzen, Schweiß läuft ihm in die Augen. Er hackt einen Ast ab, zwischen den dichten Laubkronen taucht funkelnd und blutrot die Abendsonne auf. Es geht das Gerücht, dass einige von ihnen nach Tabora mitfahren dürfen, um beim Abladen des Holzes zu helfen. Sein Ohr rauscht, er umklammert den Holzgriff der Machete, es liegt etwas Schwebendes in diesem Augenblick, und am liebsten würde er deshalb den Tränen freien Lauf lassen.

Sie arbeiten bis Einbruch der Dunkelheit. Sie arbeiten den ganzen nächsten Tag. Als die Ladefläche gegen Abend endlich voll ist, wird P vom Lagerleiter ausgewählt, ihn am nächsten Tag zusammen mit einem anderen Flüchtling nach Tabora zu begleiten. Sie fahren am Morgen, es ist die gleiche Strecke, auf der P einen guten Monat zuvor angekommen ist, durch Regenwald, der später Dörfern und bestellten Feldern weicht. P sitzt dichtgedrängt mit den beiden anderen Männern im Fahrerhaus, und die Aussicht auf einen Besuch in der Zivilisation macht ihn nervös. Als er darüber nachdenkt, verfinstert sich seine Laune: dass er einst in die Sonne flog, nun aber schon aufgeregt ist, weil er in einem Lastwagen ein paar Kilometer zu einer halbvergessenen Stadt fährt. Die Reifen des LKWs holpern über herabgefallene Äste. Es ist Erntezeit, Heerscharen von Arbeitern sind auf den Feldern. P lehnt den Kopf gegen die Nackenstütze, raucht eine selbst gedrehte Zigarette, lässt die Hand aus dem geöffneten Fenster hängen, spürt den Wind im Gesicht, schaut zur Seite und sieht eine Welle aus Messern, die gehoben werden und in der Vormittagssonne aufblitzen wie ein Regen aus Spiegelscherben.

Der Lagerleiter parkt auf der Rückseite der Bäckerei und zieht los, um Dinge zu erledigen, während P und der andere Flüchtling das Brennholz abladen. Der Bäcker, ein älterer, dunkelhaariger Europäer, der nahezu fließend Kiswahili spricht, steht in der Hintertür der Backstube und ruft ihnen Anweisungen zu. Die Ziegelwand der Bäckerei leuchtet rotbraun. P steht da, mit einem Holzscheit in jeder Hand, eingefroren in der Zeit. Er könnte die Holzscheite von sich werfen und durch Taboras Gassen davonlaufen, vielleicht auf einen Zug aufspringen. Aber er kann nirgendwohin. Hat kein Geld. Nichts. Er hält die Holzscheite fest gepackt, lugt aus der schmalen, staubigen Gasse hinaus. Fußgänger und einzelne Autos kommen vorbei. Sie könnten sich ebenso gut am anderen Ufer eines Meers, auf einem anderen Planeten befinden.

Als sie ihre Arbeit beendet haben, sagt der Bäcker den beiden Männern, dass sie zur Vorderseite der Bäckerei kommen sollen, damit er sie dort bezahlen kann. Der Bäcker erkundigt sich, ob sie etwas trinken wollen, und als sie zögern, versichert er ihnen, dass er ihnen das Getränk spendiert. Als sie sein Angebot daraufhin annehmen, wendet er sich der offenen Tür zu und ruft einem jungen Mann, wahrscheinlich einem Verwandten, der an der Kasse steht, zu: »Bring uns mal zwei Limonaden!« P wischt sich die Hände an der Hose ab und versucht Ruhe zu bewahren. Er schielt zu dem anderen Flüchtling hinüber, der an die Kühlerhaube des Lastwagens gelehnt steht. Der Bäcker hat Griechisch gesprochen. P kaut auf seiner Unterlippe. Griechisch. Der Mann ist Grieche. Die Allee aus Mangobäumen entlang der Straße wogt im Wind, gelbe Blütenblätter schneien auf die Straße. Als der junge Mann mit der Limonade kommt und sie P hinhält, erschreckt er sich fast – so sehr ist er in Gedanken gewesen. Er versucht zu verbergen, dass seine Hände vor Nervosität zittern, und trinkt hastig einen Schluck Limonade: Er verschüttet ein paar Tropfen auf sein Kinn, wischt die Flüssigkeit mit dem Handrücken fort. Mit möglichst ruhiger Stimme fragt er auf Kiswahili, ob er sich einen Stift und einen Zettel leihen dürfe. Der Bäcker sieht fast ein wenig eingeschnappt aus, zieht dann aber doch einen kleinen Notizblock aus der Hemdtasche und reißt ein Blatt heraus, das er P zusammen mit einem fast vollständig heruntergespitzten Bleistift reicht. P schreibt schnell. Er notiert auf Griechisch, dass er an der Griechischen Luftstreitkraftakademie in Athen studiert habe und von den tansanischen Behörden gegen seinen Willen entführt worden sei, der Bäcker müsse seiner Freundin in Athen mitteilen, dass er ihre Hilfe benötigt. Der Bleistiftstummel kratzt über das kleine Blatt, der zweite Flüchtling betrachtet ihn desinteressiert, er schreibt Ks vollständigen Namen und ihre Adresse auf, gibt dem Bäcker den Zettel zurück, der ihn liest, anfangs zerstreut, dann gereizt, als verstünde er nicht, was das Geschriebene mit ihm zu tun haben soll, und schließlich mit anschwellenden Adern im Gesicht. Als er das Wort ergreift, klingt er ängstlich. »Möchtet ihr zu der Limonade ein paar Muffins?« Ehe die beiden Männer dazu kommen, ihm zu antworten, steckt er Stift und Papier in seine Hemdtasche und geht in die Bäckerei.

Der zweite Flüchtling rülpst Kohlensäure hoch und lacht.

»Ich habe bestimmt schon seit einem Jahr keine Muffins mehr gegessen.«

Der Bäcker kehrt mit einem Aluminiumblech voller warmer Muffins zurück, und sie nehmen sich jeder einen und essen ihn schweigend. P sieht die ganze Zeit den Bäcker an, wartet auf eine Reaktion, die jedoch nicht kommt. Der zweite Flüchtling nimmt sich einen zweiten Muffin und verschlingt ihn. P wartet und lehnt dankend ab, als der Bäcker ihm das Blech mit dem Gebäck hinhält. Der Lagerleiter taucht mit einer Einkaufstüte im Arm auf, sie verabschieden sich, die Flüchtlinge springen auf die Ladefläche des Lastwagens, weil der Lagerleiter die Tüten, darunter ein paar Dutzend Eier, auf der Sitzbank abstellt. Als sie aus Tabora hinausfahren, sitzt P gegen die Fahrtrichtung gewandt und versucht, den Blick des Bäckers auf sich zu ziehen, irgendetwas aus dem kleiner werdenden Gesicht des Mannes herauszulesen. Nichts. Als hätte der Zettel niemals existiert. Die starrenden, dunklen Augen begegnen Ps Blick gleichsam stur, bis der Lastwagen um eine Straßenecke biegt und der Mann verschwindet. Nichts. Nirgendwo. P starrt den qualmenden Staub an, die wehenden Palmblätter, der Wind zerrt an seinem Hemd, er denkt an K, wie sie immer mit dem Kopf in seinem Schoß lag, die langen Haare offen. Er wischt sich Staub und Schweiß aus der Stirn. Er sitzt am Feuer und isst zähen, klebrigen Maisbrei. Er erinnert sich an das Geräusch der Düsentriebwerke und wie er in die Sonne stürzte.

Man verrichtet seine Notdurft in ein Loch in der Erde. Fliegen schwirren einem in die Augen.

Man holt Wasser an der Pumpe. Man trinkt in tiefen Schlucken, um den Hunger zu stillen, man starrt in den Himmel, der Magen ist leer, es wird einem schwindlig, und das Wasser ist eiskalt und schmeckt nach Erde, und man hält mit der Hand ein Würgen zurück und bleibt keuchend, vorgebeugt stehen, während klare Flüssigkeit zwischen den Fingern hervorsickert.

Man schläft, erwacht.

Tage vergehen, und Wochen.

Er sitzt auf einem Stamm und zeichnet mit dem Fuß in der trockenen Erde, Kreise, Labyrinthe. Er befürchtet, dass sie nie mehr gebeten werden könnten, Holz zu schlagen, dass er Tabora nie wieder besuchen darf, dass sich die Begegnung mit dem Bäcker nicht wiederholen wird.

Er holt das Jahrbuch der Luftstreitkraftakademie aus dem Koffer. Blättert vorsichtig in den dicken Hochglanzseiten. Er berührt die Gesichter auf den Fotos. Aus einer anderen Welt.

Von Zeit zu Zeit treffen neue Flüchtlinge ein. Der Lagerleiter holt sie mit seinem Lastwagen vom Bahnhof ab, und am Abend sitzen sie am Feuer und erzählen Neues aus dem Heimatland. Während sie sprechen, mustert P ihre Gesichter. Sie haben noch nicht den stummen Blick der Männer, die längere Zeit im Lager verbracht haben, aber es ist etwas Animalisches und Verängstigtes in ihrer Körpersprache und Mimik. Sie schauen sich um, und ihre Augen sind beinahe wie die Augen von Katzen. Der Lichtschein der Flammen flackert über ihre Gesichter, lässt sie aus der Nacht auftauchen, verschwinden, wieder auftauchen.

Er träumt von K. Sie spazieren gemeinsam über den Syntagma-Platz, es ist ein kühler Herbsttag, er hat seinen Arm um ihre Schultern gelegt, sie flicht ihre Finger in seine. Das weiße Licht des Morgens wird durch das Strohdach gesiebt. Er kratzt sich in den Haaren, am Bart, der während der Monate im Lager lang und verfilzt geworden ist. Eine kleine Eidechse schlängelt sich durch die trockenen Halme, hält inne, flitzt dann über ein sprödes, braunes Palmblatt. Er denkt an die europäischen Vögel, die Station machten und auf dem Weg fort oder heim die Samenkörner auf dem Kasernenhof fraßen. Er erinnert sich an seine Kindheit.

Die langen Flure der Internatsschule waren voller rennender Füße und lauter, gellender Stimmen gewesen. Die älteren Kinder rauchten hinter dem Speisesaal. Ein Junge reichte ihm eine Zigarette, und er steckte sie sich zwischen die Lippen, inhalierte und musste husten. Er war dreizehn. Die Jungen standen in einem Kreis um ihn herum und lachten, er krümmte sich mit der Zigarette in der Hand und rot unterlaufenen Augen. Er zog ein zweites Mal an ihr, hustete, stimmte in das Lachen der anderen Kinder ein. In der ersten Zeit im Internat wurde er auf dem Schulhof fast täglich in eine Schlägerei verwickelt. Nachts lag er wach im Bett, bohrte die Fingernägel in seine Handteller und atmete schnell und hart durch die Nase. Der Mond wanderte langsam im Fenster des Schlafsaals. Er dachte, dass er niemals heimkehren würde. Er hatte ein Stipendium bekommen, er hatte das Versprechen gehalten, das er seinem Bruder oder sich selbst gegeben hatte. Er war geflohen. Er schlug die älteren Jungen, schlug sie ins Gesicht und trat sie in den Bauch, wenn sie am Boden lagen. Es verblüffte sie, dass die Gewalt, die er einsetzte, so brutal war, dass er immer weiterschlug, bis er erschöpft war. Er wurde vierzehn. Er saß hinter dem Speisesaal und rauchte mit den älteren Jungen, er boxte scherzhaft gegen sie, brachte sie dazu, die Hände zu heben und zu sagen, dass sie sich ergaben, sie ergaben sich. Er war sehr begabt und bekam in fast allen Fächern Bestnoten. Er war ein guter Sportler, im Hochsprung war er der Beste in der ganzen Schule. Er wollte Rettungssanitäter werden wie John, oder Arzt. Er war fünfzehn, als sie im Biologieunterricht Frösche aufschnitten und sein Traum, in einem Krankenhaus zu arbeiten, starb in den schleimigen, stinkenden Eingeweiden. Die italienischen Priester, die das Internat führten, lehrten ihn Aufzählungen von Heiligennamen und lasen auf Latein Passagen aus der Bibel. Sie spendeten ihm die Kommunion, die Hostie schmolz auf seiner Zunge. Er wollte katholischer Pfarrer werden, sein Leben Gott widmen, dem Unergründlichen und Großen, das er manchmal in seinem Inneren spürte wie einen Regen aus federleichten, klatschenden Flügelschlägen. Er war sechzehn und schritt mit schwingenden Weihrauchfässern durch die Kirche und fühlte sich rein, mächtig, neugeboren. Er war Ministrant. Wenn die Priester von der Kreuzigung erzählten, weinte er jedes Mal. Er dachte: Warum müssen sie Gottes Sohn peitschen, warum müssen sie ihn mit einem Speer aufspießen und ihn verhöhnen? *Wenn du Gottes Sohn bist, warum rufst du dann nicht nach deinem Vater*?

In den Ferien besuchte er manchmal seine Mutter. Zwischen ihnen herrschte eine eigentümliche Stummheit. Er saß ihr gegenüber und verdrückte Grießpudding, den sie für ihn zubereitet hatte, und hörte sie über seine Brüder sprechen, wer von ihnen geheiratet, wer Kinder bekommen hatte. Er küsste in seiner Heimatstadt ein Mädchen, und sie liefen in die Dunkelheit hinaus und saßen unter einem Baum, und er lernte, sich zu sehnen und zu sterben. Er drehte sich auf den Rücken, sie lagen nackt unter regenschweren Blättern, sie lagen auf dem Grund des Sternenhimmels. »Früher wollte ich Pfarrer werden«, sagte er. Sie lachten. Die Mauern des Labyrinths wuchsen mit ihm um die Wette. Während der Regenzeiten ging die Welt unter, jedes Mal. In seinem siebzehnten Jahr konnte er das Ende der Kindheit als einen Abhang hinter dem Horizont erahnen, jenseits der Wiesen mit schimmerndem Gras.

Es war einer der letzten Abende seiner Kindheit, und er lief in den Shorts und dem Hemd des Internats durchs Gras. Er kletterte in einen Baum hinauf, er war stark und gelenkig, er stemmte sich immer höher ins Geäst. Die Sonne war rot, das Licht dicht wie Sand, der zwischen den Blättern rieselte. Er setzte sich rittlings auf einen Ast, ließ die Beine baumeln. Er hatte das immer gleiche Spiel unzählige Male wiederholt und war eigentlich zu alt dafür. Auf der anderen Seite der Zeit. Er zog ein paar Stoffbänder aus der Tasche und band sie an die Zweige um ihn herum. Der Stamm schwankte. Er warf einen Blick zum Erdboden tief unter ihm und wusste, wenn er jetzt fiele, würde er sterben. Er hatte keine Angst. In seinem Inneren hatte er einen scharfen Splitter, das Versprechen fortzugehen. Er band noch einen Stoffstreifen an einen Zweig. Viele Jahre zuvor hatte er begonnen, dies zu spielen, nachdem John ihm von den Flugzeugen des Krieges erzählt hatte. Er ließ den Ast los und streckte die Arme aus wie der Gekreuzigte in der Kirche. Die Stoffstreifen schlugen im Wind. Als würde er fliegen.

Er hebt seine Machete, bleibt so stehen. Das Geräusch eines fallenden Baums kracht durch den Dschungel. Gelbe, trockene Blätter wirbeln zwischen den Stämmen hoch. Manchmal ist es, als gäbe es die Jahre nicht, als sei das Leben etwas völlig anderes, als er geglaubt hat, eine Welt, die man durchschreiten kann. Im hohen Gras. Lange bleibt er mit erhobenem Arm stehen und starrt vor sich hin, ins Nichts. Der Bäcker braucht wieder Brennholz. Die Flüchtlinge fällen am Waldrand Bäume, es ist der zweite Tag ihrer Arbeit, es ist Nachmittag geworden. P muss noch einmal mit dem Bäcker sprechen. Er muss wissen, ob seine Nachricht an K angekommen ist, ob sie ihm geantwortet hat. Er entfernt rasch alle Zweige von einem dicken Ast, zerkleinert ihn in Holzscheite.

Er arbeitet hart, treibt die anderen an. Er hofft, auch diesmal ausgewählt zu werden, nach Tabora mitzukommen, aber als sie am nächsten Morgen das letzte Holz auf den Lastwagen geladen haben, wählt der Lagerleiter zwei andere Flüchtlinge aus. P packt einen von ihnen am Arm und bietet ihm im Tausch gegen den Platz im Wagen seinen Anteil des Geldes an. Der Mann fordert zusätzlich eine Hose; offenbar hat der Polizist ihm von Ps Koffern voller Kleider erzählt.

Sie sitzen zusammengezwängt im Fahrerhaus, P hält die Arme fest um den Brustkorb geschlungen, als wollte er sein

Herz einschließen. Sie erreichen Tabora um die Mittagszeit, rollen durch verlassene Straßen, das Licht rinnt wie flimmernde Libellenflügel über die zerkratzte Windschutzscheibe. Sie fahren zur Rückseite der Bäckerei, halten an. Diesmal helfen der Bäcker und der junge griechische Mann ihnen beim Abladen. Sie stapeln das Brennholz an der Wand der Bäckerei auf, Sand weht ihnen ins Gesicht und zwingt sie, ihre Arme vor Augen und Münder zu heben. Der Bäcker deutet durch nichts an, dass er P etwas zu sagen hat, der seinerseits ständig Augenkontakt zu ihm sucht. Wenn überhaupt, scheint der Bäcker wütend darüber zu sein, dass P wieder da ist. Die Minuten verstreichen. P versucht die Arbeitszeit zu verlängern, indem er langsam arbeitet. Einmal tut er sogar so, als würde er versehentlich einen ganzen Stapel Holz umkippen. Der andere Flüchtling ärgert sich über ihn. In seinem Mund hat er den Geschmack von Blut, als er die Holzscheite aufstapelt, scheinen seine Hände weit entfernt, unwirklich zu sein. Sie sind fast fertig, als der Bäcker beiläufig etwas auf Griechisch murmelt:

»Sprecht ihr beide Griechisch?« Der andere Flüchtling, der gerade auf der Ladefläche steht und die letzten Holzscheite zusammenklaubt, reagiert nicht. Der Bäcker sagt, den Blick auf seinen jungen Neffen gerichtet, aber mit Worten, die eindeutig für Ps Ohren bestimmt sind: »Ich darf nicht in deinen Fall verwickelt werden. Sie würden mir Spionage vorwerfen und mich ausweisen.« P reibt sein schmutziges T-Shirt über das Gesicht, greift ungeschickt nach einem Armvoll Holzscheite, verliert einige.

»Ich würde meine Bäckerei verlieren. Ich kann dir nicht helfen.«

P fühlt nichts. Er denkt auch nichts, höchstens, dass keiner ihm hilft, dass es niemanden gibt, dass es niemals Brüder gab, nur einsame Körper, die über die Felder marschierten, sich gegenseitig schlugen, aufeinander herumtrampelten. Er hebt einen Holzscheit auf, er ist uneben, von Feuchtigkeit noch schwer. P hat das Gefühl, dass ihr Schweigen erstickend und von Enttäuschung erfüllt ist, aber vielleicht nimmt das außer ihm auch niemand so wahr. Immer wieder starrt er den Bäcker an. Er will sich damit nicht zufriedengeben. Als sie fertig sind, holt der Neffe des Bäckers den Lagerleiter aus der Bäckerei, wo er Tee getrunken hat. Die drei Männer steigen ins Fahrerhaus des Lastwagens, der Lagerleiter lässt den Motor an. Rinde und trockene Blätter auf der Ladefläche rascheln, als der Wagen auf die Straße zurücksetzt. Der Bäcker ruft etwas, und der Lagerleiter schaltet in den Leerlauf.

»Ich wollte mich bei euch nur noch für eure Hilfe bedanken«, erklärt der Bäcker, der zur Beifahrerseite des Lastwagens geeilt ist. Er streckt die Hand durch das offene Seitenfenster ins Fahrerhaus, gibt den drei Männern die Hand. P schüttelt er als Letztem die Hand, und bevor er das tut, führt er eine Bewegung aus, die P zunächst so deutet, dass er die Hand an seiner Schürze abwischt. Im nächsten Moment begreift er jedoch, dass es um etwas ganz anderes geht: In der Hand des Bäckers liegt ein zusammengefalteter Zettel. Ihre Blicke begegnen sich für den Bruchteil einer Sekunde, dann fährt der Lastwagen los. Sie verlassen erneut Tabora.

Es wird Abend, sie machen ein Feuer. P steckt immer wieder eine Hand in die Tasche, um sich zu vergewissern, dass der Zettel des Bäckers noch da ist. Er will ihn im Beisein der anderen nicht herausholen und hat Angst, Misstrauen zu erwecken, sollte er, der sonst immer am längsten von allen wach bleibt, schon zu seiner Hütte gehen, noch ehe es richtig dunkel geworden ist.

Er saß mit ihr in einem Athener Hotelzimmer an einem Abend zusammen, an dem ein ganzes Stadion seinen Namen gerufen hatte. Er denkt ihren Namen, schließt die Augen und erinnert sich, wie sie ihre Finger in seine flocht. Es muss einfach ein Brief von ihr sein. Als nur noch der alte Polizist und P am Feuer geblieben sind, wagt er es endlich, zu seiner Hütte zu schlendern. Er sitzt im Mondschein vor der Tür, holt das Blatt heraus, es ist schmutzig, zerknittert. Er denkt, dass sie ihm sicher geschrieben hat, sie liebe ihn immer noch und habe sich mit seiner Kusine in Rom in Verbindung gesetzt und erwarte nun weitere Anweisungen. Er schließt fest die Augen. Er denkt ihren Namen. Er hält das Blatt in der Hand, will es nicht auseinanderfalten. Sie hat bestimmt geschrieben, dass der Bäcker versprochen hat, den Boten zwischen ihnen zu spielen. Er sitzt da und wagt nicht, sich zu bewegen. Er ging fort, ohne ihr etwas zu sagen. Als er das Blatt schließlich auseinanderfaltet, raschelt der Brief in seinen Händen. Er glättet ihn auf dem Hosenbein, zündet ein Streichholz an, liest im Schein der Flamme. Der Brief ist von Ks Mutter. Sie bittet P, ihre Familie in Ruhe zu lassen. Sie schreibt, dass K mit einem griechischen Offizier verlobt ist. Seine Hände zittern, und es passiert halb aus Versehen, dass der Brief die erlöschende Streichholzflamme berührt. Er hält das brennende Papier fest, das in Rußflocken zerfällt und davonschneit, in die graue Dunkelheit hinauf.

Man sitzt nachts wach und lauscht den Geräuschen des umliegenden Dschungels. Man hört die Rufe der Vögel, die Pfoten der wilden Tiere, die im Laub und Gras rascheln. Man fühlt sich wie ein Tier. Eine simple, rohe Schutzlosigkeit.

Er magert immer weiter ab. Er kratzt mit seinem Löffel über den Teller und schaut sich um. Das Licht der sinkenden Sonne lässt das Aluminiumgeschirr in den Händen der Flüchtlinge rot brennen, als glühten Löffel und Gefäße. Er schließt die Augen und versucht zu schlucken, aber der Brei schwillt in seinem Mund nur an. Die Vögel, die schreien und schreien, warum schreien sie so. Er erinnert sich an das Licht über den Straßen in Dekelia, die kleinen Fischrestaurants, die weiß getünchten Wände und die Sonnenschirme, die in der Brise vom Meer schwankten. Er erinnert sich an die Maulbeeren, die den Erdboden im Herbst wie getrocknetes Blut färbten. In seiner Erinnerung läuft er über einen Kiesplatz und sammelt Federn im salzigen Wind vom Meer. Er und hunderte andere Jungen mit rasierten Schädeln sammeln Federn, die sie auf ihre Rücken kleben, und dann lassen sie sich von den Klippen fallen. Er erinnert sich an Dinge, von denen er weiß, dass sie nicht stimmen. Sie fliegen. Er schlägt die Augen auf, stellt seinen Teller auf die Erde und zündet sich eine selbst gedrehte Zigarette an.

»Erzähl mir noch einmal von Nairobi«, sagte er zu einem Mann in seinem Alter, der einige Jahre in Kenia gelebt hat.

»Was soll ich erzählen?«

»Irgendwas. Wo die Botschaften sind, zum Beispiel.«

Die Flüchtlinge im Lager sind dazu übergegangen, den Irrsinn der Tristesse und Isolierung, der an diesem Ort Besitz von ihren Körpern ergreift, dadurch zu bekämpfen, dass sie immer wieder und so detailliert wie möglich von ihren Heimatstädten erzählen. Sie beschreiben die Farben der Häuser, in denen sie aufgewachsen sind, sie zählen die Straßennamen auf, rufen sich die Gesichter und Eigenheiten ihrer Nachbarn in Erinnerung – P hat jede Nuance des Dorfs am Ufer des Viktoriasees beschrieben, in dem er mit seiner Mutter und seinen Brüdern wohnte, hat über die großen, runden Hütten gesprochen, über das Schulgebäude aus verwitterndem Backstein und den Fischerhafen, in dem die Boote aus geteertem Holz in den Wellen auf und ab schaukelten. Das andere Dorf hat er nicht erwähnt.

Wenn jemand Nairobi beschreibt, hört er immer besonders genau zu. Vor seinem inneren Auge hat er bereits begonnen, eine Karte der Stadt zu zeichnen. *Nairobi. Dort kann man sich als Flüchtling registrieren lassen.* Das ist alles, was er jetzt noch hat – die Erinnerung an eine Lüge, die ihm ein Lügner in einem Käfig erzählte und an die ihn ein alter, halbirrer Polizist eines Nachts erinnerte, als er nicht schlafen konnte. Nairobi. Er muss es bis nach Nairobi schaffen.

Der Mann, der eine Reihe von Jahren in Nairobi gelebt hat, arbeitete dort als Chauffeur für eine englische Familie und liefert eine genaue Beschreibung des Botschaftsviertels. Er spricht voller Inspiration, beschreibt die großen europäischen Villen hinter Mauern und Eisentoren. P lauscht mit geschlossenen Augen und sieht innerlich vor sich, wie er am Busbahnhof ankommt und von dort in östliche Richtung geht. Die Gärten, die mehrstöckigen Häuser.

»Man läuft die King's Street hinunter. Rechts liegt in einem großen Gebäude aus weißem Stein die britische Botschaft, und wenn man danach hundert Meter weiter links abbiegt, kommt man auf die Victoria Street, dort stehen Autos unter eine Reihe von Akazien geparkt. Dort liegen die französische und die italienische Botschaft.«

P geht jetzt dort, unter den roten Akazienblüten, auf dem Weg in die Sicherheit. »Woran denkst du, Pilot?«

Er stochert mit seinem Löffel in den gekochten Bohnen.

»Ich habe ans Fliegen gedacht.« Er gähnt, nimmt seinen Teller, geht und legt sich hin. Wenn er es zur italienischen Botschaft schafft, kann man ihm dort vielleicht helfen, sich mit seiner Verwandten in Rom in Verbindung zu setzen. Er kann sie bitten, ihm das nötige Geld für ein Flugticket zu schicken. Das ist der Plan, das ist der Gedanke, der in ihm flimmert, als er durch Schicht um Schicht einer immer diffuseren Unruhe zur Bewusstlosigkeit fällt und einschläft. Nairobi.

Er aschte auf das Fensterbrett, blies den Rauch zum Nachthimmel aus. Der Wind auf seinem nackten Oberkörper war kühl. Aus einem Fenster auf der anderen Straßenseite drang eine Sendung der BBC an sein Ohr. Es waren die schleppenden Monate nach dem Examen im Internat. Er wohnte bei einem seiner Brüder, F, dem Drittältesten in der Familie. Er selbst war achtzehn. Ein junger Mann. Er wollte sich etwas hingeben. Er wollte ein Fels werden wie die Priester, die in ihren schwarzen Soutanen durch die Flure des Internats glitten, unberührbar und still. Ein Halt. Er schlug nach einer Mücke, aber die Bewegung war schläfrig und irgendwie unseriös wie alles in seinem Leben in dieser Phase. Ja, manchmal wollte er immer noch Pfarrer werden, aber gleichzeitig war er erst kürzlich aus dem Fenster einer jungen Frau geklettert und immer weniger gewillt, das aufzugeben, diese Sache, die man mit den Frauen machte. Die unwirkliche Stille hinterher. Jede Nacht betete er vor dem Einschlafen zu Gott, das war selbstverständlich. Er schloss die Augen, sog Rauch ein. Er liebte die Nächte, liebte es, dass sie entvölkert waren. Er war achtzehn und würde wahrscheinlich bald zum Militärdienst einberufen werden. Ein Soldat werden, wie John.

Tagsüber saß er auf der Veranda vor dem örtlichen Lebensmittelgeschäft und schnappte in der erstickenden Hitze und dem Licht direkt aus dem Himmel nach Luft. Er trank Coca-Cola, die er gratis bekam, weil F für den Bürgermeister der

Stadt arbeitete, und der Mann, dem der Laden gehörte, sich bei Ps Familie einschmeicheln wollte. Ein Typ, mit dem er eine Woche zuvor Seite an Seite gekämpft hatte, näherte sich scheppernd auf seinem Fahrrad, bremste in einer Wolke aus Staub, lächelte ihn höhnisch an.

»Wo willst du hin?«

Der Freund – wenn sie denn Freunde waren, nachdem sie sich bei dieser Schlägerei zusammengetan hatten –, der Typ kaute auf einem Kaugummi, hing auf dem Lenker, antwortete nicht. P drehte seine Colaflasche, sie leuchtete im Sonnenlicht. »Willst du eine Cola?«

Der Typ lachte, schaute zu ihm auf, sein Blick hatte etwas Triumphierendes. Als würde er ein Geheimnis kennen. Hatte er ein Messer dabei? Warum antwortete er nicht?

»Wohin fährst du?«

Der Typ schmatzte auf dem Kaugummi herum. P trank einen Schluck Cola, um Überlegenheit oder Gleichgültigkeit oder was auch immer zu demonstrieren.

»Um eins gibt es eine Aufnahmeprüfung für die Luftwaffe.«

»Wir sind Schwarze. Wir dürfen nicht Piloten werden. Du hast es nur auf eine Cola abgesehen. Als ich klein war, wollte ich auch Pilot werden.«

»Wir sind jetzt unabhängig. Wir dürfen werden, was wir werden wollen.« Der Typ auf dem Fahrrad blies eine Kaugummiblase, zerfetzte sie zwischen den Zähnen, kaute.

Er wird von lauten Stimmen geweckt, reagiert gereizt, legt einen Arm auf das gesunde Ohr und versucht wieder einzuschlafen, erkennt jedoch im selben Moment, dass sich jemand in seiner Hütte befindet, dass eine Gestalt über ihn gebeugt steht. Er hebt die Arme, um sein Gesicht vor Schlägen zu schützen. Nichts, nur ein leises Lachen. Zwei grüngekleidete Männer stehen in seiner Hütte, einer von ihnen hat ihn mit seinem Gewehr angestoßen, der andere sagt:

»Pack deine Sachen und komm nach draußen.«

P setzt sich schlaftrunken auf. »Und warum?«

»Beeil dich.« Der Mann verlässt die Hütte, der andere, der sein Gewehr schussbereit hält, bleibt in der Tür stehen und schaut zu, als P sich anzieht, den Inhalt der Koffer zusammenrafft und sie anhebt.

»Wo wollen wir hin?«

Der Mann legt den Zeigefinger auf die Lippen, weicht zurück, wedelt mit dem Gewehrlauf: komm. P tritt, noch halb schlafend und im Traum, aus der Hütte. Er denkt daran zurück, als er eines Nachts in Athen geweckt wurde, weil Amins Flugzeug auf dem Weg war, die Kadetten nach Uganda zurückzuholen. Es kommt ihm vor, als geschähe alles Entscheidende in seinem Leben in einer Art Schlaftrunkenheit, in der unwirklich schimmernden Landschaft des Halbschlafs. Er sieht kurz den weißhaarigen, gekrümmten Mann, der ein Diener des Lagerleiters ist und nun umhereilt und anzeigt, welche Hütten die Soldaten aufsuchen sollen. Neben der erloschenen Feuerstelle steht ein Lastwagen mit überdachter Ladefläche. Seine Scheinwerfer sind erloschen, der Motor ist ausgeschaltet. Mehrere Soldaten bewegen sich leise auf dem Gelände des Lagers, gehen von Hütte zu Hütte und sammeln Leute ein. P wundert sich, dass er den Lastwagen nicht kommen gehört hat. Alles in allem wird ein Dutzend Flüchtlinge zu dem Fahrzeug geführt, der Motor hustet, als jemand den Zündschlüssel dreht, die Scheinwerfer werden eingeschaltet, und der Dschungel flammt scharf und monochrom auf: Blätter, ausgeschnitten aus einer grauen Fläche. P reckt sich, reibt sich die Augen. Er sieht den alten Polizisten heranhumpeln, die Hand zum Schutz gegen die Scheinwerfer hochhaltend, als hätte das Licht Masse und Gewicht und täte ihm weh. Die Gruppe der Flüchtlinge wird auf die Ladefläche, unter die Plane gescheucht. Dort sitzt ein weiterer bewaffneter Mann.

»Wisst ihr, wohin die Reise geht?« Sie schütteln die Köpfe. »Gut.«

Der Mann lehnt sich schläfrig zurück. Der Lastwagen rollt los.

Sie fahren durch den Dschungel. Das Geräusch von Ästen, die über die Plane wischen, ist ein einschläferndes Flüstern – nach einer Weile döst P ein und erwacht erst wieder, als sie gehalten haben und angewiesen werden, von der Ladefläche herabzusteigen. Sie halten ihre Koffer und Kleiderbündel in den Händen; während sie frierend und steifbeinig am Waldrand entlanggehen, sieht man einen hauchdünnen, blauen Lichtstreif, Tau hängt in der Luft. Sie befinden sich auf einer gerodeten Lichtung, auf der eine Handvoll Holzgebäude und eine Reihe großer, dunkler Militärzelte stehen. Sie werden zu einem Schlafsaal geführt, in dem ihnen Betten zwischen etwa fünfzig anderen Männern zugeteilt werden, die von ihren Bewegungen geweckt werden und sie mit belegten Stimmen fluchend anfahren, still zu sein. P liegt in dem Bett, das man ihm zugeteilt hat. Es hat keine Matratze, und ihm steht nur eine dünne Decke zur Verfügung, er zieht an ihr, starrt nach oben und fühlt sich vollkommen ausgeliefert, wie ein Leichnam in einem Grab. Der Schlaf stellt sich nur langsam ein, ein graues Rauschen, das ihm Welle auf Welle den Kopf füllt. Zwei Stunden später wacht er auf. Sonnenlicht fällt durch Ritzen in der Wand, die offenbar aus dünnen Brettern besteht. Das Dach ist aus Holzlatten und großen, trockenen Palmblättern. Er stützt sich auf die Ellbogen. In seiner Umgebung werden mehrere ugandische Sprachen gesprochen: Acholi, Lango, Luganda, verschiedene Kiswahili-Dialekte und Bantu-Sprachen. Etwa zehn heruntergekommene Männer in sehr einfachen Kleidern sitzen ringsum auf ihren Betten und sind genau wie er verschlafen und mager. Vier von ihnen kennt er aus dem vorigen Lager, die anderen sind Fremde. Alle, die wie er Neuankömmlinge sind, räumen in sich gekehrt ihre Kleider und sonstige Habe hin und her, als untersuchten sie eine Reihe merkwürdiger Gegenstände, die sie aus einem Traum herübergerettet haben. Er sieht einen Mann, der versucht eine Hose anzuziehen, als wäre sie ein Hemd. Manche Männer schlafen noch. P denkt, dass er sich auf einer Reise befindet, die ihn immer tiefer in etwas hinabführt, eine Welt, die es schon immer unter der normalen Welt gegeben hat. Er zieht Jeans und T-Shirt an und geht hinaus. Er kommt an einem Wachposten vorbei, der an einen Baum gelehnt sitzt, ein junger Mann, der aussieht wie ein Ugander, aber das lässt sich im Grunde erst entscheiden, wenn er ihn sprechen hört. Er hat ein Maschinengewehr sowjetischer Bauart auf dem Schoß, kaut auf einem langen Grashalm. Eine große Gruppe von Männern sitzt um eine Feuerstelle versammelt, die zu einem qualmenden Haufen Asche erloschen ist. Die meisten sind in selbst genähte Kleider aus einem Stoff gehüllt, aus dem auch die großen Militärzelte gefertigt sind. Die Kleidungsstücke sind unförmig und eckig, und die Männer sind sehr ausgemergelt und zeigen die fahrigen Bewegungen hungernder Menschen – zitternde Hände, die Gesichter grau von verwehter Asche. P erkennt eine weitere Handvoll Männer aus dem vorherigen Lager wieder und nickt ihnen verwirrt zu, als er sich setzt. Ein Mann reicht ihm einen Blechteller und füllt ihn mit Maisbrei aus einem großen Topf. P dankt ihm mit einem kurzen Kopfnicken, isst von dem Brei, kratzt sich über die Bartstoppel und weiß, dass er beobachtet wird. Er hätte fliehen sollen, solange er noch im ersten Lager war. Er sucht unter den Gesichtern in seiner Umgebung nach dem alten Polizisten, sieht ihn aber nirgendwo. Ihm fällt auf, dass eine große Menge halb verbrannter, roter Buchumschläge um die Feuerstelle verteilt liegt, und daraufhin sieht er sie auch überall im trockenen Gras und erkennt, dass große Mengen der gleichen roten Bücher und der gleichen herausgerissenen, gelblich weißen Zettel unter den Betten im Schlafsaal lagen. Er hebt eine herausgerissene, halb verbrannte Seite auf, schüttelt Asche von ihr ab und liest. *Kein Mensch kann ein Ding erkennen, wenn er nicht mit ihm in Berührung kommt, das heißt, wenn sein eigenes Leben (seine Praxis) nicht in dem Milieu dieses Dinges verläuft.* Er schaut verstohlen zu den anderen Flüchtlingen hoch. Ein Mann erwidert forschend seinen Blick. Die plump zugeschnittenen Kleider aus Zeltbahnen lassen sein Gesicht ganz klein und zerbrechlich aussehen.

P sieht weg. Der Text auf der Buchseite ist in englischer Sprache. *Willst du den Geschmack einer Birne kennenlernen, musst du sie verändern, das heißt, sie in deinem Mund zerkauen.* Er hebt die Augenbrauen, lacht auf und wirft das Blatt von sich. Er erinnert sich an das rote Buch, in das sich sein Bewacher im Zug nach Tabora vertieft hatte, und fragt sich, ob es das gleiche ist. Mehrere Stapel Bücher brennen auf einem qualmenden Müllberg einige Meter entfernt, und herausgerissene Seiten wehen wie eckiges Laub über die freie Fläche. Er will sich gerade nach einem Buchumschlag strecken, um in Erfahrung zu bringen, wie das Buch heißt, als ihn ein gestiefelter Fuß in der Seite anstößt. Der Wachposten, der an den Baum gelehnt gesessen hat, ist zu ihm gekommen und zeigt P mit dem Gewehrlauf an, dass er aufstehen soll.

Sie gehen an den baufälligen Holzgebäuden und einer Reihe von Militärzelten vorbei zu einem größeren Zelt am hinteren Ende des Lagers. Der Wachsoldat teilt mit der Hand die Zeltbahn. Ein Mann an einem Holztisch blickt auf und fordert ihn mit einer Geste zum Eintreten auf. Der Mann scheint Atemprobleme zu haben, sein Gesicht wirkt aufgedunsen, die Augen sind halb geschlossen. Vor ihm liegt eine auseinandergefaltete Karte, er hält einen Bleistift in der Hand, mit dem er etwas auf der Karte markiert. Er legt den Stift fort, lehnt sich auf seinem Stuhl zurück. An der Zeltdecke hängen Glühbirnen, in einer Ecke surrt ein großer, dieselgetriebener Generator. Er bittet P, sich an den Tisch zu setzen. P lässt sich auf einem wackeligen Holzstuhl nieder. Er hat das Gefühl, in einem Theaterstück mitzuspielen. Er dreht den Kopf, um den Wachsoldaten anzusehen, der ihn hergebracht hat, aber der junge Mann hat das Zelt bereits wieder verlassen.

»Mein Name ist Okello.« Der Mann mit dem aufgequollenen Gesicht zieht einen Ordner aus einer Schreibtischschublade. »*Major* Okello.« Er schlägt eine Seite auf, liest eine Weile. »A. D.«, sagt er dann und macht eine vage Geste zu seinen Schultern und seiner Brust, um auf das Fehlen von Rangabzeichen hinzuweisen. Major Okello a. D. Er trägt ein gewöhnliches, militärgrünes Hemd, das am Hals aufgeknöpft ist, und lacht über etwas Unbekanntes, aber sein Lachen wird von einem Hustenanfall abgebrochen. »Tito«, sagt er und streckt hastig die Hand aus. P schüttelt sie.

Wieder werden die Fragen gestellt. Tito erkundigt sich nach dem Sinn und Zweck von Ps Reise nach Sambia, nach seinen Aktivitäten in Griechenland, nach seinen politischen Ansichten. Er möchte wissen, ob P mit Amin oder Obote oder einem Dritten sympathisiert. Diesmal versucht P erst gar nicht, etwas zu verbergen. Höchstwahrscheinlich hat dieser Okello ohnehin alle Informationen aus den Vernehmungen in Daressalam zugeschickt bekommen: Tatsächlich hegt P den Verdacht, dass alles, was er den Tansaniern gesagt hat, in dem Ordner zusammengefasst steht, den Okello aus der Schublade gezogen hat.

»Du bist einer der am besten ausgebildeten Soldaten, die wir im Lager haben.« Okello faltet die Hände. »Wir werden bald in Uganda einmarschieren. Wir werden Amin stürzen. Mir ist bewusst, dass du deinen Aufenthalt hier als Gefangenschaft empfindest und deine Loyalität nicht automatisch deinen Gefängniswärtern gilt, aber ihr seid Soldaten. Meine Soldaten. Bevor wir die Grenze überschreiten, werdet ihr Waffen bekommen. Halte dich bereit, das ist alles, was ich von dir verlange.« Okellos Hand zeigt zum Zelteingang. »Manche unserer Männer sind nicht sonderlich motiviert.« Er lacht, fängt wieder an zu husten, schnappt nach Luft, wedelt mit der Hand, eine Geste, die wohl besagen soll, dass P sich keine Gedanken über Okellos Gesundheit machen soll, dass seine körperliche Schwäche irrelevant ist. P schaut sich in dem Zelt um. In einer Ecke stehen mehrere Stapel roter Bücher, und eins liegt sogar auf dem Tisch zwischen Okello und ihm. P lehnt sich vor und liest. Es sind ausgewählte Worte des Vorsitzenden Mao.

»Du kannst jetzt gehen«, sagt Okello zwischen zwei Hustenanfällen, und P steht auf, aber als er im Zelteingang steht, ruft Okello ihm hinterher: »Ich hoffe, du bist nicht *museveni*!« Das letzte Wort klingt wie ein Adjektiv, das eine unerwünschte menschliche Eigenschaft beschreibt. P dreht sich in der Zeltöffnung um. Das Wort *museveni* sagt ihm nichts, und da sie Kiswahili gesprochen haben, nimmt P an, dass es aus einer Bantu-Sprache entlehnt oder eine arabische Neubildung ist.

»*Museveni*?«

»*Museveni*.« Okello erzeugt einen langgezogenen, zischenden Laut, indem er zwischen den Zähnen Luft einsaugt, dann hustet er und gibt P mit der Hand wedelnd zu verstehen, dass er gehen kann.

Am Abend wird Essen serviert, es gibt wieder Maisbrei. P sieht endlich den Polizisten, setzt sich neben ihn und plaudert mit ihm ein wenig über Belangloses, über die Schlafplätze, die bevorstehende Regenzeit, das Essen. Beide machen sich Sorgen, dass die anderen im Lager ihrer Unterhaltung lauschen und Bericht erstatten könnten, falls sie über etwas Wichtiges reden sollten. Als P sich hinlegt, schläft er sofort ein und träumt, dass er gelähmt ist. Er wacht auf, und es ist noch Nacht. Er legt sich auf die Seite. *Ich werde von hier fortgehen.* Er blinzelt, schaut in die Dunkelheit hinein.

Man bekommt ein Frühstück. Man sitzt auf einem Stamm und stochert mit dem Fuß in der Asche. Es gibt eine Menge Wachposten im Lager, von denen die meisten Ugander sind, aber einige, vor allem die jüngsten Männer, scheinen Tansanier zu sein. Sie schleppen sich mit ihren Maschinengewehren über den Schultern durchs Lager und machen einen reichlich undisziplinierten Eindruck – vielleicht gehört es für sie zu einer Art Wehrpflicht, dieses Lager zu bewachen. Das große Hindernis für eine Flucht bilden ohnehin nicht die Wachsoldaten, sondern der Dschungel, der sich, dicht und undurchdringlich wie eine Wand, in alle Richtungen ausbreitet. Er erwachte so, wie er schließlich eingeschlafen war: langsam über die Grenze treibend, durch ein Flirren aus Sonnenlicht, eine unmerkliche und gerade deshalb unangenehme Reise zwischen den Welten. Er schlurft umher und redet mit den anderen. Er fragt sie, was *museveni* bedeutet, aber ihre Antworten bestehen bloß aus ausweichenden Blicken und gelegentlichen Andeutungen, dass es besser sei, nicht über dieses Thema zu sprechen. Einmal gerät er sogar fast in einen handgreiflichen Streit, weil eine Gruppe von Flüchtlingen zu glauben scheint, er habe ihnen die Frage gestellt, um sich über sie lustig zu machen.

Er sitzt auf seinem Bett und blickt auf den Erdfußboden herab. Er erwartet, dass eine Form von militärischem Training beginnt, aber das Leben im Guerillalager scheint sich nicht nennenswert von ihrem Dasein in dem regulären Flüchtlingslager zu unterscheiden. Tage vergehen. Im Lager halten sich offensichtlich Menschen aus fast allen ugandischen Gesellschaftsschichten auf, von Analphabeten, die von ihren Bauernhöfen verjagt wurden und gezwungen waren, ihre Familien mittellos zurückzulassen, bis zu einem hageren Staatssekretär aus Obotes Staatsapparat, der erzählt, dass er bei seiner Ankunft im Lager so dick war, dass er sich auf der Latrine nicht über das Loch in der Erde hatte hocken können. Inzwischen ist er genauso mager wie alle anderen, einer der Vogelmenschen in diesem

Lager. Man hebt eine Handvoll Erde auf, zerkrümelt sie im Wind. Etwas Wortloses zieht durch einen hindurch, das mit den Jahren und dem Krieg zusammenhängt und einem das Herz zu Boden schlägt, und man schaut in Gedanken versunken auf und bleibt lange regungslos sitzen. Man benutzt die Seiten aus Maos kleinem rotem Buch als Blättchen für Zigaretten. Man schaut auf die ausgerissene Seite herab. Das Sonnenlicht auf dem dünnen gelben Papier flackert, als Wolken am Himmel vorüberziehen. *Sollten die Imperialisten dennoch einen dritten Weltkrieg entfesseln, werden im Ergebnis des Krieges unausbleiblich weitere hunderte Millionen Menschen auf die Seite des Sozialismus treten.* Man sitzt auf einem Baumstumpf und raucht, man gähnt und blinzelt zu einem jungen Wachsoldaten hoch, der vorbeikommt, irgendetwas ist seltsam an der Zeit im Lager. Einerseits existieren die Augenblicke, andererseits dann aber doch nicht. Ein Mann mit einem schmutzigen Verband um den Fuß bleibt auf seinen Krücken stehen und starrt ihn an. Ein Jüngling mit Baseballkappe und in Schuluniformshorts geht durchs Gras und drischt mit einem Stock auf es ein. Es gibt etwas Klebriges, Fragmentarisches im Material der Sekunden. Das Licht fällt auf die körnige, braune Erde, fotografisch und ewig. Alles ist sinnlos, jede Bewegung leer, tot. Ein Wachposten sagt etwas zu dem jungen Mann mit der Baseballkappe und schlägt mit seinem Gewehrkolben zu, und P sieht zu, als der Junge mit einer blutenden Wunde im Kopf über die Erde kriecht. Auf der Latrine werden Seiten aus Maos kleinem roten Buch als Toilettenpapier benutzt. Man wedelt Fliegen fort und nimmt eine Art Wahnsinn in seinem Inneren wahr, der umherwirbelt und Schwung und Masse sammelt. *Wärme macht ein Ei zu einem Küken, aber Wärme macht keinen Stein zu einem Küken.* Man spielt mit dem Gedanken, einem der Wachsoldaten die Waffe zu entreißen und ihn zu zwingen, einen Lastwagen aus dem Lager zu fahren. Man verlässt die Latrine, bleibt stehen und betrachtet die Bäume, die Blätter, die sich im Wind bewegen. *Die Welt schreitet vorwärts, die Zukunft ist glänzend, und niemand kann diese allgemeine Tendenz der Geschichte ändern.*

Am letzten Abend vor seiner Abreise nach Griechenland ging er in der olivgrünen ugandischen Uniform, die er während seiner Grundausbildung getragen hatte, durchs Gras. Er betrachtete die Häuser aus Brettern und Lehm, die Ziegen, die an Pfähle angebunden standen, die man in das Erdreich getrieben hatte. Dies war seine Heimat, dies war das Dorf, in dem er geboren worden war und mit seiner Mutter gelebt hatte, die ihn später fortgeschickt hatte. Das Dorf war voller tanzender, betrunkener Menschen, weil es ein örtlicher Feiertag war. Er gab ihnen die Hand und erzählte, dass er nach Europa fahren würde, um Kampfpilot zu werden. Er hatte nur ein paar Tage Heimaturlaub bekommen, und sein Flug war schon gebucht. John war da. Sie umarmten sich. John versprach, ihm zu schreiben. Brüder, die Väter geworden waren. Die Sonne ging unter, das Dorf versank in einem Meer aus roten Schatten. Auch der Bruder, bei dem P in seiner Kindheit gewohnt hatte, war gekommen, saß zusammengesunken unter dem dunklen Glorienschein des Rauschs an einem Tisch. Er rief nach P, der ihn zunächst ignorierte, dann jedoch widerwillig zu ihm ging und ihm die Hand gab. Der Mann hielt seine Hand in der Art betrunkener Menschen fest, drückte sie lange, weigerte sich, sie wieder loszulassen. Er sagte, er sei stolz darauf, dass P endlich etwas aus seinem Leben gemacht habe, obwohl es in seiner Kindheit überhaupt nicht danach ausgesehen habe, weil P viel zu verwöhnt gewesen sei. P hätte dem Mann am liebsten ins Gesicht geschlagen. Er ging weg, setzte sich alleine unter die weit entfernten Bäume und lauschte der Musik, die aus einem batteriegetriebenen Kassettenrekorder strömte. Er spürte eine große Freiheit über das Gras und die Welt heranwehen wie Wind.

Man steht langsam auf, gähnt, zieht sich an. Man sitzt am Feuer und isst. Alles ist aus demselben Material: die Bäume, die Gesichter, die Flammen des Feuers, alles ist aus der gleichen stummen Materie, aus etwas, das wie Lehm oder nasser Sand ist. Eine Gruppe Flüchtlinge spielt jeden Tag Fußball, und manchmal bittet er sie, bei einer Mannschaft mitspielen zu dürfen. Er will dem Denken entgehen, dem Stillstand. Sie treten einen schlecht aufgepumpten Lederball über die endlose, staubende Erde.

Eines Abends demonstriert ein Mann, der von sich behauptet, Medizinmann zu sein, seine Fähigkeiten. Er tanzt im Licht des Feuers mit nacktem Oberkörper, hebt Skorpione aus einem Aluminiumeimer und hängt sie an seinen riesigen Unterarm, indem er sich ihre Stachel durch die Haut sticht. Er ist groß, sehr muskulös, erstaunlich jung. Selbst die Wachposten können sich nicht dagegen wehren, sich von seiner Darbietung verhexen zu lassen, sie stehen mit offenem Mund und weit aufgerissenen Augen ein wenig abseits. Der Junge, der von einem Wachsoldaten geschlagen wurde, trommelt auf einem leeren Karton.

»Er hat eine Salbe, die Gewehrkugeln stoppt«, haucht eine erregte Stimme in Ps Ohr. Er dreht sich mit halb geschlossenen Augen demonstrativ langsam und gleichgültig um. Es ist der alte Polizist, der hinter ihm steht, die Gesichtszüge des Mannes sind im Licht der Flammen zu einer grinsenden Maske verzerrt, er ist fast sexuell atemlos. »Man reibt sich mit ihr ein, und anschließend können die Kugeln einen nicht mehr treffen.« Die Skorpione krabbeln über den Arm des Medizinmannes, und als Nächstes zieht er eine lange, schwarze Schlange aus einem geflochtenen Korb. Sie schlängelt sich, reißt ihren Schlund auf und zischt. P leckt das Blättchen an, betrachtet die Bäume, die vor dem Sternenhimmel schwanken, im Lichtschein des Feuers scheinen sie zu tanzen, sich hochzuwerfen – ein Augenblick, er existiert, dann ist er fort. *Sobald die richtigen Ideen, die die fortschrittliche Klasse repräsentieren, von den Massen beherrscht werden, werden sie zur materiellen Gewalt, welche die Gesellschaft und die Welt umgestaltet.*

Der Hunger hält den Körper wach, auch wenn die Gedanken so müde sind, dass sie unbeweglich wie Steine in ihm liegen. Warum ist er nicht in Rom geblieben? Er wälzt sich in der heißen Nacht hin und her, sein Körper fühlt sich an wie ein Knäuel aus leeren Schläuchen und Säcken und fest gespannten Sehnen und immer dünneren Muskeln. Wie konnte er nur so dumm sein, nach Afrika zurückzukehren? Die Gedanken liegen in ihm, ohne sich zu rühren. Immer und immer wieder die gleichen Fragen, jene Fragen, die ihm auch alle anderen stellen, wenn er von seiner Reise erzählt. Warum, warum.

Die Regenzeit setzt ein, Wolkenbrüche klatschen auf die Blätter herab, Blitze zucken über den Himmel, die Donnerschläge bringen die Geräusche des Dschungels zum Verstummen.

Im Lager kursieren Gerüchte, legen sich über das Wispern des Regens. Es heißt, dass die Flüchtlinge in Kürze erneut verlegt werden, an einen weiteren, noch tiefer in der Wildnis gelegenen Ort. Es heißt, dass man sie zwingen werde, in wenigen

Wochen in Uganda einzumarschieren, obwohl sie keine militärische Ausbildung durchlaufen und keine Waffen bekommen haben. *Jawohl, wir sind Anhänger der Theorie von der Allmacht des revolutionären Krieges. Die Gewehre der Kommunistischen Partei Russlands haben den Sozialismus geschaffen. Wir wollen eine demokratische Republik schaffen.* Es heißt, dass Amins Kampfjets ein ähnliches Lager in der Nähe bombardiert haben. Unter den Flüchtlingen und ihren Bewachern breitet sich eine gestresste Stimmung aus, es bilden sich Gruppierungen, Schattierungen nach Religionszugehörigkeit, Ausbildung, Klasse, freundschaftlicher Verbundenheit. Das Ganze ist eine Art real gewordener Wahnsinn. Der Maisbrei ist klebrig, geschmacklos, es ist, als verspeiste man Lehm, verspeiste Vergessen, als verspeiste man einen Krieg. Die militärgrünen Zelte, in denen die Wachsoldaten wohnen, und die Betten im Schlafsaal und die kleinen roten und allgegenwärtigen Bücher sind alle aus derselben körnigen, unwirklichen Materie. *Und wenn man will, dass es keine Gewehre mehr geben soll, muss man das Gewehr in die Hand nehmen.* Die selbst gedrehten Zigaretten. Die Kleider, genäht aus Zeltbahnen. Der alte, halb zerfetzte Fußball. Der Medizinmann notiert sich die Namen derer, die seine Salbe zur Abwehr von Gewehrkugeln kaufen. Sie sollen bezahlen, wenn sie überlebt haben. P versucht dem Jüngling mit der Baseballkappe einige seiner italienischen Hemden zu verkaufen, weil ihm aufgefallen ist, dass der Junge richtige Zigaretten raucht, während alle anderen selbst angebauten Tabak verwenden, was bedeutet, dass er Kontakt zur Außenwelt haben muss, eventuell über einen Wachsoldaten, mit dem er sich angefreundet hat. Der Junge findet die Kleider jedoch zu groß und will sie nicht kaufen, und auf Ps Frage, woher er seine Zigaretten bekommt, antwortet er ausweichend.

Drei Monate nach seiner Ankunft im Lager wird P eines Nachmittags von einigen Männern umringt, die ihn bedrängen und vor ihm auf die Erde spucken. Ihre hageren Gesichter scheinen nur aus schlechten Zähnen und großen, weit aufgerissenen Augen zu bestehen.

»Kein Langi wird in Uganda überleben.«

»Nicht eine Minute.«

»Bildest du dir etwa ein, dass Okello große Stücke auf dich hält, nur weil du Pilot bist?«

Ein kaltes, blaues Regenlicht am Himmel. Einer der Männer fährt sich mit dem Zeigefinger über die Kehle. P stößt sie fort, sie tun das Gleiche mit ihm. »Sobald wir die Grenze überschritten haben, bist du tot, Pilot.«

»Obote hat uns gereicht. Nie wieder wird ein Langi über uns bestimmen.«

»Tot.«

»Du bist tot.« Als er davongeht und sich im Schlafsaal auf sein Bett setzt, lachen sie hinter seinem Rücken.

Außer an den Samstagen und Sonntagen werden die Männer inzwischen jeden Morgen durchgezählt. Der Ort verwandelt sich immer mehr in ein Gefängnis, ist immer weniger ein Flüchtlingslager. Die Wachsoldaten führen unangemeldete Inspektionen ihrer Schlafplätze durch, stochern mit ihren Gewehren in den Habseligkeiten, leeren den Inhalt ihrer Koffer auf den Fußboden aus. Sie suchen nach Museveni, packen die Flüchtlinge am Kragen, schütteln sie und wollen wissen, ob sie Museveni sind. Mittlerweile hat P erfahren, dass Museveni trotz der Tatsache, dass der Name wie ein Adjektiv benutzt wird, in Wahrheit ein Mann ist, der für Obotes Geheimdienst gearbeitet hat: Als Amin ein knappes Jahr zuvor die Macht ergriff, floh dieser Museveni nach Tansania und landete mit der

Zeit in einem Lager ähnlich jenem, in dem P sich aufhält, das in Morogoro im nördlichen Tansania lag. Dort begann er unverzüglich, gegen Okello zu agitieren, der dort Lagerkommandant war. Schließlich revoltierten Museveni und seine Anhänger, oder sie flohen – die Gerüchte sind in den Details vage und widersprüchlich, aber auf jeden Fall nahm Museveni, als er das Lager verließ, mehr als die Hälfte der Männer mit. Offensichtlich ist er ein Mann, der sich darauf versteht zu organisieren, zu überzeugen und zu lügen. Ein Politiker. Nach dieser für ihn so peinlichen Meuterei Musevenis verlegte Okello das Lager und die verbliebenen Männer an diesen Ort. P und die anderen, die aus dem Lager in der Nähe von Tabora geholt wurden, bildeten den Ersatz für die Männer, die mit Museveni geflohen waren.

P beginnt alleine Fußball zu spielen, im Morgengrauen, bevor die anderen wach sind. Er tritt den nachgebenden Ball über den schlammigen Platz, läuft hinterher, tritt ihn in die andere Richtung. Das Regenwasser spritzt auf. Er hat noch keinen klar formulierten Plan, nur ein Gefühl. Die Drohung der Männer, die geschworen haben, ihn zu töten, sobald sie nach Uganda kommen, hat seinen Gedanken an eine Flucht neues Leben eingehaucht. Der weißhaarige Polizist geht ihm seit neuestem aus dem Weg. In den Nächten liegt er immer häufiger wach und lauscht den Atemzügen der anderen. Wenn jemand aufwacht, flüstert er den möglichen Namen der betreffenden Person. Fragt, ob er auch nicht schlafen könne. So versucht er seine nächtlichen Aktivitäten wie ganz alltägliche Schlaflosigkeit aussehen zu lassen. In Wahrheit will er die Schlafmuster der anderen verinnerlichen und ermitteln, wie jeder Einzelne von ihnen klingt, wenn er kurz vor dem Aufwachen ist oder im Gegenteil tief und fest schläft, wann sie aufstehen, um auf die Latrine zu gehen, wie laut er sein darf, ohne sie zu wecken. Tage, diffus durch Regen und Müdigkeit. Das Regenwasser löst die überall herumliegenden Buchrücken zu einer rotschwarzen Pampe auf. Er tritt den Ball, läuft ihm hinterher. Er muss sich bewegen, muss diese Apathie und Schwäche bekämpfen, die seine Füße an der Erde, dem Morast, dem Lager festsaugen.

Eines Nachmittags, als die anderen das Abendessen vorbereiten, sitzt er alleine im Schlafsaal. Er hält seinen Pass in der Hand, betrachtet das Foto von sich und denkt, wie jung er darauf aussieht. Der Pass ist in Tansania nichts wert. Der Pass ist gefährlich. Er steckt ihn in die Innentasche der Pilotenjacke zurück, faltet die Jacke zusammen und legt sie ganz unten in einen der Koffer. Er massiert seine Schläfen. Er hat keine Chance, einen der Lastwagen zu stehlen. Die Wachposten würden es sofort hören, wenn der Motor anspringt. Er muss zu Fuß fliehen. Er muss laufen. Stimmen, die von draußen in den Schlafsaal treiben, erzählen ihm, dass das Essen fertig ist, aber er geht nicht hinaus, wirft nur einen Blick zur Tür. Er ist im Beschleunigungstunnel der Flucht. Auf dem Weg, der hinausführt. Er erkennt ihn wieder.

Von Tabora aus würde er mit dem Zug fast bis zur kenianischen Grenze fahren können, das weiß er, aber es ist zu weit, um von hier aus nach Tabora zu laufen. Die Fahrt mit dem Lastwagen von Tabora zu ihrem Lager hat mehrere Stunden gedauert, und allem Anschein nach sind sie mitten durch den Dschungel gefahren, zumindest im letzten Streckenabschnitt. Die Spuren sind inzwischen fast vollständig zugewachsen. Er hat keine Ahnung, in welche Richtung er laufen müsste. Er schaut zur Tür, auf das rote Licht, das sich durch die nassen Blätter Bahn bricht, das die rieselnden Wassertropfen so hart schimmern lässt wie flüssiges Metall. Die Grenze ist irgendwo weit draußen, und er muss zu ihr laufen. Er muss laufen. Wenn er aus diesem Lager fliehen will, muss er laufen, wie sie in Griechenland gelaufen sind, er muss mehrere Stunden täglich trainieren und laufen, bis er nichts anderes ist als ein Körper, der läuft. Seinen Körper lediglich auf dem kleinen, holprigen Fußballplatz zu trainieren, wird nicht reichen. Er geht durch den Morast und den Sprühregen zu Okellos Zelt, sagt dem Wachposten, der davor steht, dass er mit dem Major sprechen muss. Der Wachposten schiebt den Kopf ins Zelt und murmelt etwas Beleidigendes über P, aber Okello hat offenkundig Zeit, ihn zu empfangen. Er sitzt mit einem halb geleerten Teller Maisbrei vor sich an seinem Schreibtisch. Als P das Zelt betritt, schiebt er den Teller von sich und bittet P mit einer Geste, sich zu setzen. »Du hast bestimmt gedacht, dass ich hier jeden Abend Fleisch esse.« Er hustet in seine geballte Faust hinein. »Ich lebe unter den gleichen Bedingungen wie meine Untergebenen. Das habe ich immer getan. Was kann ich für dich tun?« P streckt sich, versucht den Soldaten in sich zurückzurufen und sich auf Okellos Spiel einzulassen, in dem die ausgemergelten Flüchtlinge Soldaten einer Armee sind. »Es heißt, dass die Zeit bald reif ist, die Grenze zu überschreiten.«

»Wer sagt das?«

»Die Männer im Lager reden darüber. Wenn das stimmt, muss ich trainieren. Ich bin nicht in Form.«

»Du kannst mit den anderen Fußball spielen.«

»Ich muss richtig trainieren.« P sieht Okello vielsagend an: *Ich benötige militärisches Training, ich bin Soldat. Die Männer da draußen sind völlig unmotiviert.*

»Was schlägst du vor?«

»Lauftraining. Meine Kondition ist schlechter als die eines Zivilisten.«

Okello grübelt über seine Worte nach, wirkt angesichts der Situation fast ein wenig nervös, schiebt einige Papiere hin und her und faltet eine Karte zusammen. Er lächelt, anfangs boshaft und verächtlich, aber nach einer Weile wächst sein Lächeln zu einem lauten, böllernden Lachen. Sein Bauch wippt unter dem grünen Hemd, er klatscht fest in die Hände, ein einziges Mal, als wollte er signalisieren, dass endlich, nach überlanger Diskussion, ein Beschluss gefasst worden ist. »Ausgezeichnet. Ich würde mir wünschen, mehr Männer da draußen hätten deine Disziplin. Ich werde die Wachsoldaten wissen lassen, dass du die Erlaubnis hast, eine Stunde am Tag außerhalb des Lagers zu trainieren.«

»Ich brauche drei Stunden.«

»Drei Stunden?« Okello dreht den Kopf. Eine neugierige, vogelartige Bewegung, die auf seiner massiven Leibesfülle grotesk aussieht. Er trommelt mit seinen kurzen Fingern auf dem Tisch. »Drei Stunden«, sagt er beeindruckt. »Ich werde es den Wachposten mitteilen.« P erhebt sich von seinem Stuhl.

»Setz dich.« Okellos Gesicht ist wie Granit, unverrückbar und von einer Schwere erfüllt, die P nicht versteht. Sie mustern einander schweigend, Okello flicht die Finger ineinander, wägt etwas ab. P nimmt wieder Platz. »Ich wusste, dass es zu einem Putsch kommen würde«, erklärt Okello. Der Regen ist inzwischen stärker geworden, sirupschwere Tropfen trommeln auf das Zeltdach. Okello schweigt erneut längere Zeit. »Man hatte mir versichert, dass meine Position nicht gefährdet sei, wenn ich mich neutral verhalten würde.« Okello saugt durch die Zähne Luft ein und hüstelt kurz. »Amin hat mich belogen. Man hat mich gezwungen, ins Exil zu gehen. Jetzt sitzt Obote in Daressalam und verspricht mir eine sichere Position, wenn ich ihm helfe, Amin zu stürzen. Verstehst du, was ich dir sagen will?« Okello deutet an, dass er beabsichtigt, Obote zu übergehen und selbst die Macht zu ergreifen, falls es der unausgebildeten Guerilla dieses Lagers gelingen sollte, Amin zu stürzen. P weiß nicht, welche Antwort von ihm erwartet wird. Er will nur dieses Zelt verlassen und diese politischen Intrigen hinter sich lassen, die wie ein viel zu lange währender Traum sind, als schwämme man unter Wasser, ohne an die Oberfläche gelangen zu können.

Schon am nächsten Morgen, noch bevor die anderen aufgewacht sind, verlässt er joggend das Lager. Zwei Wachposten, die ihn dabei beobachten, erteilen ihm widerwillig kopfnickend die Erlaubnis. Er läuft auf einem von zwei kaum erkennbaren Pfaden. Er hat die Sandalen angezogen, die er aus Rom mitgebracht hat, weil er sein einziges Paar Schuhe nicht verschleißen möchte. Es fällt ihm schwer, in diesem dichten, feuchten Wald zu laufen, er bleibt im Unterholz stecken, stolpert über nasse Wurzeln, schürft sich die Hände auf. Er läuft in nördliche Richtung. Die Strahlen der Morgensonne fallen schräg zwischen den Stämmen herein wie rote Speere. Als er gut zwei Stunden später zum Lager zurückkehrt, ist er schweißgebadet und völlig außer Atem, allerdings weniger vom Laufen als davon, sich durch den Dschungel zu kämpfen. Er lässt sich auf sein Bett fallen, bleibt lange liegen und hört das Blut in Hals und Händen hämmern. Nur eine Handvoll der anderen Flüchtlinge ist wach.

Am nächsten Morgen zwingt er sich, mit muskelkatersteifen Beinen zu laufen. Da er in seinen eigenen Fußspuren läuft, bleibt es ihm erspart, die schlimmsten Hindernisse auf dem Pfad fortzureißen. Er erhöht das Tempo und geht bis an seine Schmerzgrenze, die er allerdings viel zu schnell erreicht. Er läuft eine Stunde und kehrt anschließend langsam durch den Dschungel trottend zurück.

Ein Flüchtling versucht Feuer zu machen, und P bleibt vor dem jungen Mann stehen. »Wo bist du gewesen?«

Er atmet einige Male tief durch, ehe er antwortet: »Ich war laufen.« Der Flüchtling schüttelt den Kopf, beugt sich vor und bläst auf ein Stück Glut.

In der zweiten Woche seines Lauftrainings begleiten ihn zwei Männer, wenn er morgens aufbricht. Sie sagen nichts, schließen sich ihm bloß an, als er aus dem Lager läuft. Sie keuchen und husten, frierend und verschlafen, sie laufen ein paar Schritte hinter ihm. Zumindest einer von ihnen gehört der Fraktion im Lager an, die P wegen seiner Stammeszugehörigkeit und seiner militärischen Ausbildung verabscheut und gedroht hat, ihn zu töten. Vielleicht wollen sie kontrollieren, was er da draußen im Dschungel treibt. Vielleicht haben sie erkannt, dass sie für einen Krieg, der täglich näherzurücken scheint, wirklich trainieren sollten. P lässt es zu, dass sie ihm einige hundert Meter in den Dschungel hinein folgen, verschärft dann jedoch das Tempo. Die Männer rufen, dass er warten solle, aber er ignoriert sie. Ein paar hundert Meter weiter hört er sie nicht mehr.

Seine Füße treten knackende Zweige herunter, und wenn er sich von der nassen Erde abdrückt, gibt diese leicht nach, und sein Brustkorb hebt sich und sein Körper schießt nach vorn, nach oben.

Er holt Luft, keucht. Der Körper erinnert sich, dass er gelaufen ist und glücklich war, als er lief. Als er fortstrebte. Er atmet aus, drückt sich ab, der Körper hebt ab, er ist leicht.

Eines Abends streitet sich der Medizinmann mit einem kleinen Mann. P weiß nicht, worum es bei ihrem Konflikt geht, er hört nur, dass sich die beiden im Schlafsaal anbrüllen. Er selbst sitzt an die Holzwand des Gebäudes gelehnt und starrt die Wolkenfetzen an, die über den Bäumen dahinfliegen. Der Medizinmann droht seinem Widersacher, seine magischen Kräfte gegen ihn einzusetzen, woraufhin dieser verstummt und den Schlafsaal verlässt, ein gebückter Schatten, der sich zum Lagerfeuer und seinen Freunden entfernt.

Manchmal spielt er auch jetzt noch alleine Fußball, ehe er zu seiner Laufrunde aufbricht.

Als er eines Morgens vom Training zurückkehrt, begegnet er dem alten Polizisten, der ihn am Arm packt und hinter den Schlafsaal zieht. Der Polizist raucht nervös und wirft Blicke über die Schulter. Drei Flüchtlinge, die unter Obote Geheimpolizisten gewesen sind, haben die Schlösser von Ps Koffern aufgebrochen und sie durchwühlt. P stützt sich mit den Händen auf den Knien ab und atmet durch, er hat im letzten Monat kaum ein Wort mit dem Polizisten gewechselt und angenommen, dass der alte Mann enttäuscht war, weil er seine lächerliche Begeisterung für die Salbe des Medizinmannes nicht teilte, oder weil er möglicherweise ahnt, dass P fliehen will, und befürchtet, für seinen Komplizen gehalten zu werden. P raucht ein paar Züge von der Zigarette des Polizisten. Er geht zu Okellos Zelt.

Der Lagerkommandant, wie immer in Atemnot, blickt von den strategischen Bleistiftmarkierungen auf seiner großen, schmutzigen Karte auf, von seinen Plänen, als Präsident nach Kampala zurückzukehren. Seinem Labyrinth. Auf dem Tisch steht eine Blechtasse mit dampfendem Kaffee. »Wie läuft das Training?«

P erzählt, was passiert ist. Okello wedelt bloß beschwichtigend mit der Hand. »Die Männer sind nur besorgt.«

»Ich bin nicht gekommen, damit du sie bestrafst. Ich möchte lediglich, dass du das ganze Lager zusammentrommelst. Ich möchte allen zeigen, was in meinen Koffern ist.«

»Ist das wirklich nötig?« Okello seufzt. P besteht darauf; er hat die Kleider aus Europa niemandem zeigen wollen, weil sie in Afrika sein einziges Kapital sind, aber nun befürchtet er, dass die Leute im Lager sich einbilden, dass er etwas weitaus Schlimmeres als Kleider vor ihnen verbirgt, und möchte allen Spekulationen die Luft aus den Segeln nehmen. Okello erhebt sich mühsam von seinem Stuhl. Er geleitet P aus dem Zelt. Röchelnd sagt er etwas zu einem Wachposten, der daraufhin im Morgennebel davongeht und zwei Männer hochreißt, die am Feuer sitzen, und ihnen zuruft, dass sich die anderen Flüchtlinge versammeln und aufstellen sollen. Eine große Gruppe steht schließlich im Schlafsaal, und P holt seine beiden Koffer. Die Schlösser sind aufgebrochen worden. Er sagt nichts. Viele Gesichter um ihn herum sind eifrig und voller Neugier, und P erkennt, dass im Lager über ihn geredet worden ist, über ihn und seine Koffer, die er geheim zu halten versucht hat, über sein Lauftraining und den Stamm, zu dem er gehört. Er wirft seine Kleider auf den Boden.

»Das sind Kleider.« Er ruft es und will, dass seine Stimme kraftvoll ist, damit ihn jeder in der Menschenmenge hört, aber sein Ausruf kommt ihm lächerlich und theatralisch vor. Irgendjemand lacht. Er atmet stoßweise durch den Mund, dreht den einen Koffer auf den Kopf, schüttelt ihn, leert die letzten Kleidungsstücke auf einen Haufen aus. »Seid ihr jetzt zufrieden?«

»Was ist das da?« Der junge Flüchtling, der gekaufte Zigaretten raucht, zeigt auf einen kleinen Kassettenrekorder, der noch im zweiten Koffer liegt. P hebt den Apparat auf, er hat ihn eingepackt, als er an jenem windigen Septembermorgen vor fast einem Jahr aus Griechenland fortging. Eine Kassette mit Harry Belafonte ist eingelegt, er reicht das Gerät gereizt dem Jungen. Die Batterien sind fast leer, als der Junge auf Play drückt, werden nur wenige Töne von *Jamaica farewell* abgespielt. P ist nach dem Laufen immer noch in Schweiß gebadet und wischt sich das Gesicht mit dem Unterarm ab. Die beiden Männer, die P bei seinem Lauftraining gefolgt sind, haben ein wenig abseits gestanden und das Spektakel zusammen mit den übrigen Flüchtlingen betrachtet, die ihm mit dem Tod gedroht haben. Nun tritt einer von ihnen vor und entreißt dem Jungen den Kassettenrekorder.

»Kameraden!« Er hält den Kassettenrekorder hoch. »Dieser Rekorder lässt sich problemlos zu einem Funkgerät umbauen!« P stößt dem Mann gegen die Brust, reißt ihm das Gerät aus der Hand und versucht das Plastikgehäuse auseinanderzubiegen. Ein Raunen geht durch die Gruppe, und für einen Moment sieht es so aus, als wollte der Mann nun wiederum ihn stoßen. Ps Finger sind zu schwach, er zieht und zerrt an dem Rekorder, aber es gelingt ihm nicht, das Plastikgehäuse aufzubrechen. Er verspürt einen Wirbel, der sich um sein Bewusstsein schließt, er würde die Männer am liebsten erwürgen oder einfach nur wahllos um sich treten und schlagen. Stattdessen wirft er das Gerät mit so viel Wucht auf die Erde, dass es schließlich zerbricht. Der Mann, der behauptet hat, ein solcher Kassettenrekorder könne zu einem Funkgerät umfunktioniert werden, stochert mit dem Schuh in den Einzelteilen und will noch etwas sagen, aber in dem Raum ist etwas erloschen. P sammelt schweigend und sorgfältig alle Plastik- und Metallteile auf, verlässt den Schlafsaal und wirft sie in die Latrine. Als er zu seinem Bett zurückkehrt, sind die anderen fort. Er legt sich hin. Er hört sein Herz pochen, dumpf und stark.

Blutgeschmack im Mund, das Erdreich rutscht unter den Sandalen weg. Er läuft. Er wird laufen, bis er zusammenbricht. Er bleibt stehen. Warum ist er stehen geblieben? Er steht in dem Licht, das durch die Laubkronen gefiltert wird, und lauscht seinen Atemzügen, den Geräuschen des Dschungels. Er dachte, er hätte etwas gehört. Ein Pfeifen. Er wartet. Da ist es wieder. Ein langgezogenes Pfeifen. Langsam geht er auf das Geräusch zu, geradewegs ins Unterholz hinein. Kurz darauf hört er wieder den Ton, diesmal jedoch wesentlich schwächer. Er hält inne, steht still, strengt sein Gehör an. Er hört das leise Knacken, als der Erdboden unter seinem Körpergewicht nachgibt. Blätter kreiseln aus den Bäumen herab. Er wartet. Irgendwoher kennt er dieses wehmütige, pfeifende Geräusch, kann es aber nicht einordnen. Der Ton wiederholt sich. Diesmal ist er kaum noch zu hören. Er sprintet los, klettert über umgestürzte Bäume, springt über dicke Wurzeln, läuft, so schnell er kann, auf das Geräusch zu. Die Dampfpfeife einer Lokomotive. Er gibt auf, sackt, die Arme auf den Oberschenkeln, zusammen und starrt in die undurchdringliche Vegetation vor sich. Er hat eine Dampfpfeife gehört.

Tage vergehen. Seine Gedanken kreisen nur noch um das Training, und er läuft jeden Tag, immer schneller, immer weiter in den Dschungel hinein. Er hat einen neuen Pfad ausgetreten, der von dem bereits vorhandenen abzweigt. Er erstreckt sich mehrere Kilometer durch die dichte Vegetation. Vielleicht hat er sich bis zu zwanzig Kilometer vom Lager entfernt, er hat keine Ahnung. Er weiß, dass es irgendwo da draußen eine Bahntrasse gibt. Er besitzt keine Uhr, ist aber von klein auf darin geübt, die Zeit anhand des Sonnenstands über dem Horizont zu messen. Nach anderthalb Stunden kehrt er stets ins Lager zurück. Er darf keinen Verdacht erregen. Um ihn herum geht das Lagerleben mit Konflikten, Mahlzeiten, bei denen Gerüchte kursieren, die der Tristesse und Angst entsprungen sind, und Fußballspielen am Nachmittag weiter. Eine neue Gruppe Ugander trifft ein. Zunächst scheinen sie ebenfalls Flüchtlinge zu sein, aber Okello stattet sie mit Waffen und abgetragenen grünen Uniformen aus: eine Verstärkung der Wachmannschaft. Der Mann, der behauptete, Ps Kassettenrekorder könne zu einem Funkgerät umgebaut werden, hält eines Tages vor einer kleinen Gruppe Flüchtlinge eine Rede. Er hat ein Exemplar von Maos kleinem roten Buch in der Hand und droht damit, während er mit eintöniger Stimme predigt: »Die Atombombe ist ein Papiertiger, den der Feind benutzt, um uns Angst zu machen. Wir sind ohne Furcht. Wir sind Maoisten. Eine Revolution ist kein Teekränzchen oder wie das Schreiben eines Buchs. Das Volk und nur das Volk ist die motivierende Kraft bei der Gestaltung der Weltgeschichte!«

An den Nachmittagen, unmittelbar vor Einbruch der Dämmerung, wenn die Sonnenstrahlen fast horizontal die Stämme der Bäume treffen, ist ein vergoldetes Licht in der Welt, das P an früher erinnert, als er aus der Schule heimgekommen war, die Ziege der Familie gemolken, gekocht und alle anderen Arbeiten im Haushalt erledigt hatte und eine halbe Stunde lang frei war, bis sein Bruder kam. Ein Licht, das ihn an diese Freiheit erinnert.

Die Regenzeit ist rasch vorübergegangen, wieder ist ein Jahr verstrichen. Er liegt nachts wach, hört die anderen Körper atmen und sich im Schlaf bewegen.

Ein weiteres knappes Dutzend Männer trifft eines frühen Morgens im Lager ein. Diesmal handelt es sich wirklich um neue Flüchtlinge. Drei von ihnen sind Deserteure, die direkt aus Uganda kommen. Sie erzählen, dass Amin mittlerweile eine Hetzkampagne gegen die im Lande ansässigen Inder und Pakistaner betreibt. Er hält lange Reden im Radio und droht, ihnen ihr Eigentum zu nehmen und es den schwarzen Afrikanern zu geben, er nennt sie Parasiten und Blutsauger. Bei dieser Erzählung nicken viele Männer bedächtig und widerwillig: Sie stimmen Amin zu.

Der Rhythmus seiner trampelnden Füße, das Geräusch von Zweigen, die unter den Sandalen brechen. P blickt zwischen den großen Palmblättern hoch, sieht die Sonne blinken, Silberlinien, die herabfallen, sozusagen sachte in seine Augen hinabwachsen. Die Ranken und Blätter in der sonst so dichten Mauer aus Vegetation treten gleichsam aus sich selbst hervor, ausgeschnitten aus Licht. Er hat den Rand des Dschungels erreicht.

Eine Eisenbahntrasse führt in einer langgezogenen Kurve von Südwesten nach Norden. Die Savanne wird von Sträuchern und Bäumen durchbrochen. Als P an den Gleisen entlanggeht, fließt sein Schatten vor ihm im hohen Gras. Knapp zwanzig Minuten später sieht er ein Dorf. Er steht am Waldrand, starrt das kleine Bahnhofsgebäude mit seinem Bahnsteig an, hingeworfen unter den weiten Vormittagshimmel. Er sieht eine Gruppe von Kindern auf dem Weg zur Schule, sie tauchen zwischen zwei Backsteinhäusern auf, er hört ihre hellen Stimmen. Er sieht Frauen, die Eimer voller Wasser auf ihren Köpfen tragen. Ladenschilder, Türen, die aufgeschlagen und wieder geschlossen werden. Sonnenreflexe im Rückspiegel eines Lastwagens, der über die Hauptstraße des Dorfes fährt. Er ist verzaubert. Dieses alltägliche Leben ereignet sich, wenn er läuft, eine gute Stunde vom Lager entfernt. Er wirft einen Blick auf die Sonne schräg hinter ihm. Er hat keine Zeit stehen zu bleiben. Er hastet, so schnell er kann, an den Eisenbahngleisen entlang zurück. Er biegt in den Dschungel ab, rennt zu seinen Fußspuren: Es würde schon reichen, dass jemand misstrauisch wird und dem Pfad folgt, den er ausgetrampelt hat, um die anderen begreifen zu lassen, was er da eigentlich treibt. Wenn er Luft in seine Lunge einsaugt, hat er jedes Mal das Gefühl, gleich Blut zu erbrechen.

Er bricht vor dem Schlafsaal zusammen, liegt auf dem Rücken und starrt in den wolkenlosen Himmel hinauf. Langsam gleitend ziehen Vögel über ihn hinweg.

Als er am nächsten Tag im Morgengrauen aufbricht, zieht er unter seinem kratzenden, blauen Pullover, den er immer anzieht, wenn es draußen kühl ist, eines seiner italienischen Hemden an. Sobald er zweihundert Meter in den Dschungel gekommen ist, zieht er Hemd und Pullover aus, nimmt das Hemd in die Hand und streift sich den nach Schweiß riechenden, schmutzigen Pullover wieder über. Er steht still. Das Hemd flattert im kühlen Morgenwind. Es ist aus Seide und hat ein Muster aus roten und schwarzen Blumen. Er hat das Gefühl, das Blut durch die Adern an den Schläfen strömen zu hören. Vielleicht liegt es auch nur an seinem verletzten Ohr. Er befürchtet, dass die Kenianer wie Sambia vorhaben, junge ugandische Männer zu den Guerillalagern in Tansania zu deportieren, denn die Geschichten, die er im vorigen Lager hörte, deuteten dies an. Trotzdem will er nach Nairobi. Dort wird er versuchen die italienische Botschaft zu bewegen, sich mit seiner Kusine in Rom in Verbindung zu setzen. Nairobi.

Eine gute Stunde später marschiert er atemlos an den Bahngleisen entlang, danach zwischen die Backstein-, Holz- und Blechwände des Dorfs, springt auf den Bahnsteig und versucht sich zu benehmen, als würde er trotz seiner abgerissenen Kleidung und seines ausgemergelten Gesichts, das nach dem Laufen noch dazu schweißnass ist, in diesen Ort hineingehören. Er sucht nach einem Geschäft, das Interesse haben könnte, ein gebrauchtes Hemd zu kaufen. Eine Gruppe von Schulkindern, die eine staubige Straße überquert, bleibt stehen und mustert ihn, sie sprechen eine Stammessprache, einer der Jungen zeigt auf seinen Kopf. Er bürstet seine Haare ab, trockene Blätter fallen aus seinen Locken, die Kinder lachen. Er betritt ein kleines Geschäft, das Stoff und Schmuck verkauft. Er fragt den Mann, der seinen Laden offenbar gerade erst geöffnet hat, was er für das Hemd zahlen würde, sie feilschen eine Weile, und am Ende bekommt er zwei kenianische Schilling, einen Bruchteil von dem, was das Hemd gekostet hat, als seine Kusine es ihm in Rom kaufte, aber es ist Geld, das er für seine Flucht benutzen kann. Als er zurückläuft, klimpern die Münzen in seiner Tasche. Er hat noch mehr Hemden. Der Wind bläst ihm ins Gesicht, heiße Tränen ziehen Streifen auf seinen Wangen. Anfangs versucht er noch, trotzdem weiterzulaufen, aber schließlich muss er stehen bleiben und über die Knie gebeugt schluchzen und sich mit dem Arm mehrfach über das Gesicht fahren und spüren, wie das Große und Unergründliche in den Tiefen seines Inneren zur Oberfläche aufsteigt und über den Tiefen wendet. Dass er niemals und nirgendwo verweilen wird, niemals, niemals. Dass er sein Heim eines Nachts verließ, als er ein Junge war. Dass er es mit jedem Knochen in seinem Leib vermisst. Er richtet sich wieder auf.

In den folgenden Wochen verkauft er nach und nach seine Hemden. Die meisten erwirbt der Mann in dem Geschäft, aber manchmal verkauft er auch eins an irgendeinen Landarbeiter, der auf dem Weg zu den Feldern rund um das Dorf ist, oder an Frauen, denen er auf der kleinen Hauptstraße der Ortschaft begegnet und die ihm die exklusiven Kleidungsstücke für ihre Ehemänner oder erwachsenen Söhne abkaufen. Er verschleudert die Sachen zu einem Spottpreis, entscheidend ist, dass das Geschäft schnell über die Bühne geht. Für einige Wochen gegen Ende der Regenzeit ist er in dem kleinen Dorf eine rätselhafte, wiederholt auftauchende Gestalt. Dem Mann im Geschäft und anderen, die ihn fragen, erzählt er, er lebe mit seiner Familie ein paar Kilometer weiter nördlich und sei erst kürzlich aus dem Süden Kenias dorthin gezogen. Es kommt vor, dass er in ein Gespräch verwickelt wird und Geschichten aus seinem erfundenen Leben erzählt, Geschichten von Verwandten, die es nicht gibt, von Orten, an denen er nie gewesen ist. Er bleibt stehen, den Blick in die Ferne gerichtet, wo das wogende Gras dem Himmel begegnet. Er fragt sich, woher das alles kommt. Diese ganze Existenz aus dem Nichts. Wenn er an den Wachposten vorbeiläuft, hat er Angst, dass sie den bunten Hemdkragen sehen, der unter seinem kratzenden, blauen Pullover hervorlugt, und ihn fragen, warum er zwei Sachen übereinander trägt, und er befürchtet ständig, dass jemand nochmals seine Koffer durchwühlt und dabei merkt, dass Kleider aus ihnen verschwunden sind, und er in den verbliebenen eingewickelt eine Handvoll Münzen versteckt. Nach einer Weile sind seine Koffer so leicht geworden, dass er anfängt, die verkauften Kleider durch Steine zu ersetzen. Abends zählt er sein Geld, sitzt mit den Münzen in der Hand in seinem Bett und dreht sie behutsam zwischen den Fingern, eine nach der anderen, damit sie keine Geräusche von sich geben. Er denkt, dass diese kleinen, schmutzigen Messingmünzen aus Angst sind, dass ihr Material die Angst ist, und steckt die Münzen ganz unten in den Koffer. Als er eines Morgens im Dorf unterwegs ist, beschließt er, sich zu erkundigen, wann der Zug hält, wohin er fährt, was eine Fahrkarte kostet. Er spricht mit einer älteren Frau und gibt sich unverbindlich neugierig.

»Fährt der Zug, der hier vorbeikommt, nach Kenia?«

Die Frau trägt einen leeren Korb aus geflochtenen Zweigen, sie stemmt ihn in die Hüfte.

»Der Zug geht nach Mwanza.«

»Mwanza?« P versucht zu verbergen, dass er von seinem Lauf durch den Dschungel noch außer Atem ist, und atmet langsam durch den Mund.

»Die Hafenstadt Mwanza am Viktoriasee.«

»Ich kenne sie. Ich habe mich nur gewundert, dass der Zug so weit nach Norden fährt.«

»Wenn Sie nach Kenia wollen, müssen Sie in Mwanza den Bus nach Musoma nehmen. Dort können Sie die Grenze zu Fuß überqueren oder einen anderen Bus nehmen.«

Die Frau rückt den Korb an ihrer Hüfte zurecht. P sieht, dass auf seinem Boden eine Sichel liegt.

»Sie arbeiten auf dem Feld?« Sie nickt. P hat ein schwarzes Seidenhemd in der Hand. Er hält es ihr hin und fragt, ob sie es ihm für vier Schilling abkaufen möchte, aber sie kann es sich nicht leisten.

»Was kostet eine Fahrkarte nach Mwanza?«

»Fünfundzwanzig Schilling. Sind Sie auf dem Weg nach Hause?«

Er hebt den Blick, schaut direkt in die Sonne hinter ihr. »Vielleicht.«

»Der Zug geht immer mittwochs, freitags und samstags.« Die Frau zeigt auf das Hemd. »Gleich hinter der Grenze liegt Kisumu. Da gibt es einen Markt.«

Er hat die Knie an den Körper angezogen, sitzt an einem heißen, dampfend feuchten Abend auf seinem Bett. Er denkt an damals zurück, als er in der Villa seiner Kusine in Rom stand und auswählte, welche Hemden er auf seine Reise nach Lusaka mitnehmen sollte. Er hat sein Geld ein letztes Mal gezählt. Er hat genug zusammen, um sich eine Fahrkarte kaufen zu können, und wird sogar noch ein wenig übrig behalten, außerdem hat er ein Jackett und drei Hemden, die er in Kisumu verkaufen wird, um die Busfahrt nach Nairobi bezahlen zu können. Er beschließt, mit seiner Flucht bis zur Nacht von Freitag auf Samstag zu warten, weil an den Wochenenden ihre Anwesenheit nicht überprüft wird.

Unterhalb der Woche versucht er sich wie immer zu verhalten. Er trainiert nur zwei Mal, Dienstag und Donnerstag, weil er panische Angst hat, dass jemand seine Koffer durchwühlen und sein Geld stehlen könnte. An den Abenden, auf dem Weg zum Schlafsaal, schaut er zum Mond hinauf. Es ist fast Neumond. Er denkt, dass er sich die Dunkelheit für seine Flucht zunutze machen wird. Er sitzt am Feuer und betrachtet die anderen Flüchtlinge mit einem düsteren, verweilenden Blick. Sie löffeln ihren Brei, ihre Gesichter treten im Licht der Flammen hervor, rußig und ausgemergelt wie Schädel, die aus einer Feuerstelle gehoben wurden. Er isst seinen Brei. Alles erscheint ihm ewig, entlegen, wie ein Traum. Die Nacht. Er liegt in der Dunkelheit, das Blut schießt durch seinen Kopf. Er hört, dass die Atemzüge der anderen länger und schwerer werden und sie in ihre Träume versinken. Seine wichtigsten Dokumente hat er in die Innentasche der griechischen Pilotenjacke gesteckt und sie genau wie seine Schuhe, die er seit seiner Abreise aus Rom kaum benutzt hat, und einige andere Habseligkeiten in ein zerrissenes Laken geschnürt. Er liegt auf der Seite und starrt mit aufgerissenen Augen zur offenen Tür des Schlafsaals. Jetzt ist der Moment gekommen, den er so oder ähnlich geplant hat, seit er in jenem Keller in Daressalam saß. Er würde sich gerne von diesen Menschen und diesem Ort verabschieden, aber es gibt nichts zu sagen, nichts zu tun. Er muss nur noch eine Weile liegen bleiben und in die Dunkelheit starren. Als er sicher ist, dass alle schlafen, ordnet er die Kleider, die er zurücklassen will, so auf seinem Bett an, dass es aussieht, als läge dort ein Mensch. Er nimmt seine Sandalen in die Hand und setzt seine nackten Füße auf den kalten Erdfußboden.

Der Neumond ist eine strahlende, weiße Wimper, hochgeworfen in den Regen der Sterne. Um niemandem zu begegnen, nimmt er einen anderen Weg aus dem Lager als sonst. Er schleicht hinter die Latrinen, hat sich das zusammengebundene Laken über die Schulter geworfen, unter den Füßen rascheln Blätter. Er wirft einen letzten Blick über die Schulter und läuft los.

Er sinkt senkrecht in die Erde ein. Seine Hände scharren im Gras, sein Bein sinkt tiefer, immer tiefer. Ein stechender Schmerz blitzt durch das Knie, und im ersten Moment glaubt er, dass ihn unter der Erde etwas beißt. Er verspürt eine strömende Panik, sie fließt wie dichter, schwarzer Rauch in ihm, und er kämpft darum, sich hochzuziehen, aber es gelingt ihm nicht. Er reißt Grassoden los, er schert sich nicht um den Schmerz im Knie und zieht das Bein an.

Sein Fuß baumelt unter der Erde in der Luft. Das Bein ist bis zur Leiste eingesunken. Er sitzt fest. Er muss in eine alte Latrine getreten sein, die vom Unterholz überwuchert worden ist. Er versucht, sich weiter hochzuziehen, schafft es aber nicht. Er sitzt fest.

Noch ein Jahr, in dem es Frühling wird. Immer hellere Himmel über Hisingen. Immer hellere Himmel. Vater kehrt ins Krankenhaus zurück, kommt dann wieder nach Hause. Der neue Lungenflügel wird vom Körper abgestoßen. Ich ziehe um. Ich verlasse meine Wohnung im Stadtteil Hisingen, wo ich unter den Einsamen, den Alkoholikern, die in den Nächten grölen, den Volvo-Arbeitern und Nachbarn gelebt habe, die in den Knast gehen und wieder herauskommen, den Studenten aus China, die zu dritt in Einzimmerwohnungen hausen. Ich bekam das Angebot, die Wohnung eines Freunds auf der Festlandseite zu mieten.

»Ich floh von den Feldern des Todes. Das war mein Leben«, sagt Vater mit einer Stimme, die fast ein Flüstern ist. Eine Hand liegt in seinen ungekämmten, verfilzten Haaren, der Oberkörper ist nackt, er sitzt in seinem Bett, an die nikotingelbe Wand gelehnt. Es ist eine Nacht, in der er mich gebeten hat, in seiner Wohnung zu schlafen, weil er glaubt, dass er in den nächsten Tagen sterben wird. Er hustet. Ich sitze auf einer Matratze, die auf dem Fußboden liegt. Er ist aufgewacht, weil eine Lampe an war und ich gelesen und geschrieben habe. Man hört den Verkehr, Lastwagen, die auf dem Weg zum oder vom Hafen vorbeifahren, der endlose Transport von Dingen, Waren, vielleicht auch dem einen oder anderen Menschen. Ich habe diesen Verkehr mehr als zehn Jahre gehört, er zwanzig, dreißig. Er beugt sich vor, bleibt lange so sitzen und holt Luft. Er ist ein Ufer in weiter Ferne, eine abgerissene Brücke, einstürzende Felsen.

»Wir sind Überlebenskünstler«, sagt er. Die Leselampe, die ihn geweckt hat, steht auf dem Fußboden, und als ich mich aufsetze, bewegt sich mein Schatten über sein Gesicht.

Ich gehe über den Innenhof. Um die Häuser hier, in dieser Gegend, in der ich von nun an wohnen werde, stehen Kirschbäume, sie schwanken im Wind, ein Sturm aus rosa Flocken weht vor meinen Füßen. Ich werde versuchen, hier zu leben, denke ich, ich werde versuchen, diesen Platz zu einem Zuhause zu machen. Ich schaue zu den Fenstern hoch und denke, dass Vaters Wohnung in Hisingen erneut leer steht. Er ist wieder im Krankenhaus. Aus Mai wird Juni, nachts träume ich, dass ich durch Sand laufe, der unter meinen Füßen wegbricht.

Es gefällt mir, dass meine neue Wohnung noch fast leer ist, dass meine Sachen nicht hier sind. Es kommt mir vor, als gäbe es meine Vergangenheit nicht mehr.

Ich lese noch einmal Fanon, und ich lese noch einmal Vaters Text über sein Leben, einen Text, der mich mit seiner Sehnsucht, das Leben verständlich zu machen, verletzt. Ich sehe dieses unverständliche Ding, das unser Leben ist, ich lese, was Vater über den Augenblick schreibt, in dem ihm der Bäcker sagte, dass er ihm nicht helfen könne. *Ich wurde wirklich traurig und versuchte nicht zu weinen, aber das gelang mir nicht. Um die Tränen zu verbergen, tat ich so, als hätte ich etwas im Auge, und ging fort, um es herauszuholen.* Oder über den Staatssekretär, der einst so übergewichtig gewesen war, dass er die Latrine nicht benutzen konnte. *Er erkannte wie ich, dass die modernen*

Bequemlichkeiten auch Nachteile hatten, und schwor, sich selbst nie mehr zu gestatten, sich so fett zu essen. Ich hegte den Verdacht, dass er diesen Schwur nicht halten würde, denn ich selbst hatte mein Versprechen, immer mit Ohrstöpseln zu schlafen, damit kein Insekt hineinkriechen konnte, auch schon wieder vergessen.

Ich lese über Aerodynamik, über die Auftriebskraft bei Vögeln und Flugzeugen.

Ende Juli sitze ich an seinem Krankenhausbett und berühre vorsichtig seine Hand. Seine Haare sind weiß wie Wolkenbäusche, weiß wie der Tod, weiß wie das Vergessen. Die Jalousien im Zimmer sind heruntergelassen, Lichtstreifen fallen auf die Wände.

»Wir wissen, dass der Tod nicht das Ende ist«, sagt er und wendet mir langsam das Gesicht zu. »Sei nicht traurig. Das ist das Leben.« Ich drücke seine Hand, sanft, stehe auf und verlasse ihn.

Ich sitze auf einer Parkbank, rauche und sehe über den Oberleitungen der Straßenbahnen und den Schornsteinen den Abend nahen. Es ist viele Jahre her, dass ich ihn zum ersten Mal richtig krank sah. Eines Nachmittags klingelte es an der Tür, und er stand an die Wand im Flur gelehnt davor und bekam kaum noch Luft. Er hatte schon seit ein paar Wochen Blut gehustet, und nun hatte sich sein Zustand rapide verschlechtert, so dass er mich bat, ihn ins Krankenhaus zu begleiten. Er wollte keinen Krankenwagen rufen, weil das ein paar hundert Kronen zusätzlich kostete, und ich hatte damals auch kein Geld, so dass wir den Bus nahmen. Wir saßen schweigend nebeneinander, fuhren durch den wirbelnden Sommertag. Die Stadt bewegte sich in den Fenstern. Als wir am Wieselgrensplatz vorbeifuhren, geriet er in Atemnot und bat mich, doch einen Krankenwagen zu rufen, und wir stiegen aus, setzten uns auf eine Bank und warteten. Sein Atem ging röchelnd, das Ganze war ein Alptraum, ich saß neben ihm, ich legte eine Hand auf seine Schulter. Er saß in einer speziellen Weise vorgebeugt. Er war sehr kurzatmig, und es kam einem vor, als wäre er ein ganzes Leben lang gelaufen. Ich blase Rauch aus und schaue in die Blätter über meinem Kopf hinauf, im roten Licht der Straßenlaternen sehen sie aus wie glühende Folie. *Ich entdeckte, dass die meisten die Sicherheit in Europa gewählt hätten. Ich schämte mich dafür, dass ich so naiv gewesen war zu glauben, eine Zukunft in Afrika zu haben. Und so vermied ich es, die Details meiner Fluchtgeschichte zu erzählen.* Er lief hierher, zu diesem Land. Autos ziehen vorbei, ziehen vorbei, ziehen vorbei, ihre roten Rücklichter werden in den Abend gedehnt.

Es gibt die Vorstellung, dass jedes Phänomen seinen eigenen Engel hat: dass der Krieg seinen Engel habe, die Liebe ihren. Der Engel der Geschichte ist laut Walter Benjamin ein Engel, der mit offen stehendem Mund auf etwas starrt, was außerhalb des Bildes ist, etwas, wovor er angsterfüllt zurückweicht. Er ist der Vergangenheit zugewandt, und wo wir eine Kette von Begebenheiten sehen, wo wir die Geschichte sehen, sieht er eine einzige Katastrophe, die Trümmer vor seinen Füßen zu einem Haufen stapelt, der höher und höher in den Himmel wächst. Er möchte verweilen und die Toten wecken. Er möchte das Zerschlagene wieder zusammenfügen. Aber ein Sturm weht vom Paradiese her und hat sich in seinen Flügeln verfangen und hindert ihn daran, sie zu schließen, und zwingt ihn, unaufhaltsam in die Zukunft zurückzuweichen. Dieser Sturm, schreibt Benjamin, ist der Fortschritt.

Ich radele neben dem Verkehr her. Die Kette rasselt. Die schon heller werdende Sommernacht. Ich will nicht aus der Geschichte kommen, sondern aus dem Leben. Ich will, dass der Wind uns aus dem Nirgendwo mitbringt und wir zu einem anderen Nirgendwo unterwegs sind. Irgendwo. Dass es dazwischen alles gibt. Was es gibt. Die Körper, die jucken und schmerzen und sich sehnen und lachen und sterben. Dass wir für all das, was vor uns kam, nicht verantwortlich sind. Dass das Heimatland eine Lüge ist. Dass wir aus dem Gerade-Erst kommen, dass unser Heimatland die Stunden, die Sekunden, die Augenblicke sind, dass es keinen Ursprung gibt, dass die Geschichte nicht sagen kann, wer wir sind. Ich spüre den Wind, der das Gesicht erfrischt, Betrunkene torkeln aus den Nachtclubs und purzeln auf die Bürgersteige, und ich komme bloß aus all diesen Erzählungen, die meinen Ursprung zu ermitteln versuchen. Es gibt keine Geschichte. Ich komme nur von hier. Aus diesem Sommer, in dem mein Vater im Sterben licgt.

Ein paar Männer spielen Fußball, der Ball springt vom Platz in das verdorrte Laub. Der junge Flüchtling mit der Kappe läuft los und holt ihn. Er sitzt mit dem Rücken an einen Baum gelehnt und beobachtet die Männer, die miteinander ringen und sich gegenseitig und den Ball treten. Trockene Erde steigt in Tromben über dem Fußballfeld auf. Es kursiert das Gerücht, dass die Invasion, bei der die Flüchtlinge mit Waffen ausgerüstet und gezwungen werden sollen, in Uganda einzumarschieren, in wenigen Tagen beginnen soll. Im Lager hat sich Untergangsstimmung ausgebreitet. Man erzählt sich, dass Idi Amin Kampfjets geschickt und das Lager vor den Toren Taboras bombardiert hat und jeden Moment auch diesen Ort bombardieren wird. Tag für Tag stehen die Männer Schlange, um dem Medizinmann seine magische Salbe abzukaufen. P steht mit Hilfe zweier selbst gebauter Krücken auf und humpelt zum Schlafsaal. Er sitzt auf seinem Bett und tastet sein Knie ab, es ist immer noch stark geschwollen. Seit seiner missglückten Flucht sind einige Wochen vergangen. Wenn er sich das Knie nicht schon ausgerenkt hatte, als er in die Latrine fiel, passierte es, als es ihm schließlich doch gelang, das Bein aus dem Loch zu ziehen. Als Erklärung für seine Verletzung hat er angegeben, sich wehgetan zu haben, als er am Morgen alleine Fußball spielte; er wollte das Lauftraining nicht als Entschuldigung vorbringen, weil er fürchtete, so zu enthüllen, wie sehr er sich im Dschungel verausgabt. Es gibt keinen Arzt im Lager, und sie können ihn natürlich auch nicht zu einem Doktor bringen, so dass er das Knie eigenhändig mit Teilen eines alten, zertrümmerten Betts geschient hat, die in einer Ecke lagen und darauf warteten, Brennholz zu werden.

Er denkt an seine Flugreise nach Griechenland. Vier Jahre ist das nun fast her, sie nahmen einen Linienflug. Er schaute durch das Glas auf die höher steigende Sonne. Als wäre der Himmel aus Bronze geschlagen worden. Er fühlte sich wie ein Gott. Ein Vogelgott. Er erinnert sich, dass er mit den drei Ugandern, die auf der Akademie in seine Klasse gehen sollten, aus dem Flugzeug stieg. Er fühlte sich innerlich leicht, er lächelte, als er mit den anderen über das Rollfeld ging. Er wälzt sich in dem harten Holzbett herum. Er tastet sein Ohr ab, bohrt ein wenig darin. Er hört immer noch schlecht, so wird es wohl bleiben. Er wackelt die Kniescheibe unter der Haut hin und her. *Kondensstreifen entstehen, wenn sich Eiskristalle um die Rußpartikel in den Abgasen eines Düsenflugzeugs bilden.* Er würde gerne beichten. Er würde gerne ein anderes Leben haben.

Neujahr rückt näher. Sein Knie verheilt langsam, es wächst ein wenig schief, er wird etwas x-beinig. Manchmal betet er, mit gefalteten Händen auf der Bettkante sitzend, zu Gott. Er übertreibt seine Verletzung und hinkt weiter schwer, auch als die gerissenen Sehnen verheilt sind und er sein Lauftraining wieder aufnimmt, stolpert er übertrieben langsam an den Wachposten vorbei. Erst wenn er endgültig außer Sichtweite ist, beginnt er zu joggen. *Nehmen wir an, dass ein Flügel in stillstehender Luft vorangetrieben wird: Der Auftrieb, der sich entwickelt, ist proportional zur Geschwindigkeit des Flügels, multipliziert mit dem Anstellwinkel.* Er blinzelt, er ist schläfrig. Er sitzt an die Außenwand des Schlafsaals gelehnt und starrt in die Sonne. Die Blätter bewegen sich, die Stunden verschwinden. In seiner Kindheit legten seine gleichaltrigen Freunde und er um diese Zeit des Jahres, wenn alles trocken und fast aschefarben ist, Feuer im hohen Gras. Er hört die lauten Rufe einer Gruppe von Flüchtlingen im Schlafsaal, erregte Stimmen, die sich gegenseitig drohen. Er denkt, dass die Worte leer und sinnlos sind wie die Aluminiumteller, die zwei Mal täglich mit Brei gefüllt werden. Tage vergehen, Wochen vergehen, er trainiert jeden Morgen, tut ansonsten aber weiterhin, als wäre er verletzt. Eines Tages flaniert Okello mit einem seiner Untergebenen neben sich durch die Reihen der Zelte, die beiden sind in eine lebhafte Diskussion über irgendetwas vertieft, Okello begegnet Ps Blick und starrt ihn kalt an. Vielleicht sieht er in P inzwischen ja einen weiteren Rivalen um das Amt des Präsidenten. In den Nächten erfüllt die kollektive Angst den festgestampften Erdfußboden des Schlafsaals mit Nervosität. Alptraumschreie, ständiges Husten, Stöhnen.

Freitagabend, zwischen Weihnachten und Neujahr. P sitzt auf einem selbst gebauten Holzschemel, den er direkt vor die Tür des Schlafsaals gestellt hat. Laute Stimmen und das Klirren von Töpfen hallen durch das Lager. Drei Wachsoldaten laufen über den Hof zum Küchenzelt, halten Maschinengewehre in den Händen. Ihre aufgeknöpften Hemden flattern. Ein junger Flüchtling verschwindet im Schlafsaal und kehrt mit einem kleinen, rostigen Messer zurück, das er dort offenbar versteckt hatte. Der junge Mann erblickt P und macht kurz kehrt.

»Jemand hat das Abendessen ausgekippt. Jetzt streiten sie sich. Wir werden diese Acholi-Schweine umbringen.«

Menschen wälzen sich gegenseitig in einem Knäuel aus Armen und Beinen aus dem Zelt, immer mehr mischen sich in den Streit ein, und schon bald ist P der Einzige im Freien, der sich nicht an ihm beteiligt. Die Wachsoldaten fuchteln mit ihren Gewehren und schreien, Okello verlässt sein Zelt und ruft, dass die Gefangenen sich zum Abzählen aufstellen sollen, aber niemand gehorcht seinem Befehl. P fragt sich, ob die Wachposten das Feuer eröffnen werden. Sein Blick fällt auf den alten Polizisten, der einen ganzen Stapel von Maos kleinem roten Buch im Arm hält und lachend mit ihnen um sich wirft. P zündet sich eine selbst gedrehte Zigarette an. Er bläst Rauch durch die Nase aus und schüttelt sachte den Kopf. Das also ist die Guerillaarmee, die Idi Amin stürzen soll. Jemand in der Menschenmenge wirft einen Kochtopf senkrecht in die Luft, und er scheint für einen Moment vollkommen still vor dem Himmel zu hängen, schimmernd und schwerelos, ehe er umkehrt und zur Erde herabfällt. Der Streit geht noch fast eine halbe Stunde weiter und verläuft dann auch nur im Sande, um nach Sonnenuntergang erneut aufzuflammen, als sich eine große Gruppe von Flüchtlingen auf dem Hof versammelt und mit Fackeln, großen Stöcken und Messern herumfuchtelt, die sich die Männer aus dem Küchenzelt geholt haben. Okello muss in der Zwischenzeit Hilfe gerufen habe, denn begleitet von drei Soldaten trifft in einem Jeep ein tansanischer Offizier ein: Der Mann steigt aus dem Wagen und versucht zwischen den verschiedenen Gruppen zu vermitteln. P hört, dass er Parolen über das Volk und die Geschichte brüllt, die sich anhören, als stammten sie aus dem kleinen roten Buch. Jemand wirft einen Stein, er knallt gegen die Motorhaube des Jeeps. Einer der frisch eingetroffenen Soldaten feuert seine Waffe direkt in die Menschenmenge ab. Der Knall des Gewehrs ist schneidend und unwirklich, die Männer auf dem Hof verstummen so vollständig und total, dass man das Rascheln des Windes in den

Blättern ringsherum hört. P zieht sich langsam in den Schlafsaal zurück. Wieder hört man Rufe, laute Stimmen, Bewegung. Er wirft den Koffer auf das Bett, zieht das zusammengeknotete Laken heraus, das er seit seinem letzten Fluchtversuch ganz unten in seinem Koffer versteckt hatte. Er wirft es sich über die Schulter, schleicht sich aus dem Schlafsaal. Er sieht Männer, die mit Fackeln wedeln, und zwei andere, die im Licht eines Feuers, das nicht das Lagerfeuer ist, sondern etwas anderes, was brennt, vielleicht ein Zelt, um ein Gewehr kämpfen. Rauch steigt zu dem dunkler werdenden Himmel auf. Jemand hält einen Freund zurück, der einem der tansanischen Soldaten mit einem Messer droht. P geht hinter die Latrinen, springt über das Loch, in dem er sich das Knie verletzt hat, und trabt langsam los. Er hört seine eigenen Atemzüge, die Füße, die durch das trockene Gras trampeln, auf der Erde trommeln. Er wirft einen Blick zurück und hat Angst, jemand könnte ihn gesehen haben, als er das Lager verließ, aber es kommt niemand. Er sieht nur das Laub, das im Wind hin und her geworfen wird, den Regenwald, der sich um ihn schließt. Er erinnert sich an eine Geschichte aus dem Internat, und vor seinem inneren Auge blitzt das Bild eines Meeres auf, das sich teilt und anschließend wieder zurückstürzt. Er hört sein Herz pochen. Er erhöht das Tempo. Zehn Minuten oder eine Viertelstunde später hört er einen weiteren Gewehrschuss, dann nichts mehr.

Der Mond scheint, aber selbst in seinem Licht besteht der Dschungel aus nichts als Andeutungen, Schatten, grauen Flecken der Wahrnehmung. Er versucht sich zu erinnern, wie der Pfad aussieht: Dort liegt ein abgeknickter Ast, er ist hunderte Male über ihn gesprungen – er springt, landet weich, der Fuß drückt sich ab. Er läuft.

Nach einer halben Stunde verschwindet der Mond hinter

dichten Regenwolken, und er sieht den Boden unter seinen Füßen nicht mehr. Er bleibt stehen und legt sein Stoffbündel ab. Die völlige Finsternis macht plötzlich jeden Schritt unheimlich und unwirklich, als bewegte man sich im Inneren eines Felsen oder tief unter der Erde. Der Wasserfall aus Nacht und Blut spült gegen seine Schläfen. Er versucht sich zu beruhigen, den Puls langsamer schlagen zu lassen. Er hat sich in einem Dickicht die Hose aufgerissen, ist zwei Mal gefallen. In seinem Mund ist ein Geschmack, als hätte er an einem rostigen Nagel geleckt. Wenn er Glück hat, wird man erst am Montagmorgen merken, dass er fort ist. Er sieht die Hand vor Augen nicht. Er hat Angst, sich den Fuß zu verstauchen, wenn er weiterlauft, bevor der Mond wieder herausgekommen ist, hat aber auch Angst, dass ihm jemand folgt und ihn einholt, wenn er sich zu lange nicht von der Stelle rührt. Man hört Grillen und Nachtvögel, Glühwürmchen blinken auf und erlöschen wieder, und ab und zu bewegt sich schwer und raschelnd ein größeres Tier durchs Unterholz.

»*Kodi mwanainchi*?« Er zuckt zusammen. In der Dunkelheit ruft jemand eine Redewendung auf Kiswahili, die man benutzt, um darum zu bitten, in jemandes Haus eintreten zu dürfen, aber auch, um zu prüfen, ob eine Person, der man auf einem Weg begegnet, freundlich gesinnt ist. »*Kodi mwanainchi*?« Er atmet langsam, mit weit offenem Mund, lauscht, hört das Geräusch von Zweigen, die in der Dunkelheit gebrochen werden, von raschelnden Blättern. Nach einer Weile meint er eine Gruppe von Schatten zu sehen, die sich zwischen den Bäumen bewegen. Wie lange hat er hier gestanden und gewartet? Kann ein anderer genauso schnell aus dem Lager gelaufen sein wie er? »*Kodi mwanainchi*?« Wenn man auf diese Frage keine Antwort erhält, heißt dies, dass man auf eigenes Risiko näher kommen darf. P wirft einen Blick zwischen den großen länglichen Blättern hindurch; der Mond ist zwar noch hinter den Wolken verborgen, wird aber demnächst wieder herauskommen. Schon bald werden die Männer einander deutlich sehen können. Er schließt die Hände, öffnet sie. Die Furcht rauscht zwischen den Bäumen heran. Er hat gelernt, wie man mit den Daumen einen Kehlkopf in die Luftröhre presst, wie man einem Menschen das Genick bricht, wie man tötet. Es versetzt ihm einen Stich in der Brust, als einer der Schatten seinen Namen ruft. Sie sind zwanzig oder dreißig Meter entfernt stehen geblieben, es scheinen zwei Männer zu sein. Wieder rufen sie fragend seinen Namen. Er kann nicht ins Lager zurückkehren, diesmal nicht. Als er den Atem anhält, glaubt er, ihre Atemzüge zu hören. Eine Stimme flüstert plötzlich, heiser und in einem beinahe spielerischen Ton: »Woher willst du eigentlich wissen, dass er es ist?«

»Ich habe den Pullover erkannt. Diesen italienischen Pullover, den er immer anhat. Er ist es.« Die Schatten bewegen sich wieder, kommen rasch näher. Es ist, als würden sie ihn klar und deutlich sehen, obwohl er sie nur mit viel Mühe ausmachen kann. Vielleicht haben sie ihn zu einem früheren Zeitpunkt in dieser Nacht gesehen, sind ihm gefolgt und haben ihn nun verloren? Er schiebt sich möglichst vorsichtig und lautlos um einen Baum herum, landet jedoch geradewegs in einem dornigen Gestrüpp. In Panik und geräuschvoll schiebt er mit den Händen die stacheligen Äste fort.

»Stehen geblieben!« Die beiden Männer laufen jetzt auf ihn zu, und er selbst rennt in das Dickicht hinein, dessen Dornen die Länge von Menschenfingern haben und ihm in Gesicht und Arme stechen. Er kämpft sich vorwärts, schützt seine Augen, presst den Körper direkt in die Dornen und bleibt erst nach zehn, fünfzehn Metern stehen. Einer der Männer ruft ein weiteres Mal seinen Namen. Wieder schießt ihm der Gedanke durch den Kopf, dass er kämpfen, eventuell auch töten muss. Die Nacht hat ihren eigenen Geschmack, ihre Schwere, er spürt, wie sie über Nacken und Schultern braust und sich um die Muskeln in seinen Händen schmiegt. Die Wunden in seinem Gesicht brennen, als Schweiß in sie läuft.

»Bist du sicher, dass er es war?«

»Es könnte ein Tier gewesen sein.«

»Ein Tier?«

»Fühl mal die Dornen hier. Ein Mensch würde da ja wohl kaum reinlaufen, was?« P erkennt die Stimmen der Männer nicht.

»Idiot. Komm.« Die Schritte entfernen sich, allerdings weder auf das Lager noch auf P zu, sondern in eine dritte Richtung. P wartet, bis er sie nicht mehr hört, und zieht dann, trotz der nächtlichen Kühle, seinen Pullover aus. Er hält ihn vor sich hoch: Er ist zerrissen, und P hat große Lust, ihn von sich zu werfen, will aber keine Spuren hinterlassen. Sein Brustkorb hebt sich. Wenn die beiden Männer aus dem Lager kommen und Okello erzählen, was sie gesehen haben, verschwindet der Vorsprung von zwei Tagen, mit dem er gerechnet hat. Er rennt in die Nacht hinaus, seine Füße suchen blindlings den Erdboden, er stolpert, rappelt sich wieder auf, stürzt weiter.

Über der Savanne geht die Sonne auf, eine rote Kugel, die wie ein vom Horizont halb verborgenes Auge vor ihm liegt. Die Erde dampft. P geht einen Umweg um den Dorfkern herum und begibt sich auf den Gleisen zum Bahnhof. Der Bahnsteig ist verwaist, auf der Bahnhofsuhr sind es erst einige Minuten vor sechs, und der Zug geht um zehn. Er nimmt den Weg, den er gekommen ist, schlägt sich wieder in die Büsche und setzt sich an einen Baum. Sein Körper zittert vor einer Anspannung, die nur langsam abebbt. Er wusste, dass er fliehen würde, er wusste es schon, als sie ihn in Daressalam vernahmen, er wusste es schon an jenem Januartag in Athen vor fast einem Jahr, als eine Kaulquappe ihm erzählte, dass es einen Putsch gegeben hatte. Er wird niemals stehen bleiben, nirgendwo. Sachte hebt er von der Erde ab, hängt mit ausgebreiteten Armen, treibt aufwärts, hört das Knistern des Funkverkehrs in seinen Ohren. *Ich schere aus der Formation aus, Kurs 354.*

In weiter Ferne klimpert eine Spieldosenmelodie. Er wirft einen Blick auf das Instrumentenbrett, schaut auf, hat die Sonne in den Augen, zieht den Steuerknüppel nach links, die Maschine legt sich auf die Seite, er sieht den Schatten der T-37 über die Wolken rasen.

Jemand stößt ihn an.

Er erkennt, dass er eingeschlafen ist und nun davon geweckt wird, dass Wachsoldaten aus dem Lager ihn mit ihren Gewehrkolben antippen. Er rappelt sich unbeholfen auf, blinzelt, fährt sich mit den Händen durchs Haar. Es gibt keine Wachposten um ihn herum. Er steht mitten in einer Herde von Ziegen, die das Fallobst unter dem Baum fressen, und die mageren Tiere stoßen ihn mit ihren feuchten Mäulern und kurzen, gekrümmten Hörnern an. Er schiebt eine Ziege fort, die versucht sein Kleiderbündel zu kauen. Die Sonne steht inzwischen höher. Er könnte den Zug verpasst haben. Die beißend riechenden Tiere tragen Glocken, sie haben in seinem Traum geläutet, und als ihm das klar wird, begreift er schlagartig, dass diese Tiere mit Sicherheit von einem Hirten begleitet werden. Er nimmt sein Laken und klettert in den Baum hinauf. Erst als er ein halbes Dutzend Meter hoch auf einem Ast sitzt, wird ihm bewusst, dass er stattdessen besser zum Bahnhof gegangen wäre. Er klammert sich mit den Armen an den Baumstamm, fühlt sich benebelt. Der Wind bringt die Blätter um ihn herum zum Wispern. Er sieht den Hirten, der unter ihm näher kommt, es ist ein junger Bursche in Shorts und einem schmutzigen, löchrigen Hemd. Er hält einen Stock, mit dem er die Tiere vor sich herscheucht, er sammelt seine Herde und treibt sie weiter durch die dichte Vegetation. Als der Junge und die Tiere verschwunden sind, klettert P aus dem Baum herunter und läuft zum Bahnhof. Etwa zwanzig andere Reisende stehen oder sitzen auf dem Bahnsteig. Auf der großen Uhr an der Wand des Bahnhofgebäudes ist es halb zehn. P setzt sich auf die Dielen des Bahnsteigs, legt sein Bündel ab. Er wischt ein wenig Erde von seiner Hose, schaut sich um. Viele Reisende sind genauso ärmlich gekleidet wie er selbst und haben auch nur zusammengebundene Decken oder Laken als Gepäck. Er wirft einen Blick auf die andere Seite der Gleise und erwartet die ganze Zeit, dass zwischen den Bäumen Soldaten aus dem Lager auftauchen. Eine Frau mit Brille sitzt an einem Schalter im Bahnhofsgebäude und verkauft Fahrkarten, aber P will sein Ticket nicht im Dorf kaufen, da er nicht möchte, dass sich die Verkäuferin an ihn erinnert, wenn Leute aus dem Lager nach ihm fragen. Der Zug bremst in einem kreischenden Funkenregen. Er greift sich sein Bündel, steigt ein, setzt sich an ein Fenster. Er schaut auf den Dschungel hinaus, erwartet immer noch, dass die Soldaten kommen, den Zug stoppen und anfangen, die Waggons zu durchsuchen. Die Savanne vor dem Fenster bewegt sich, die Landschaft erinnert ihn an seine Kindheit. Er erinnert sich, dass er damals *Wilhelm Tell* im Kino sah, einen Schwarzweißfilm, der auf einer Leinwand gezeigt wurde, die man in seinem Heimatdorf aufspannte. Am nächsten Tag versuchte er mit seiner Schleuder, einen Krug abzuschießen, den sein Bruder F auf dem Kopf trug. Er floh lachend ins hohe Gras. P lacht auf, weiß nicht, warum ihm ausgerechnet diese Erinnerung in den Sinn gekommen ist. Er ist immer noch in Lebensgefahr. Er kauft beim Schaffner eine Fahrkarte, was ein paar Schilling extra kostet. Beim nächsten Bahnhof steigt ein poliogeschädigter junger Mann in den Zug, und P steht auf und überlässt ihm seinen Sitzplatz, stellt sich in den Mittelgang und schwankt dort im Rhythmus der Zugbewegungen. In seinem Inneren eine Art stiller Regen aus Licht und Schatten. Er ist unterwegs.

Irgendwann am Nachmittag hält der Zug in Tabora. Er schaut zum Bahnhofsgebäude hinaus und erinnert sich, dass er an diesem Bahnsteig ankam. Eine große Gruppe Internatsschüler strömt herein: Offenbar sind irgendwelche Schulferien zu Ende gegangen, und sie reisen zu ihrer Schule zurück. Er steht im Mittelgang, und die Jungen flitzen um ihn herum, sie rufen sich gegenseitig und suchen nach freien Plätzen, obwohl es keine gibt. Als ein Ruck durch den Zug geht und er erneut losfährt, fällt P beinahe hin. Seine Beine sind nach seinem nächtlichen Lauf und dem stundenlangen Stehen im Zug zittrig, so dass er sich schließlich einfach quer in den Gang legt, mit dem Kopf zwischen zwei Sitzbänken und dem Kleiderbündel als Kissen. Die Sonne flimmert in seinen Augen. Er bleibt lange liegen und betrachtet die Wolkenfetzen, die im Fenster über ihm vorbeihuschen.

Aus den Erzählungen der anderen Flüchtlinge weiß er, dass Kenias Präsident Jomo Kenyatta seit der Selbständigkeit des Landes nach einem gewaltsamen Konflikt zwischen nationalistischen Gruppen und den Briten an der Macht ist. Ein Mann im

Lager, dessen Vater Kenianer war und auf der Seite der Rebellen gekämpft hatte, erzählte P, dass die Briten Gefangenenlager eingerichtet hatten, in denen die Insassen ausgepeitscht und lebendig verbrannt wurden, und dass bei ihren Vernehmungen Elektroschocks, Verstümmelungen und Morde an der Tagesordnung waren. Die Widerstandsbewegung reagierte auf diese Gewalt mit der Ermordung weißer Zivilisten. Der wohl bekannteste Mord wurde an einem sechsjährigen britischen Jungen verübt. Als der Mann ihm davon erzählte, erinnerte sich P, dass die Nachricht auch in ugandischen Zeitungen gestanden hatte und eine Stimme in den BBC-Nachrichten den Vorfall »eine Schande« genannt und die bestialische Gewalt anschließend im Detail beschrieben hatte. Das hatte sich irgendwann in Ps früher Kindheit abgespielt. Er weiß noch, dass ihn damals die Angst umgetrieben hatte, ihm könne das gleiche Schicksal wie dem britischen Sechsjährigen widerfahren.

Laut den Männern im Lager ist Kenyatta weder Sozialist noch auf Amins Seite. Obwohl einige von ihnen behaupteten, von Kenia an Tansania ausgeliefert worden zu sein, scheint Kenia in dem Feld von Spannungen, das sich über ganz Ostafrika erstreckt, eher ein neutraler Ort zu sein.

Die Räder des Zugs klopfen dumpf gegen die Gleise. P starrt in den Himmel, der inzwischen schon wieder dunkler wird. Einsamkeit erobert seinen Körper, eine Müdigkeit, die nicht nur Schläfrigkeit ist, sondern ein tiefes Vergessen. Er ist sein Leben so leid, er ist es so leid, durch diesen Kontinent zu fliehen, und er ist all diese Gewalt leid, die ständig droht, seinen Körper zu zerfetzen. Er dreht sich auf die Seite und schließt die Augen. Das Letzte, woran er sich vor dem Einschlafen erinnert, ist etwas, was ihm der Mann, dessen Vater daran beteiligt gewesen war, die Briten zu vertreiben, erzählte:

»Sie verhafteten Vater und zwei meiner älteren Cousins. Sie brachten alle drei in eine Zelle. Sie schnitten meinem Cousin die Ohren ab und stachen ihm ein Auge aus, während Vater und mein anderer Cousin zusahen. Die Briten wollten von ihnen wissen, wo sich ein paar andere Rebellen verbargen, aber keiner von ihnen wusste etwas darüber. Schließlich schnitten sie meinem Cousin die Hoden ab. Da wurde er ohnmächtig. Der Brite, der sie vernahm, schob daraufhin seinen Revolver in den Mund meines zweiten Cousins und sagte etwas. Vater verstand nicht, was der Brite sagte. Dann drückte der Brite ab, und das Gehirn meines Cousins spritzte auf die Wand der Polizeiwache.«

Er öffnet langsam die Augen. Der Waggon ist dunkel und leer. Vielleicht hat er ja nur geträumt, dass er voller Kinder war. Er steht auf, setzt sich auf einen Sitz. Er mag dieses Vergessen, es ist wie das Rauschen der Wellen, wie eine große Gnade. Die Bewegungen des Zugs wiegen ihn hin und her. Er blickt zum Vollmond hinaus. Er erinnert ihn an etwas. An die Wände in einem Raum, in dem er mit einem Mann sprach. Er will sich dessen nicht entsinnen, er will hierbleiben, außerhalb der Geschichte. Er will einfach nur in diesem Zug sitzen und ohne Vergangenheit sein. Er versucht auszurechnen, welcher Wochentag gerade ist. Ihm fällt ein, dass er fliegen kann. Diese Erinnerung macht ihn glücklich. Er sitzt einfach da, nimmt sich nur noch diffus wahr und schaut in die vorbeiströmende Dunkelheit hinaus.

Er steht auf einer Straße und stützt die Hände auf seine zitternden Knie. Eine seiner Sandalen ist kaputt. Der Riemen flattert. Füße ziehen vorbei, viele ohne Schuhe. Er denkt, dass er selbst keinen Schritt mehr schafft, dass er sich nicht bewegen, nicht sein will. Auf der anderen Seite der Grenze liegt Kenia. Das Gras der Savanne wogt, ein ewig unverständlich bleibendes Flüstern. Er rückt das Bündel auf seiner Schulter zurecht, bleibt stehen, vorgebeugt, regungslos. An der Grenze wird sein Name auf einer Liste stehen. Sie werden ihn aufhalten.

Es war Sonntagabend, als der Zug in Mwanza eintraf, wo er wie geplant einen Bus nach Musoma nahm. Dort kam er gestern mitten in der Nacht an, und seither ist er auf dieser Straße gegangen. Die Müdigkeit ist eine weiße, fauchende Flamme in seinem Fleisch, er blinzelt und versucht ein weiteres Mal, sich aufzurichten und weiterzulaufen, aber es geht nicht. Er presst Daumen und Mittelfinger einer Hand gegen seine Schläfen. Er muss sich orientieren. Es ist Markttag, ein Montag, was auch bedeutet, dass die Gefangenen im Lager durchgezählt wurden, wenn dies nicht schon früher geschehen ist. Seine Flucht ist inzwischen also mit Sicherheit entdeckt worden. Okello könnte die Nachricht an alle Grenzposten im Land übermittelt haben. Er schielt zu den vorbeiziehenden Menschen hoch. Er möchte jemanden fragen, wie es an der Grenze aussieht, ob es einen

Grenzübergang, ob es Zäune gibt, ob Grenzbeamte die hunderte Verkäufer kontrollieren, ob man die Grenze überqueren kann, ohne seinen Pass zeigen zu müssen. Er richtet sich auf und begegnet dem Blick eines vorbeigehenden Mannes, weicht ihm nicht aus und will ihn fragen, aber die Laute bleiben ihm im Hals stecken. Aus Angst, dass ihn sein Dialekt, wenn er Kiswahili spricht, als Ugander, Feind, Fremder verraten wird, wagt er es nicht zu sprechen. Der Mann sieht ihn fragend an. Er zieht seinen Pullover aus und hängt ihn sich über den Kopf, als wollte er sich vor der Hitze schützen; in Wahrheit hat er Angst, dass jemand sein Gesicht sieht, während er auf der Straße steht.

Er erinnerte sich nicht mehr, wer er war, erinnerte sich nicht, woher er kam, was er in dem Zug machte. Er fragt sich, ob er sich richtig erinnert, ob er nicht eventuell eine neue Geschichte für sich erfunden hat? Die vorbeiziehenden Füße knirschen im Kies, auf dem rissigen, abgenutzten Asphalt. Er will sich übergeben. Er schaut verstohlen nach links, auf die offenen Felder hinaus. Er könnte geradewegs ins Gras hinausgehen, verschwinden. Aber er muss nach Kisumu, auf die andere Seite der Grenze. Von dort nach Nairobi. Nairobi. Endlich geht er weiter. Er weicht den Blicken der Menschen aus, die ihm begegnen.

Manchmal werden die Verkäufer von Leuten angehalten, die am Wegrand warten, um etwas zu kaufen, und manchmal verkauft jemand sogar alles, was er dabeihat, und kehrt mit leeren Körben oder einem leeren Fahrradkarren zurück, ohne den Markt überhaupt erreicht zu haben. Nach einer Weile zieht P den Pullover herunter, der auf seinem Kopf liegt, und bindet ihn wie einen Turban, weil viele andere, die auf der Straße gehen, auf diese Art gebundene Stofftücher tragen. Während er damit beschäftigt ist, kommen vier ältere Frauen an ihm vorbei, die Körbe auf ihren Köpfen tragen, ihre Kleider aus blankgewetztem Stoff flattern im warmen Wind. P will versuchen, mit ihnen zu sprechen. Als sie von einer jüngeren Frau angehalten werden, die wissen möchte, was sie verkaufen, stellen sie ihre Körbe auf die Erde, so dass die Frau zwischen Maniokwurzeln, Süßkartoffeln und anderem Gemüse wählen kann, woraufhin einer der Frauen P ins Auge fällt, der ebenfalls stehen geblieben ist und nun verstohlene Blicke zu ihnen hinüberwirft. Sie stößt eine ihrer Kolleginnen an, und die beiden starren ihn unverhohlen an.

»Was verkaufst du?«

Sie werden hören, dass er ein Fremdling ist.

»Nichts.«

Er hört seine eigene Stimme, als käme sie von außen. Er hat kaum ein Wort gesprochen, seit er im Zug in diesem seltsamen Gedächtnisschwund aufwachte, und ihm schießt erneut der Gedanke durch den Kopf, dass er sich selbst belogen hat, dass die Geschichte, die er sich in dem dunklen Zugabteil selbst erzählte, nicht der Wahrheit entspricht, dass er ein anderer ist, als er zu sein glaubt. »Ich habe nichts.« Über der Ebene türmen sich in der Ferne Gewitterwolken auf, die von einzelnen Blitzen wie dünne weiße Haare durchzogen werden. Die Frauen lachen über ihn. Hat er etwas Komisches gesagt? Eine der Frauen nimmt von ihrer Kundin ein paar Schillinge entgegen und überreicht ihr eine Handvoll Wurzelgemüse, dann starrt die ganze Gruppe, einschließlich der Kundin, neugierig P an. Er schaut auf seine Füße herab und hat das Gefühl, dass sie aus aufplatzendem Lehm sind, als käme die trockene Erde, die über die Straße weht, aus ihnen. Er hört das Donnern von Düsentriebwerken in den Ohren, drückt fest die Augen zu. Er muss sich orientieren.

»Wo willst du hin?«

Orientiere dich. Der Fuß regungslos, versunken im Wirbel.

»Was?«

»Sie hat gefragt, wo du hinwillst?«

Er sollte besser weitergehen, aber er kann nicht einfach schnurstracks in die Arme der Grenzposten laufen, er muss irgendeine Art von Plan haben. Ihn packt die Angst, sie wölbt sich in seinem Magen wie eine fette, glänzende Schlange. Er erinnert sich an die Vernehmungen, die Gewalt, die Gefangenschaft.

»Nach Kisumu.« Sein Mund ist ausgedörrt. Er denkt, dass er sich den Frauen anschließen und so tun könnte, als gehörte er zu ihrer Gruppe. Wenn es eine Grenzstation gibt, können die Grenzbeamten unmöglich alle Verkäufer kontrollieren.

»Was willst du in Kisumu?«

»Ich komme aus Uganda.« Er sagt es, ohne zu wissen, warum. Krampfhaft hält er sein Bündel fest und versucht zu lächeln, kommt sich dabei jedoch ziemlich blöd vor, so als zöge er eine Grimasse. Die Frauen murmeln untereinander etwas in ihrer Stammessprache, nicken ihm zu und setzen sich wieder in Bewegung.

»Ich möchte ein paar Bekannte besuchen«, ruft er ihnen hinterher. Warum hat er gesagt, dass er aus Uganda stammt? Er stolpert hinterher, hält sein Bündel vor sich hoch und stellt einen Bezug zur Wirklichkeit her, als er weiterspricht: »Ich habe in Tansania als Putzhilfe für eine weiße Familie gearbeitet, aber sie sind nach Europa zurückgegangen, und nun muss ich heimkehren. Außer den Sachen hier hat man mir alles gestohlen, was ich besitze. Darf ich euch Gesellschaft leisten?« Während er redet, gehen die Frauen weiter. Nur diejenige von ihnen, die ihn als Erstes gefragt hat, wo er hinwill, schaut gelegentlich zu ihm hinüber, flüchtige Schulterblicke mit einer eleganten Bewegung, bei der sie ihren Korb mit einer Hand loslässt, ihn fast nach vorne kippen lässt und den Kopf dreht. Er hätte von Anfang an lügen und behaupten sollen, er wäre Kenianer. Die Frauen unterhalten sich unablässig in ihrer Stammessprache, und er findet, dass ihre Worte hart und abweisend klingen, als wollten sie ihm auf diese Weise zu verstehen geben, dass er in ihrer Gruppe nicht willkommen ist. Er denkt, dass Tansania das Heimatland von Kiswahili ist, dass es hier die ersten staatlichen Universitäten gegeben hat, die darin unterrichten, was sie die Brudersprache nennen, und es unhöflich ist, wie diese Frauen die ganze Zeit eine Stammessprache zu sprechen und genau zu wissen, dass er sie nicht versteht.

»Ich kenne Leute in Kisumu.« Er lächelt die Frau an, die einen Blick über die Schulter wirft. »Zu denen will ich. Verwandte. Mein Bruder und seine Familie. Sie wohnen in Kisumu.« Die ganze Zeit das Gefühl, dass etwas nicht stimmt. Der Staub im Mund. Das grelle Licht vom Himmel. Er hätte den Frauen nicht sagen sollen, woher er stammt; Uganda ist das Land, in dem Kenianer und Tansanier verschwinden und ermordet werden, das Land, in dem ein Irrer regiert, das Land, das Granaten auf Tansanias Grenze abfeuert, das Land, das Flüchtlingslager bombardiert. Er hätte sagen sollen, dass er aus Ruanda stammt, sie hätten aus seinem Kiswahili keinen Unterschied herausgehört. Er bleibt stehen und tut so, als versuchte er den Sandalenriemen zu richten. Er beschließt, die Frauen ziehen zu lassen. Er steht vorgebeugt und zieht am Riemen der Sandale, als die Frau, die noch am ehesten ein Interesse daran zu haben schien, ihm zu helfen, bemerkt, dass er stehen geblieben ist, und nach ihm ruft.

»Nun komm schon. Wolltest du nicht mit uns gehen?«

Glauben sie ihm seine Geschichte? Er richtet sich auf, und die Frauen lachen und schütteln die Köpfe, als er zu ihnen eilt. Sie gehen eine Stunde. Eine von ihnen erklärt ihm irgendwann, dass er den Pullover nicht wie einen Turban auf dem Kopf tragen soll, wie einen Turban, das sehe seltsam aus, da er doch ganz offensichtlich kein Angehöriger des Stammes sei, der seine Kopfbedeckung traditionell so binde. Er nimmt den Pullover ab und steckt ihn in sein Kleiderbündel. Sie marschieren auf dieser Straße zur Grenze, auf der Straße nach Kisumu, und seit sich die Sonne im Westen sachte senkt, wachsen ihre Schatten. Sie bewegen sich zu Insekten geschrumpft über die Fläche der Welt. Sie kriechen die endlose Straße hinab. Er wird das Gefühl nicht los, dass etwas nicht stimmt, dass diese vier Frauen nicht ehrlich zu ihm sind, dass er einen Fehler gemacht hat, als er ihnen erzählte, woher er stammt. Als sie ein zweites Mal stoppen, um ihr Gemüse zu verkaufen, wartet er nicht auf sie, sondern beschleunigt seine Schritte. Er geht sehr schnell, verfällt fast in einen Laufschritt. Er hätte zu niemandem Kontakt aufnehmen sollen. Er hätte ein Kind auswählen sollen, wenn er schon unbedingt Gesellschaft haben wollte. Er weiß, dass die Griechen meinten, man solle niemals mit Kindern sprechen, wenn man auf der Flucht sei, aber er selbst hätte es nie im Leben ausgeplaudert, wenn ein abgeschossener Pilot ihn um Hilfe gebeten hätte. Wenn ein Flüchtling zu dem Jungen gekommen wäre, der er früher war, um ihn um Hilfe zu bitten, hätte er ihn niemals bei den Erwachsenen verraten. Stattdessen hätte er ihn gebeten, ihn auf seinem Weg begleiten zu dürfen. Ein paar hundert Meter geht er schnell, muss dann aber stehen bleiben und sich, die Hände auf die Knie gestützt, ausruhen. Noch vor Sonnenaufgang ist er aufgebrochen, nun hat er keine Kraft mehr, und sein Herz rast. Er wirft einen Blick über die Schulter. Die Frauen stehen noch am Straßenrand und feilschen mit ihrer Kundin. Er umfasst seine Knie mit den Händen. In die entgegengesetzte Richtung gehend, kommen zwei Männer an ihm vorbei. Er schaut kurz auf. Hagere Gesichter, hohe Wangenknochen, einer von ihnen isst eine Mango und spuckt etwas von dem faserigen, gelben Fruchtfleisch auf den Asphalt. Trockene, braune Erde wird über die beiden geweht. Jede Faser seines Körpers schmerzt, der Brustkorb wird zusammengepresst, der Wind lässt das Gras am Straßenrand rascheln, sein verletztes Knie tut weh, in seinem Ohr ist ein Pfeifen. Er denkt, dass er besser die Leute im Bus von Mwanza nach Musoma nach der Grenze gefragt hätte, statt hier zu stehen, ohne zu wissen, wie es dort aussieht. Jemand im Lager hat ihm erzählt, die Erde in der Nähe von Kisumu sei rot. So viel weiß er zumindest. Als er wieder einen Blick über die Schulter wirft, sieht er, dass die Männer, die gerade an ihm vorbeigekommen sind, nun mit den Frauen sprechen. Einer der beiden sieht ihn direkt an, ihre Blicke begegnen sich. Der Mann winkt ihm träge zu, dass er zu ihm kommen soll. P richtet sich hastig auf. Am liebsten würde er sich in die Büsche schlagen. Er spürt das Adrenalin, das wie Speere in Arme und Beine gepumpt wird.

»Was wollt ihr?«

»Wir sind Grenzbeamte.«

»Was hast du gesagt?«, ruft P, und der Mann formt seine Hände zu einem Trichter und ruft. »Wir sind Grenzbeamte. Wo willst du hin?«

Die Männer gehen jetzt auf ihn zu, und er will davonlaufen, aber die Erschöpfung schwappt wie eine Welle durch seinen Körper. Er wirft einen Blick auf die Offenheit der Steppe, sieht wieder die Männer an. Sie tragen keine Uniformen, nur Hosen aus dünnem Stoff und gemusterte Hemden, die im Wind flattern.

»Wo willst du hin?«

»Erst zum Markt und dann zu Bekannten.«

»Zu Bekannten.«

»In Kisumu. Mein Bruder wohnt dort.«

»Dein Bruder wohnt in Kisumu. Wir sind Grenzbeamte.« Es ist vor allem der Mann mit der Mango, der das Wort führt. Er beißt so herzhaft in seine Frucht, dass ihm der Fruchtsaft aus den Mundwinkeln läuft. »Zeig uns, was du dabeihast.« Der zweite Mann zerrt schon an Ps Bündel, das aufreißt, so dass seine Habe auf die Erde fällt. Die beiden Männer stochern mit ihren abgetretenen Lederschuhen in den Sachen herum, die verstreut am Straßenrand liegen: die Pilotenjacke, das Fotoalbum aus Griechenland, das Fluglogbuch, die Kleider, die er in Kisumu verkaufen will. Der Mangoesser hebt das Fotoalbum auf und blättert darin. P versucht, seine Nervosität zu verbergen, und blickt auf seine Füße herab, die vor Schwerkraft und Müdigkeit strahlen. Die Manschettenknöpfe aus Gold zu seiner griechischen Uniform liegen, zusammen mit dem Pass und einer Reihe anderer wichtiger Dokumente, in der Innentasche der Pilotenjacke. Auf der Straße kommen in einem steten Strom Menschen an ihnen vorbei.

»Das Album habe ich bei meinem Arbeitgeber aus dem Müll gezogen.«

»Und warum?«

»Ich möchte die Bilder zu Hause an die Wand hängen.«

Der Mangoesser blättert in dem Album, und ein Stapel Fotos, die seit den Vernehmungen lose zwischen den Seiten gelegen haben, fällt auf die Erde. Der Mann tippt sie mit dem Fuß an, mustert sie.

»Hast du Geld dabei?«, fragt der zweite Mann, dessen Gesicht rund und hart ist und P an einen Boxer erinnert. P sind noch ein paar Schillinge von dem Geld geblieben, das er für seine Hemden bekommen hat, aber er antwortet nicht, sondern weicht ein paar Schritte zurück.

Inzwischen haben die Frauen ihre kleine Gruppe erreicht und betrachten über die Schultern der Männer hinweg eine Weile die Dinge auf der Erde, wechseln ein paar Worte in ihrer Stammessprache mit den beiden Männern, die Ps Sachen durchwühlen. Dann gehen sie weiter die Straße hinab, Säulen aus wehendem, glänzendem Stoff. Ihre Stimmen verklingen.

P senkt den Blick. Die Fotos, die aus dem Album gefallen sind, flattern um seine Füße, und für einige Momente kommt es ihm vor, als sähe das weiße, umherwehende Fotopapier aus wie kleine Flammen.

»Mein Kollege hat gefragt, ob du bei der Einreise nach Kenia Geld dabeihast?«

Er zieht langsam die letzten Münzen aus seiner Hosentasche und reicht sie dem Mann. Auf dem Markt hätte er sich davon vielleicht eine warme Mahlzeit kaufen können. Wenn die Männer ihm nicht auch noch seine Kleider wegnehmen, kann er diese immer noch in Kisumu verkaufen und sich eine Fahrkarte nach Nairobi leisten. Wenn diese Männer, die behaupten, Grenzbeamte zu sein, ihn nicht stoppen.

»Als ich ein Kind war, habe ich geträumt, ich könnte fliegen«, sagt der Mann, der das Fotoalbum in der Hand hält. Er lacht heiser und markant. »Wenn ich wach wurde … versuchte ich mich zu erinnern, wie es ging.«

Er flattert linkisch mit den Armen.

Der Boxer hat inzwischen die Pilotenjacke aufgehoben, zieht sie an, schließt den Reißverschluss, posiert vor seinem Kameraden. P schluckt schwer. Unabhängig davon, ob diese Männer tatsächlich Grenzbeamte oder nur zwei Landstreicher sind, dürfen sie seinen Pass und die Dokumente in der Brusttasche der Jacke nicht finden. Der Boxer bemerkt etwas, geht in die Hocke und stöbert in den Fotos, die aus dem Album gefallen sind. Er hebt eine der Aufnahmen auf. Er betrachtet den jungen Mann mit Helm, der in die Kamera lächelt, schaut zu P auf und bewegt den Kopf, als lauschte er in der drückenden Stille auf etwas.

Samenkapseln steigen sachte im Licht, schwerelos durch den Aufwind vom sonnenheißen Asphalt. Es ist Mittsommer, drückend heiß, auf der Straße fährt kaum ein Auto vorbei. Vor einer Stunde bin ich mit dem Zug aus meiner Heimatstadt gekommen, und da meine Mutter aufs Land gezogen ist, muss ich mir drei Stunden um die Ohren schlagen, bis der Bus fährt. Also bin ich hierher gegangen, zu dieser Bank, auf der ich so oft gesessen habe. Hier saß ich und las von den Verdammten dieser Erde, davon, sich zu befreien. Oft trank ich ein Leichtbier mit S, einem Freund, dessen Vater auch aus Afrika stammte, ein Vater, der wie unserer große Teile der Kindheit abwesend war. Über den Baumwipfeln sieht man das Haus, in dem mein Kumpel wohnte, außerdem habe ich die Garagenwand im Blick, auf die ich mit Silbersprayfarbe *Chessface* schrieb. Es heißt, die Geschichte gleiche einem Traum. Dass Träume erst im Moment des Aufwachens konstruiert werden, wenn das Bewusstsein, das in den Schlaf herabgesenkt war, wieder zur Oberfläche aufsteigt und sich an eine Geschichte erinnert, wo es nichts als Dunkel und Bewusstlosigkeit gab. Wo wir eine Kette von Ereignissen erblicken, sieht der Engel der Geschichte nur Trümmer, eine Katastrophe. Ich schaue auf die Uhr. Ich erwarte die ganze Zeit, in vorbeifahrenden Autos Freunde zu sehen: Freunde, die starben, Körper, die in einen Sturmwirbel gestellt wurden. Ich glaube beharrlich, dass sie mir durch Autofenster zuwinken, meinen Namen von Balkonen rufen werden. Die Hochhäuser da vorn, ich komme aus ihnen. Dort, hinter den Bäumen. Dahinten. Ich komme von dort.

In meiner Kindheit steht Vater am Fenster und schaut auf den fallenden Schnee hinaus. Manchmal fragte ich mich, ob er während seiner Jahre in Afrika, auf seiner Flucht, jemanden getötet hatte. In meiner Jugend, als ich zwischen diesen Mietshäusern unterwegs war, dachte ich oft, dass meine Heimat dort war, am anderen Ende der Welt. Obwohl er eigentlich nie mit Sehnsucht von Afrika gesprochen hatte.

Er lag auf der Transplantationsstation, und die Ärzte teilten ihm mit, dass er keinen weiteren Lungenflügel bekommen werde. Ich saß im Zimmer, als er es hörte. Vor ungefähr einer Woche. Ein Todesurteil. Die Maschinen, die seinen Körper umgaben, zischten, draußen entfaltete sich der Sommer seinem Höhepunkt entgegen. Vater sagte den Ärzten, dass er alle Dokumente und Unterlagen sehen wolle, die zu dieser Entscheidung geführt hätten. Er fragte, ob man sie anfechten könne.

»Sie sagen mir, ich soll mich ins Bett legen und sterben«, meinte er, als der Arzt gegangen war. »Das bedeutet es, wenn ich nicht noch einen neuen Lungenflügel bekomme. Leg dich ins Bett und stirb, dein Leben ist vorbei. Aber das sagt sich so leicht. So leicht gibt man nicht einfach auf.«

Der Bus kommt, ich fahre zu meiner Mutter, die mich gebeten hat, nicht zu viel über sie zu schreiben. Ich schaue auf das hinaus, was einmal meine Heimatstadt war, Wohnhäuser und Bürgersteige gleiten vorbei. Der Flieder ist schon verblüht, die Blütendolden hängen wie verbrannte Papierschnipsel im schweren Laub zwischen den Waschküchen und Müllstationen.

Vor mir geht eine Gestalt, ein Schatten, der in Wirbeln aus Fotografien verschwindet. Er entfernt sich zu schnell, um ihm folgen zu können, obwohl ich renne. Das träume ich, immer wieder, vielleicht bedeutet es nichts. Manchmal verschwindet die Gestalt, wird zu Wind, zerrissen. Dann wieder zusammengesetzt. Zerfetzt. Vater.

»Woher will man eigentlich wissen, dass man sein eigenes Leben lebt und nicht das eines anderen?«, sage ich zu dem Schatten, aber er kann mir nicht antworten. Er existiert nicht mehr, ist nur eine Erinnerung an jemanden, den es einmal gab.

Dann wieder zusammengesetzt. Zerfetzt.

Ich sitze im Garten meiner Mutter, ich frage sie, wie die Blumen heißen, und sie zeigt auf sie und sagt, Hortensien, Amaryllis, Rittersporn. Sie wollte in Afrika leben. Vater brach ihr mit seiner Flucht, seiner Rastlosigkeit das Herz.

Queen Victoria, eine Rosenart. Anemonen. Lupinen.

Museveni, der heutige Präsident Ugandas, stammt aus dem Südwesten des Landes, ist Angehöriger eines Bantu-Volks. Er hat einen Essay geschrieben, der als ein Kommentar zu Frantz Fanons Werk *Die Verdammten dieser Erde* formuliert ist und in dem ich den Satz lese, *Ich benutzte den Distrikt Nangande in der Provinz Cabo Delgado als Experimentalgebiet.* Gegen Ende der sechziger Jahre kämpfte er Seite an Seite mit der FRELIMO, einer linksgerichteten Guerillaorganisation, die gegen die Portugiesen in Mozambique kämpfte und deren Vorbild die FLN war, die algerische Widerstandsbewegung, deren Sprachrohr Frantz Fanon war. Vater meinte neulich, dass er Museveni töten würde, wenn er könnte, dass dieser HIV-infizierte Soldaten in Gebiete im Norden Ugandas schicke, aus denen wir Langi stammen, um dort die Frauen zu vergewaltigen. Es ist eine Form der biologischen Kriegsführung, sagt Vater. Das ist so ein Stammesding, sagt er. Ich denke an das Wort *Experimentalgebiet*. Ich denke an unseren Vater, woher wir alle kommen, wohin wir unterwegs sind. Ich erinnere mich an ihn, als er auf einer der wenigen Reisen, die er nach seiner Ankunft in Schweden unternahm, in Dänemark am Meer entlanggeht. Es ist eine Begebenheit aus meiner Kindheit. Er steht mit dem Rücken zu mir in der Dünung, schaut aufs Meer hinaus, schaut den Himmel an.

Meine Mutter sagt: »Tränendes Herz.«

»Ich dachte, Schwarze könnten keine Piloten werden.«

P bleibt stumm, der Kollege des Mannes sagt:

»Was meinst du denn, wer die tansanischen Flugzeuge fliegt? Idiot.« Sein Gesicht wird sehr ernst. Er wendet sich P zu, sagt: »Wir sind hier fertig. Geh.« Er wedelt mit seiner halb aufgegessenen, safttriefenden Mango die Straße hinab, begegnet Ps Blick mit starrenden Augen. P wundert sich über die rasante Verwandlung – es ist fast, als wäre aus dem Nichts ein dritter Mann aufgetaucht. »Du bist kontrolliert worden. Geh, bis du nach Kisumu kommst. Bleib nicht wieder stehen. Geh.« Der Mann beißt in seine Mango, scheint sich für einen Moment in Gedanken zu verlieren. Der Wind im Gras. Der Wind über der Erde. »Geh, bis du nach Kisumu kommst«, sagt er. »Bleib nicht wieder stehen.«

»Ich möchte meine Jacke wiederhaben.«

Fruchtsaft läuft in einer dünnen Linie über das Kinn des Mannes, was ihn wie einen Dorftrottel aussehen lässt. Gereizt nickt er seinem Kollegen zu, der sich aufrichtet und die Jacke auszieht. P nimmt sie entgegen, sammelt seine Fotos auf und verknotet das Laken um seine Sachen. Er wirft sich das Bündel über die Schulter und geht schnell davon. Es beginnt in Strömen zu gießen, ein Wolkenbruch, der eine gute Stunde andauert. P versucht, aus den Pfützen zu trinken, die sich im

Straßengraben bilden, wölbt die Hände zu einer Schöpfkelle und führt sie zum Mund, aber das Wasser ist zu trüb, er spuckt es wieder aus. Stattdessen leckt er Regentropfen von Gesicht und Armen auf. Seine Kleider sind triefend nass, die Sandalen platschen. Der Regen klingt wie unterirdischer Applaus. Wenn er an die beiden Männer denkt, ist ihm nicht wohl in seiner Haut. Ihm fallen Geschichten ein, die er in seiner Kindheit gehört hat, von Geistern, denen man auf einer Landstraße begegnen konnte. Es hört auf zu regnen. Der Himmel wird langsam dunkel, bald ist er einen ganzen Tag lang gegangen. Er blickt hoch. Nach dem Regen hat es aufgeklart. Gutes Flugwetter.

Es war kurz vor Neujahr, nur ein paar Wochen vor Amins Putsch. Ein Fluglehrer und drei Kadetten flogen in großer Höhe, als eine der T-37 plötzlich in einer Rauchverpuffung abbremste und anscheinend in zwei Teile gespalten wurde – ein kleinerer Teil schoss senkrecht hoch, während der Rest des Flugzeugs in einem steilen Bogen abwärts verschwand. P keuchte auf:

»*Mayday, mayday*«, rief er in sein Funkgerät, »er hat sich herauskatapultiert, *mayday, mayday.*« Er hörte seinen Fluglehrer in das Helmfunkgerät fluchen und erhielt die Anweisung, zur Basis zurückzufliegen und zu landen. Hinterher erklärte der Ausbilder ihnen, die libysche Luftwaffe befürchte, das Land könne in einen Krieg mit Ägypten verwickelt werden, deshalb habe man alle libyschen Flugkadetten angewiesen, sich in der Endphase ihrer Ausbildung einmal mit dem Schleudersitz hinauszukatapultieren. Libyen sei bereit, jedes einzelne der abgestürzten Schulflugzeuge dafür zu bezahlen, dass die libyschen Piloten, die nach dem Ende ihrer Ausbildung riskierten, in Luftkämpfe mit ägyptischen Piloten verwickelt zu werden, die Veteranen aus dem Sechstagekrieg gegen Israel waren, sich einmal mit dem Schleudersitz aus ihrer Maschine katapultierten. In Ps Ohren klang das völlig verrückt, aber sein Fluglehrer schien nicht nur verärgert, sondern auch beeindruckt zu sein. Ein paar Tage später erzählte er K davon, als sie kurz nach dem Aufwachen in einem Hotelbett lagen. Er suchte in ihrem Gesicht nach einer Reaktion, als er beschrieb, wie der Schleudersitz hinausgeschossen wurde und das Flugzeug zur Spiegelfläche des Meeres hinabtrudelte. Als er sagte, dass die Piloten den Befehl bekommen hätten, den Schleudersitz auszulösen, ließ er es wie einen Scherz klingen.

»Sie haben den Befehl – abzustürzen!«

Sie schwieg.

»Wenn die Akademie herausfände, dass ich dir militärische Geheimnisse erzählt habe, würden wir beide erschossen«, sagte er, und daraufhin lachte sie, seltsamerweise, und boxte ihn in den Arm. Er erinnert sich an das Licht an jenem Morgen, einem Sonntag. Er war das dünne Licht gewöhnt, das in den europäischen Wintern aus den Himmeln fiel, aber an jenem Morgen ließen die Sonnenstrahlen, die durch die weißen Leinenvorhänge hereinfielen, das Gefühl in ihm aufsteigen, dass er sich in einer Szene aus einem der alten, ruckelnden Schwarzweißfilme befand, die er in seiner Kindheit gesehen hatte. Er streichelte Ks Wange und sah, wie ihr die Wirklichkeit der Geschichte und die beunruhigenden Verbindungen zu seinem eigenen Leben und somit eventuell auch zu ihrem Leben bewusst wurden.

»In Uganda wird es niemals Krieg geben«, sagte er. Dennoch hatte er das Gefühl, dass die Begebenheit auch für ihn beunruhigend wirklich geworden war, als er davon erzählte, er musste immer wieder an den libyschen Piloten denken, der an seinem

Fallschirm gebaumelt hatte, ein einsamer Spielzeugpilot über einem silbrig schimmernden Meer.

Das Foto vom Examenstag, auf dem sie in ihren weißen Uniformen posieren, ist vom Regen, der durch das Laken gedrungen ist, ein wenig feucht geworden. Er ist stehen geblieben und hat das Bild aus dem Album herausgenommen. Seine Hand zittert. Er sucht nach den libyschen Fliegern, hat erst das Gefühl, keinen von ihnen zu finden, dass sie gar nicht auf dem Bild sind, sieht dann aber doch einen von ihnen. Berührt sein Gesicht mit dem Finger. Er sucht nach seinem eigenen Gesicht, findet es jedoch nicht. Die Straße ist voller spitzer Steine, die sich durch die Sohlen seiner Sandalen gebohrt haben, und er steht lange da und betrachtet seine Füße und die flatternden, zerrissenen Riemen. Solange die Erde nicht rot ist, liegt bis Kisumu noch ein weiter Weg vor ihm. Er wirft einen letzten Blick auf das Foto, ehe er es zerreißt und auf die Erde wirft. Er zieht eine weitere Aufnahme aus dem Album und zerfetzt sie. Er schaufelt mit dem Fuß ein wenig Erde darüber, wie zur Probe, als wollte er testen, wie er sich dabei fühlt. Er tritt auf die Erde, ganz fest. Er zerreißt alle Bilder, auf denen er eine Uniform trägt oder vor Flugzeugen posiert, er schaufelt mit den Füßen Erde über die Schnipsel. Der Asphalt dampft in der gleißenden Nachmittagssonne, die Luft ist klebrig und schmeckt chemisch, wie Öl. Er hustet. Er hätte dieses Album niemals mitnehmen dürfen. Wenn jemand in dem Piloten auf den Fotos ihn erkennt, werden sie sich fragen, was er in Tansania tut. Er behält nur zwei Bilder, die ihn kompromittieren könnten: eines, auf dem er die weiße Sommeruniform trägt, die er so geliebt und in der er sich immer wie ein Himmelsgott gefühlt hat, und eines, auf dem er in Fliegermontur vor seiner T-37 steht. Er verbirgt sie in seinem Pass. Ein Verkäufer mit einem Fahrradkarren, der an ihm vorbeikommt, wird langsamer und mustert ihn neugierig. Er begegnet dem Blick des Mannes, hält ihm aggressiv stand, bis er vorbei ist. Er behält einzelne, anonyme Aufnahmen: Die Fotos von ihm und den anderen Ugandern in Trainingsanzügen oder am Strand. Er zerreißt den Rücken des Albums, wirft es auf die Erde. Als er fertig ist, bleibt er noch kurz stehen und betrachtet die zerrissenen Gesichter der jungen Piloten. Anschließend lässt er den Blick über die weite Ebene schweifen. Im Lager hat jemand erzählt, große Teile des Nordens von Tansania lägen genau wie Teile Ugandas und Kenias unter dem Meeresspiegel, und wo P jetzt steht, vermischen sich Himmel und Erde durch die Weite, als befände er sich weit draußen auf dem Meer. In der Ferne nähert sich auf der Straße eine Gruppe von Menschen in weißen Kleidern, trotzdem kommt ihm die Welt auf einmal völlig verwaist vor. Jeder Schritt fühlt sich an, als zöge man dicke, ineinandergeschlungene Seile aus der Erde. Zu beiden Seiten der Straße erstrecken sich Ozeane aus Gras. Das Licht aus dem strahlenden Raum über der Steppe verändert sich allmählich. Er begegnet zwei Männern, die ihre Fahrräder auf dem Rücken tragen, weil die Straße so schlecht ist, und hält sie mit einer hochgereckten Hand auf. Sie stellen ihre Räder ab.

»Komme ich bald am Zoll vorbei?« Er sagt es umstandslos. Einer der Männer zündet sich eine selbst gedrehte Zigarette an und lehnt sich gegen den Fahrradrahmen.

»An welchem Zoll?«

»Der Zollstation an der Grenze?«

»Es gibt keine Zollstation.«

»Wenn ich über die Grenze gehe?«

»Du bist schon über die Grenze gegangen.« Die Männer heben sich ihre Fahrräder wieder auf den Rücken. »Du bist in

Kenia«, ruft ihm einer von ihnen über die Schulter zu. P bleibt stehen und sieht ihnen sprachlos hinterher, als sie weitergehen. Er fühlt sich nicht befreit. Er versucht seine Schritte zu beschleunigen. Er fühlt sich nicht sicher. Die Sonne steht immer tiefer, die Schatten werden sehr lang.

Während seiner Ausbildung in Griechenland wurde die MIG-21 als ein Feindflugzeug durchgenommen, da sie von einer Reihe sozialistischer Länder am Mittelmeer eingesetzt wurde. Die griechischen Kadetten studierten die Stärken und Schwächen der Maschine, um zu lernen, wie man sie abschießt, sie sahen die Filmaufnahmen von Luftkämpfen zwischen amerikanischen Jagdflugzeugen und vietnamesischen MIG-21. Sie lernten, dass die Maschine bei Ausweichmanövern zwar an Geschwindigkeit verlor, dass sie aber sehr schnell aufstieg und eindeutig in der Lage war, amerikanische Flugzeuge der gleichen Generation, wie die F-4 Phantom, F-5 Freedom Fighter und den F-104, Starfighter zu besiegen. Die Überlegenheit der MIG-21 in der Anfangsphase des Vietnamkriegs hatte die Amerikaner veranlasst, Ende der sechziger Jahre zwei Luftkampfschulen zu gründen, die binnen kürzester Zeit auch bei Piloten auf der anderen Seite des Atlantiks einen legendären Ruf genossen: Top Gun und Red Flag.

Unter den Fotos, die P zerstörte, waren auch einige Aufnahmen von MIG-21, die P aus amerikanischen und israelischen Zeitschriften ausgeschnitten hatte. Die MIG-21, die in Uganda eingesetzt werden, sind nicht lackiert, sondern aus poliertem Aluminium. Wäre er zurückgekehrt, hätte er in der ugandischen Luftwaffe eine solche Maschine geflogen. Er zeichnete ihre Stromlinienform häufig mit dem Finger nach und fragte sich, wie es sich anfühlen würde, schneller als der Schall zu fliegen. Ob man das Gefühl haben würde, endlich alles hinter sich zu lassen. Nun liegen diese Bilder hinter ihm zerrissen im Staub. Er greift nach seinem Pass und zieht das Foto heraus, auf dem er seine Fliegermontur trägt und den Helm unter den Arm geklemmt hält. Er erinnert sich an die kurzen, zurückweichenden Deltaflügel der MIG-21, die robust gepanzerte Kanzel, den Lufteinlauf, der im Bug platziert war. Er hat Durst. Braucht dringend Wasser. Staub im Mund. Seine Beine geben nach, er sinkt nieder, bleibt am Straßenrand sitzen. Er will nicht weitergehen, dahinten, in Kisumu, in der Welt, gibt es nichts für ihn. Er bürstet sich die Hände ab, hält sie hoch, vor den dunkler werdenden Himmel. Seine Hände sind rot. Die Erde an ihnen ist rot. Rote Erde. Mit einer letzten, verzweifelten Anstrengung steht er auf. In der Nähe von Kisumu ist die Erde rot.

Er erreicht den Markt, der sich in westliche Richtung über die Savanne erstreckt, aber auch entlang der Straße gibt es Marktstände und Verkäufer, die ihre Waren auf Decken ausgelegt haben. Weit draußen über der Ebene sieht man eine kenianische Flagge, kraftlos im schwachen Abendwind. Er trottet mit seinem Bündel am Straßenrand entlang. Er könnte die Kleider in seinem Laken hier irgendjemandem verkaufen, glaubt aber, dass er in Kisumu mehr dafür bekommen kann. Er lässt den Markt hinter sich, sieht in östlicher Richtung eine Ansammlung von Häusern und biegt von der Straße ab. Er stolpert zwischen die angebundenen Ziegen, die rissigen Lehmwände, seine Sandalen schleifen durchs Gras, er verliert eine und kann sich fast nicht dazu aufraffen, sie aufzuheben und wieder anzuziehen. Das ist nicht Kisumu, nur ein kleines Dorf. Er sieht keine Menschen. Er stützt sich auf den Türrahmen zu einer Hütte. Er ist durchtränkt von Himmel, Regen, Flucht.

»*Pii*«, sagt er in die Dunkelheit hinein. Es ist das Wort für Wasser in seiner Sprache. Er flüstert es noch einmal: »*Pii*«. Er hat während der letzten Stunde gehört, dass die Leute hier Luo sprechen, eine Sprache, die mit Lango verwandt ist, und wiederholt das Wort in der Hoffnung, dass irgendjemand in der Hütte es hört und versteht. »*Pii*«. Ein Junge stellt sich in die Tür. Er betrachtet P, sein Mund steht halb offen, ihm fehlt ein Schneidezahn, er weicht wieder in das Dunkel der Hütte zurück. Seine Art, völlig in den Schatten zu verschwinden, ist irgendwie unheimlich. *Frage nie ein Kind um Hilfe.* P bleibt alleine stehen, lehnt sich an die Hütte, und seine Stimme ist so heiser und müde, dass es sich anhört, als spräche nicht er, sondern das trockene Gras und die rote Erde. Er muss Wasser bekommen. Wasser.

Der Junge kehrt mit einer Frau zurück, die eine Kalebasse dabeihat. Er nimmt sie an und trinkt, und als sie leer ist, gibt er sie zurück und zeigt darauf: mehr. Der Junge zieht an dem bunten Kleid der Frau und sagt etwas auf Luo, was P nicht versteht. Als die Frau mit der Kalebasse zurückkommt, stößt sie sich den Kopf am Türrahmen und lächelt ihn an, als wolle sie sich für ihre Ungeschicklichkeit entschuldigen. Sie ist jung, denkt P, erkennt dann jedoch, dass sie älter sein muss als er selbst, und daraufhin fühlt er sich erfüllt von trockenem Laub, Staub, roten Buchumschlägen, Wahnsinn, Jahren, Kilometern, Meilen, Wolken und trinkt, atemlos, wischt sich den Mund mit dem Ärmel seines Pullovers ab und gibt ihr zu verstehen, dass er noch mehr haben möchte. *Gib mir einen Wasserfall. Gib mir das Meer und den Himmel zurück. Gib mir mein Leben.* Als er eine dritte Kalebasse geleert hat, fragt er auf Kiswahili, ob es bis Kisumu noch weit ist, aber die Frau antwortet ihm nicht. Er wiederholt es auf Lango und danach in improvisierter

Zeichensprache, aber die Frau starrt ihn mit ihren intensiven, mandelförmigen Augen nur an. Hat er sie beleidigt? Ohne den Blick von ihm abzuwenden, ruft die Frau etwas. P weicht einen Schritt zurück. Er denkt an den Mann, der zu ihm meinte, er solle erst Halt machen, wenn er Kisumu erreicht hatte. Aber dieser Mann war ein Räuber. Die Frau ruft noch einmal, ein Wort. Nichts geschieht. Sie steht bloß in der Tür und starrt ihn an und scheint auf etwas zu warten. Er kann nicht erkennen, ob sie ängstlich ist oder bedrohlich wirkt. Es kommt ihm vor, als hätte sie ein Wort ausgesprochen, das geeignet ist, ihn aus einem Traum zu wecken, oder die Erde dazu zu bringen, sich vor ihm aufzutun und ihn zu verschlucken. Er hört den Wind, er hört das leise Geräusch von Stimmen aus einer offenen Tür weiter weg. Er wartet. Alles wartet. Ein Junge kommt aus der Nachbarhütte angelaufen, er ist barfuß, aber seine Füße sind sauber und glatt: Er geht in die Schule. Die Frau muss den Namen des Jungen gerufen haben. Die Frau und der Junge unterhalten sich kurz auf Luo, und als P dann noch einmal nach Kisumu fragt, erklärt der Junge auf Englisch, dass Kisumu nur ein paar Kilometer entfernt ist.

Ein paar einsame, elektrische Straßenlaternen leuchten in der Dunkelheit, als P zwischen die Backsteinhäuser und Wellblechhütten am Stadtrand gelangt.

Kisumu ist Kenias dritt- oder viertgrößte Stadt und gilt neben Kampala als wichtigste Hafenstadt am Viktoriasee. Das hat er in der Schule gelernt. Er geht durch die Gassen, an Bars und dunklen Schaufenstern vorbei, er fragt Nachtschwärmer nach dem Weg zum Busbahnhof und findet schließlich den Weg dorthin. Am Fahrkartenschalter sitzt eine ältere Frau, die ihm mitteilt, dass der Bus nach Nairobi in einer Stunde geht, eine Fahrkarte zwei kenianische Pfund kostet, Nairobi eine gut zehnstündige Busreise entfernt liegt. Er setzt sich auf eine Bank. Zieht die zerschlissenen Sandalen aus. Seine Füße sind geschwollen und zerschunden. Er öffnet sein Kleiderbündel, holt die Lederschuhe aus Griechenland heraus. Als er sie zugeschnürt hat, dreht er seine Füße im Licht der Straßenlaternen. Die Sandalen wirft er in einen Papierkorb. Er findet eine Toilette auf der Rückseite des Busbahnhofs, wäscht sich das Gesicht. Über dem Waschbecken hängt als Spiegelersatz ein Stück poliertes Aluminium. Er hat leuchtende Augen. Jetzt ist er bald am Ziel. Er blinzelt. Jetzt ist er geflohen. Jetzt ist er bald fort. Er geht in eine Bar und verkauft das Jackett und seine letzten drei Hemden dem Erstbesten, der bereit ist, so viel dafür zu zahlen, dass er sich eine Busfahrkarte kaufen kann. Er isst in einem billigen Restaurant. Auf dem Rückweg zum Busbahnhof kommt er am Hafen vorbei, wo ein Frachter über die bleidunkle Fläche des Viktoriasees gleitet. Die Wellen klatschen gegen den massiven Metallrumpf. Er erinnert sich an das Geräusch von Stränden, erinnert sich an den Strand in Griechenland, auf dem sein Fluglehrer zu ihm meinte, er könne verschwinden, ohne dass es irgendwer bemerken würde. Nun ist er verschwunden. Nun ist alles verschwunden. Einsame Meeresvögel kreisen über den Kaianlagen, die Unterseiten ihrer Flügel reflektieren das Licht der Stadt, orange, grün.

Am nächsten Morgen steigt er im Zentrum von Nairobi aus dem Bus. Kühle Hochlandluft, Nebel. Taxifahrer und Verkäufer eilen herbei und bieten ihm ihre Dienste an. Es regnet, ein feiner, rieselnder Regen, der nach Abgasen und Lehm riecht. Er zieht die Pilotenjacke an und wirft das schmutzige Laken in einen Papierkorb. Er friert. Autos fahren platschend vorbei. Akazien, Schlingpflanzen mit violetten Blüten, die an Toren und Mauern hochklettern. Er geht zwischen den Kolonialzeitvillen aus weißem Stein die King's Street hinab. Rechts liegt die britische Botschaft, und hundert Meter weiter biegt man ab und tritt unter die Bäume. Das Geräusch der Blätter im Regen. Die Geräusche des Himmels auf den Blättern. Weiße Menschen steigen in Autos, beäugen ihn misstrauisch. Die italienische Botschaft wird von einem kenianischen Militärpolizisten bewacht, der in einem Wachhäuschen steht. Er bringt die Lüge vor, dass er ein Visum beantragen möchte. Der Wachposten greift nach einem Telefonhörer, spricht etwas hinein und lässt ihn eintreten. Im Botschaftsgebäude sitzt ein italienischer Wachmann mit einem weißen Band diagonal auf der Brust, Schirmmütze, Schnurrbart, einer Maschinenpistole in einem Halfter aus weißem Leder. Der Mann liest eine Hochglanzillustrierte, ein italienisches Modemagazin. Als P eintritt, schaut er träge auf. »Zeigen Sie mir Ihren Pass.« Englisch. Regen schlägt gegen die Glastür des Foyers. Eine ältere Italienerin mit kurzen, graumelierten Haaren sitzt hinter einer schusssicheren Glasscheibe, der Wachmann schaut nicht in den Pass, sondern reicht ihn ihr durch eine Luke. Sie winkt P zu sich. Seine nassen Schuhe quietschen, als er über den Marmorboden geht.

»Sie sind ugandischer Staatsbürger. Sie benötigen für die Einreise nach Italien kein Visum.« Sie schließt die Luke. P bleibt längere Zeit regungslos stehen und starrt sein Spiegelbild im Glas an. In seinen schmutzigen Kleidern sieht er aus wie ein Schatten, ein Gespenst aus Regen, Lehm und Schatten. Als die Frau merkt, dass er noch vor ihrem Schalter steht, öffnet sie erneut die Luke.

»Ich bin nicht gekommen, um ein Visum zu beantragen.« Die Worte stolpern aus ihm heraus, hören sich lächerlich an. »Ich brauche Hilfe, ich muss mich mit einem Freund in Rom in Verbindung setzen, um Geld für ein Flugticket zu bekommen.« Er steckt den Kopf durch die Luke, aber die Frau hat sich bereits von ihm abgewandt und spricht auf Italienisch mit einer Person in einem Hinterzimmer. »Bitte, ich muss jemanden in Rom anrufen.« Die Frau beendet ihren Dialog mit dem Menschen in dem anderen Zimmer. Notiert etwas auf einem Zettel, den sie ihm reicht.

»Gehen Sie zur amerikanischen Botschaft.« Sie klopft mit dem Finger auf den Zettel. »Die Adresse.«

Der Regen. Ein Regen aus Nadelspitzen, aus Dunkelheit. Er geht gemächlich durch Nairobi, liest die Straßennamen, versucht die amerikanische Botschaft zu finden. Autos fahren vorbei und bespritzen ihn mit rotem Schlamm. Er hat gedacht, die italienische Botschaft würde ihm helfen, Kontakt zu seiner Kusine aufzunehmen. Vielleicht hätte er sagen sollen, dass er sich mit einer italienischen Staatsbürgerin in Verbindung setzen wolle. Der Marinesoldat, der am Tor zur amerikanischen Botschaft Wache steht, grüßt ihn in Habachtstellung, als er vorbeikommt. Er erwidert den Gruß, ein militärischer Reflex. *Die Umgangsformen und Traditionen der Akademie.* Aber schon im nächsten Moment ist das fort. Der Wind wehte es davon. Er geht mit hängendem Kopf durch den Garten. Es war der Wind. Das Foyer der amerikanischen Botschaft erinnert ihn an die Lobby des Athener Hotels, in dem er gearbeitet hat. Kronleuchter an der Decke, Marmorboden, eine Frau sitzt an einer Telefonzentrale.

»Ich bin Kampfpilot aus Uganda. Ich bin in Griechenland ausgebildet worden. Ich habe dort amerikanische Flugzeuge geflogen«, erläutert er. »Ich brauche Hilfe.« Die Frau bittet ihn, sich zu setzen und zu warten, drückt auf einen Knopf, spricht ins Telefon. Er zieht die Pilotenjacke aus, setzt sich auf einen Stuhl.

»Sir?« Er schaut auf. Ein Mann in einem dunklen Anzug ist in das Foyer gekommen.

»Ich bin politischer Botschaftssekretär. Würden Sie mich bitte in mein Büro begleiten?« Sie gehen durch Korridore, kommen an Wachposten und schweren Holztüren vorbei, die geöffnet werden. Ein Büro. »Nehmen Sie bitte Platz, Sir.« Er setzt sich. Der Botschaftsbeamte sitzt in einem riesigen Ledersessel hinter einem Schreibtisch, er wippt nach hinten und faltet die Hände vor sich. »Schön. Womit kann ich Ihnen behilflich sein, Sir?« Wenn P seine Geschichte erzählt und die Amerikaner ihm glauben, werden sie ihm vielleicht helfen, weil er in einem Natoland ausgebildet wurde. Wenn sie ihm nicht glauben, übergeben sie ihn womöglich den kenianischen Behörden, die ihn nach Uganda ausweisen oder nach Tansania zurückschicken könnten. Er kaut auf seiner Unterlippe und sieht den Mann in dem großen Ledersessel an. Dann holt er die Gegenstände aus der Brusttasche seiner Pilotenjacke: den Pass, die Waffengattungsbezeichnung, die aus Goldfaden gestickten Flügel, den Flugschein – er reiht die Sachen auf dem Spiegel des Mahagonischreibtischs auf. Die letzten Gegenstände im Universum.

Die Schaukeln auf dem Spielplatz weit hinter uns bewegen sich im Wind, die Ketten glitzern im schräg einfallenden Sonnenlicht. Peter und ich gehen am Straßenrand entlang, im Engelsstaub der Pusteblumen, der im roten Licht umherweht. Wir haben die sechste Klasse hinter uns, kommen in die siebte, ich halte ein langes Plastikrohr in der Hand, schlage damit ins Gras. Peter hat die Kapuze seines schwarzen Pullovers aufgezogen, er sagt, wir seien Angehörige eines geheimen Ninjaclans, die letzten eines großen Geschlechts. Seine Mutter stammt aus Kroatien, letzten Sommer war er dort, in seinem Heimatland. Er ist mein bester Freund. Ich schaue mit dem Plastikrohr in der Hand zum Spielplatz hinüber, aber die Jungen, die dort waren, sind fort. Einen von ihnen schlug ich, bis er weinte. Meine Mutter fragt, wo bist du gewesen, ich antworte, nirgendwo.

Siebenundzwanzigster August zweiundsiebzig. Ugandas Machthaber Idi Amin hat ein Datum für die Vertreibung der Mehrheit der im Lande ansässigen Asiaten festgesetzt.

Ich laufe mit ausgestreckten Armen wie ein Flugzeug. Ein paar Jungen ärgern mich immer wieder, einer von ihnen schießt beispielsweise meinen Basketball weg, und ihre Gesichter sind wie

Porzellanmasken. Der Ball segelt über den Himmel. Sie sagen Dinge über mein krauses Haar, meinen Körper, meine Haut, sie lachen, und dieses Lachen gehört zu diesem Land, den Reihenhäusern, den Bäumen. Heute Abend habe ich einen von ihnen geschlagen, und er flennte und bekam Nasenbluten. Ein Spritzer seines Bluts ist auf meinem Pullover. Peter hat es gesehen. Ihn ärgern sie nicht, nur mich. Wir balancieren auf der Mittellinie, ein Auto hupt, blendet auf, weicht aus. Streif mich, wenn du kannst.

Achtundzwanzigster August zweiundsiebzig. Laut Amin kämpfen die tansanischen Truppen, die Ugandas Grenzen verletzen, unter chinesischen Offizieren. Die Leiche eines Mannes, beschrieben als chinesischer Oberst und bekleidet mit einer Uniform der tansanischen Armee, wird vor dem internationalen Konferenzzentrum Ugandas zur Schau gestellt.

Vater besucht uns in diesem Sommer. Er raucht auf dem Balkon. Seine Kleider sind in einer großen Sporttasche im Flur. Er wohnt jetzt in Göteborg, bald fährt er wieder dorthin zurück. Ich liege auf dem Rücken und schaue in den Himmel, und wenn ich in den Himmel schaue, denke ich jedes Mal an meinen Vater, der von dort oben kommt. Peter ruft, dass ein Auto kommt und ich aufstehen muss, und ich sehe das Licht der Autoscheinwerfer und springe auf und sehe meinen eigenen Schatten vor mir flattern. Er läuft.

Ich habe auch einen Freund aus Afrika, S, er ist unser Nachbar. In diesem Sommer spielen wir manchmal Basketball. Sein Vater kommt ebenfalls aus einem Krieg in Afrika, und bei ihm daheim läuft ununterbrochen der Fernseher, ohne dass ein Sender eingestellt ist, und sein Lachen gehört zum Körper und zum Metall im Rahmen der Fahrräder, zu den Maschendrahtzäunen.

Dreißigster August zweiundsiebzig. Die befohlene Vertreibung überrascht Großbritannien. Die britischen Behörden haben General Amin bislang als einen Mann betrachtet, mit dem man zusammenarbeiten kann. Der ugandische Rundfunk hat begonnen einen Countdown bis zum Vertreibungsdatum zu senden.

Ich atme auf die Glastür eines Treppenaufgangs und schreibe meinen Namen in die beschlagene Stelle. Meine Handflächen und Fußsohlen sind weiß, und die anderen ärgern mich sogar deshalb noch, sie sagen, dass ich auf allen vieren stand, als Gott mich bemalte. Aber Gott hat mich lieb.

Vierter September zweiundsiebzig. Sechzehn aufgebrachte und verzweifelte Asiaten aus Uganda landen in London und sagen, sie seien »einer Hölle auf Erden« entflohen.

Passagiere, die auf dem Flugplatz von Entebbe zwischengelandet sind, erklären, sie seien angewiesen worden, die Jalousien an den Fenstern herunterzulassen, hätten aber durch die Ritzen gelugt. »Ich habe noch nie ein solches Chaos erlebt«, sagte ein indischer Geschäftsmann, der aus Kampala kam. »Die Leute rannten in allen Richtungen durch den Flughafen.«

Peter hat im Werkunterricht Wurfsterne gebastelt, sie aus Blech ausgeschnitten und geschliffen. Er wirft sie, sie klirren über die Straße, wir sammeln sie ein und werfen sie noch einmal, sie leuchten im Licht der Straßenlaternen wie große, plumpe Schneeflocken aus Metall.

Peter dreht einen Stern in den letzten Sonnenstrahlen, streicht über die scharfen Kanten.

S sammelt Speichel im Mund, spuckt aus und sagt, dass wir Kanaken sind und zerstören müssen, was uns zerstört.

Dann hält man die Hausschlüssel wie einen Schlagring.

Über unseren Köpfen bewegen sich die Blätter. Wenn Vater wieder abreist, werde ich mir wünschen, dass er mich mit sich trägt. Das wünsche ich mir immer. Ich will, dass er mich mitnimmt und aus diesem Land fortbringt, das mich hasst.

Peter nimmt meine Hand und setzt die scharfe Spitze auf die Haut. Wir wollen Blutsbrüder werden. Ich lasse zu, dass er die Spitze dorthin hält. Auf mein Leben. Ich denke an den Moment zurück, als ich die Hand zur Faust ballte und zuschlug. Das war schön. Ich spürte, dass sich mein Herz in meinem Körper befand. Wir zogen aus unserem geliebten Japan hierher, Peter und ich sind die letzten eines großen Clans. Ich zog den zweiten Jungen an den Haaren, wir schrien. Peter lässt meine Hand los, er zeigt mir den blutigen Stern, ich balle die Faust um den blutigen Schnitt, ein Tropfen Blut trifft den Asphalt. Mir wird schwindlig. Der Wind lässt das Gras am Straßenrand wogen. Die alten Dynastien sind nicht mehr, sagt Peter. Sie sind Staub im Wind. Sie sind die Luft, die wir atmen.

Fünfter Oktober zweiundsiebzig. In der ugandischen Hauptstadt haben in den letzten Tagen Panik und Verwirrung geherrscht. Überall ist Militär, vor allem rund um die Parlamentsgebäude. Panzerfahrzeuge kontrollieren Passanten, insbesondere Europäer. An einer Absperrung wurden Asiaten ihre Wertgegenstände geraubt. Die tansanischen Streitkräfte an der Grenze werden zurückgedrängt. In Kampala sind alle Geschäfte geschlossen. Die Vertreibung der Asiaten geht weiter.

S wirft seine leere goldene Bierdose auf die Straße. Wir hassen dieses Land. Keiner hat uns jemals die Hand gereicht. Wir sind siebzehn, wir sitzen auf einer Parkbank. Ich hole eine neue Bierdose aus der Tasche und gebe sie ihm. Ich schaue sein Gesicht an, und alles schrumpft, als entfernte ich mich schnell: die Hochhäuser, die Bäume hinter ihm, alles versinkt, verschwindet schon, verschwindet schon. Aber er ist mein Bruder, und ich werde den Arm um seine Schulter legen, wenn wir fortgehen, oder nach Hause, falls es ein solches gibt, alles, was es gibt, ist Freundschaft aus Metall und Bier, das wir in der Tanke klauen, und Musikkassetten, auf denen wir unsere Stimmen aufnehmen, und Vater sagt, dass ich Diplomingenieur werden muss wie mein großer Bruder, weil es Krieg geben kann, aber ich möchte etwas anderes werden. Ich bin zu groß, um Pilot zu werden, was früher mein Traum war, aber ich möchte etwas werden. Schatten flattern über die Wände der Kinderzimmer, über die abgetretenen Kunststoffböden der Jugendzentren, über die Fußgängerunterführungen, in denen wir die Namen unserer Seelen mit Sprühfarbe schreiben. Schatten, Väter, Abstand. Herbstlicher Nieselregen treibt über der Stadt. S und ich trinken fast jeden Abend Bier auf unserer Bank und labern Scheiße und rappen in unsere geschlossenen Hände, und ich liebe den Rausch, der mich tröstet, und meine Freundin, die mich liebt, und die Nacht, die mich trägt, und ich bin gut in der Schule und S ist schlecht, so ist es nun einmal. Ich stelle mich hin und schattenboxe mit ihm, schlage gegen seine Schulter, er stößt mich mit Kraft, und wir lachen. Vorhin, in der Stadt, hat er irgendeinen Idioten geschlagen. Er prügelt sich für etwas in ihm selbst, ich weiß nicht, was es ist, und für meine Kindheit. Ich lasse den Kopf hängen. Ich will mein Leben aufs Spiel setzen, in mir gibt es keinen Mittelpunkt, alles ist Schnelligkeit, die diese Welt verschwommen werden lässt, Nasenbluten, Samenergüsse, Kumpel, Kuschelsongs auf der Schulfete, tretende Asis, Nigger, Hiphop, das Leben, und ich gehe nach Hause, und der Duft feuchten Laubs ist metallisch, und der Regen fällt in die Leere zwischen den Häusern, und es gibt dort eine Verlassenheit, die mir gehört und die ich bin. Ich bin Marxist-Leninist. Ich rufe unter einem Balkon. Ich bin Kwame Nkrumah. Ich bin das schwarze Lumpenproletariat, und die Idioten können nicht einmal meinen Nachnamen aussprechen, und dieses Land hat auf alle unsere Väter geschissen, so ist es nun einmal. Ich ziehe eine Linie aus Chrom über eine Häuserfassade, ziehe die Sprühdose einfach über die ganze Strecke, während ich heimgehe, oder fort, wenn es das gibt.

Ein Radfahrer fährt vorbei: Sein Spiegelbild gleitet sachte durch die Pfützen. P hält ein Bündel kenianischer Geldscheine in der Hand, er hat sie von dem Amerikaner bekommen. Er steht zehn Schritte vor den Toren der Botschaft, aus dem Abend ist Nacht geworden, während er in ihr saß und redete. Sonnenfarbene Mangoblüten vor einem dunkler werdenden Himmel, Blütenblätter in Wehen auf dem Erdboden verstreut, heruntergespült vom Regen. Mit dem Geld eine simple Gebrauchsanweisung: Lebe im weißen Teil von Nairobi, und das Geld reicht einen Tag, lebe mit den anderen Afrikanern, und das Geld reicht einen Monat. Er zieht die Pilotenjacke an und schiebt die Hände in die Taschen. Wenigstens haben sie ihn nicht den Behörden übergeben. Ziellos streift er durch Nairobi. Kurz vor Sonnenaufgang legt er sich hin und schläft in einem Busbahnhof, in dem andere Obdachlose auf Bänken und entlang der Wände liegen. Nur eine Stunde später wacht er wieder auf und rutscht mit dem Rücken an der Wand hoch. Morgendliche Pendler gehen vorbei. Sie sehen ihn nicht an. Er friert in seinen feuchten Kleidern. Er schaut auf seine eleganten Schuhe herab, die er so lange geschont hat. Warum helfen die Amerikaner ihm nicht? Er ist in Griechenland ausgebildet worden, von der Nato. Er sollte zur UN gehen und sich registrieren lassen. Der Hauptgrund dafür, dass er nach Nairobi gekommen ist. Aber er weiß nicht, wie man das macht, und hat Angst, nach Tansania oder Uganda ausgewiesen zu werden, wenn er sich an die kenianischen Behörden wendet. An einem Imbiss vor dem Busbahnhof kauft er sich etwas zu essen, ein Fleischgericht mit Reis, das dampfend heiß in einer Spitztüte aus Pappe serviert wird. Die schwarzen Viertel der Stadt, Blechdächer, die unter heftigen, rasch vorüberziehenden Regenschauern erzittern. Ihm kommt seine Familie in den Sinn, und er denkt, dass er sich jetzt mit ihnen in Verbindung setzen wird, dass er es bald tun wird. Als es Nacht wird, mietet er ein Zimmer in einer billigen Pension, schläft die nächsten Tage aber wieder im Busbahnhof, um Geld zu sparen. Manchmal trinkt er Bier, torkelt unter dem Nachthimmel umher, bricht unter Bäumen, in Sträuchern zusammen. Er träumt nicht länger vom Fliegen, stattdessen dringt das Lager in seine Nächte ein. In seinen Träumen läuft er und fällt oder sitzt an die Wand des Schlafsaals gelehnt und beobachtet die anderen beim Fußballspielen. Sein Kassettenrekorder verwandelt sich in ein Funkgerät, mit dem er die Nachricht empfängt, dass seine Familie von Amins Männern ermordet worden ist. Wachsein und Schlaf fließen ineinander, und das Dasein als Obdachloser in Nairobi ist auf einmal untrennbar mit dem Leben im Lager verbunden. Es ist das gleiche Material.

Eines Nachmittags betritt er ein heruntergekommenes Hochhaus und steigt die Treppen hoch. Gelangt aufs Dach hinaus. Der Wind kühlt sein verschwitztes Gesicht, Nairobi wimmelt zu seinen Füßen. Im Stadtzentrum gibt es riesige Slums, und jenseits der Stadtgrenzen wachsen große Barackensiedlungen, die in der ersten Hälfte des 20. Jahrhunderts entstanden, als die Briten den Bauern ihr Land raubten und diese hierher fuhren, um sich Arbeit und eine Bleibe zu suchen.

Über den Müllkippen kreisen Vögel. Er bleibt dort oben lange stehen, erinnert sich aber nicht mehr, wie es sich anfühlte. Es ist verschwunden. Er weiß nicht mehr, was für ein Gefühl es war zu fliegen.

Kurz vor Sonnenaufgang kommt ein Lieferwagen, und ein Stapel von *The Nation* wird auf dem Bürgersteig vor dem Busbahnhof abgelegt. Manchmal schnappt er sich eine Zeitung, ehe der Mann, dem der Kiosk gehört, auftaucht. Die meisten Obdachlosen in Nairobi kommen vom Land und sind Analphabeten, und da er kein Misstrauen erregen will, hält er die Zeitung auf dem Kopf, um den Anschein zu erwecken, nur so zu tun, als könne er lesen. Die Pendler zeigen mit dem Finger auf ihn und nennen ihn einen Idioten, einige sagen freundlich und hilfsbereit, er solle die Zeitung doch umdrehen. Die meisten, auch alle, die ihm helfen wollen, lachen, und er sieht, dass sie kurze Dialoge über ihn führen, dass die Leute über diesen strohdummen Obdachlosen sprechen, der die Zeitung falsch herum liest. Er ist seit einem knappen Monat in Nairobi, als er eines Tages unter einem Dachvorsprung sitzt und in den Inlandsnachrichten blättert, die um Kenyattas Landreformen und Stammesunruhen kreisen, Nachwehen des Mau-Mau-Aufstands. Zwischen den Auslandsnachrichten der Tageszeitung entdeckt er dann eine Notiz über Uganda und erkennt auf einem Foto ein Gesicht. Ein Tosen im Ohr. Er liest: *Ugandische Dissidenten marschierten letzten Donnerstag in Uganda ein und unternahmen den Versuch, die Grenzstadt Mutukula einzunehmen.* Auf dem Foto liegt der Medizinmann in einer grünen Uniform tot auf der Straße. *Die Invasionstruppe erlitt massive Verluste, als sie von ugandischer Infanterie und motorisierten Bataillonen zurückgeschlagen wurde.* Er faltet die Zeitung zusammen und legt sie fort, weil er das Gefühl hat, er könnte jeden Moment ertappt werden. Als würde das Bild in der Zeitung ihn zeigen. Er presst den Hinterkopf gegen die Wand, atmet schnell und tief durch den Mund. Seine Augen irren ziellos umher. Er hebt die Zeitung wieder auf, seine Hände zittern, er liest noch einen Satz. Die schlecht ausgerüsteten Soldaten wurden bis auf den letzten Mann ausgelöscht, als sie in der Stadt umzingelt und die ganze Nacht über von Artillerie und Luftwaffe bombardiert wurden. Er fährt sich mit den Händen über das Gesicht. Wenn er mit den anderen Obdachlosen spricht, lügt er grundsätzlich und behauptet, aus dem Sudan oder aus Tansania zu stammen. Er benutzt falsche Namen. Er lässt die Zeitung liegen und geht davon. Weißer Himmel, die Hochhäuser versinken in den Abgasen. Er setzt sich auf eine Bank, starrt in den Verkehr hinaus. Er hat ständig Angst. Er hat Angst, krank zu werden und in einer Klinik zu landen, in der er sich ausweisen muss. Er hat Angst, dass ihn jemand auf der Straße anhält und wissen will, woher er kommt, dass die Polizei ihn verhaftet. Die festgetretene Erde unter seinen Füßen ist von Papierfetzen, Kartons und welken Blättern bedeckt, in die der Wind fährt. Sie wurden bis zum letzten Mann ausgelöscht.

Er geht unter Reihen von Aprikosen- und Mangobäumen und trägt einen geflochtenen Korb auf dem Rücken. Er hält sich jetzt seit einem guten halben Jahr in Nairobi auf und arbeitet als Tagelöhner – Lastwagen kommen von den Obstplantagen vor den Toren der Stadt und sammeln vor dem Busbahnhof Obdachlose auf und lassen sie für ein paar Schilling am Tag Obst ernten. Er pflückt eine Aprikose, beißt hinein. Sie ist süß, der Geschmack der Sonne. Er denkt an den Jungen mit der Baseballkappe, der richtige Zigaretten rauchte, an den alten Polizisten, an andere, die er im Lager kannte.

Eines Nachts stopft er seine Pilotenjacke, seinen Pass, sein Fluglogbuch und alles andere, was er aufheben möchte, in eine Plastiktüte und vergräbt sie in einem Park.

Wenn er nicht auf den Obstplantagen arbeitet, verschwinden Wochen im Halbschlaf an einer Wand, in einer Müdigkeit, die zur Straße und zum Schotter und dem ständigen Rauschen des Verkehrs gehört. Er spürt Wirbel, die hinter seinem Stirnbein rotieren, etwas in ihm, was nicht er ist, etwas, das tot und schwer und kalt ist, das immer weiter herumgeschleudert wird.

Wäsche flattert in den Gassen, in denen das Abwasser aus den Häusern direkt auf die Straße läuft.

Wenn er morgens in seine Lumpen eingerollt erwacht, glaubt er manchmal, in einem Grab zu liegen. Sein Mund schmeckt nach Erde. Seine Zunge ist aus Erde.

Der Junge. Der Mann in der Tür. Der Junge ruft etwas.

Er sticht einen langen, getrockneten Grashalm in sein Herz, und dieser wächst zu einer Savanne aus flatternden Schatten. *Du sollst keine Angst vor mir haben. Ich bin dein Bruder.*

Er blinzelt, die Sonne blitzt in einem Blechdach auf und verweilt noch einen Moment in seinen Augen. Er fährt in einem Bus aus Nairobi heraus. Seit fast einem Jahr ist er in der Stadt und begreift nicht, wie die Zeit so schnell verstreichen konnte. Als er aussteigt, werden seine Füße in den Schlamm gesaugt, und er fällt geschwächt um und fängt sich mit den Händen ab, die bis zu den Handgelenken einsinken. Er versucht aufzustehen, ist sehr betrunken, hat während der gesamten Busfahrt getrunken. *Die schlecht ausgerüsteten Soldaten wurden bis zum letzten Mann ausgelöscht.* Er ist zu einer der Barackenvorstädte gefahren, um dort zu sterben, sich das Leben zu nehmen. Der Morast besteht aus Erde, die sich mit Regen, Urin und Kot vermischt hat und zu einem Fluss aus schmieriger Materie geworden ist, die in die Behausungen einsickert und die Gesichter der Menschen befleckt. Seine Beine geben nach, und er sinkt an eine Blechwand gelehnt zu Boden. Alles um ihn herum ist glasklar und scharf. Kartons, die von den Leuten als Bleibe benutzt werden, ein Junge mit einem Stumpf statt eines Fußes, der im Schatten geflochtener, halb verrotteter Palmblätter schläft. Eine angebundene, magere Ziege zieht an ihrem Seil und meckert. *Ich bin dein Bruder.* Er fragt sich, was er in Nairobi zu finden hoffte. Er hebt eine Glasscherbe auf, hält die scharfe Kante an die Haut seines Handgelenks. Er hat keine Zukunft. Keine Zukunft. *Hab keine Angst vor mir.* Hühner gackern. Keine Zukunft. Die Hand zittert.

Seine Mutter hebt eine Handvoll Erde auf. Ihre Hand ist faltig, fest, hager. Sie hält die Erde über ihn, sie ist trocken und weht in einem dünnen Streifen vor den dunklen Wolkenbänken des grauen Nachmittags. Er liegt in einem Erdloch und schaut zu ihr hoch. Dann bemerkt er, dass auch seine Brüder und Schwestern da sind, ihre hohläugigen, starren Gesichter beugen sich über ihn. Sie weinen. Er liegt in seinem Grab. Einer seiner Brüder hebt etwas Erde auf und wirft sie auf ihn.

Die Tränen in seinen Augen fühlen sich an wie schmelzendes Zinn, er umklammert die Scherbe, bis seine Finger bluten, will die Hand zwingen zu schneiden. Irgendwo in seiner Nähe schreit ein Säugling, das Blut aus seinen Fingern vermischt sich mit der Erde, er hält die scharfe Kante an sein Handgelenk, aber der Säugling schreit, warum schreit er – er blickt auf und sieht eine Frau, die ihr Kind stillt und bis zur Taille in dem roten, übelriechenden Schlamm hockt, und daraufhin denkt er an seine eigene Mutter, Mama, die ihre Kinder an ihrem Finger hochhielt und sie ansah und ihren Namen sagte und blies-

Die Küstenlinie unter dem Flugzeug sinkt, in der Ferne sieht man die äußersten Archipele der griechischen Inselwelt. Er erhöht die Treibstoffzufuhr. Regenschauer im Osten, die Kontrolltürme schnattern im Helmfunkgerät, Morsecodes, Wale, die in der Tiefe singen:

Istanbuls Flugplatz
Athens internationaler
Flugplatz Rom –
Er fliegt nach Westen. *Ich verlasse*
die Formation, Sir, Kurs 354-

Seine Kleider sind rot von getrocknetem Schlamm, als er ins Zentrum von Nairobi zurückkehrt, zu seinem Schlafplatz im Busbahnhof, zu seiner Arbeit auf den Obstplantagen, zu seinem Leben, seinem Leben, das weitergeht, obwohl das unmöglich ist, obwohl das bloß sein Leben ist, nackt wie ein Stück Schlachtabfall auf der Straße. Sein Herz schlägt weiter, der Baum aus Blut wächst durch Brust und Arme, unmöglich, er läuft durch die Gegend, mager und bettelarm, und wenn er im Freien sitzt und es anfängt zu regnen, sucht er keinen Unterschlupf, sondern lässt das schwarze Wasser an sich herablaufen, lässt sich durchnässen. Brei dampft auf Blechtellern. Monate vergehen. Er schlägt sich, schreit, weint, die Jahre vergehen, sie wehen einfach durch seine Finger hindurch, manchmal lacht er sein perlendes, ehrliches Lachen, wenn einer der anderen Obdachlosen einen Witz macht, wenn er sich mit selbst gebranntem Palmwein betrunken hat, schreit er zu den Sternen hinauf. Manchmal träumt er von einem Mann, der ihm den Rücken zuwendet, und dann wacht er auf und denkt, dass Gott nur eine Distanz zu allem ist, ein abgewandter Rücken. Er schreibt Briefe an seine Familie, an John und an F, an die Adressen, die er von ihnen hat, er schreibt, dass er im Busbahnhof von Nairobi schläft und Geld benötigt, dass sie ihn dort antreffen können, wenn sie leben. Aber es kommt niemand. Er schläft in den Armen des Todes. Er schläft in den Armen seines Bruders.

Verwilderte Hunde wühlen im Müll. In die Plastiksäcke, die sie auf die Straße zerren, fährt der Wind, sie heben ab, werden wieder auf die Erde geworfen. Es ist, als glitten alle Dinge und Wesen um ihn herum in ein immer stärkeres Tosen hinaus, ein anschwellendes Donnern von Wellen, die an ein Ufer schlagen.

Neunzehnhundertfünfundsiebzig. Der letzte Tag im Februar. Tausende Menschen sind von Amins Militär und Geheimdienst ermordet worden: Die Zeitungen, die er falsch herum liest, veröffentlichen immer öfter Berichte über Massenhinrichtungen und Stammeskonflikte, die außer Kontrolle geraten sind. Er geht langsam, ziellos, es ist Vormittag, er betrachtet den Himmel über den schadhaften Dächern und denkt an die Zeit zurück, in der er dort oben flog, eine Zeit, die inzwischen wirklich ein anderes Leben ist. Er lacht vor sich hin, verstummt, bleibt stehen, ist verwirrt. Wie ging das noch, wenn man marschierte? Man schlug den Absatz in die Erde und schwang den Körper herum, so – er lächelt in sich hinein. Er kommt an einem Bettler auf einer Bürgersteigkante vorbei, legt ein paar Münzen in seine ausgestreckten Hände. Bleibt mitten im Schritt stehen, sucht in seiner Tasche. Er hat kein Geld mehr. Mit diesen Münzen hatte er Brot kaufen wollen, es waren seine letzten. Bettlern ein paar Münzen hinzuwerfen, war Bestandteil eines anderen Lebens. Er hat die Hände in den Taschen und will sich umdrehen und den Mann bitten, ihm sein Geld zurückzugeben.

»Du schläfst immer im Busbahnhof.« Der Bettler lässt die Münzen in seiner Hand klimpern. »Ich habe dich da gesehen. Im Busbahnhof?« Der Mann, der in Ps Alter ist, zeigt ein zahnloses Grinsen, steht auf. »Schlaf diese Nacht woanders«, sagt er. Damit dreht er sich um und geht davon, und obwohl P ihm hinterherruft, bleibt er nicht stehen, sondern biegt um eine Straßenecke und ist verschwunden. Es lässt einen nicht los, wenn ein Mensch so etwas sagt und sich anschließend einfach umdreht und davongeht und fort ist, und etwas an dieser eigenartigen Begegnung bleibt den ganzen Tag über haften und entwickelt sich am Abend zu einer inneren Unruhe, so dass ihn seine Schritte zu einer Pension führen, in der er auf Pump übernachten kann, obwohl die hereinbrechende Nacht lau und angenehm ist, so dass er sie gut im Busbahnhof hätte verbringen können. Er nimmt sich ein Zimmer und verspricht, es zu bezahlen, sobald er wieder Arbeit auf den Obstplantagen bekommt. Er setzt sich ans Fenster, vor dem ein Mückennetz hängt, und rupft zwei Nägel heraus und lehnt sich hinaus und versucht, einen Blick auf ein Stück Himmel zu erhaschen. Sieht nur Fassaden. Das Mückennetz flattert. *Schlaf diese Nacht woanders.*

Irgendwann in dieser Nacht wird er von Donner geweckt. Er wälzt sich in den fadenscheinigen Laken hin und her, liegt mit offenen Augen im Bett, das Licht der Straßenlaternen fällt auf die Backsteinwand vor dem Fenster, malt sie blau.

Am Morgen spaziert er zum Busbahnhof, um mit einem der Lastwagen zu den Obstplantagen hinauszufahren. Eine Rauchsäule steigt zum frühmorgendlichen Himmel auf. Brände sind in Nairobi nicht weiter ungewöhnlich. Die Straße vor dem Busbahnhof ist voller Polizisten in dunkelblauen, kurzärmeligen Hemden. Er bleibt stehen. Die Polizisten rauchen und reden, Einsatzfahrzeuge stehen mit eingeschalteten Blaulichtern am Straßenrand geparkt, die Lichter drehen sich lautlos und lassen die Gesichter der Polizisten blau und orange aufleuchten. Er befürchtet, dass die Polizisten seinen Ausweis sehen wollen, und weicht deshalb ein paar Schritte zurück. Es sieht so aus, als hätte der Busbahnhof gebrannt. Eine Hand auf seiner Schulter – er dreht sich um. Ein Polizist.

»Was tun Sie hier?«

»Ich bin auf dem Weg zur Arbeit.«

Der Polizist mustert ihn von Kopf bis Fuß. Ein jüngerer Mann, in Ps Alter. »Tagelöhner?«

Ein Windstoß treibt dicke Asche in Ps Gesicht, und als er den Blick zu den Palmen über sich hebt, sieht er, dass die trockenen Blätter gebrannt haben und sich wie Rußflocken vom Licht absetzen.

»Ja«, sagt er. »Was ist passiert?«

»Eine Bombe ist an Bord eines Busses explodiert. Siebenundzwanzig Menschen sind getötet worden.«

Er denkt an die anderen Obdachlosen, die unter den Opfern sein müssen. Menschen gehen an ihnen vorbei, manche von ihnen weinen oder schreien. Er friert, obwohl es ein warmer Morgen ist.

»Eine Bombe?« Er sollte lieber nicht sprechen, aber es ist ihm einfach so herausgerutscht. Er blickt die ganze Zeit an dem jungen Polizisten vorbei auf das Chaos, den Rauch.

»Der enthauptete Körper der Kartenverkäuferin wurde mehrere Meter vor dem Bus gefunden.«

Was für eine merkwürdige, brutale Aussage.

Als P davonwankt, liegen einige hundert Meter vom Busbahnhof entfernt noch immer brennende Wrackteile zu seinen Füßen verstreut. Tage später steht in einem Zeitungsartikel, eine Bewegung, die sich *Die Freiheitsarmee der armen Leute* nenne, habe sich zu dem Anschlag bekannt. Die Bombe habe ein zwei Meter großes Loch in den Bus gerissen, und noch in fast einem Kilometer Entfernung seien Glasscheiben zerbrochen. Ein Augenzeuge, der sich zum Zeitpunkt der Explosion im Bahnhof aufgehalten hat, beschreibt, dass »ein Regen aus Körpern gegen die Wand schlug«. P schläft daraufhin nicht mehr im Freien oder im Busbahnhof. Er fährt zu den Obstplantagen und zurück, betrachtet die anderen Arbeiter, die dichtgedrängt und hohläugig auf der schaukelnden Ladefläche sitzen. Der Fahrtwind lässt die Glut seiner Zigarette aufleuchten. Der Erdboden ist gesprenkelt von den Schatten der Bäume. Abends sitzen Vögel in Reihen auf den Firsten der Wellblechdächer. Er liegt in seinem Bett in der Pension und denkt an das Geräusch menschlicher Körper, die wie ein Regen gegen eine Wand schlagen. Er denkt ans Überleben. Wenn er die Augen schließt, quellen Wolken unter den Lidern hervor. Schiphol, John F. Kennedy International – die Namen der Flughäfen hat er in Griechenland gelernt. An den Abenden blätterte er in Atlanten. Luton, Newark. Die Arme hat er im Nacken verschränkt, sein Blick flackert unter den Lidern, irrt und verliert sich wie bei einem Sterbenden. Weiße Gebirgszüge. Zenata, Diagoras, Ministro Pistarini.

Sie war zwölf, dreizehn, wohnte zur Untermiete bei einer alten Witwe und saß in ihrem Bett und machte Hausaufgaben. Wenn sie fertig war, schaute sie auf die Straße hinaus, auf die herabgefallenen Blätter, die über den Himmel wehten, den Schnee, der im Licht der Straßenlaternen wirbelte, die Blütenblätter der Obstbäume, die im Frühjahr fielen. Sie war von dem Bauernhof, auf dem sie aufgewachsen war, in einen größeren Ort gezogen, um dort in die Mittelstufe zu gehen. Sie hielt ihr Leben wie eine Glaskugel gegen das Abendlicht, untersuchte es und kam zu der Einsicht, dass sie fortwollte.

Blauer Heinrich.

Leberblümchen. Sternblume.

Sie ging in einer kleineren, mittelschwedischen Stadt auf die Fachhochschule für Sozialwesen, in den Fluren ihres Studentenwohnheims hingen Zettel über sozialistische Jugendlager in Dänemark, Jugoslawien aus. Sie brach auf. Sie stand mit einem Spaten auf der Schulter und roten Fahnen hinter sich.

Mohn. Rittersporn.

Sie reist mit dem Bus vom Flughafen ins Zentrum von Nairobi. Sie sitzt am Fenster ihrer Pension, an einem lauten, warmen Abend, und lauscht den Stimmen im Flur, den Stimmen auf der Straße, den Stimmen in der Welt.

Das Geräusch vorbeifahrender Autos verhallt. Er blinzelt, setzt sich im Bett auf. Er hört Schritte im Flur, die nach Holzschuhen klingen, obwohl er weiß, dass in diesen Teil Nairobis keine Europäer kommen, dass er sich tief im schwarzen Kern der Stadt befindet. Dennoch sind es Holzschuhe, die da draußen über die Dielen klappern, und die Einzigen, die solche Schuhe tragen, sind europäische Frauen.

Sie steht in roten Holzschuhen im Flur und spricht in schlechtem Kiswahili mit dem Personal der Pension. Sie hält einen Wäschekorb im Arm.

Sie flanieren an Ufern entlang, treffen sich jede Woche, dann jeden Tag. Akacia. LaGuardia. Wehende Blütenblätter, sie tasten mit den Händen vor sich, flechten ihre Finger ineinander. Kletterrose.

Alles verdichtet sich, alles wird so, wie es am Anfang von allem ist. Sie ziehen gemeinsam in eine kleine Wohnung und möblieren sie, sie liegt im Bett und liest, und ihre Augen sind grünblau, türkis wie die Farbe eines bewölkten Himmels. Vor dem Fenster umschwärmen Insekten die Straßenlaterne. Hyazinthen. Indira Gandhi. Sie sagt, dass sie in Nairobi bleiben möchte, dass sie Kenia liebt, dass dieser Ort ihr Zuhause ist. Er sitzt im Fenster und raucht.

Sky Harbor.

Die Blätter der Bäume sind vor Trockenheit fast durchsichtig, als er ihr eines Abends gegen Ende des Jahres neunzehnhundertfünfundsiebzig die beiden Fotos gibt, die er aus seinem griechischen Album behalten hat: das eine, auf dem er seine Uniform trägt, und das andere, auf dem er vor seinem Flugzeug posiert. Sie legt beide in ihr Portemonnaie. Er erzählt ihr von seinem Leben, von der Flucht, vom Fliegen. Er schreibt erneut an John, berichtet, dass es in Nairobi regnet, und unterzeichnet mit einer Initiale. Er schreibt seinen Namen nicht, weil er Angst hat, dass die ugandische Geheimpolizei die Post seiner Familie liest. Er fürchtet die Welt. Er fürchtet die dunklen Kräfte, die sein Leben immer wieder zerschlagen haben. Er fürchtet sein Schicksal. Er fürchtet die Menschen und hat das Gefühl, vor ihnen geflüchtet zu sein, er hat den Eindruck, dass manche Fußgänger zu lange hinter ihm bleiben, wenn er abends nach Hause geht, dass Autos zu lange mit laufendem Motor vor ihrer Wohnung stehen.

Der Hochzeitsfotograf ist im Gegenlicht eine Silhouette, die Luft ist voller Pollen und schwebender roter Blütenblätter. Sie sitzen unter einem Bogen aus Kletterrosen. Die Kamera knattert. John hat den Arm um ihn gelegt.

John ist in Nairobi aufgetaucht, um bei der Hochzeit dabei zu sein, und P und er sitzen nebeneinander in ihren Hosen mit weitem Schlag, mit dem Lächeln von Brüdern.

»Sie kommen bei Sonnenuntergang und holen alle, die hingerichtet werden sollen.« John reicht P eine Zigarette, sie rauchen, obwohl P eigentlich nicht mehr raucht. »Mittlerweile werden sie auf offener Straße erschossen. Ich bin so daran gewöhnt, die Schüsse durch Kampala hallen zu hören, dass ich erst einschlafen kann, wenn ich gehört habe, dass jemand erschossen wurde. Bis ich höre, dass jemand erschossen wird, habe ich Angst, dass sie mich holen kommen.« John lacht verbittert, verstummt. Sie blicken ins Licht, warten. John erzählt, dass F von der Geheimpolizei Amins verhaftet worden ist. P legt den Kopf in die Hände.

»Sie haben nach dir gefragt.«

»Wer?«

»Die Geheimpolizei. Sie wollten wissen, wohin du aus

Athen verschwunden bist.« Als das Foto gemacht wurde, hatte John sein Bier weggestellt, jetzt hebt er es an und trinkt zwei Schlucke. »Aber wir haben dich begraben«, sagt er und lacht wieder dieses Lachen, das kein Lachen ist. Die Sonne lässt die Bierflasche wie eine dunkle, braune Lampe leuchten, als er sie auf seinem Knie balanciert. »Vor zwei Jahren. Wir führten ein Ritual durch. Mutter wollte es so. Es gibt eine Art Scheinbeerdigung, die wir vollziehen, wenn ein Familienmitglied in weiter Ferne gestorben ist oder wenn es keine Leiche gibt, die man begraben kann. Statt des toten Körpers wird eine ganz bestimmte Frucht beerdigt.«

P schließt fest die Augen, blickt dann hoch. Auf der anderen Straßenseite kommen an diesem lauen Abend Autos und Fußgänger vorbei, Schatten, die davongleiten. Er muss bald zu seiner Frau zurückgehen. »Das ist so ein Stammesding«, erläutert John. Die Familie vollzog das Ritual zum einen, weil sie tatsächlich glaubten, dass P tot war, und zum anderen, weil sie hofften, dass er lebte, und dachten, wenn die ugandischen Behörden von der Beerdigung Kenntnis bekämen, würden sie glauben, die Familie habe zuverlässige Informationen über sein Ableben erhalten, und daraufhin aufhören, nach ihm zu suchen.

Er liegt im Bett, neben ihr. Es sind nur noch wenige Tage bis Neujahr, John ist nach Kampala zurückgekehrt, wo er mit seiner Frau und seinen Kindern wohnt. Der Fernseher läuft, eine Sportsendung, die P zerstreut verfolgt. Amerikanisches Wrestling, schwarzweiß, Männer, die in Badehosen und mit Gesichtsmasken herumspringen. Sie wird nach Schweden zurückfahren, um nun, da sie verheiratet sind, ihre Ausbildung zur Diplom-Sozialwirtin abzuschließen, und sie befürchten beide, dass die Polizei ihn in ihrer Abwesenheit schikanieren wird. Sie hat ihm versprochen, täglich zu schreiben, damit die kenianischen Behörden sehen, dass sie ihn vermisst.

Die Abende, mit der Hand durch das Haar des anderen zu streichen. Sie will bleiben. Sie reist ab. Sie sitzt in ihrem Zimmer im Studentenwohnheim und schreibt ihm fast ein Jahr lang jeden Tag. Vergissmeinnicht. Er liest ihre Briefe, bewahrt sie in einer Kommodenschublade auf.

Anfang Neunzehnhundertsechsundsiebzig, während sie noch in Schweden ist, wird ihm von einem Freund Johns eine Arbeit angeboten. Er kann eine Stelle als Statistiker bei einer Behörde in Daressalam bekommen, in der die große tansanische Landreform überwacht wird, die in den letzten Jahren umgesetzt wurde. Eigentlich will er nicht in das Land zurückkehren, aus dem er vier Jahre zuvor geflohen ist, andererseits will er aber auch nicht in Nairobi bleiben, wo er offenbar nur Arbeit als Obstpflücker finden kann. Johns Freund verspricht ihm, dass er in Tansania sicher sein wird, und besorgt ihm darüber hinaus einen neuen Ausweis mit einem anderen Nachnamen. Er reist mit dem Zug. Er schaut auf das wogende Gras hinaus, spürt, dass sich in seinem Inneren etwas verdichtet.

Jeden Tag geht er zu dem großen, neu errichteten Amtsgebäude in Daressalam und studiert Diagramme, Abweichungen, Prozentsätze. Er wird zu einem Teil der großen Kollektivierung der tansanischen Landwirtschaft. Er berechnet, wie viel Saatgut gekauft werden muss, um eine bestimmte Menge Menschen zu sättigen, und wie viel Arbeitskraft erforderlich ist, um die großen Felder zu bestellen und zu ernten. Er geht in seinen kurzärmeligen Hemden unter den Akazien. Er teilt sich eine Wohnung mit einem jungen Mann, dessen Vater Europäer und dessen Mutter Tansanierin war. Der Mann ist schweigsam, studiert an der Universität und bleibt am liebsten für sich. Als sie eines Nachts beide nicht schlafen können, erzählt ihm der Mann die Geschichte seiner Familie. Sein Vater war ein in London ansässiger Jude. Anfang des Zweiten Weltkriegs glaubte er, die Nationalsozialisten würden ganz Europa und vielleicht sogar die ganze Welt erobern, woraufhin er überlegte, dass der letzte Ort, an dem die Nazis nach einem jüdischen Flüchtling suchen würden, eine ehemalige deutsche Kolonie war. Der Mann verkaufte seinen gesamten Besitz und reiste Anfang der vierziger Jahre nach Tansania, zog in ein Dorf auf dem Land und heiratete eine tansanische Frau. Als der Krieg vorbei war, hatte er sich dort, am anderen Ende der Welt, bereits eine Existenz aufgebaut und eine Familie gegründet.

Er sitzt in seinem Büro und schaut zum Himmel hinaus, zu den Wolken, die wie ein endloser weißer Fluss über der Stadt fließen.

Sie kehrt zu ihm zurück, fällt in seine Arme. Sie sagt, dass sie jetzt in Afrika bleiben, dass sie hierbleiben und arbeiten will. Er spricht dagegen immer öfter von ihrem Land, Schweden. Er sagt, dass er dorthin reisen möchte. Er hat Angst.

Im August Neunzehnhundertsechsundsiebzig werden sie vor seiner Wohnung beide von der Polizei verhaftet, nachdem sie sich knapp zwei Wochen in Tansania aufgehalten haben. Zwei Beamte in Zivil bitten sie, in ein Auto zu steigen. Sie werden zu einer Polizeiwache gefahren, wo man sie zu ihren Aktivitäten in Kenia und zu dem befragt, was sie in Tansania tun. Man fragt nach ihrer Geschichte. Warum sie zusammen sind, eine weiße Frau und ein schwarzer Mann. Über Ps Zeit beim ugandischen Militär sagen sie nicht die Wahrheit, sie erzählen nichts von Griechenland oder seiner Ausbildung zum Kampfpiloten, erwähnen die Lager mit keinem Wort. Die Polizisten durchsuchen ihre Taschen und bitten sie, ihre Portemonnaies zu leeren.

Sie bittet darum, auf die Toilette gehen zu dürfen, und wird zu einem gekachelten Raum mit einem Abflussloch im Boden geführt. Sie kramt die beiden Fotos heraus, die P ihr gab und die ihre Lügen entlarven und die Welt einstürzen lassen können, die sie sich aufgebaut haben. Sie ist in einer Weise kaltblütig, die sie selbst erstaunt, vor Angst scharfsinnig und kontrolliert und konzentriert. Sie zerreißt die Bilder, um sie im Abfluss hinunterspülen zu können, ihre Finger arbeiten fieberhaft, reißen, reißen, sie lässt Wasser über die weißen Schnipsel laufen und sieht, wie sie in der Dunkelheit verschwinden.

Sie fliegen von Daressalam zum Flughafen von Kopenhagen. Er schaut auf die Wolken hinaus, die sich vor der sinkenden Sonne auftürmen. Seine letzte Flugreise machte er in der Maschine mit den chinesischen Soldaten, eine Reise, die ihn aus seiner Welt entführte. Er hat seine Reisedokumente in der Jackettasche, eine Art provisorischen Pass, den man ihm im schwedischen Konsulat besorgt hat, ein hellblaues Heft mit seinem Foto und Namen, das für diese eine Reise gültig ist. Sein alter Pass ist abgelaufen. Sie nehmen die Zugfähre über den Öresund, sie stehen an Deck, und die Fähre gleitet über das Meer, er umklammert die Reling, der Wind ist eiskalt. Es ist Ende Neunzehnhundertsechsundsiebzig. Er hat das Gefühl, dass sein Leben rückwärts abgespult wird, dass diese Reise in ein weiteres neues Land, zusammen mit einer neuen Frau, ein Spiegelbild der Reise von Griechenland nach Italien ist, bei der er auf einer anderen Fähre stand und K zurückließ. Er weicht in die Zukunft zurück. Er senkt die Augenlider. Die schweren Flügelschläge in der Dunkelheit. Er ist erschöpft, kann nicht denken, weiß nicht, ob er sich jetzt sicher fühlt oder panische Angst hat. Er geht zum Zugabteil hinunter, liegt halb auf seinem Sitz. Er denkt daran, wie es war, als er im Zug nach Mwanza erwachte und sich nicht mehr erinnern konnte, wer er war. Die Wellen schlagen metallisch und dumpf durch den Rumpf, er spürt das Schaukeln des Horizonts. Er denkt an seine Kindheit, die Nacht, in der er im Gras stand und schrie, dass er fortgehen würde. Er denkt an Gott, dass Gott ein Sturm aus Schwungfedern und trampelnden Kinderfüßen ist. Kurze Zeit später kommt sie zu ihm herunter und setzt sich neben ihn. Sie hält seine Hände, und ihre Hände sind kalt vom Wind, vom Meer.

»Sag mir Bescheid, wenn wir die Grenze überqueren«, sagt er. »Sag mir Bescheid, wenn wir in deinem Land sind.« Er schließt die Augen. Er treibt im Fluss.

Als er aufwacht, fährt der Zug, und am Fenster huschen Nadelbäume vorbei, Schatten.

II

Der Couchtisch, um den die Männer zusammensitzen, ist aus Glas. Der fallende Schnee draußen spiegelt sich darin. Ein Mann lehnt sich vor und ascht in ein halb volles Bierglas. In der Wohnung kommen und gehen Leute, wie sie wollen, weil sein Freund B, der den Mietvertrag hat, ein wunderbarer Mensch ist. Er steht aus seinem Stuhl auf, wankt zur offenen Balkontür, zündet sich eine Zigarette an. Feuchter Schnee, kurz davor, in Regen überzugehen. Jemand, den er nicht kennt, stellt die Stereoanlage an, harte, elektronische Rhythmen. Er selbst mag Harry Belafonte. *Jamaica farewell.* Sam Cooke. Musik dieser Art. B stellt sich neben ihn, schenkt noch etwas Whisky in ein großes Wasserglas. B ist auch Langi. Sie sind sich zwei Jahre zuvor auf der Straße begegnet, und hier, am anderen Ende von Meeren und Kontinenten, ist so etwas ein kleines Wunder. Fast so, als hätte man einen Bruder getroffen.

P bläst Rauch in die Winternacht aus, es klingelt an der Tür, mehr Menschen kommen herein, sie steigen über seine Matratze, auf der er später schlafen will, wenn der Rausch in betäubte Dunkelheit übergeht. Sie ziehen ihre Schuhe nicht aus, der Schnee, den sie von draußen hereintragen, landet in seinem Bettbezug. Er stößt einen Typen weg, der mit seinen Stiefeln auf dem Laken steht und im ersten Moment bereit zu sein scheint, sich mit ihm zu schlagen, in seinem Blick dann jedoch etwas sieht, was aus Stahl und Distanz ist. Er schaut fort, sieht auf den Hof herab. Ein Vorort, tausende identische Fenster. Ein paar Jahre nach der Scheidung. Man fliegt aus Somalia, Uganda, Gambia, Senegal ein, setzt seine Vogelkrallen hier ab, auf den Fußböden kleiner Wohnungen. Er fühlt sich plötzlich so einsam unter all diesen Menschen. Wie in seiner Kindheit. Einsam unter all diesen gewalttätigen Männern. Er presst eine Hand gegen das Glas, haucht sie an, zieht sie weg. Betrachtet die Nacht durch den Abdruck. Wie schön es war, nachts zu fliegen.

»Woran denkst du, Pilot?« B stößt ihn an, und als er nicht reagiert, beginnt sein Freund, mit ihm zu ringen. Sie fallen zu Boden. Hinterher lehnen sie sich an die Heizung. B schenkt ihm noch ein Glas Whisky ein, tätschelt sein Knie.

»Wir haben ein Taxi gerufen.«

Der Schnee stürzt in den Scheinwerfern des Wagens herab. Er lief über den Kasernenhof. Er lief durch Gras. B sitzt neben ihm auf der Rückbank, das Spiel der Straßenlaternen aus Licht und Schatten fließt über sein Gesicht.

»Museveni wird bald zurücktreten. Dann wird sich alles beruhigen. Wir warten.« P erwidert nichts. Neue Konflikte im Norden Ugandas, sie hängen mit dem Sudan zusammen, dem Erbe Idi Amins, Stammesfehden.

Idi Amin wurde neunundsiebzig gestürzt und durch eine Reihe von Militärs ersetzt, bis Obote wieder an die Macht kam. P plante während einiger Jahre, irgendwann in sein Heimatland zurückzukehren, aber vor drei Jahren, Neunzehnhundertfünfundachtzig, wurde Obote von Okello gestürzt, und ein knappes Jahr später wurde Okello wiederum vom rätselhaften, abwesenden Museveni gestürzt, dessen Intrigen und Geheimnisse Okello bereits Anfang der siebziger Jahre in Angst und Schrecken versetzt hatten. Ein paar Jahre zuvor war P auf einem ugandischen Fest in Bergsjön gewesen. Er saß zwischen einem älteren ugandischen Mann und dessen Frau und unterhielt sich mit ihnen über die Politik in ihrem Heimatland. P erzählte, dass er sowohl Amin als auch Okello begegnet war. Der Mann, mit dem er sprach, nickte interessiert. »Sie waren Idioten, beide. Okello habe ich hereingelegt wie ein Kind.« Um ihn herum tranken Menschen. Es war ein Herbstabend.

»Und Museveni? Wie schätzt du seine Chancen ein?«, erkundigte sich der ältere Mann.

Museveni wohnte zu jener Zeit erstaunlicherweise in Hjällbo, einem anderen Vorort von Göteborg. P hatte den Namen seit Okellos Putsch wiederholt in der ugandischen Diaspora gehört, und eine Gruppe von Ugandern hatte ihn einmal gefragt, ob er sich mit Museveni treffen wolle, um mit ihm über die Zukunft Ugandas zu sprechen. Er hatte den Vorschlag jedoch mit einem Lachen abgetan. Er wollte nicht in den Krieg zurückkehren.

»Museveni?« Er hielt sein Glas der Lampe entgegen. Es war bekannt, dass Museveni Obote jahrelang militärisch bekämpft hatte, und obwohl er mittlerweile im Exil lebte, ging der Konflikt zwischen seiner Guerilla und Okellos Armee im Norden Ugandas weiter, nicht zuletzt in der Provinz, die Ps Heimatregion war. Viele meinten bereits, dass Okello sich nicht mehr lange an der Macht halten und Museveni Ugandas nächster Präsident werden würde.

»Ich saß in einem Gefangenenlager in der Nähe von Tabora in Tansania. Museveni war kurz vorher ausgebrochen.« P kippte sich den Whisky in den Mund. Schloss die Augen. Unter den Lidern stürzten Äste und Palmblätter vorbei.

Der Mann, mit dem er sprach, hatte harte, intelligente Augen.

»Moment. Museveni war aus einem anderen Lager ausgebrochen, in der Nähe von … Morogoro. Aber es war eins von Okellos Lagern. Die dort gesessen hatten, waren gerade in das Lager verlegt worden, in dem ich saß. Museveni ist ein Idiot. Man hat mir angeboten, mich mit ihm zu treffen. Er dachte, ich würde mich an seinem Krieg beteiligen wollen. Idiot. Idiot.« P verlieh seinen Worten Nachdruck mit einer Geste, die John früher immer gemacht hatte, als schraubte er an seiner Schläfe einen großen Deckel ab, Idioten. Er war gereizt, er leerte sein Glas, starrte zu den Hochhäusern hinaus, die im Sprühregen schimmerten. Er unterhielt sich noch fast eine Stunde mit dem älteren Mann, und es bereitete ihm ein unergründliches Vergnügen, Museveni mit Beleidigungen zu überhäufen. Weil es ging. Weil er nicht mehr dort war, dort, wo sein Leben nichts bedeutete.

Als er nach dem Fest frierend an der Straßenbahnhaltestelle stand, kam einer seiner Freunde zu ihm und fragte ihn, worüber er mit Museveni gesprochen hatte. Er benötigte einige desorientierte, verwirrte Sekunden, um die Verbindung herzustellen. Dann lachte er auf und hörte, wie sein Lachen gegen eine Hochhauswand prallte und durch die Nacht zurückgeworfen wurde. Museveni hatte auf der Couch gesessen. Museveni hatte ihn nach Museveni gefragt. Ein gutes halbes Jahr später ergriff Museveni in einem relativ unblutigen Putsch in Uganda die Macht.

Der Schnee im Licht der Autoscheinwerfer. Sie gehen in eine Kneipe, eine ganze Clique afrikanischer Männer, sie trinken, spielen Roulette, er verliert seinen letzten Hunderter, sie stolpern durch eine verlassene Einkaufspassage, verlieren einander aus den Augen. Er hat den Kopf in den Nacken gelegt und betrachtet eine Taube, die in der Spiegelewigkeit der

Passagendecke hängengeblieben ist. Er setzt sich auf eine stehende Rolltreppe. Einst ging er eine Treppe hinunter und beschloss, sein Leben aufzugeben. Sein Blick folgt dem Vogel, der unter den Neonröhren flattert. Flattert. Er fällt nach vorn, auf die Matratze auf dem Fußboden. Er blinzelt. Ist es schon Morgen? Sie gehen durch den eiskalten Nieselregen zur Bushaltestelle. Sie arbeiten im Hafen. Seine Kinder sind weiter weg als die Sonne. Sie sitzen im Bus, der in einen Kreisverkehr einbiegt, er blickt in die strömende Dunkelheit, ins Licht hinaus. Manchmal schreibt er Briefe an die Kinder seiner Brüder, flüstert ihren Namen im Wind.

Sie gehen zwischen den Lagern und Baracken des Hafens, vorbei an Drahtzäunen und Containern. Ihre Arbeit besteht darin, Kisten einzuladen, Gabelstapler zu fahren und Frachtkräne zu bedienen. B ist ausgebildeter Maschineningenieur, hat aber nur ein russisches Examen, das in Schweden wertlos ist wie alles andere. Sie spielen Karten um Geld und trinken Dosenbier, das sie den Lastwagenfahrern abkaufen. Nachts fahren sie mit dem Bus nach Hause. Es ist die Zeit, in der die Aids-Epidemie ausbricht, und die ersten Zeitungsartikel prangern die Afrikaner als Überträger des Erregers an, und manchmal fühlt er, dass die weißen Menschen ihre Blicke wie glühende Stahldrähte in ihm löschen. Er denkt, dass er irgendwo hätte bleiben können. Irgendwo anders als hier. Arbeiter klettern im Trockendock, ihre Schweißgeräte blitzen in den riesigen Gebilden aus Stahlbalken auf wie blaue Glühwürmchen. Und die Raffinerie glitzert wie ein herabgestürzter Himmel. Die kolonisierte Welt ist eine zweigeteilte Welt. Er sitzt auf seiner Matratze und starrt seinen schwedischen Pass an. Manchmal bleibt er eine ganze Stunde so sitzen. Er floh von den Feldern des Todes. Das war sein Leben. In der Stadtbücherei leiht er sich Bücher über Religion aus, liest über Gnostizismus und Judentum, und der Schnee wird vom Sprühregen aufgelöst, der auf die Waschküchen und Fußgängerunterführungen herabrieselt. In einem Buch über den Buddhismus liest er über die Menschen in ferner Zukunft, die in einem anderen Universum leben werden, in dem die Materie psychische Energie, Licht sein wird. Er sucht nach dem reinen Glauben, dem Glauben des ersten Menschen. Die Lastwagen rollen von den Schiffen, er wischt sich mit seinen groben Arbeitshandschuhen den Schweiß aus der Stirn, blickt zum roten Himmel hinauf. Sturmmöwen rufen in den Containerschluchten. Er kniet mit gefalteten Händen auf seiner Matratze. Dornen rascheln in der Dunkelheit. Die Priester des Gnostizismus glaubten, Gott zu sein, glaubten, Gott zu werden. Er hat ein seltsames Buch gelesen, in dem Judas der wahre Messias war, nicht Jesus. Er läuft im Dschungel, die schweren Palmblätter schlagen ihm ins Gesicht. Er öffnet die Augen. Einst erwachte er in einem Zug und erinnerte sich nicht mehr, wer er war, woher er kam. Er hat seinem Freund gesagt, wenn er sterbe, sei es wichtig, dass er die letzte Ölung von einem katholischen Pfarrer bekomme, aber er weiß nicht, ob er noch daran glaubt. An die Rituale seiner Kindheit. Die ihm nun so leer und stumm vorkommen. Von hier aus, von der anderen Seite der Zeit.

Er sitzt in Bars und sagt, er habe keine Angst vor dem Tod. Vermiest den anderen die gute Laune.

Er trägt seinen Namen in eine Liste ein und leiht sich einen Helm aus gelbem Plastik. Der Vorarbeiter hakt ihn auf einer Liste ab, und er klettert in den Gabelstapler, dreht den Zündschlüssel und schiebt den Bedienhebel nach vorn. Im Fernsehen verbrennt der Ku-Klux-Klan Kreuze, sie brennen und flackern in der Nacht, und er sitzt auf der Couch, die Hände in die Haare gekrallt, und begreift nicht, warum lässt Gott zu, dass sie das Kreuz benutzen, *wenn er Dein Sohn ist, warum?*

Eines Nachts trifft er in einer der Bars einen kürzlich geschiedenen Mann, der erklärt, dass er sich Punkt zwölf das Leben nehmen werde. Sie geben sich die Hand darauf, gemeinsam von der Älvsborgsbrücke zu springen. Vorher müssen sie sich nur noch gründlich betrinken. Sie sitzen zusammen und trinken, bis sie, den Kopf auf dem Tresen, einschlafen.

Eines Nachts ist er mit der Reparatur eines Öltankers beschäftigt und der Letzte im ganzen Trockendock. Er verschweißt zwei Meter lange Stahlbalken zu Buchstaben, die er in dem freien Raum zwischen äußerer und innerer Hülle des Rumpfs an die schmutzige Wand lehnt. Er schreibt seinen Nachnamen, den Namen seiner Familie. Anschließend schweißt er den Zwischenraum zu. Auf dem Weg zur Haltestelle, wo er den ersten Bus am Morgen nehmen will, bleibt er stehen und betrachtet die Schneeflocken, die in das bleischwere, ölige Wasser herabsegeln. Er steht bloß da und starrt die Wellen an, lange. Er hatte einmal, in seiner Kindheit, einen Freund, der ertrank. In letzter Zeit hat er so viel an den Tod gedacht. Er denkt ständig an ihn. Hussein ist tot. Seltsamerweise hat er das in *The Times* gelesen, kurz nachdem er nach Schweden gekommen war. Er ging regelmäßig in die Stadtbücherei und las englische Zeitungen, und ein britischer Journalist, der einen Kommentar zu Amins Regime schrieb, benutzte Husseins Geschichte als ein Beispiel für den Wahnsinn, der damals in Uganda herrschte. Hussein flog mit seinem Militärhubschrauber häufig zu einem Dorf in der Nähe der Flugbasis, auf der er stationiert war, landete auf einer ebenen Brache vor einer Bar, ging hinein, betrank sich und flog anschließend zur Basis zurück. Er tat dies oft, bis er schließlich mitten in ein Haus krachte.

Der Schnee, der zur aufgewühlten Oberfläche treibt. Er fragt sich, was sie erlebt haben. Die bei der Geschichte dabei waren. Die Teile der Ausnahmezustände, der Kriege waren.

John ist tot. Seine Frau schrieb es ihm vor ein paar Jahren in einem Brief. John starb an irgendeiner Lungenkrankheit. Seine Mutter ist auch tot. Es kommt ihm vor, als stürben sie alle dort unten, auf den Feldern des Todes.

B kauft einen Computer, einen gebrauchten PC, und P sucht die alten Hefte und Ordner heraus, die er benutzte, als er an der Technischen Hochschule studierte, und sie lernen, Computerprogramme zu schreiben. Der Code läuft über den schwarzen Bildschirm.

»Es muss ein System geben«, meint B, der einen dicken Ordner mit allen Lottozahlen der letzten fünf Jahre besitzt. Sie suchen nach der Formel, die alle Zahlen bei der Ziehung in der nächsten Woche vorhersehen wird. Neunzehnhundertneunundachtzig. Als es Frühling wird, gibt er das Trinken auf. Er bekommt eine eigene Wohnung und steht mit dem Schlüssel in der Hand im Hausflur, und sein ganzes Leben ist in seinem Inneren, die ganze lange Reise. Als er die Wohnung betritt und die Tür hinter sich schließt, bricht er in Tränen aus.

Die Sowjetunion geht unter. Er sieht die Nachrichtenbilder von Panzern, die sich in der Winterlandschaft bewegen, und denkt daran, dass ihr Lager voller kleiner roter Bücher war. Er denkt an den Krieg, die Geschichte, an die Körper, die in die Wirbel hineingesogen und zerstört werden. *Sollten die Imperialisten dennoch einen dritten Weltkrieg entfesseln, werden im Ergebnis des Krieges unausbleiblich weitere hunderte Millionen Menschen auf die Seite des Sozialismus treten.* Er geht über das Hafengelände, die Kräne heben sich von der Abenddämmerung ab, zwei andere Arbeiter gehen links und rechts von ihm. Sie tragen Helme in den Händen, ihre reflektierenden Arbeitswesten flattern im kühlen, salzigen Nordseewind.

»Gott ist Gerechtigkeit.« P wirft das in die Runde, weil er so inzwischen mit allen spricht, verzweifelt und suchend. Gabelstapler grollen vorbei, riesenhaft und langsam wie Urzeittiere. Man hielt ihn einfach auf der Straße an und nahm sein Geld, man schickte ihn in ein Lager, schloss ihn in einem Käfig ein, man zwang ihn, für Idi Amins Männer zu arbeiten, obwohl er nicht wollte. Er fährt fort aufzuzählen, woran er glaubt, hält die Finger hoch, aus seinem Mund steigt Dampf: Gott ist allmächtig, Gott verzeiht, Gott straft, Gott ist barmherzig – einer seiner Kollegen, ein Marokkaner, legt eine Hand auf seine Schulter.

»Gott liebt dich.« Über ihnen ein dunkler werdender Märzhimmel. Warnlichter markieren die Gebäude und Schiffe vor dem Endlosen.

Er stolpert aus einer Straßenbahn, jemand brüllt ihm hinterher, eine Stimme, die so roh und brutal ist wie ein gefrorenes Stück Fleisch, das an einem Haken hängt.

»Geh zurück!«

Der Wind wirft Sprühregen in seine Augen, als er sich umdreht, und er schließt die Augen, und als er sie wieder aufschlägt, führt eine Treppe fort und hoch und jemand kommt sie herab, ein junger Flugkadett, der dort an einem Januarnachmittag in seinem Trainingsanzug unterwegs ist. »Geh dahin zurück, wo du hergekommen bist!« Grinsende Skinheads verschwinden im Regen.

Eines Nachts wäscht er in seinem neuen Zuhause, er trägt die weißen Handschuhe über den Hof, bleibt stehen. In all seinen Erinnerungen an die Mannschaftsunterkünfte in Uganda flattern reihenweise Hosen, Hemden und Unterwäsche im

Wind, weil die achtzehnjährigen Soldaten täglich saubere Felduniformen und saubere Unterwäsche tragen sollten. Jemand nahm seine Wäsche von der Leine und ging, jemand, der groß und ruhig war wie ein Baum, wie John? Wie hieß er? P erinnert sich nicht mehr, aber für einige Monate waren sie die besten Freunde. Ein Gesicht, das zwischen den Laken verweht.

Der Koran ist ein Meer ohne Ufer. Ein Fels, er kann sich an ihm ausruhen. Er sitzt in seinem Fenster und liest in ihm. Er hat ihn in der Bücherei gefunden. *An jenem Tage, an welchem sich die Erde und die Himmel verwandeln, an dem werden die Menschen aus ihren Gräbern vor den einzigen und allmächtigen Gott kommen.*

Er geht zu einem türkischen Gebetssaal, hat die Adresse von seinem marokkanischen Arbeitskollegen bekommen. Er sitzt im Schneidersitz auf dem Teppich. Rieselndes Licht im Kopf. Durch die offenen Fenster dringen Vogelrufe an sein Ohr. Es ist einer der ersten Frühlingstage. Die Menschen sitzen in einem Kreis um ihn herum, ein Mann spricht Worte, er sagt sie nach.

»Ich bezeuge: Es gibt keinen Gott außer Allah.« Während er spricht, schaut er aus dem Fenster, auf die Wolken und das graue Licht. Er hat das Gefühl zu sterben, zerbrochen zu werden. Geboren zu werden, vielleicht. Das Licht sticht in den Augen.

In seinem letzten Jahr in Kenia begegnete er zufällig einem jungen, obdachlosen Mann, der ihn erkannte. Er brauchte einige Minuten, um zu begreifen, dass es der Bursche war, der in Okellos Lager immer gekaufte Zigaretten geraucht hatte. Der Mann erzählte ihm, dass er und ein anderer überlebten, nachdem sie die Grenze überschritten hatten. In der Nacht vor dem Angriff hatte er unter der militärischen Kleidung seine alte

Schuluniform angezogen, und auf diese Weise war es ihm gelungen, Amins Truppen vorzugaukeln, dass er ein Schuljunge war, der sich ins Konfliktgebiet verirrt hatte. Der ehemalige Staatssekretär hatte sich Geldscheine an den Körper geklebt, Geld, das er irgendwie gespart hatte, und sich damit einen Fluchtweg erkauft, als die Rebellentruppen umzingelt und von motorisierten Bataillonen beschossen wurden. P bekommt den Mund nicht mehr zu. Er weint. Die Wolken fliegen schnell im Fenster. Er entkam den Feldern des Todes. Er betet mit der Stirn auf dem Teppich, auf der Erde. Will dort bleiben.

Ich gehe mit den schwarzen Plastiksäcken über den Innenhof, räume meine alte Wohnung in Hisingen leer. Monatelang habe ich es aufgeschoben. Ich trage Bücher und Kleider zu den Müllcontainern und werfe sie zwischen die Beutel mit Haushaltsabfällen. Ich will diese ganzen Dinge nicht haben, sie sind meine Geschichte, und ich will neu anfangen, obwohl ich heute weiß, dass man das nicht kann. Ich sitze auf dem kahlen Wohnungsfußboden und ziehe eine Hand durch den Staub. Gestern Nachmittag rief Vater an. Die Kinder seiner Brüder fanden ihn im Frühherbst im Internet. Nun ist einer unserer Cousins in Uganda in einem anderen Krieg gestorben. Alle aus der weitverzweigten Familie schreiben und rufen ihn an, um bei ihm Trost zu suchen, da er inzwischen das Oberhaupt der Familie ist. Das ist so ein Stammesding, dass er der Letzte in seiner Generation ist, der Bruder, der überlebt hat. Mittlerweile ist er sehr krank, ich besuche ihn fast täglich im Krankenhaus. Er lachte, als er von all den Briefen über Regen erzählte, die plötzlich eintreffen. Aber er klang auch traurig. Er sagt, dass alle, die ihm schreiben und ihn anrufen, nach jemandem suchen, den es nicht gibt, jemandem, der er nicht sein kann. Sie suchen nach einem Patriarchen. Die afrikanische Tradition.

Wir sitzen zusammen und unterhalten uns oft lange, und er erzählt mir ein weiteres Mal von seinem Leben. Er erzählt von seiner Kindheit, seinen Brüdern. Er erzählt von der Luftstreitkraftakademie. Eines Abends zeigt er mir im Krankenhaus mit seiner Insulinspritze, wie er lernte, mit einem Degen zu fechten. Er erzählt, dass die Geschichte ein Wasserfall aus Ketten ist. Er reißt die Körper mit sich. Als ich mit den Plastiksäcken über den Innenhof gehe, blicke ich zu seinem Wohnungsfenster hinauf, das ein schwarzes Viereck hoch oben in der Nacht ist.

Er stirbt mit offenen Augen an einem Tag im Januar. Mein Bruder und ich stehen links und rechts von seinem Bett. Es ist Vormittag. Da ist der Körper. Auf seinem Gesicht sitzt eine Sauerstoffmaske. Sein Brustkorb hörte auf, sich zu heben, seine Augen hörten auf zu sehen. Hier ist der Körper. Er ist aus Vergessen.

Ich gehe zum Fenster, ziehe die Jalousien hoch. Ich lehne mich an die Wand. Ich sage ein paar Worte. Ich gehe zu seinem Körper, berühre seine Stirn. Es ist unwirklich, dass dieser Körper unter den blauen und weißen Krankenhauslaken des Landschaftsverbandes liegt, in diesem grauen Licht, das auf Maschinen und Schläuche fällt und auf das, was einmal ein Gesicht war, nun jedoch aus einer Materie ist, die Stein oder Marmor gleicht. Er war achtzehn, er sprang auf sein Fahrrad und fuhr hinter seinem Freund zum Flugfeld und dem Auswahlverfahren für die Luftwaffe. Es hat seine Geschichte. Dieses Ding, das ein Gesicht war.

Hier ist der Körper, aus dem Tode gehauen, hier liegt er in einem Bett. Dieser Körper, der aus seinem Leben kommt.

Später, bei der Beerdigung, werden wir in einem Regensturm stehen, und unsere Füße werden im Morast abrutschen, während der Körper in die Erde gesenkt wird, und ich werde in meinem schwarzen Anzug frieren, und der Wind wird die Stimmen übertönen. Als wir ein letztes Gebet für den Mann sprechen, der unser Vater war, unser Bruder, der uns davon erzählte, woher er kam, und dessen Worte uns versteinern ließen und uns mit Fragen ohne Antworten und Stolz erfüllte. Wir werden beten, dass seine Sünden von Regen und Schnee fortgewaschen werden, und wir werden, später, von anderen umarmt werden, die ihn kannten. Wenn der Körper in der morastigen Erde liegt. Die seine Heimat war. Seine Freunde aus den Jahren nach der Scheidung werden da sein, weißhaarige und verstummte und gebrochene Männer und Kollegen aus dem Hafen und den Schulen, an denen er gearbeitet hat, und viele aus den Moscheen Göteborgs, und ein junger Mann wird mit verheulten Augen zu mir kommen und diese Worte sagen: »Wisst ihr, er war mein Lehrer.« Danach wegen der Tränen kein Wort mehr herausbekommen.

Hier ist der Körper, er hatte seine Geschichte, er kam aus einem Leben, das ein anderes Leben hätte sein können. Aber ein Sturm wehte heran. Ich stehe neben meinem Bruder. Bald müssen wir den Alarmknopf drücken und Bescheid sagen. Doch zuvor bleiben wir noch einen Moment zu beiden Seiten seines Körpers stehen. Ich nehme ihm die Sauerstoffmaske ab und hänge sie neben das Bett. Ein Sturm wehte vom Paradiese her. Dieser Sturm war das Leben.

Die schwedische Originalausgabe erschien 2012 unter dem Titel »En storm kom från paradiset« bei Norstedts, Stockholm

Die Übersetzung wurde vom Swedish Arts Council gefördert.
Der Verlag bedankt sich dafür.

FSC www.fsc.org
MIX
Papier aus verantwortungsvollen Quellen
FSC® C014496

Verlagsgruppe Random House FSC® N001967
Das für dieses Buch verwendete FSC®-zertifizierte Papier
Munken Premium liefert Arctic Paper Munkedals AB, Schweden.

1. Auflage

Umschlaggestaltung: buxdesign/München
Umschlagmotiv © Carla Nagel
Lektorat: Regina Kammerer
Redaktion: Martin Mittelmeier
Satz: Uhl + Massopust, Aalen
Druck und Einband: GGP Media GmbH, Pößneck
Printed in Germany
ISBN 978-3-630-87490-6
www.luchterhand-literaturverlag.de

Bitte besuchen Sie unseren LiteraturBlog
www.transatlantik.de